ESTE LIBRO
PERTENECE A:

TU
NOMBRE
AQUÍ

SI SE ME PERDIERA ME DARÍA
UN ATAQUE AL CORAZÓN

#SILOENCUENTRASMELOREGRESAS
#CONSTE

Quiúbole con...

Quiúbole con…

Primera edición: 2005
Segunda edición: octubre de 2009
Tercera edición: septiembre de 2016
Primera reimpresión: marzo de 2017
Segunda reimpresión: julio de 2017
Tercera reimpresión: febrero de 2018
Cuarta reimpresión: octubre de 2018
Quinta reimpresión: febrero de 2019
Sexta reimpresión: octubre de 2019

D. R. © 2005, Gaby Vargas y Yordi Rosado

D. R. © 2019, derechos de edición mundiales en lengua castellana:
Penguin Random House Grupo Editorial, S.A. de C.V.
Blvd. Miguel de Cervantes Saavedra núm. 301, 1er piso,
colonia Granada, alcaldía Miguel Hidalgo, C.P. 11520,
Ciudad de México

www.megustaleer.mx

D. R. © Pico ADW, por el diseño de cubierta
D. R. © Christian Michel / Infección Visual, por el diseño de interiores e ilustraciones
D.R. © Guillermo Mercado, por la adaptación de interiores

ISBN: 978-607-314-726-2

Impreso en México – *Printed in Mexico*

El papel utilizado para la impresión de este libro ha sido fabricado a partir de madera procedente
de bosques y plantaciones gestionadas con los más altos estándares ambientales, garantizando
una explotación de los recursos sostenible con el medio ambiente y beneficiosa para las personas.

Penguin
Random House
Grupo Editorial

Quiúbole con...

EL ÍNDICE

CApítulo 3
¡Quiúbole con... mi imagen

CApítulo 4
¡Quiúbole con... mi sexualidad

El prólogo

Como posiblemente no te gusta leer los prólogos...

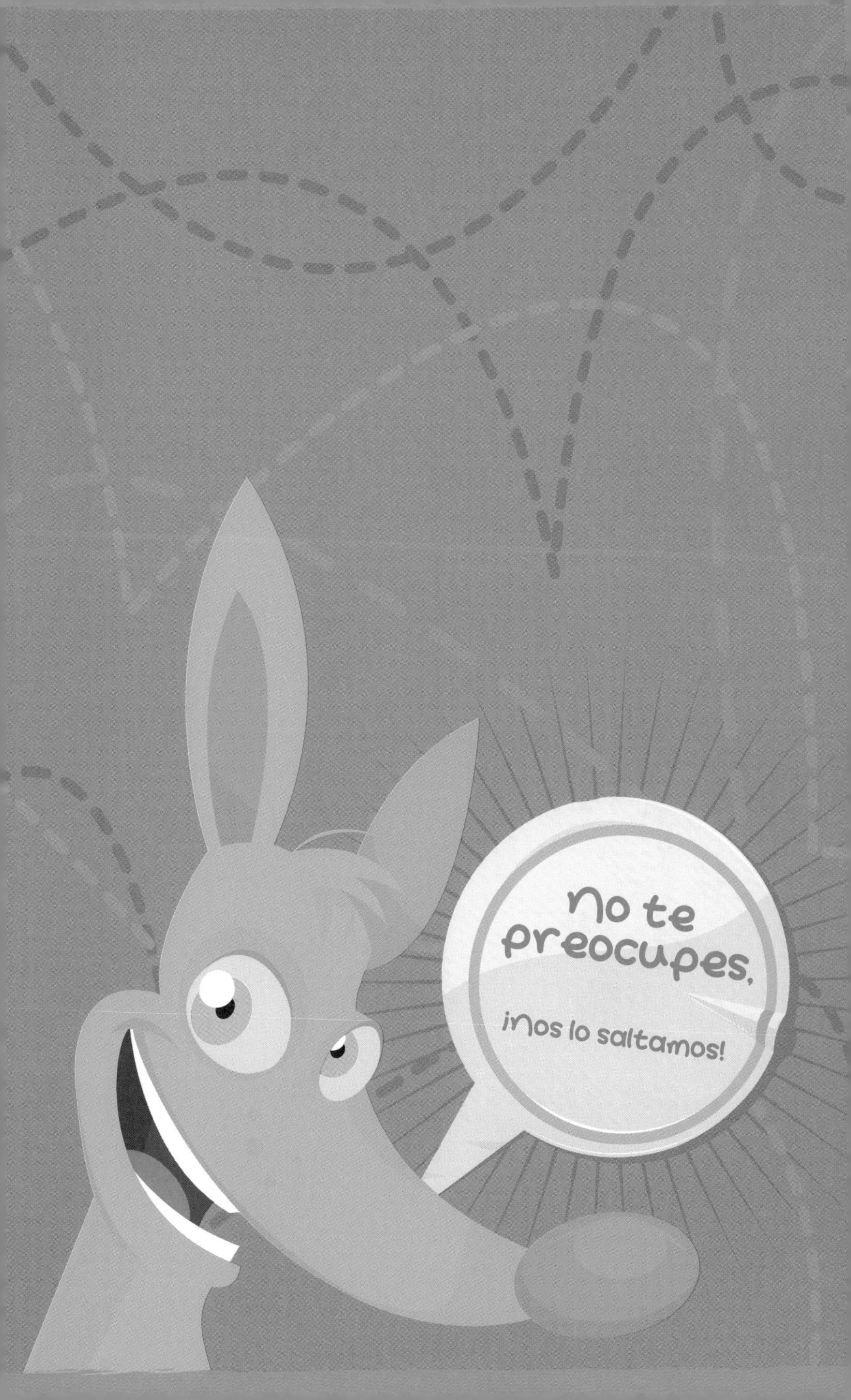
No te preocupes,
¡Nos lo saltamos!

Quiúbole con...

LA BIENVENIDA

Holaaaa, Hello, Ni Hao, Bonjour, Guten Tag, Olá, Konnichi wa, en fin… **¡¡Quiúbole!!** Estamos felices de que nos estés leyendo en este momento, porque ésta es la versión más nueva y actualizada del *Quiúbole con…*

Tiene muchísimos temas nuevos y súper actuales, desde las cosas básicas de tu cuerpo, los cambios, los hombres y tooodos los detallitos (o detallotes) que han surgido hasta el mundo digital donde seguro AMAS **estar**, **textear**, **conectarte** (bueno más bien… vivir en línea), **stalkear** (chismear digitalmente para que no se escuche tan feo), conocer las mejores **apps**, ser experta en **selfies** y todo tipo de pic digital, y ser la embajadora, reina, princesa o al menos cenicienta de las **redes sociales**.

El objetivo del *Quiúbole con…* es que encuentres de una forma divertida, alivianada y al mismo tiempo profunda, toda la información de lo que te inquieta y te sucede, de lo que te va a pasar y de las cosas que de plano a veces sientes que por más que le echas ganas, no te pasan.

Sabemos que en ocasiones te puedes sentir súper sacada de onda porque crees que las cosas sólo te ocurren a ti: relájate; verás que lo que platicamos en este libro le pasa a muchas niñas como tú, y verás también que la diferencia es cómo lo toma y lo resuelve cada quién.

Puedes leer *Quiúbole con…* por secciones de acuerdo a lo que te late; o lo puedes leer de principio a fin.

El libro está dividido en cinco grandes temas que son: tu cuerpo, tus relaciones, tu imagen, tu sexualidad y tu mente.

HOLA

Queremos decirte que cuando hicimos este libro, los dos aprendimos y nos divertimos mucho. Quizá la mezcla de Gaby y Yordi te parece medio loca y te preguntas: "¿Por qué dos personas tan distintas se juntaron para escribir este libro?" Bueno, porque creemos que justamente por la diferencia de edades, de sexo y a veces de manera de pensar, el libro se hace más interesante y se complementa.

La idea se nos ocurrió mientras corríamos en las caminadoras del gimnasio. Como nos dimos cuenta de que, por más que nos esforzáramos, jamás seríamos estrellas en los 100 metros planos, y ni siquiera de la mini olimpiada de Xochitepec, corrimos, pero a entrevistar niñas que nos platicaron y nos ayudaron a entender lo que te preocupa y lo que tienes ganas de saber.

También entrevistamos a muchos especialistas en diferentes temas, que nos asesoraron para asegurarnos que la información que vas a encontrar aquí, es totalmente confiable.

Como es lógico, a veces los dos discutimos sobre nuestros diferentes puntos de vista, sobre si meter "x" chiste o no, sobre qué temas te interesarían más, y qué palabras utilizar para que le entendieras mejor, pero la finalidad del libro siempre estuvo súper clara: informarte de la manera más objetiva y neutral posible, para que tengas herramientas y tomes tus propias decisiones sobre todos los #problemas que vas a enfrentar en este momento de tu vida.

También queremos que este libro sea como tu mejor amigo, aquí te aseguramos que este amigo jamás dirá mentiras ni te engañará, siempre estará ahí cuando lo necesites y por supuesto jamás te robará amigas o besará al niño que te gusta.

En fin, ojalá lo disfrutes tanto como a nosotros nos gustó y nos divirtió hacerlo. Estamos seguros de que si este libro te sirve para algo, nuestro trabajo habrá valido la pena.

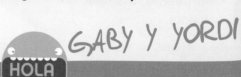

GABY Y YORDI

Entre los nueve y los 13 años parece que diario es tu cumpleaños. Todos los días te levantas y tienes algo nuevo ¡pero en tu cuerpo! Y también, como en tu cumpleaños, te encuentras con cosas padrísimas y con otras que dices: "¿Qué es esto? No, gracias, no lo quiero." El problema es que una vez que lo tienes no hay cambios ni devoluciones, no puedes regresar a la tiendita y decir, ¿sabe qué?, siempre no.

En tu cuerpo empieza una revolución tan cañona que de plano no te la crees. Cuando notas las primeras señales dices cosas como: "Qué raro, me están creciendo las bubis...", y hay de dos: o le das gracias a Dios porque escuchó tus plegarias y le dices a tus blusas con escote: "Ahora sí, van a trabajar", o te niegas rotundamente a aceptarlo y te tapas lo mejor que puedes. Pero es muy chistoso porque primero te da pena, luego como orgullo, y si te crecen mucho, como si fueras modelo exhibicionista de Instagram, pues como que otra vez te vuelve a dar penita. Entonces te pasa que sientes como si fueras en la carretera y de repente te encuentras un letrerito que dice:

ACAPULCO
20 KM

BIENVENIDA
A LA ADOLESCENCIA

POBLACIÓN: TODAS TUS AMIGAS

CUERNAVACA
YA TE PASASTE

JOJUTLA
PRÓXIMA SALIDA

La adolescencia es también conocida en las altas esferas de los adultos como:

¡La edad del "me vale", y sí a mis papás no les late que me valga, "pues me vale"!

La generación X, Y o Z... ¡¡como se llamen!!

¡La aborrecencia!

¡La época de los pubertos!

¡Los millenials insufribles!

Es una época muy padre, divertida, súper cool, pero a veces, medio complicada.

Además de los rollos en tu cuerpo, vas a notar que tu manera de relacionarte con los demás también empieza a cambiar; tú misma te sientes y piensas diferente. ¿Ya sabes?

En conclusión, los juegos que antes jugabas de niña ahora pueden ser súper densos, porque si empiezas a jugar con tu novio al doctor (con inyección y toda la cosa) ¡aguas! Puedes terminar jugando al papá y a la mamá, ¡pero de a de veras! Y de ahí en adelante, a jugar todos los días a la comidita... Bueno, pero eso es otra cosa.

El caso es que entras a una de las épocas más padres de tu vida. En este capítulo vamos a platicar de todas estas cosas nuevas que tu cuerpo experimenta; pero antes de continuar, te proponemos que hagas este test, para saber qué tan adolescente eres.

IMA
INSTITUTO MEXICANO DE LA ABORRECENCIA
POR UNA SOCIEDAD CON UNA ADOLESCENCIA FELIZ

ÁREA PARA RESULTADOS	AUTO TEST No.1
	ENTRADA A LA ABORRECENCIA

Nuestro test ha sido desarrollado por los más selectos especialistas en el ramo. Lea cuidadosamente cada punto antes de contestar, evite copiar, usar cualquier método que implique hacer trampa en la evaluación o buscar tutoriales en internet.

¡Mucha suerte!

SÍ NO Te sientes incomprendida y con más presiones.

SÍ NO Te vuelves enojona, tipo "Grinch" en intercambio navideño.

SÍ NO Si antes tu paciencia era de 10 ahora es como de 3.5 (y aquí el .5 no sube).

SÍ NO Ahora para ti lo mejor de la vida es salir con tus amigas.

SÍ NO Tu vida entera está en línea (redes sociales, selfies, videos, etc.).

SÍ NO Te preocupa mucho verte bien (#tambienmal).

SÍ NO Cuestionas todo lo que viene de tus papás: permisos, forma de vestirse, forma de hablar y demás.

SÍ NO Estás hipersensible.

SÍ NO Tu grupo de amigas es tu tesoro más valioso.

SÍ NO Hace más de dos años que no tocas tus barbies (casi casi ni para limpiarlas).

SÍ NO Un segundo estás feliz y al siguiente ¡estás llorando!

SÍ NO Te es más fácil decir algo a través de las redes que en persona.

SÍ NO Les contestas mal a tus papás por todo (no importa si no te preguntaron nada).

SÍ NO No te entiendes ni tú misma.

· MEX · · QUIÚBOLE CON EL TEST ·

HB 2

SÍ NO Tienes mil problemas con tus papás. Ya no quieres que se metan en tu vida y cuando te regañan sólo les das por su lado.

SÍ NO El niño que antes sólo se te hacía mono, ahora te parece guapérrimo, es más, te mueres de ganas de comértelo a besos ¡hasta sus brackets te parecen sexys!

SÍ NO Ahora ves tus bubis más que tus cuadernos.

SÍ NO Ya no te diviertes con las mismas cosas de antes.

SÍ NO Tu autoestima está súper inestable.

SÍ NO Antes estabas de acuerdo con todo lo que tus papás te decían: ahora sus recomendaciones ya no te laten tanto (primo hermano de *nada*).

SÍ NO Así como el planeta tiene sus elementos (agua, fuego, tierra y aire) tú tienes los tuyos (internet, ropa, amigas y música).

Si tu forma de ser coincide con 1 a 3 afirmaciones eres adolescente.

De 4 a 10 la adolescencia se te sale por las orejas.

De 11 a 19 podría aparecer tu foto en Wikipedia al buscar adolescencia.

Las bubis

Los pechos se conocen de muchas maneras: bubis, senos, bubs, chichis, en fin, como quieras decirles. El caso es que las bubis se han convertido en un ícono de la sexualidad en la mujer (algunos hombres también las tienen: son luchadores de lucha libre y generalmente usan copa 38 B).

A ciertas niñas les da pena que les crezcan y caminan estilo Notre Dame, o sea medio jorobadas; tratan de usar sudaderas gigantescas con la cara de Winnie Pooh para que los nuevos bultos se confundan con los cachetes del osito (así el pobre Pooh se ve como con 8 kilos más de como es realmente). A otras, les urge que sus pequeños montecitos se conviertan en los Alpes Suizos.

Las bubis empiezan a aparecer gracias al estrógeno; seguramente dirás: "Estro... ¿qué?" No te preocupes. El estrógeno es una hormona que estimula el crecimiento de tus glándulas mamarias, y para protegerlas crea unos colchoncitos de grasa a su alrededor. También en tus bubis se construye una red de conductos para que, en un futuro, cuando seas mamá, la leche pueda salir por los pezones.

¿Qué tipo de bubis tienes?

Ya que les dices "Bienvenidas a mi vida", empiezas a voltear a ver todas las bubis que se te cruzan enfrente (este ejercicio también lo hacen los hombres, ¡pero durante toda la vida! #notienenverguenza): observas las grandes; las divorciadas, que son las que no se hablan porque cada una ve para un lado distinto; las amigas, porque están siempre pegaditas; las de brújula, porque una se dirige al norte y la otra al sur; las medianas; las soñadoras, porque ven siempre hacia el cielo como pidiendo un deseo; las deprimidas porque ven hacia el suelo; las copas, A, B, C, D y Copa Davis, en fin... descubres que hay de todo tipo.

¡Más chicas! ¡Más grandes! Aunque sea parejas, ¿no?

En el tamaño y forma de las bubis no hay reglas y es súper importante que sepas que todas son normales. Quizá sientas que las tienes más grandes, ya sabes, tipo naranjas o más chicas que tus amigas, tipo limones. No te obsesiones. La verdad es que no hay niña que esté totalmente contenta con ellas. Siempre quisiéramos que fueran más chicas o grandes, redondas o parejas. También es muy común que sean asimétricas; es decir, una más grande que la otra, o una ve para el frente y la otra para un lado. No es que estén bizcas, es normal. Con el tiempo se emparejan, así que tranquila, no te agobies.

Vas a notar también que su tamaño cambia de acuerdo con tu ciclo menstrual (más adelante platicaremos de esto). Cerca y durante tu periodo tienden a ser un poquito más llenitas y sensibles; o sea, como que se inflan, ¡pero no cantes victoria porque luego regresan a su tamaño normal!

Cada mujer es diferente, hay bubis que se desarrollan casi completamente en tres meses, y otras que tardan hasta 10 años para desarrollarse por completo. Ahora que si ves a tu tía de 55 años y no tiene nada de nada pero aún conserva la esperanza, habla con ella y dile: "Tía, siéntate, tenemos que hablar…"

Güerita…
¿Cómo las tiene?

Gigantescas calabazas

Diminutos chícharos

Enormes sandías

Redondos melones

Perfectas manzanas

Exprimibles naranjas

Los pezones

También vienen en todos los tamaños y colores. Son especialmente sensibles a los cambios de temperatura. Puedes notar que si hace frío se ponen más chiquitos y duros; igual sucede cuando te excitas sexualmente. Si se te marcan en la camiseta y lo único que pasa es que tienes frío, puedes ponerte un brassiere más grueso, unos parches especiales del color de tu piel que venden para eso, voltearte hacia otro lado o ya de plano ponerte una chamarra de esquimal. Ahí sí olvídate de que se te vean los pezones: con trabajo se te verá la cara.

Si no encuentras los parches ponte unas curitas… son como la versión pirata de los parches, pero funcionan.

En este aspecto, los hombres se portan casi todos como niños. Si él nota que te diste cuenta de sus miradas y te sentiste incómoda se va a sentir terrible y apenado, así que no dudes en hacérselo notar.

IZQUIERDA   DERECHA

Algunos pezones son invertidos, o sea, como que les da miedito, porque se ven como metidos hacia adentro. Es normal y saldrán con el desarrollo más o menos a los 18 años. Otras veces puedes notar un pezón más grande y duro que el otro; también es normal. Si notas algún cambio raro en ellos ve con el ginecólogo para que te revise. Si te salen vellitos alrededor puedes dejarlos tal cual, depilarlos con pinzas, cortarlos con unas tijeritas o hacerte depilación láser, sobre todo si no quieres parecerte a la prima del hombre lobo.

Para proteger tus bubis, mantenerlas en su lugar por mucho tiempo (o sea, que no se cuelguen como calcetines con canicas) y evitar que reboten con el movimiento como gelatina de tiendita, es muy cómodo y necesario usar algo que las sostenga. Y es aquí donde viene nuestra famosa…

Crónica de un brassiere anunciado

La primera vez que tu mamá te va a comprar un brassiere, corpiño o camisetita enseña-ombligo, obvio, te mueres de la pena. Primero porque a ellas les encanta introducirte al famoso mundo de la mujer. ¡Pero que no se pasen!, no enfrente de todas sus amigas. La típica frase en la reunión es: "A Paulina ya le compré sus brassiercitos... ¡Aaayyy, están muy monos porque están chiquititos!" ¿Qué necesidad tienen tu tía Licha y tu tía Nena de saber que tus bubis se te están desarrollando? ¡Ah, no! Tu mamá es feliz divulgándolo, casi casi en Facebook.

Cuando llegas con ella a comprarlo típico que le pregunta en voz alta veinte veces a la que atiende: "¿Cuál le podrá quedar a mi hija?" ¡Por si alguien no se había enterado de que estás comprando tu primer brassiere! Para colmo, no falta que esté por ahí un niño que se te hace guapo... y te quieres morir. Por si fuera poco, tu mamá te acompaña al vestidor para ayudarte a abrocharlo. ¡No, por favor! Ya después tú verás si te consigues un segurito o si te lo amarras de plano con estambre del ocho, pero ese asunto nada más te da pena y te incomoda.

Ruégale a "San Corpiño de los Tirantes" que a tu mamá no se le ocurra acomodarte los tirantes del brassiere frente a sus amigas, porque eso sí es nefasto.

Por otro lado, también está la niña que se muere de ganas de usar brassiere porque todas sus amigas ya lo usan, y el día que se lo compran lo presume a todo mundo. Casi casi le toma una foto y la sube para todos sus followers, con el título de "la primera hamaca de mis bubis"

Cualquiera que sea tu caso, ubica que tu mamá sólo te quiere ayudar y no se da cuenta de que estos detalles dan pena o te hacen sentir mal. Dilo. Seguro te va a entender muy bien.

Me quiero cambiar de ropa, de escuela... ¡y de bubis!

Existen un buen de remedios para cambiar un poco tus bubis, como los brassieres con relleno (Wonderbra, Push Up de Victoria´s Secrets y del tianguis sobre ruedas Secrets), ponerte las hombreras de las blusas ochenteras de tu mamá, las famosas bolitas de kleenex, calcetines y hasta maquillarte en medio de las bubis tipo artista de televisión.

Lo más importante es que ninguna mujer necesita cambiar de pechos para ser mejor o peor. Unas bubis más grandes no pueden definir tu seguridad como persona ni tu forma de sentirte frente a la vida. Tú eres mucho, pero mucho más que un par de bubis.

Cuando alguien tiene bubis muy grandes pueden darse algunas broncas como: dolores de espalda, problemas crónicos del cuello, hombros lastimados por el peso que recae en los tirantes del brassiere y hasta tu novio las puede agarrar de almohadas. En fin, puede ser muy molesto. En estos casos se puede recurrir a una reducción de senos, que no deja de ser una cirugía pero te puede ayudar a sentirte mucho mejor.

Hoy en día es muy normal escuchar acerca de implantes y cirujanos; sin embargo, la decisión de operarte es algo súper serio y personal. Por más avances científicos que existan, ciertas mujeres tienen complicaciones muy delicadas después de implantarse unas prótesis, y a otras les quedan muy bien, sin problema alguno.

Lo que sí es muy importante es que sepas que no te debes operar si no has cumplido 18 años y que, a pesar de que a algunas mujeres les dan seguridad personal, ningún par de prótesis te hace mejor o peor persona. Sin embargo, si ya lo platicaste en tu casa, si puedes y quieres sólo toma todas las medidas de seguridad posibles.

Los famosos genitales

Las hormonas me atacan

por unas caderas más redonditas

urge cambio de cuerpo

mucho tráfico

Si de repente sientes que en tu cuerpo hay una revolución no te preocupes, es normal, simplemente se trata de un gigantesco ejército de hormonas que están haciendo marchas y plantones adentro de tí. Primero tus caderas empiezan a redondearse y la cintura se nota más. En tus genitales externos vas a notar el crecimiento de un vellito de color más oscuro que en el resto del cuerpo. Tus genitales internos también están cambiando mucho. Ahora que, si te quedaste dormida en las pláticas de la escuela y tus órganos sexuales te parecen más extraños que un 10 en matemáticas, échale un ojo a lo siguiente.

Es importante que te familiarices bien con lo que sucede allá abajo. Parte de tus genitales se localizan dentro de tu cuerpo y los que están por fuera no se ven mucho que digamos.

Los de afuerita

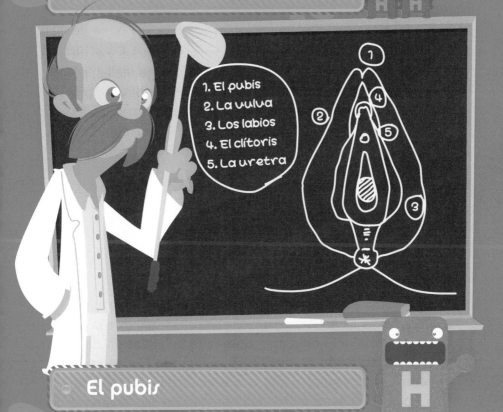

1. El pubis
2. La vulva
3. Los labios
4. El clítoris
5. La uretra

El pubis

Digamos que es el comienzo de la zona genital; es la parte que se eleva un poco sobre el hueso púbico y donde aparece el vello durante la pubertad.

La vulva

Incluye los labios exteriores y el clítoris. Es bueno que conozcas esta parte de tu cuerpo, pero como eso está cañón (a menos de que seas contorsionista de circo), la puedes conocer en persona si tomas un espejo y lo colocas entre tus piernas.

Los labios

Igual podrás ver que hay unos labios más grandes y externos que son los que protegen a los demás genitales, por eso se cubren de vello. Más adentro, están otros labios más chiquitos que sirven como puerta hacia la vagina; éstos no tienen vello, son mega sensibles y, por supuesto, por más puerta que parezcan... no tienen timbre.

El clítoris

En la parte superior vas a ver algo como un pequeño botón, formado por miles de terminaciones nerviosas súper sensibles que se estimulan cuando lo tocan. Durante la excitación sexual y el orgasmo, que es la culminación de la excitación, su tejido se hincha. Su única función es la de generar placer sexual, o sea que este órgano ¡pura diversión y nada de chamba! Una vez que pasa la excitación y el orgasmo, el clítoris se relaja y regresa a su tamaño natural y a descansar.

La uretra

Es un tubito por donde viaja la orina (léase también "pipí, piz, del uno", etc.) desde la vejiga hacia el exterior; se localiza entre el clítoris y la vagina. No es un órgano sexual.

Los más escondiditos

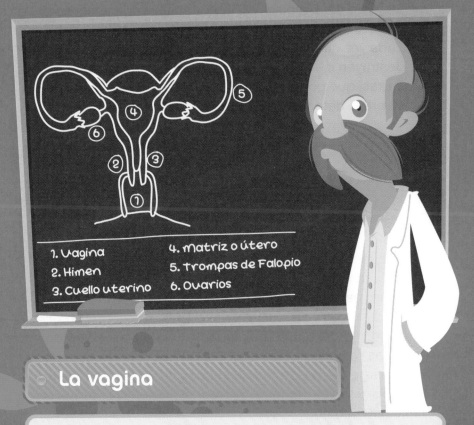

1. Vagina
2. Himen
3. Cuello uterino
4. Matriz o útero
5. Trompas de Falopio
6. Ovarios

La vagina

Es el canal que comienza en el útero o matriz y termina en la vulva, tiene paredes súper elásticas y llenas de pliegues. Le da salida a la menstruación, recibe al pene y sirve como conducto para que el bebé nazca. Sus paredes casi nunca están secas y el grado de humedad varía de acuerdo con tu periodo de menstruación. Puedes ver que entre más cerca estás de que te baje, más seca está la vagina, y cuando se acerca la ovulación (aproximadamente de 10 a 15 días después de que te baje) es cuando más húmeda está.

Cuando se produce la excitación porque viste algo que te gustó en una revista o en internet, el cerebro se pone las pilas y da órdenes a ciertas glándulas para que hagan un liquidito que lubrique la vagina y se prepare para la penetración. La maravilla es que ésta tiene su propio sistema de defensas para las infecciones; a esta defensa se le conoce como flora vaginal y tiene gérmenes que mantienen ácidas sus paredes.

Cada vez que te baja las células del útero y de la vagina se destruyen o se cambian. Ésta es la mejor limpieza fisiológica, así que por la limpieza de adentro no te preocupes; por fuera sí date tus buenas bañaditas.

El himen

Es famosísimo por el asunto de la virginidad. En realidad es una membrana híper delgada permeable (o sea, perforada), que se encuentra a la entrada de la vagina y la cubre en parte. A veces esta telita de tejido se puede desgarrar o romper por hacer ejercicios bruscos y deja salir unas gotitas de sangre en algunas mujeres, así como durante las relaciones sexuales. Así que el rollo de que una mujer virgen debe de tener el himen intacto, no es cierto. Además para un hombre es imposible sentir si la mujer tiene himen o no.

El cuello uterino

Es como la puerta de entrada al canal que conduce a la matriz. Cuando una mujer embarazada está a punto de dar a luz, el cuello uterino se hace grande hasta que prácticamente desaparece para permitir el paso del bebé al nacer (iouch!). Sí, hay cosas que pueden doler más que perder tu smartphone.

Matriz o útero

Normalmente es del tamaño de una pera volteada hacia abajo, excepto cuando te embarazas. Sus paredes son gruesas, musculosas y súper elásticas para guardar a uno o más bebés. Por dentro están como forradas de una mucosa llamada endometrio que fija e inicia la alimentación del bebé. Cuando no hay bebé en la matriz el recubrimiento se desprende con las capas vaginales cada mes, y esto es lo que provoca la famosa y nada sencillita menstruación.

Las trompas de falopio

Son un par de tubitos flexibles que salen de la parte superior del útero y se acercan muchísimo a cada uno de los ovarios. Cada mes se encargan de transportar el óvulo liberado hacia la matriz después de la ovulación. Si en el camino se unen el óvulo y el espermatozoide, las trompas se encargan de trasladar al huevo recién formado hasta la matriz para que se fije en el endometrio.

Los ovarios

Son del mismo tamaño y forma de las almendras. Si no sabes de qué tamaño son las almendras no te preocupes, son más o menos del tamaño de… de… un ovario. Bueno ya, en serio, éstos se encargan de guardar en unas pequeñas bolsas, llamadas folículos, todos los óvulos (alrededor de unos 300 mil) que a lo largo de los años liberarás cada mes, desde la pubertad hasta la menopausia.

La glándula pituitaria (se oye rarito, pero así se llama) produce hormonas que viajan por la sangre y le echan un grito a los folículos para que liberen un óvulo maduro.

Lo cañon es que en cada uno de los miles de óvulos se encuentra toda tu información genética o ADN: color de ojos, pelo, forma de tu cuerpo, etcétera. A este proceso se le llama ovulación, y es por eso que algunas mujeres, a la mitad de su ciclo, sienten una especie de cólico pequeño o dolor en la parte baja del abdomen. En estos días puedes estar fértil. Pero en especial estás de mírame y no me toques... (el no me toques tómalo L-I-T-E-R-A-L).

No manches con la mancha misteriosa

A veces, en tus "chones" te puedes encontrar con una especie de mucosa amarilla o blanca y no sabes bien por qué aparece. Bueno, pues es normal y se llama flujo.

Este flujo es un sistema de limpieza natural de tu vagina. Por lo general notas que aparece uno o dos días antes de tu periodo. Hay dos variaciones de flujo: normal y anormal.

NORMAL

ANORMAL

Es húmedo, transparente o medio blanco y no provoca comezón. Una vez que está en tus calzones y le da el aire se puede volver amarillento.

La cantidad de flujo puede variar de acuerdo con la fluctuación de hormonas. La excitación sexual también provoca que éste aumente.

Si el flujo se hace espeso, huele feo y tienes comezón en los genitales debes ir al ginecólogo porque es probable que tengas una infección y es súper importante atacarla de volada.

Espacio para tel. del ginecólogo

Andrés... El que viene cada mes

O "Ya me bajó"

"Quiero felicitar a margarita que abre sus pétalos para convertirse en una bella flor"

¡Ah, y si ven al mesero me lo mandan de volada con unos shots, por favor!

Órale con su precopeo.

Qué importa, de todas maneras habla bien bonito.

Hay muchas formas de decirle: la menstruación, el ciclo, la regla, Andrés Rojas, el periodo, tus días. Tus tías generalmente te dicen: "Bienvenida al club". #lol

Cuando te baja es uno de los cambios internos más importantes y más significativos en tu cuerpo. De entrada, es la señal que indica que pasas a otra etapa de tu vida en la que ya puedes embarazarte (nada más ¡aguas! no te adelantes). Es el cambio que algunas personas llaman cursimente "de niña a mujer"; es lo típico que dice un padrino borracho en unos xv años, pero es cierto. Hashtag quepenita.

Como decíamos anteriormente, cada mes, a causa de la producción de hormonas de una glándula llamada hipófisis, un óvulo tuyo crece, madura y se lanza a las trompas de Falopio (Falopio no es ningún elefante). Allí puede ser fecundado por un espermatozoide durante las siguientes 12 a 24 horas.

El rollo es que, al mismo tiempo que ocurre esto, en el útero, como ya vimos, se hace un revestimiento (el endometrio) para recibir al óvulo que ya fecundado se llama huevo. Es un tipo de cuna para que el huevo caiga "en blandito". Si el óvulo no fue fecundado este revestimiento, cuna o como le quieras llamar, se empieza a desprender y produce un sangrado que se llama… ita-tán!: ¡menstruación!, o sea, ¡ya te bajó! Sí, la temida y escalofriante regla (de hecho, debería existir una regla que prohibiera las reglas).

NUEVE
datos interesantes que toda mujer a la que le baja debe saber, o lo que es lo mismo: nueve puntos que a cualquier hombre le valen.

Los nueve básicos

9

1. La menstruación se regula en dos o tres años.

2. La duración de tu periodo puede ser diferente al de tus amigas; es normal. Éste puede ser de entre dos y ocho días (de cuatro a seis promedio); lo importante es que sea regular.

3. El ciclo normalmente dura entre 21 y 35 días (28 promedio), más o menos un mes.

4. Los ciclos pueden cambiar de acuerdo con el clima, la alimentación, el estrés (como cuando estás en época de exámenes), la edad, los viajes, el subir o bajar de peso, el que estés enamorada o bien embarazada (esto último no sólo hace que la cambies, sino que hasta pierdas la menstruación). En fin, mil cosas afectan.

5. Te va a bajar por unos 40 años, con excepción de los periodos de embarazo y lactancia. Es decir, unas 400 o 500 veces en tu vida: son muchísimas, ¿no? Así que tómalo con "filosofía", calma y aprende a "disfrutarlo" (bueno, sabemos que tampoco vas a llegar a una fiesta a interrumpir la música y a decir por el micrófono: "Perdón, perdón… un momentito por favor… ¡quiero decirles que estoy súper feliz porque… porque ¡me está bajando! …y quiero que todo mundo lo comparta en sus redes. Hoy es mi noche. ¡Arránquese mariachi!") También puede ser que no te moleste mucho, además, se vale hacer berrinche, es completamente normal.

6. Tu primer sangrado puede ser café y no rojo, es normal.

7. A veces puedes notar que ya empieza o termina tu menstruación al dejar pequeñas manchas de color café en tu calzón. Si te empiezas a pelear con todo el mundo en tu casa, también puede ser un buen indicativo de que está llegando Andrés.

8. La mejor forma de saber a qué edad te puede bajar es preguntándole a tu mamá, hermanas o a tu abuelita cuándo les bajó a ellas, ya que mucho de esto es hereditario y como la adolescencia se ha adelantado por las hormonas en la comida, el entorno y varias cosas más, es probable que te baje como un año antes que a tu mamá.

9. Si ya tienes 17 años y no te ha bajado, mejor ve con tu ginecólogo a ver qué pasa.

¡Ouch! Me está bajando

El rollo es que cuando te baja por primera vez te puedes sentir incómoda, porque finalmente lo que ves es una mancha de sangre. También porque aunque calculas las fechas en que te va a bajar es como examen sorpresa: nunca sabes exactamente cuándo va a llegar.

De entrada, queremos decirte que con la regla demuestras (la primera de muchas veces en la vida) que eres más valiente que los hombres, ¡imagínate a uno de tus amigos el primer día en que le baja!, entraría muy macho al salón, con paso firme y la mirada amenazadora, como escaneando la situación, y de repente: "Ay, ay… mi panza, ay güey, me duele… ay, mi panza, mi panzita… …aaghhh. No se rían, les juro que nunca han sentido algo así. Aaaaay… ¡mami!, ¡mamita!"

En muchas familias, la primera vez que le baja a la niña parece fiesta nacional. Si la tuya es una de esas, prepárate para que 15 minutos después de haberle dado la noticia a tu mamá ya lo sepa toda la casa y algunas de sus 35 amigas íntimas. Lo peor es que tu papá se acerque a felicitarte, con el típico: "¡Felicidades mi hijita, ya eres toda una señorita!", o que te regale flores: ¡No, por favor!, te va a caer de la fregada, vas a querer decir: "Papi... si en serio me quieres, te pido de la manera más atenta que... ¡Te calleeeeeeesss, ...ah, por favor!"

La neta es que cuando tu papá te lo dice lo único que quiere es que sientas su apoyo y lo más probable es que él mismo no sepa ni cómo decírtelo, así que no te enojes.

También es pésimo que el primer día que te baja sientes que todo mundo en la calle te ve y piensa: "Mira, a esa niña hoy le bajó". ¡Tranquila! Tómalo con calma. Nadie lo piensa, nadie lo nota.

Dime qué tipo de menstruación tienes y te diré quién eres

La regla tipo suegra:
Es la que amas cuando se va y odias cuando regresa.

La regla hermano:
Todo el día te está molestando.

La regla pizza:
Es la que te urge que llegue.

La regla Dormimundo:
Te tumba en la cama todo el día.

La regla Facebook:
Todo mundo se entera.

La regla cometa Halley:
Nunca sabes cuándo va a llegar.

La regla espinilla:
Es la que molesta desde antes de llegar.

La reg...

La regla de fin de semana:
Ni se siente.

La regla chon de hilo dental:
Todo el día te recuerda que está ahí.

Síndrome premenstrual, o lo que es lo mismo síndrome "CH"

Cuando tu ciclo menstrual llega a la tercera semana el cuerpo se prepara hormonalmente para desprender el endometrio y desecharlo a través de la menstruación. Esto provoca que tengas una serie de cambios en tu cuerpo que pueden variar, desde dolor de cabeza, depresión y mal humor, hasta irritación, ganas de chillar por todo, granitos en la cara, cólicos, dolor de bubis, cansancio, pancita chelera, retención de agua, etcétera.

El coco de los síntomas premenstruales es el síndrome "CH" (léase "ché") por chípil, chillona y chocante. Este síndrome te hace caer en irritabilidad, depresión y mal humor. De hecho, en esos días a veces ni tú misma te aguantas; pero tranquila, porque si tú misma te odias o te chocas al rato tú misma, ite perdonas! Ahora, no te preocupes, puedes llorar porque tu perro no te movió la cola, porque no prende el foco del refrigerador o porque te acordaste de tu lonchera del kinder de Hello Kitty. ¡Tal cual! Tú no te preocupes.

Hay quien afirma que es precisamente en "esos días" cuando, por estar más sensible, desarrollas mejor tu creatividad, por lo que si sientes el síndrome "CH" aprovecha para escribir, pintar, oír música, hacer un video para tus redes, meditar o ya de perdis mandarle un comment súuuper romántico a tu galán (de esos que todo el mundo comenta).

Aunque tus amigas y tu novio puedan comprenderte, es un poco difícil porque no saben qué día te toca (como tampoco andas con un anuncio en la cabeza de "ya me bajó"), entonces, de repente se preguntan: "¿Qué le pasa hoy?" Platícales que traes el síndrome "CH" y lo entenderán mejor.

Si tienes novio, díselo de alguna manera y ubica que él jamás ha sentido esto. Si los dos ponen de su parte evitarán muchos enojos y resentimientos. #tengosindromech #niteacerques

El cólico

El cólico es un dolor en la parte baja del abdomen y algunas veces da la vuelta hasta la parte baja de la espalda. ¡Generalmente es perrísimo! Esto se debe a que los músculos del útero se contraen para eliminar el flujo menstrual. Duele, pero cada vez es más fácil de controlar. También puedes sentir cólico en el momento de la ovulación, entre 10 y 15 días después de que te bajó.

A algunas mujeres súper rifadas les pasa desapercibida esa etapa y no tienen ningún síntoma; para otras, el síntoma puede ser desde un dolor light antes y durante los dos primeros días en que les baja hasta ser insoportable y mandarlas knock-out a la cama.

Hola... mi nombre es CÓLICO

Y me apellido TODO EL DÍA

¿Cómo aliviar el cólico?

Existen algunas pastillas buenísimas para alivianarlo. Algunas que te pueden servir son Sincol, Paracetamol o Advil, pero si está muy heavy el dolor puedes usar Buscapina. Siempre debes preguntarle a tu mamá o a tu doctor antes de tomar cualquier medicamento porque puedes ser alérgica.

Puedes descansar con una bolsa de agua caliente sobre el abdomen, o frotar las manos para calentarlas y ponerlas en el vientre. También hay parches que se pegan, los pones en el chonino y se conservan calientes por doce horas, inclusive ya hay un calzón llamado Thermo Panty que tiene una compresa de gel que se calienta automáticamente cuando la activas, para que te aliviane cada vez que estés en tus días.

Checa

Estas cosas evitan los cólicos:

- No levantes cosas pesadas ni te quedes parada mucho tiempo.

- Bájale a las grasas, los condimentos y las carnes rojas.

- Haz ejercicio para mejorar tu circulación (leve, el crossfit y el TRX no son las mejores opciones).

- Bájale a la sal, al azúcar, a la cafeína y al alcohol.

- Come más verduras y carbohidratos.

- No te claves en la cama, trata de seguir tu vida normal.

- Tómate dos gotas de "aguantitis"; o sea, "aguántate". Éste es el método más barato pero menos recomendado.

Con amarillo pusimos lo más importante

(⊖⊖⊖ o sea todo)

Come frutas y verduras

En estos días también es normal sentir las bubis mucho más sensibles e hinchadas. Para evitar mayor dolor en este caso aléjate de cualquier amigo torpe que tengas, porque es la Ley de Murphy y en esos días se tropiezan con tus bubis cada dos segundos y creen que el dolor se quita con un chistosito "iay, perdón!"

Otro síntoma premenstrual puede ser un dolor de cabeza que te quieres morir, además del cansancio y a veces dolor de espalda. Con todos estos síntomas te puedes sentir fatal, pero no te preocupes; conforme más veces te baje aprenderás lo que puedes hacer para controlar el dolor y sentirte mejor.

Cuando te baja por primera vez debes ir al ginecólogo para que te revise. Anota en un calendario las fechas de cada menstruación, los días que dura y cuándo tuviste cólicos para que lleves un control. Estos datos son muy importantes para el ginecólogo ya que hay mujeres cuyo ciclo menstrual es de 24, 28 o 30 días, y otras son completamente irregulares. Hoy en día existen muchísimas apps buenísimas para llevar tus días sin que te hagas bolas, hasta te avisan cuándo te toca o si ya te pasaste y tienen mil herramientas. Te recomendamos Period Tracker, Clue, Diario del Periodo Lite y Period Plus.

Protección: toallas contra tampones

La mayoría de las niñas usan toallas protectoras; a otras les laten los tampones, mientras que algunas usan una combinación de los dos. En realidad, es cuestión de gustos y de lo que a ti te acomode.

Existen muchos diseños de ambos. Sin embargo, algunos doctores sugieren no usar tampones o toallas con desodorante pues aunque huelen muy bonito pueden provocarte alergia. ¡Aguas!

Si te decides por las toallas es importante que te la cambies cada tres o cuatro horas. Cuando lo hagas, envuelve muy bien la usada en el plástico de envoltura de la nueva toalla que vas a usar, o si no con papel de baño; después tírala al bote de basura y no al escusado. Nunca dejes una toalla sin envolver en el bote de basura, se ve muy mal, da muy mala impresión y la persona que entre después sabrá que fuiste tú.

Al principio, por la falta de costumbre puedes sentirte un poco incómoda, como si trajeras puesto un pañal. No te preocupes, de volada te acostumbras.

¡Qué oso! ¿Me puede dar unas... toallas?

La primera vez que compras toallas, ¡te da la peor pena del mundo! Las pides quedito para que nadie te oiga y como el señor no te oye te dice: "¿Que le dé queeé?" ¡Ash! Ya que por fin te entiende te las puede dar envueltas o en una bolsa de plástico transparente: si es así, ¡te quieres morir! Sientes que en la mano traes una bomba atómica y que el señorcito de la farmacia está pensando: "Mira, hoy le bajó a esta niña". Para nada, a él le vale.

También, cuando vas al súper tomas las toallas para meterlas al carrito y parece que están hirviendo y que te queman; las avientas y volteas a ver si alguien te vio. Casi casi parece que en lugar de comprarlas te las estás robando. Relájate, al principio es normal, después hasta las vas a pedir "con alitas, sin alitas, nocturnas, diurnas, con manzanilla, con aloe", en fin (al rato va a haber de vainilla con chispas de chocolate). Pero si tu mamá te las compra te ahorras todo este relajo.

¿Cuántos necesito?

Al principio vas a querer usar todo un paquete de toallas en un día. Con el tiempo vas a encontrar la medida aproximada de cuántas necesitas según tu flujo. Como dijimos, hay que cambiarlas cada tres o cuatro horas para que te sientas limpia, no huelas mal o manches la ropa. Aquí sí aplica la frase: "No manches".

Los tampones me dan terror

Los tampones son unos tubitos de algodón comprimido que se insertan dentro de la vagina para darte protección interna; además tienen un cordón para que los puedas sacar sin bronca. Por lo tanto, no les tengas miedo. Al imaginarte cómo se ponen te puede parecer una película de terror, pero la verdad no es tan tétrico como parece.

Lo bueno, lo malo y lo feo de los tampones

Aunque son muy prácticos e inofensivos, a algunos ginecólogos no les laten mucho los tampones. Esto es por los químicos que pueden destruir las defensas vaginales e irritar las paredes de la vagina. También por el riesgo de contraer una enfermedad llamada síndrome de shock tóxico que le da de 5 a 10 mujeres entre 100 mil que los usan. Es importante que sepas que lo provoca una bacteria maligna que puede desarrollarse cuando no te cambias con frecuencia el tampón.

Los síntomas son calentura repentina, náuseas, vómito, diarrea, dolor de cabeza, mareo, dolor de garganta y dolor muscular; la piel de las manos y los pies se descama y se pone roja, como si te hubieras quemado con el sol.

La mayoría de las mujeres que los usan no tienen ninguna molestia, pero si llegaras a tener alguno de estos síntomas quítate el tampón y ve al doctor de inmediato.

La primera vez que te pones un tampón sientes rarísimo y te tardas mil años: es normal. Sigue las instrucciones de la cajita y ahora sí que "flojita y cooperando". Una vez colocado el tampón ni se siente.

Hay de varios tamaños y tipos, son seguros y no se caen ni se pierden en el cuerpo. Busca lo que te acomoda; por ejemplo, hay algunas niñas que usan toallas para actividades normales y tampones para nadar. (Advertencia: esto no significa que si no sabes nadar y usas tampones ya la hiciste.)

Evita riesgos

La voz de los grandes expertos...

Lávate las manos antes de ponerme y quitarme

Cámbiame con frecuencia

Nunca me uses si vengo sin envoltura

No te duermas conmigo

¡Qué nervios! Mi primera visita al ginecólogo

Como cualquier otra parte de tu cuerpo, tu aparato sexual necesita estar súper sano. Un ginecólogo es un doctor que ha dedicado todos sus estudios para mantener muy bien esta zona del cuerpo de las mujeres.

A veces, pensar que un hombre va a entrar a un terreno tan íntimo te puede parecer terrible, pero acuérdate que la mayoría de los ginecólogos son muy profesionales y serios. Saben que sin importar la edad que tengas es una situación delicada. Cuando te tocan lo hacen con todo el cuidado del mundo. Aunque la mayoría son muy profesionales puedes encontrarte con alguno que no lo sea y que no te sientas a gusto con él. Si te pasa este rollo coméntalo con tu mamá o alguien de confianza y no vuelvas a ir. Ahora, si de plano no te late la idea de que sea un hombre, también existen ginecólogos mujeres.

¿Cada cuánto tengo que ir?

Las visitas al ginecólogo son por lo general como las vacaciones de verano, o sea, una vez al año. Para conseguir uno pregúntale a tu mamá o a una tía de confianza, o busca uno en el sector salud o en un hospital privado.

¿Qué me van a hacer?

Cuéntame tu historia... pero tu historia clínica: cuando el doctor te va a hacer la historia clínica no significa precisamente que te va a contar un cuento; más bien, tú eres la protagonista de la historia y va a escribir en tu expediente si tienes alguna enfermedad, alergia, operación y si tomas medicamentos. Te va a preguntar la fecha del inicio de tu menstruación, su frecuencia, duración y la pregunta del millón: ¡¡¡prrrrrrrrrrrrr!!! (esto es un redoble de tambor, aunque no parezca) si tienes o no tienes relaciones sexuales.

Es muy importante que le contestes la verdad para que sepa qué onda contigo. Si tienes algo que decirle y no quieres que escuche tu mamá, tranquila, muchos doctores te piden que pases sola a la exploración para que puedas hablar sin broncas. Si no, márcale después por teléfono al doctor porque puede ser que no lo sepa tu mamá, ¡pero ni de broma se lo escondas al doctor! Ahora que si tu papá es ginecólogo y él te va a atender pues tienes de dos: o le platicas lo que haces con tu novio en el cuarto de la tele o cambias de médico.

La exploración

Te van a hacer pasar a un cuarto privado donde te van a dar una bata desechable para que te quites toda la ropa o bien de la cintura para abajo, dependiendo de lo que el doctor quiera auscultar. Procura que tu cita sea a la mitad del ciclo menstrual para facilitar la revisión. Por lo general, a todas las mujeres les incomoda el rollo de la exploración, pero pasa rápido y después te acostumbras o te resignas.

La revisión de las bubis

El doctor tocará en forma circular tus bubis para verificar que no exista alguna bolita anormal. También examinará tus axilas y pezones y te enseñará una técnica para que apliques el "hágalo usted mismo", y tú sola te des una revisadita una vez al mes.

El momento incómodo ¿Hace Cuac?

Después, es probable que te pida que coloques tus pies en los estribos. El doctor se pone unos guantes de látex y observa de cerca tus genitales externos para comprobar que no haya alguna anormalidad; en este momento quisieras oler al último perfume Channel, así que mejor ve lo más limpia que puedas.

Después viene la fabulosa experiencia del "espéculo". Éste es un aparato de plástico o metal (también le dicen "pato", aunque lamentablemente no tiene nada que ver con el Pato Donald o el Pato Lucas). Es mucho menos amigable y sirve para separar las paredes de la vagina y observar que en el interior que no haya "rojeces", inflamación o flujo anormal. No te asustes, aunque es incómodo no duele y, como dice el dicho: "A todo se acostumbra uno"... hasta al pato.

El papanicolau... el papa ¿qué?

Aunque esto parece el nombre de una danza maya, en realidad es un estudio muy importante. El doctor va a introducir una especie de Q-tip largo y lo tallará en el cuello del útero para tener una muestra de tejido que mandará a analizar. Suena más molesto de lo que realmente es. El papanicolau sirve para comprobar que no haya células precancerosas o cancerosas. El cáncer cervical es curable si se detecta en sus inicios, por eso es importante que tengas una revisión médica cada año.

El tacto

Una vez que retira el pato, el doctor se pone un guante estéril y lubricado e introduce uno o dos dedos por la vagina, mientras que con la otra mano toca tu abdomen bajo para revisar tus órganos. Por medio del tacto y con presión, el doctor puede sentir el tamaño, forma y posición de tu útero, ovarios y trompas de falopio y asegurarse de que todo esté bien. Esto se puede sentir medio raro pero no molesta. Si te duele dile al doctor.

Debes saber que en tu primera cita no necesariamente te harán el servicio completo; va a depender de lo que necesites.

Una vez que te vistas y regreses a sentarte al consultorio, puedes hacerle todas las preguntas que quieras al doctor. Acuérdate que no hay pregunta tonta.

Tips para antes de tu cita

⭐ Anota en tu agenda o en tu app los días de tu menstruación para que le puedas contestar al doctor cuando te lo pregunte y no pongas cara de *what?*

⭐ El día de la consulta lávate bien los genitales; si es por la tarde cámbiate de ropa interior para que estés lo más limpia posible. No te hagas lavados vaginales porque pueden afectar la flora bacteriana y alterar los resultados de los análisis.

⭐ Depílate las piernas y las axilas para que te sientas más cómoda y no vayas a espinar al doctor.

⭐ No olvides ponerte desodorante.

⍟ Si ya tuviste relaciones sexuales y te da miedo preguntarle a tu mamá, con toda confianza pregúntale al doctor tus dudas; quédate tranquila, él no se lo va a decir a nadie.

⍟ Como ya dijimos, si en algún momento sientes que el doctor no te trata con respeto cambia de inmediato de médico; no tienes ninguna obligación de quedarte con él.

Y sobre todo, relájate, relájate, y relájate; es más simple de lo que te imaginas.

Las señales que manda tu cuerpo

PICA

ARDE **HAZME CASO** **DUELE AQUÍ**

Tu cuerpo te manda señales de inmediato para avisar cuando algo no anda bien. Si notas cualquiera de los siguientes síntomas es momento de ir a ver al doctor:

- Comezón, enrojecimiento, picazón, llagas o verrugas en los genitales.
- Olor vaginal fuerte o flujo diferente de lo normal en color y textura.
- Dolor, ardor o comezón al hacer pipí.
- Orinar con sangre.
- Algún problema con la menstruación como cólicos exagerados, ciclos súper irregulares o mucho sangrado.
- Si sientes alguna bolita en el pecho que no habías notado antes.
- Si no te baja por más de 40 días.

Mi piel

¿Por qué me salen estas cosas?

La piel es tu órgano más grande. Durante la adolescencia, las hormonas provocan cambios en todo tu cuerpo y especialmente en tu piel. Los odiados granitos pueden aparecer en la cara, en la espalda o en el pecho y lo peor de todo es que les encanta aparecer el día que vas a salir con el niño que te gusta.

Más que "granitos" son "GRANOTES"

Los poros contienen glándulas sebáceas que fabrican un aceite llamado sebo para lubricar tu cabello y tu piel. Cuando produce la cantidad necesaria no hay ningún problema, pero si produce más de lo normal y se combina con las células muertas entonces sí está cañón porque los poros se tapan, se inflaman y ¡tarán!, aparecen los puntos negros, los blancos y los granitos. Si los granitos se infectan con una bacteria se ponen súper rojos y tienen la cabeza blanca y pus, ¡y pus no te va a gustar!

En la cara, esta producción de grano indeseable generalmente se concentra en la zona "T" que cubre la frente, la nariz y el mentón. Ahora cuida que la letra "T" no se convierta en la letra "O", porque entonces vas a tener granos en toda la cara.

Vas a ver que algunos días de tu periodo te salen más granitos. Esto es por el aumento de la hormona progesterona que tu cuerpo produce después de la ovulación y antes de la menstruación (como si no fuera suficiente estar de malas cuando te baja).

Otra cosa que estimula la secreción de hormonas es el estrés y la ansiedad. Por eso en época de exámenes tu piel no está en su mejor momento, al igual que cuando estás muy nerviosa porque vas a salir con algún niño.

Los cuidados básicos

- Primero: aquí sí aplica la regla típica de los museos, o sea: "No tocar". ¡No te los toques ni por error! Si te los tratas de exprimir porque en la noche tienes una fiesta y se te ven horribles, lo único que vas a lograr es que se pongan más rojos, se noten más y que cuando llegues a la fiesta en lugar de fiesta de xv años, parezca que llegaste disfrazada al Halloween de tus vecinos. Cuando fuerzas la grasita a salir sin que esté madura puedes dejarte cicatrices permanentes en la piel.
- Todas las noches antes de acostarte limpia súper bien tu cara con un jabón o crema especial para tu tipo de piel. No uses cosas abrasivas que pueden irritarla pues pueden causar más acné, ni uses toallitas que estén más duras que la fibra con la que tu mamá lava la estufa.
- Para secarlos ni la secadora del pelo sirve por más caliente que eches el aire; tampoco funciona meterte a la secadora de ropa: saldrías medio seca, pero eso sí, muy mareada. Para secarlos puedes aplicar ingredientes tipo peróxido benzoico que mata las bacterias y aminora la producción de sebo. Ése sí es un agente secante.

- También puedes aplicar productos hechos con base de ácidos alpha hidroxy (aha), que encuentras en un buen de productos y son buenos para tratar acnés sencillos. Éstos son ácidos que se derivan de las frutas y de la leche; pero que la leche ayude no significa que los granitos se te quitan si te inyectas tu Choco Milk en la pompa izquierda, de hecho ni aunque te lo pongas en la derecha.
- Evita comer alimentos muy grasosos como chocolates, cacahuates, etcétera, y procura tomar mucha agua para eliminar las impurezas y limpiar la piel.
- Sustancias hechas con base de Retin-A contienen derivados de vitamina A, pueden ser muy efectivas y dejarte la piel súper suave y tersa. Te sugerimos usarlas sólo si te las receta el doctor, ya que pueden tener contraindicaciones.
- Las mascarillas naturales como la de toronja con clara de huevo, la de yoghurt con miel, la de barro natural o de marca pueden ayudarte. Otro tipo de mascarillas con las que podrás eliminar el problema son las de luchador tipo la del Santo: no te quitan los granos, pero nadie te los va a ver.
- Usa siempre un filtro solar por lo menos con protección 15, aunque te quedes en la ciudad y no necesariamente estés tomando el sol… pero si manejas el Acapulco en la azotea usa uno del 30 o más.

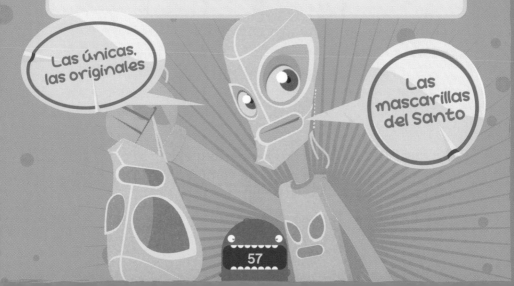

Las únicas, las originales

Las mascarillas del Santo

Aquí hay algunos productos que sin necesidad de prescripción médica te pueden aliviar un poco:

MEJORE SU CARA

MEJOR QUE LOS REMEDIOS DE LA DOÑA LUPIS

SÚPER JABONES

- ACUNOL
- CETAPHIL
- NEUTROGENA (según tu tipo de piel)
- CLEANANCE (AVÉNE), gel purificante
- EFFACLAR (LA ROCHE-POSAY), gel purificante

RETIN-A:

- RETINOL DE NEUTROGENA

  NOTA: Pueden ser irritantes, especialmente si te pones al sol.

AHA'S:

- PIEL GRASA: GLICOLIC, loción
- PIEL SECA: GLICOLIC, crema, EFFACLAR K, crema
- OTROS: CLEANANCE K, crema, KERACNYL, crema

  NOTA: Escoge uno de estos últimos tres y aplica una capa delgada por las noches.

PRODUCTOS WOW

PRUEBE SIN COMPROMISO

PERÓXIDO DE BENZOILO:

- Benzac 2.5% gel
  Benoxyl 5% gel

Nota: No uses concentraciones mayores porque te puedes quemar. Aplica una capa delgada, de preferencia en las noches. Si tienes muchos granitos puedes usarlo máximo 2 o 3 veces al día.
OJO: En algunos casos puede causar irritación. Es básico leer el instructivo antes de aplicarlo. También puede haber personas alérgicas.

HIDRATANTES:

- NORMADERM: (VICHY), crema (dos veces al día)

En caso de que estos productos no mejoren tu piel y literalmente la cara se te caiga de vergüenza ve con un dermatólogo, ¡ya!

Capítulo 2
Quiúbole con...
mis RELACIONES
¿Cómo consigo que se fije en mí?
¿Qué les pasa a los hombres?
CORTAR o no CORTAR
Dating Online
EL FREE
mi novio FORMAL
mis GALANES y CRUSHES
mis AMIGAS #BFF
Me le doy o no me le doy
mi CEREBRO y SU CEREBRO

Los Hombres

El ligue

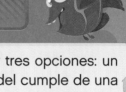

¡Es viernes! Nos urge salir, ¿dónde?, hay tres opciones: un antro nuevo que se pone irreal, la fiesta del cumple de una amiga con música en vivo jajaja #coachellawannabe y un precopeo en casa de Pato que no sabemos dónde termine.

Les digo a Lau y a Camila, y obvio decidimos... el antro, nos vemos en mi casa para arreglarnos. Nos queremos ir temprano pero ninguna suelta su celular, mensajitos con nuestros "amigos", selfies, redes sociales, checando posts para ver qué nos ponemos, editamos fotos para subirlas, en fin, se nos va hora y media, jajaja.

Nos cambiamos de ropa mil veces y no nos vemos guapas, sino lo que le sigue, nos vemos como 15 centímetros más altas y copa y media más arriba, noche rifadísima.

Llegamos al antro, obvio en UberBLACK, resultado, hay dos o tres zorras en la entrada que nos matan con la mirada, ¡sorry!... está lleno de güeyes guapísimos, amo que se vean marcaditos, hay buffet. ¡Gracias Dios!

Vemos como todos nos ven, menos uno que está en la esquina con camisa blanca, ya lo he visto varias veces y siempre ha sido mi crush, es el que más me gusta pero está platicando con un amigo y ni nos pela, platica de chiles #megafail, nos paramos en la barra, pedimos un drink uuuurgente y nos reímos como locas de cómo nos voltean a ver todos los hombres, no les da ni un poquito de pena.

Diez minutos y se acercan tres güeyes diferentes a querer platicar, ¿es en serio?, ¿no tienen respeto propio? Son lanzadísimos y les vale, literal van a ver qué agarran, no nos gustaron así que les dimos cortón desde el segundo uno.

¿Por qué nunca se acerca el que quieres?, ¿les pasa lo mismo a los hombres? Esa noche todas tenemos uno que nos encanta pero están en su pedo. Cuando menos lo imaginamos uno guapísimo viene caminando hacia nosotras, nos sonríe, parece modelo, está a tres metros, jajaja tengo un GPS integrado a la hora de ligar, pero llega el primo de Camila y se pone a platicar con nosotras, el bombón que venía caminando se da la vuelta y se va. ¡No mames!, vete, vete, vete, tu no, tu no... ¡el primo!

Total que se queda el primo con nosotras platicándonos de no sé qué estupidez de unos videos de internet que me dan lo mismo, es un teto, hasta los nombres de los sitios nos está recitando; dude, no me importa tu cara de perrito en el Snapchat, nos estás espantando a todos.

¿Es en serio? Llevo dos horas aquí, traigo mi mejor outfit, me veo buenísma y nada. Me voy al baño con Lau, dejamos a Camila con su primo; ¿quieres mucho a tu familia?, pues chíngate tú.

En el camino al baño nos cruzamos con unos amigos, uno normal y otro bastante bien, traen dos drinks para nosotras (¡wow! adoro a los hombres con iniciativa), el guapo se pone a platicar conmigo, ¡yes!, pienso: a ti te andaba buscando jajaja, los dos son muy chistosos.

El guapo se llama Alex, platicamos de puras estupideces pero no nos paramos de reír, me cae perfecto, me hace Hi-5 y cuando le pongo la mano cruza sus dedos con los míos, que rico, está cerquitita de mí y ¡le vale!, y a mí también.

Me llega una alerta de WhatsApp, y ni la abro, sigo platicando con "Mi Alex" y vuelven a sonar, no chinguen por favor estoy ocupada, el DJ le sube durísimo a la música y Alex aprovecha para hablarme cerquita del cuello, me estoy derritiendo, mi celular vuelve a vibrar, ¡Fuck!, ¿quién carajos es?, abro el mensaje sólo para que deje de sonar, es un tal Pepe que no conozco, que flojera, ahorita no gracias, abro su foto de perfil por puro reflejo, nooo, es el niño de la camisa blanca que me encanta, lo volteo a ver y me sonríe, ¿cómo consiguió mi teléfono?, ¿cómo sabe que me gusta?, le pongo una emoji de sopresa y me pregunta ¿estás ocupada? No lo puedo creer, ¿qué hago? hace 15 minutos estaba más sola que una ostra y ahora tengo dos pesos completos a mi disposición, ¡Help!...

- ¿Estás ocupada?
- Maso
- ¿Con quién estás?
- ¿Quién te dio mi teléfono?
- Te ves preciosa
- Tú no
- ¿Te salvo?
- Jaja, no gracias

¿Con quién chateas?, me pregunta Alex. Con nadie le contesto, guardo mi cel, Alex se vuelve a acercar a mi cuello a decirme algo y siento que me toma la mano pero... ¡No es Alex, es el de la camisa blanca! Pepe me agarra fuerte de la mano y me jala, le dice a Alex, "perdón es mi novia" y me lleva al otro lado del antro, Alex se queda parado sin moverse, Pepe no me suelta y yo no puedo ni abrir la boca de la impresión.

Pepe me pregunta "¿por qué nunca me pelas?"

Paula
17 años

¿Qué es el ligue?

El ligue, como Paula nos platica, es un cambio de señales interminable que una pareja comparte; o lo que es lo mismo, es cuando a dos personas se les salen las hormonas casi casi por las orejas.

El ligue es súper divertido; de hecho, deberían convertirlo en deporte nacional: ¡ahí sí, los mexicanos ganaríamos muchas medallas!

El asunto es que a veces lanzas una señal y te la rechazan. Después vuelves a mandar otra con más fuerza, esperando que esta vez San Antonio y el Santo Niño de Atocha te hagan el milagrito. Pero si ese milagrito hace un rato que no se te cumple, no te desanimes y checa las cinco etapas del ligue. Pon mucha atención en este capítulo porque con inteligencia, si te aplicas, te puedes volver una experta y ligarás hasta con los puros ojos, sin que los hombres se den cuenta.

Fases del ligue, dating o como le quieras decir

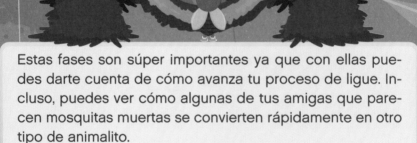

Estas fases son súper importantes ya que con ellas puedes darte cuenta de cómo avanza tu proceso de ligue. Incluso, puedes ver cómo algunas de tus amigas que parecen mosquitas muertas se convierten rápidamente en otro tipo de animalito.

Ahora que, si mandas y recibes millones de señales, y cuando el niño se pone frente a ti y te dice con voz profunda: "Hola, ¿cómo te llamas?", tú te apanicas y te sales casi casi por la puerta de emergencia, no te preocupes, no es miedo... es ¡pavor! Pero entre más sepas del ligue más rápido lo dominarás. Aquí te enseñaremos a recibir desde un like hasta una propuesta de matrimonio. 💍

Fase 1. Captar la atención

Primero, los hombres y las mujeres marcan su territorio, como perritos frente a un árbol; ya sea en una fiesta, en un antro o hasta en Starbucks pueden marcar su territorio mediante una mesa, una silla o una esquinita de la pared para recargarse (por alguna razón que la ciencia aún no ha podido explicar, a los hombres les encanta hacer ésto). Una vez con el territorio marcado, fíjate muy bien cómo, si están en el ligue, empiezan a hacer este tipo de cosas…

Se estiran, se paran derechos con los hombros para atrás, meten la panza, se ríen a todo volumen, exageran los movimientos del cuerpo.

Enfatizan más el movimiento de la cadera, se empiezan a hacer churritos en el pelo con sus dedos, se ponen rojas, levantan la ceja, se toman selfies con Duck Face y sonríen.

LOS HOMBRES

LAS MUJERES

Fase 2. Reconocimiento

El contacto visual es básico pues define el futuro del ligue: La persona observada, como vimos en el caso de Laura, puede responder de tres maneras:

● Sonreír o hacer evidente que cruzan miradas (casi todas las mujeres usan la técnica "cachorrito", o sea, sonríen sin abrir la boca y mueven la cabeza hacia un hombro, tiernamente). En este caso, si el galán está muy cerca, dirá para sí el típico "imi vidaaa!" y después tratará de platicar contigo. Si está lejos, girará su cuerpo hacia donde tú estás para acortar corporalmente la distancia y el juego de miradas podrá seguir un rato, hasta el momento de platicar (si él giró el cuerpo, significa que iel ligue va bien!). Existen algunos miedosos que después de verte toda la noche se van como si no hubiera pasado nada y se conforman con stalkearte en todas las redes. En estos casos, no te preocupes, lo que pasa es que ese niño es muy inseguro o tímido, así que él se lo pierde y tú te lo ahorras (y su papá paga un plan de internet enorme).

- Desviar la mirada: En este punto, si te intimida la mirada del tipo, automáticamente harás lo que se llama "gesto de desplazo", lo que significa que estás en el juego pero quieres desviar su mirada a otra cosa; entonces, puedes peinarte, jugar con tu bolsa, meterte a Instagram (aunque tu celular ya no tenga pila), sacar tu cartera para dizque buscar algo, ajustarte la blusa, tocarte la oreja o tomarle una foto artística al salero para subirla, en este caso lo que tu cuerpo dice es: "Sí me gustas, pero como no puedo aguantarte la mirada, hago algo para que no me dejes de ver". Ahora que, si no te gusta el monito, le das la espalda y bye, bye. Esto se conoce como el "gesto de ya me fui…"

- Planea tu estrategia. Cuando tienes claro que a la que está viendo es a ti (y no a la modelo de junto), entonces debes pensar qué vas a hacer para que él se acerque; o sea, busca la forma de tener un encuentro casual. (Para más detalles, consulta el plan B de la página 89).

Fase 3. Hablar

Generalmente, la plática empieza con frases poco significativas o halagos: "Se pone bien aquí, ¿no?" "¿Cómo estás en Facebook, Twitter, Snapchat, etcétera?" "¿No conoces a…?" (esa frase es la más típica y tonta de los hombres, sin embargo funciona), "¡Qué bonitos ojos tienes!" (a veces están tan embobados que te lo dicen aunque traigas puestos lentes obscuros), "¿Con quién vienes?" "¿Ya habías oído tocar a ese DJ?", en fin.

El hecho es que te dicen algo que necesita una respuesta para abrir el canal de comunicación. Esta plática se diferencia porque hacen la voz más suave, en tono más alto y como cantadita. Es muy importante el tono con el que se dicen las cosas. Un ejemplo básico es la típica niña que habla con una amiga por celular y al ver que tiene una llamada en espera de su galán, le dice a su amiga: "No güey… cómo crees güey, a ese lugar va pura zorra de cuarta", e inmediatamente le contesta al galán, y cambia el tono de voz: "Hola bebeeeeeé, ¿cuánto me quieres cachorritoooo?"

Aunque te parezca increíble, tu voz revela tu intención, tus emociones, tus antecedentes, tu educación, y si te tomas unas cubas extra, hasta tu estado etílico.

Gaaaallo advertencia

La voz puede atraer o repeler de inmediato al sujeto ligable. ¡Cuida que no se te salga un gallo!

• Fase 4. Tocar

Después de esto, llega un momento súper interesante: el contacto físico. Comienza con lo que se llama "claves de intención". Como que no quiere la cosa nos inclinamos hacia la persona con la que estamos ligando. Pon atención y fíjate cómo acercamos el pie o el brazo al pie o al brazo de la otra persona.

Por insignificante que este contacto sea, lo sientes hasta… el intestino delgado. Es como si la piel de los dos tuviera sensores láser, y en ese momento grabas cada contacto en el disco duro de tu cerebro. Lo que es muy típico, es que cuando te sientes con un poco más de confianza, hasta le dices: "¡Ay, qué chistoso!", y le pegas en el brazo, y ya un poquito más aventurera le tocas varias veces la rodilla como recargándote. Por otro lado, a los hombres les cuesta mucho trabajo tocar (aunque su cuerpo se los suplica-implora), lo típico que hacen es tomarte de los hombros y como que te dirigen hacia donde vas. No importa si la puerta del lugar esté en frente de ustedes, su cuerpo, con tal de tener contacto físico con el tuyo, te dirige como perro lazarillo (bueno, unos no tienen nada de lazarillos y sí mucho de perros). En fín, aunque estos contactos son casi imperceptibles a la vista por su rapidez, son súper importantes porque el otro, aunque se haga el que no se da cuenta, ¡claro que lo nota!

Como te decíamos, si la otra persona corresponde con una sonrisa, se inclina hacia delante, te empieza a tocar (de forma casual) más de lo normal, o te toma de los hombros, ¡estás lista para la quinta etapa del ligue! Pero si él, para corresponder, se avienta sobre ti ¡aguas! porque está muy prendido o te estás ligando un experto en lucha libre.

Si, por el contrario, de plano no hay respuesta de su lado, no te preocupes, a veces algunos hombres son muy poco aventados, o están en otro canal y no quieren ligar.

Fase 5. Sincronía del cuerpo

O lo que es lo mismo
"me gusta copiar ¿y qué?"

Esta fase es chistosísima porque conforme los dos se sienten con más confianza, empiezan a hacer los mismos movimientos. Primero, se alinean de manera que los hombros

68

de los dos quedan frente a frente. Si no, checa y verás. Este movimiento puede darse antes o durante la plática. Después, si él toma un vaso, tú lo haces al mismo tiempo, si uno cruza la pierna, el otro hace lo mismo, si uno se mueve a un lado, el otro se mueve de la misma forma. Haz de cuenta que están bailando una coreografía, ¡y todavía no ponen ni la música! Si están perreando ya no es ligue, es otra cosa.

Aunque el verdadero amor es mucho más complejo y profundo, este rollo del ligue es el paso inicial, y si no se maneja de manera inteligente, puedes perder a tu próximo novio en sólo... cinco etapas.

TOMA NOTA:

- Cuando un hombre quiere llamar tu atención, empieza a hablar más alto de lo normal para que notes su presencia.
- Una táctica básica de una mujer cuando liga es empezar a mirar tímidamente y a esconder la cara con sonrisitas.
- Cuando se cruzan las miradas el momento es definitivo; si te corresponden, el ligue comenzó, pero si no te vuelven a ver... ¡muchas gracias por participar! Regresa al mundo de los views.
- La voz en el ligue es importantísima. Es más importante el cómo se dice, que el qué se dice.

HB 2

Enfermedad "Nomepelan aguda"

también conocida como síndrome de no ligo nada.

69

SÍNTOMAS

UNO
Crees que cada vez que sales con alguien la riegas en algo.

DOS
Consideras que el novio de tu amiga está mal proporcionado (o sea, te lo deberían de propocionar a tí).

TRES
Has llegado a pensar que eres una súper heroína, nada más que te tocó ser "la mujer invisible".

CUATRO
Lejos de sentirte bonita, te sientes fea.

CINCO
¡Tienes mucho éxito! Pero con los niños más feos que conoces.

SEIS
Entre más te maquillas y peinas, sientes que pareces más a un payasito dominguero.

Si no tienes suerte en tus primeros intentos de ligar...

No te preocupes, sólo tienes "nomepelan aguda" y nosotros te vamos a recetar la medicina adecuada.

El rollo de sentir que no te pelan es muy común, y aunque crees que estás sola en ese mar de lágrimas, no te preocupes; hay muchísimas niñas que tienen el mismo problema pero no te das cuenta, porque tampoco se la pasan gritando: "!Tengo 'nomepelan aguda'! ¡Me recetaron 2 cucharadas de besos de Taylor Lautner, un apapacho y medio de Channing Tatum y 5 gotitas cada 12 horas de Zac Efron! ¡Una ambulancia por favor!"

Cuando tienes un buen rato sin que ningún niño se interese por ti, quisieras que en las tiendas donde rentan smokings también rentaran novios, y te encantaría llevarte uno solamente para sentirte mejor y demostrarte que no estás tan mal, o ya de perdis para que tus amigas te vean (ondita tipo chambelán por hora).

Ojo, cuando pasas por esto puedes sentirte como una tonta si llegas a hablar con un niño, o empiezas a cooperar más en el rollo sexual con tal de que te haga caso. Incluso, algunas veces hasta analizas palabra por palabra la última conversación (que sólo duró un minuto y medio por mensajitos) para ver en qué la regaste o qué dijiste mal.

En fin, todo esto te lleva a sentirte triste y confundida, te preguntas qué es lo que los niños no encuentran en ti, y cuando piensas así sientes un hoyo horrible en el estómago; de hecho, cuando ves al tipo platicando con otra, puedes llegar a sentir odio. En fin, es una mezcla de coraje, tristeza, desesperación y vacío. ¿Ya sabes?

Ninguna persona vale únicamente por su apariencia física. Es verdad que existen niñas que parece que físicamente les tocó todo y no tienen este problema. Eso es real, pero recuerda que aunque ellas no tienen ese problema, tienen otros.

Lo importante es que estar gordita, no ser tan guapa, tener muchos granitos o tener una nariz muy grande, no es la razón por la que los hombres no se acercan.

Lo que realmente hace que un hombre no se acerque es la falta de seguridad de una persona, la falta de amor por uno mismo; en otras palabras, la poca confianza que tengas en ti.

Los hombres se dan cuenta de eso inconscientemente y no se acercan. Seguro has escuchado el típico caso de alguien que no tenía novio o novia y nadie se le acercaba, pero cuando empezó a andar con alguien le llovieron pretendientes y tenía mil solicitudes nuevas en sus redes. Bueno, esto es completamente real y sucede precisamente porque cuando alguien tiene novio/a se siente más seguro pues ya no tiene que buscar a nadie, y los demás notan esa seguridad y se acercan a ligar.

Lo que debes hacer cuando te sientas así, es simplemente buscar esa seguridad en ti. La gente vale por lo que es como persona, no por cómo se ve. Por eso, muchas veces encuentras a niñas cero guapas que andan con unos súper galanes: esto es porque ellas saben quiénes son, las virtudes que tienen y lo que valen.

Hicimos una encuesta donde preguntamos a muchos hombres que es lo que más los conquistaba de una mujer, y las respuestas fueron:

UNO	DOS	TRES
Que sea segura.	Que no quiera ser como todas las demás.	Que no sea fácil, pero tampoco imposible.

Así que es momento de que te relajes, te valores y no te preocupes: esa persona que esperas va a llegar. Y aquí te vamos a dar el mejor consejo para encontrar galán, date, _____ body o lo que sea: el secreto es que tengas amigos sin ningún interés romántico, que salgas con ellos, te hagas su amiga y, especialmente, que te diviertas mucho en tu vida. Una vez que dejes de preocuparte todo el tiempo por tener novio y empieces a disfrutar la vida, te darás cuenta de cuántos hombres darían todo por estar con una mujer de tu nivel.

Las Tácticas Cupido o ¿cómo saber si le gustas a alguien?

Algunas señales son muy obvias, a veces te topas con el niño al que casi casi se le escurre la baba cuando te ve en la escuela; la verdad es muy fácil identificarlo porque maneja la "Hansel y Gretel líquida" o sea que deja un caminito de baba por donde pasas. Se convierte en tu amigo secreto y te deja chocolates de la tiendita o flores. Pero hablemos de los que no son tan obvios (de hecho casi todos). Los hombres son muy predecibles en este aspecto y es fácil detectar cuando quieren aplicar sus "TC" (Tácticas Cupido).

Después de platicar con muchos hombres, te damos información sobre sus "TC" más comunes.

"TC en la escuela"

Molón – Fregón

En la escuela, es típico que cuando le gustas a alguien automáticamente te empieza a molestar. Te jala el pelo con pequeños tirones por atrás y luego se hace el tonto como para que no te des cuenta de que fue él, pero por supuesto, le interesa que lo sepas porque ese jaloncito significa: "Aquí estoy, ¡mírame!", te pone comments "x" en tus redes (si le das lo mismo, ¿por qué te pone comentarios?).

También te mete el pie como muy maldoso, te empuja, te arremeda (esto es, si el niño no está en la universidad, porque si hace esto y está en la maestría, entonces sí ni cómo ayudarlo). En fin, hará todo lo posible por molestarte y que tú creas que realmente lo hace por patán: en realidad se muere por ti sólo que no tiene el valor de decírtelo.

Guarura

Cuando el tipo no va en tu salón, te sigue durante todo el recreo, así como que no quiere la cosa, pero el monito casualmente siempre está donde tú estás: en la tiendita, afuera de los baños, en la sección del patio donde te gusta estar; en fin, te sigue como guarura (algunos vienen armados con una rosa adentro de su chamarra de deportes), te sigue en redes y te da like uno sí, uno no. Todo eso lo hace porque le encanta verte y a veces, aunque no lo creas, cuenta los minutos para salir al recreo y encontrarte o ver tu nuevo post. Ahora que si cuando pasa cerca sus amigos lo empujan hacia a ti, pues está más que obvio.

Cooperador

Otro truco es que te llama por teléfono como para checar cosas de la tarea. Los trabajos de equipo son su mejor oportunidad; después de que la maestra dice la frase mágica, "hagan sus equipos", el tipo voltea para todos lados rogándole a Dios que nadie te escoja. Se hace tonto y actúa desinteresado, como si no le quedara de otra y te pregunta: "Pues, ¿tú y yo, no?"

"TC en las fiestas"

A veces el niño se quiere acercar a ti en una fiesta, si tú y él son un poco más grandes, pues él se acerca para hacerte plática y punto; pero si están más chavos es muy cómico, porque él planea todo nervioso durante un buen rato en qué momento se va a acercar a ti.

Indeciso

Cuando te quedas sola cinco segundos, dice: "Ahorita, ahorita...", y al momento en que se decide y camina hacia ti, llega otra amiga y ya valió todo. Otra vez a esperar. El caso es que así se la pasa toda la fiesta y al final, jamás se te acercó. ¡Ah!, pero ahí no acaba el asunto. El chavo pide tu teléfono con alguien y te llama un mes después... ¡Sí! Un mes después, y aunque por teléfono se hace el muy cool, en realidad está sudando del otro lado mientras dice: "Hola, ¿te acuerdas de mí? Estaba vestido de amarillo pollo". ¡Imagínate!, si con trabajos te acuerdas de cómo ibas vestida tú. Te sigue en todas tus redes pero jamás da un like y mucho menos un comment.

Distraído

A veces se acerca a todo un grupo de niñas y hace preguntas abiertas: "¿Cómo se llaman?, ¿cuántos años tienen?, ¿no les late ir a 'x' lugar?" En realidad lo único que le interesa es saber tus datos; de esto te puedes dar cuenta muy fácilmente porque al ratito sólo a ti te llama por tu nombre. Es el único dato que espera su cerebro.

Autodirigible

También existe el autodirigible, es el que empieza a bailar en un extremo de la fiesta como muy en su rollo y termina "casualmente" bailando a tu lado y luego empieza a bailar contigo, así como: "¡Ay!, qué chistoso, el aire me empujo hasta aquí". Cuando menos te imaginas te dice "¿selfie?", jaja, ¿así o más obvio?

Así que si identificas una "TC" y el niño te gusta, analízalo y dale una ayudadita, porque luego los hombres son tan miedosos que son capaces de estar así todo el ciclo escolar y después, cuando los encuentres seis años después con tu novio "peor es nada", ellos te van a decir: "No me lo vas a creer, pero tú siempre me gustaste".

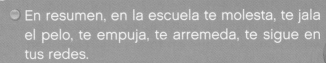

¿Cómo sé si le gusto?

- En resumen, en la escuela te molesta, te jala el pelo, te empuja, te arremeda, te sigue en tus redes.
- Te sigue por todos lados cuando no va en tu salón y te da likes y views como dulces.
- Baila con las amigas y poco a poco termina bailando contigo.
- Pregunta edades y hace invitaciones generales. Pero sólo se acuerda de tus datos.
- Se te queda viendo y se sabe tu foto de perfil mejor que tú.

¿Cómo reacciona tu cuerpo cuando ligas?

Después de aprender las cinco etapas del ligue, es básico que conozcas cuáles son las reacciones que tu cuerpo tiene cuando estás frente a un galán que te gusta y viceversa.

Aquí es cuando podemos decir que empiezas a practicar el ejercicio del ligue. ¡Ah!, cómo nos gusta ejercitarnos diariamente.

Cuando ligamos, nuestro cuerpo empieza a tener una serie de reacciones muy chistosas que dependen básicamente de nuestro inconsciente; o sea, son automáticas.

También, de repente tenemos reacciones súper tontas y torpes pero dependen más de los nervios que tenemos al ver al ser amado, o más bien, al ser dado.

Te vuelves más atractiva

Vamos a hablar de estas reacciones automáticas que hacen que te vuelvas más atractiva pues todos tus sistemas se ponen alerta y secretas un buen de adrenalina que hace que en tu cuerpo pasen cosas de las que ni siquiera te das cuenta.

LA CARA

La cara tiene muchos cambios, la mirada cobra un brillo muy especial y las pupilas se contraen, así como cuando te pones una lamparita en el ojo. Pero si el niño de plano te encanta te vas a poner como conejito lampareado: quieta, quieta, nada más procura cerrar la boquita, para que no te cache.

LA PIEL

La piel se colorea o se pone pálida y el labio inferior se hace más pronunciado, como si te hubiera picado una avispa.

O sea que, si sientes la carita con chapitas tipo caricatura japonesa y labio bien inflado, entonces no hay de otra: el niño te encanta.

La postura también cambia. Cuando los hombres están solos o con sus amigos generalmente están como encorvados, así como de flojera, pero si enfrente de ellos pasa una niña que les gusta, más rápido que inmediatamente se enderezan y meten la panza. (Algunos la tienen tan grande que, por más que estén ligando, nunca se nota cuando la meten.)

Nos acomodamos un buen de veces la ropa. Los hombres se empiezan a jalar la camisa, a acomodar el reloj o lo que traigan colgando en el cuello, como una medalla un cuerito; en fin, cualquier cosa. Y las mujeres empiezan acomodarse la blusa mil veces.

Las mujeres que todavía fuman, lo cual además de ser pésimo para tu salud, está súper pasado de moda, normalmente toman el cigarro con la palma hacia adentro pero, ¿sabías que si están con alguien que les gusta, ponen la palma de la mano hacia fuera? (así como más coquetas). En realidad es una invitación que hacen de manera inconsciente para que el otro se acerque.

Cuando una pareja está ligando, los dos se ponen frente a frente, con el cuerpo abierto. Es muy raro que crucen los brazos o que giren el cuerpo hacia otro lugar. Generalmente uno de los dos se inclina hacia el otro (como que se le avienta, pero todavía no completamente), y a veces extienden el brazo sobre la mesa o la pierna (esto último nunca se hace sobre la mesa). Psicológicamente, significa que no quieren dejar pasar a ningún intruso (hashtag estehombreesmio).

FAVOR DE TOCAR

LOS SENTIDOS

Como comentamos en las cinco etapas del ligue, los sentidos se agudizan. Si por casualidad el niño te roza el brazo, haz de cuenta que sientes amplificado el contacto y ese momento lo vives en cámara lenta; sientes hasta el más mínimo roce desde el pelo hasta el dedo gordo del pie.

Te sientes feliz, llena de vida, pero lo chistoso es que no te das cuenta.

EL OLOR

El olor del cuerpo también cambia porque empezamos a secretar más feromonas, lo cual ocurre cuando queremos atraer pareja. Esto se da tanto en los seres humanos como en los animales.

AVISO

Si un amigo se la pasa generando feromonas para donde voltea, entonces él sí es un completo animal.

OTROS ROCES

Otros roces que son chistosísimos son los que se llaman roces sustitutos: esto es cuando alguno de los dos empieza a acariciar la orilla del vaso en que está tomando agua o cuando empezamos a hacer dibujitos imaginarios en el mantel. Lo que estamos diciendo no verbalmente es "me gustaría acariciarte, pero como no puedo, acaricio este vaso".

Así que ya sabes: basta con que te fijes un poquito en las reacciones del cuerpo para saber si alguien te está ligando, o más bien si alguien quiere bajarte al novio. ¡Aguas!

LOS 10 MEJORES LUGARES PARA LIGAR

Hombres, hombres, hombres… ¿Dónde hay hombres?, seguro te has hecho esta pregunta. El rollo es saber dónde se encuentran. Bueno, pues no te preocupes, porque aquí te damos una lista efectiva de los mejores lugares para ver y que te vean. Aunque acuérdate de que el amor es como cuando estás en tus días… nunca sabes en dónde te va a sorprender.

Los mejores lugares para ligar son los que tienen algo en común contigo y con los demás. Eso es básico, porque en esos sitios te sientes a gusto y los galanes (algunos más y otros mucho, mucho menos) se sienten igual; lo padre del asunto es que al estar todos en un lugar que les late, hay mucho qué hacer y qué platicar. Y ahora si...

EL TOP TEN

UNO

Lugares de moda: tipo plazas comerciales, cines, calles, malecones, etcétera. Esos lugares son el hit para ligar; todo mundo va a eso, a ligar. De hecho, el que ya tiene novia, va a ver quien será la "prox", para cuando la actual se convierta en su "ex".

Aquí tienes pretexto para ir súper guapa/cool, fashion; puedes escanear a todos y conocer a mucha gente. No le hagas el feo a ninguno; nunca sabes cuando uno de esos monitos será el pasaporte para conocer a un mono, muy pero muy mono.

DOS

La escuela: aunque ya te los sabes de memoria y conoces hasta de qué lado están rotos sus tenis, es un lugar excelente. Primero, porque hay mucho material. Segundo, hay mil pretextos para acercarte a ellos, tipo la tarea, los apuntes...

Además aquí te ven porque te ven (sobre todo si se sienta atrás de ti), así que vete guapa, pásate mucho la mano por el pelo, y te notarán poco a poco. Otra cosa padre es que te los puedes ligar despacito. Es decir, al principio te sientas junto a él, luego le pides un lápiz, luego una goma, y luego... un anillo de compromiso.

TRES

Definitivamente, uno de los mejores lugares para ligar es en línea; un view, un like o un repost por aquí, un texto, una selfie o un video por allá, o un share, un screen shot o un comment por acullá. La reina del ligue hoy en día son las redes sociales, de hecho no se deberían llamar redes sociales deberían llamarse redes ligables. Ligar en redes es lo de hoy (y lo de mañana), el hecho de ver fotos, videos, comments y hasta leer intimidades (recuerda: si tomas no subas nada a las redes), hace que puedas enterarte, enamorarte y hasta obsesionarte por alguien en solo tres posts. Ligar con textos, emojis y fotos puede ser divertidísimo y padrísimo. Lo importante aquí es conocer a la gente con la que estás hablando, nunca, nunca, nunca se te ocurra textearte con alguien que llegó así de la nada y no sabes quién es, acuérdate que muchísima gente falsea perfiles, pone otras fotos y hay muchos adolescentes viendo cómo te meten en problemas (sexting) o adultos buscando acoso sexual (goglea el documental de MTV *Catfish / Mentiras en la red)* está súper interesante. Más adelante hablaremos de todo esto para que no te pase naaaaaada.

CUATRO

Vacaciones: "la vacación" es lo mejor para ligar. Sales de la rutina y la mayoría de las cosas que haces son muy divertidas. Conoces gente y todo mundo trae "actitud" y ganas de divertirse. Tú te ves guapísima: bikini, bronceado, pelo dizque despeinado, y ellos: bronceados, lentes, abdomen marcado —bueno algunos lo tienen marcado pero de lonjas; en fin el rollo es que todos se ven muy galanes. Algo importantísimo es que si ves a un niño que le gustas y todos los días te busca la mirada, pero no se anima, obvio ahí hay ondita; así que dale una ayudada para que pueda platicar contigo, porque si no, van a terminar por conocerse cuando cada quien esté a punto de regresarse pa' su pueblo.

CINCO

Restaurantes y cafeterías: se oye súper retro pero funciona. Las cafeterías —tipo Starbucks, Teavana, el restaurante de moda súper fresa-hippie-chic, o la típica cafetería a lado de la papelería que sólo tiene 3 pasteles—, se prestan perfecto para ligar y platicar. Los restaurantes siguen siendo súper buena opción; los galanes pueden mandarte a ti y a tus amigas un papelito con el mesero o de plano pueden mandárselo ustedes así como medio de broma. Lo padre es que más rápido que inmediatamente te das cuenta si tu chicle pegó o nada más dejó babeados a los de la otra mesa. (Cuando no pega, las ardidas dicen: "Qué bueno, porque ya viéndolos bien, se ven bien tetos".) #ceronosmerecen

SEIS

Eventos: tipo competencias deportivas, exhibiciones, viajes de la escuela, campamentos, eventos con otras escuelas, etcétera. Aquí, no sabes qué te importa más, si el evento en sí, o los bombones que verás. Sólo tienes que estar pendiente de quién se te queda viendo… y si el niño no da el primer paso, como que no quiere la cosa, acércate tú para que sus corazones puedan palpitar al unísono, o bueno, por lo menos para que el menso despierte y te agregue a Facebook (bueno, aunque sea que te pida tu mail), antes de que desaparezca y te pases todo el evento buscándolo.

SIETE

Clases en la tarde: aunque pueda parecer de flojera, son una súper opción; pues ves seguido al guapito, les gusta lo mismo y tienes muchas oportunidades de acercarte y platicar. Si toman clases de perreo y twerking, el acercamiento se va a dar más rápido de lo que te imaginas.

OCHO

Gimnasio, crossfit, yoga, TRX, bootcamps y todo lo que se te ocurra: ahí, por lo general, hay chavos guapos, así que ya vas de gane. Ojo, casi siempre van a la misma hora o son de tu clase y tienes el tema del ejercicio y las rutinas como pretexto para platicar. Además, al hacer ejercicio, la gente está de mejor humor, o sea que están chistositos. Así que si haces 20 minutos de "caminadora", escoge una junto a él y dedícate a hacer ahora 40 minutos… pero de "platicadora".

NUEVE Y DIEZ

El antro y las fiestas: Estos son como la universidad del ligue. Tú no te vas guapa, sino lo que le sigue, ellos aunque quieren parecer que no, también se preocupan por ir galancísimos —y si no, digamos que la oscuridad ayuda mucho. El asunto es que aquí todo se junta: la música, los drinks, los amigos de tus amigas y las ganas de fiesta. En fin, si no hay ningún exceso, tienes el mejor terreno para el ligue. ¡Ojo! Cuando hay mucho alcohol o drogas, todo deja de funcionar. Te metes a la irrealidad, a la oscuridad total, y si a eso agregas la música a todo lo que da, sólo verás cosas que no existen y después te sentirás fatal. Ten cuidado, puedes convertir un gran fin de semana en el peor de tu vida. ¡Aguas!

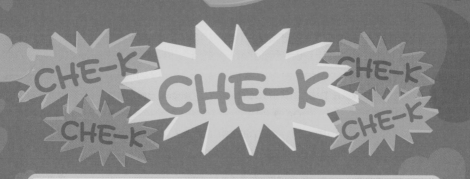

Los sociólogos dicen que entre más ves a una persona y convives con ella, hay mayor posibilidad de que surja atracción entre ustedes. Este fenómeno se llama "atracción por familiaridad". Así que si un chavo te gusta pero no te pela, tres consejos:

1 Que te vea

2 Que te vea

3 Y que te vuelva a ver

AGENCIA DE INVESTIGACIÓN

QUIÚBOLE CON LOS CLAVADOS

TOP SECRET

ARCHIVOS EXCLUSIVOS PARA USO INTERNO DE NUESTRAS AGENTES ESPECIALES

CONTENIDO: 1. Siéntete "Laaa niña" 2. Ponlo a chambear

3. Juega a "la difícil" 4. Di bye, antes que él 5. Sé la más linda

6. Contrólale las salidas 7. Date tu lugar 8 ▬▬▬▬▬▬▬

NOTA: En caso extremo aplica el "Plan B"

Secretos para que los hombres se claven y no te dejen ir jamás

¿Por qué algunas mujeres tienen cinco tipos muriendo por ellas, mientras que otras creen que no hay niños disponibles sobre la tierra? O, ¿por qué a algunas las tratan como reinas y a otras se la pasan bateándolas? ¿Por qué, con el tiempo, un hombre pierde interés por una mujer?

Hay niñas que, sin ser la última chela del estadio, tienen una manera de comportarse con los hombres que las vuelve irresistibles. A veces te dan ganas de preguntarles: "¿Cuál les aplicas? ¿Qué les haces?" Pues aquí te vamos a dar algunos secretos.

Empecemos porque, aunque los hombres no siempre lo reconozcan, a ellos les encanta el reto, la conquista y lo difícil de alcanzar. Es por eso que les gustan los deportes, lo extremo y todo este tipo de cosas donde se proyectan.

Cuando una niña es bien rogona, le habla a cada rato al niño con pretextos que nadie le cree, le pone corazoncitos a cada post, siempre le inventa salidas o dice que "sí" a cualquier insinuación de tipo sexual, ¡eso es pésimo! Además de que te delatas, estás destruyendo el instinto natural de conquista que el sexo masculino tiene, y les das súuuper flojera.

Al contrario, si juegas el papel de la "inalcanzable", la difícil de obtener, de volada despiertas en ellos el deseo de logro y conquista. Al mismo tiempo logras que el niño te valore y se sienta muy suertudo contigo. Esto puede sonarte anticuado y parece no ir de acuerdo con los niños de hoy que son súper in, rifados, seguros e independientes,

pero la realidad es que su instinto sigue siendo el mismo. Créenos, los consejos que te vamos a dar suenan como de la abuelita de tu abuelita, pero funcionan más que el internet de ultra alta velocidad.

1.- Siéntete "Laaa niña"

Ubícate como la mujer que a todos los hombres les latería tener a su lado. Lejos de ser un asunto relacionado con el físico, como te habíamos dicho, es una actitud, un estado de ánimo, siéntete orgullosa de ti misma, siéntete súper iguauu! O sea, piensa, actúa y camina como si fueras top model.

2.- Ponlo a chambear

Deja que él tome la iniciativa. No seas la primera en empezar a platicar o invitarle un drink. Tampoco te quedes viendo al tipo como si estuvieras planeando la luna de miel y los nombres de sus hijos. Evita hablar hasta por los codos, contarle cosas muy íntimas o entrar en conversaciones densas y filosóficas en las primeras citas (es de flojera). Hay que ser inteligentes, interesantes y misteriosas. No le digas cosas como: "Con nadie me la paso tan bien como contigo" o "de tanto que les he platicado a mis amigas y a mis papás de ti, ise mueren por conocerte!" #noteatasques

3.- Juega a "la difícil"

Si te habla el jueves para invitarte a salir un viernes, contéstale buena onda, pero segura y dile: "Qué mala onda pero tengo plan". Aunque te quedes en modo #forever alone, en piyama, viendo las novedades de Facebook (por segunda vez). Él tiene que captar la idea de que tú eres una mujer con tantos planes y actividades que eres como salón de fiestas para graduación, o sea, que te debe apartar con anticipación. Si la invitación es el viernes

en la tarde es obvio que ya alguien más le dijo que no. Y ser plato de segunda mesa... ¡para nada! Si te manda un mensaje directo en tus redes tampoco se lo contestes a los dos segundos, ¡por favor! Dale una horita, mínimo.

4.- Di bye, antes que él

Aunque te encante platicar horas y comentar con pelos y señales todo lo que te pasó, no te quedes más de 10 minutos en el teléfono. Si es necesario cómprate un cronómetro, ¡pero ubícalo! Le puedes decir: "Oye, te tengo que dejar...", o bien: "Oye, perdón, tengo mil cosas que hacer", eso lo deja con ganas de platicar más y seguro se preguntará: "¿Estará saliendo con alguien? ¿Por qué me habrá colgado tan rápido? ¿La habré aburrido?"

5.- Sé la más linda

Sé buena onda y ríete de sus chistes, pero sin exagerar (no te veas muy emocionada). No te sientas con la obligación de llenar los silencios en la conversación. En general, deja que él haga toda la chamba como abrir la puerta del coche, retirarte la silla, etcétera. Es básico decir "por favor" y "gracias" a todos estos detalles, así como nunca, pero nunca, criticar el lugar, la comida o el servicio aunque estén nefastos. Trata de ver lo positivo en todo.

6.- Contrólale las salidas

Los hombres se enamoran más rápido que las mujeres. Igual, se desenamoran más rápido también. Por eso es importante que dosifiques las veces que se vean aunque el instinto y las ganas de verlo te estén matando. En el beso de la despedida, cuando el niño pregunte: "¿Qué vas a hacer mañana?" muérdete la lengua y contesta: "Voy a andar como loca". Si no resistes la tentación y a todo le dices que "sí", notarás como poco a poco su interés se aleja.

7.- Es muy importante

Es muy importante que te des tu lugar y de repente no lo peles, porque la neta eso les encanta a los hombres y se pican durísimo. Si por otro lado no te das tu lugar y estás como loquita atrás de ellos todo el tiempo, los vas a aburrir y se van a sentir tan seguros que no te van a tomar en serio, lo único que vas a conseguir es que se aprovechen de ti con un agarre, se lo platiquen a todos sus cuates y luego no regresen.

¿Qué hacer cuando no ligas naadaa?

Si ya aplicaste todo lo anterior y el susodicho no te pela, o de plano tienes muy poquito tiempo para ligártelo y él ni se inmuta, o simplemente sientes que no te ve y presentas el síndrome de "cuerpitis ausentis". No te preocupes, esto le pasa a 11 de cada 10 mujeres encuestadas.

> No puedes hacer mucho porque el niño puede considerarte una zorra.

> Y no puedes hacer poco porque tus amigas te lo van a ganar.

Plan "B"

- Ríete mucho, debes verte como la niña más buena onda sobre la Tierra (nada más no te pases, no te vaya a salir contraproducente).
- Si estás en el bar o en un antro, puedes empezar a bailar y a cantar la rola que tocan en ese momento mientras volteas a ver al niño que te gusta y discretamente, con

ritmo, como que lo señalas con el dedo así de: "¡Tú!, sí, tú". Nada más no lo hagas si la canción es un narcocorrido o un perreo intenso.

- Puedes usar la típica de que te acercas a la barra donde esta él, y como que no quiere la cosa, con tono de "ay, que casualidad", ¿ya sabes?, le pides prestado su cel para checar algo en internet que te urge o le pides *shazamear* esa canción o algo que te permita conectarte un rato con él. ¡Sé creativa!

- Levanta un poco la voz (sólo un poco, no te vayas a convertir en vendedora de La Merced).

- Arréglate lo necesario para que te veas bien y llámale la atención (no exageres con los mega escotes, las minifaldas y el maquillaje panquecito, que es cuando son kilos de maquillaje, que le puedes meter un dedo y se queda el hoyito) porque puede pasar que en vez de verte como una niña atractiva te vean como zorra con maquillaje panquecito.

- Dale unas dos vueltas al antro para que te vean y tú a ellos. Ahí vas a notar quién te ve y a quién le gustaste. Generalmente, el o los niños tratarán de tropezarse o chocar contigo y decirte "perdón..." o se te quedarán viendo. La próxima vez que sus miradas se encuentren, sonríe y ahí ya empezó el ligue. No des más de dos o tres vueltas en el antro porque va a parecer que estás de promoción; no los hagas pensar #nosalgonienrifa (si en tu vuelta de reconocimiento nadie te voltea a ver, no te preocupes; el ligue llega cuando menos te lo imaginas).

- Busca sentarte junto a él como de casualidad, pero no llegues al grado de balconearte feo.

- Utiliza el arma secreta de todas las mujeres: la mirada. Voltea para verlo, no lo veas, vuelve otra vez a verlo, no lo peles, y si no entiende esa señal es que es un bruto.

- Si ya se dio lo de las miraditas, puedes ir al baño del lugar sola o con una amiga. Si le interesas, seguramente él se va a parar y tratará de encontrarte en el camino para platicar.
- Advertencia: no vayas con más de una amiga. Los hombres generalmente son muy inseguros y muchas veces les preocupa si llevas a más amigas porque piensan que los puedes batear y quedarán en ridículo frente a más personas. #antessoloquehumillado
- Si te empieza a ligar el más feo de su grupito, tú déjate, piensa que ese niño puede ser el password hacia el que te gusta. Recuerda que el fin justifica los medios... aunque ese medio esté #palperro.
- A los hombres les late saber que le gustan a alguien, pero que no sea muy obvio. Por ejemplo, el niño nunca se ha fijado en "x" niña, pero en el momento en que alguien le dice que a esa niña le gusta, empieza a pensar en la posibilidad, y empiezan las frases como: "No está nada mal", "hasta eso, me cae bastante bien", "ella también me gusta un poco" o "siempre me ha gustado, pero perdí las esperanzas hace como un año".

Ahora recuerda que también existe la posibilidad de que cuando le digan: "Le gustas a tal", él diga: "Ah, órale... ¡A mí no!" LOL

Qué no hacer ni por equivocación

- Nunca te pongas borrachísima para llamar su atención. Es lo peor que puedes hacer. Lo único que vas a lograr es perder el estilo y verte cero atractiva.

- No te acerques y le preguntes: "¿Qué haces?", porque te puede contestar: "Aquí, agarrando un vaso, ¿y tú?"
- No importa cómo te vistas; puedes ser fresa, rockera, hipster, pin-up, hippie chic, fashion victim, emo, pandrosa, dark, punketa, recatada, o de plano muy sexy, el asunto es que los hombres no soportan a las mujeres sucias o a las que les huele mal la boca, que estén mal peinadas, traigan la ropa manchada o que tengan las uñas mordidas y demás.

(Esta información es directita de una encuesta con ellos...pon atención)

- De preferencia no digas groserías, aunque a los hombres les puede parecer chistoso una niña grosera, sólo les parece eso: "chistosa", no atractiva ni interesante, ellos buscan mucho más. Evita la palabra con "v", aunque hoy mucha gente la usa, nadie quiere a una novia/free que vaya a decir eso ¡¡frente a sus suegros!!
- Nunca, nunca y nunca jamás le pidas el teléfono a un niño, máximo sus redes. Si por dentro estás que te mueres porque te lo pida y casi se despiden, tranquila, cuenta hasta 10 y respira porque si se lo pides se va a sentir súper seguro y si no te lo pide, no pasa nada, ya te buscará en redes, pero si tú se lo pides ten por seguro que ahí sí no va a pasar de un free o algo así.
- Si están en la etapa del ligue donde se textean diario, por favor no te la pases hablándole cada cinco minutos para preguntarle: "¿Qué haces?", pues le vas a dar chance de que te conteste: "Nada, aquí pensando en lo insoportable que podría ser un noviazgo contigo".
- Y si de plano el niño que te gusta no voltea a verte, en fin, no reacciona, ¡aléjate corriendo y tira tu zapato rogándole a Dios que el niño se sepa la historia de la Cenicienta!

Las relaciones son así, de estira y afloja, así que en estos casos échale muchas ganas, pero por favor no te la pases estirando poco y aflojando mucho porque eso se llama de otra manera.

Tipos de Hombres

Aunque es difícil encasillar o etiquetar a los hombres, algunos de plano hacen todo lo posible para que los ubiques en cierto tipo.

Así que nos juntamos con un grupo (muy amplio) de mujeres para conocer qué piensan sobre los tipos de hombres, sus características, dónde los puedes encontrar, qué poderes y armas tienen para conquistarte, qué contras tienen y su sex appeal, o sea, qué tan peligrosos son a la hora de los besos (nivel de 1 a 5). Y aquí está lo que nos dijeron:

TIPO DE HOMBRE:

INTENSO CURSI

CARACTERÍSTICAS:

Clavado, muy amoroso y más tierno que el último elote que le sobra a la marchanta. Se olvida de su vida para "ayudarte" a vivir la tuya. Es tan detallista que podría poner una papelería completa con el material que le sobra en su casa. Sus redes están llenas de frases positivas y sus pobres seguidores son las que las sufren.

LO ENCUENTRAS EN:

En la zona de tarjetas y moños de tiendas tipo Sanborns.

DISFRAZ:

Se viste como tú quieras, no tiene estilo propio.

FRASE:

"¿A dónde quieres ir?" "…no, tú dime".

PODERES:

Conoce más de 70 formas de cómo doblar cartitas y compartir cualquier imagen sin importar de dónde la saque.

PROS:

Siempre tomarás la última decisión en todo y llorará contigo en las películas.

CONTRAS:

No te deja ni respirar y puede ser muy peligroso cuando descubre que existen gomitas de dulce con forma de corazón.

ARMAS:

La cara de cachorrito que pone cada vez que le dices NO a algo.

ENEMIGO:

Los hombres que te tratan mal, pero que aún así tú los pelas.

NIVEL DE CALENTURA:

1 2 **3** 4 5

Le bajamos pero les bajamos .5 porque son de los que preguntan "¿Te puedo dar un beso?", y al final quedan en 2.5.

SOSPECHOSOS CON DICHAS CARACTERÍSTICAS:

NOTAS DE LA AGENTE:

AMIGOS QUE ENTRAN EN ESTA CATEGORÍA:

94

TIPO DE HOMBRE:

CHISTOSITO

CARACTERÍSTICAS:

Simpático, seguro, sangre ligera, cuando te lo van a presentar y preguntas ¿es guapo?, te contestan: es súper chistoso. Son el alma de la fiesta, a tal grado de que si cobrara por ir, muchos le pagarían. Es el que hace divertido cualquier chat, cuando él abandona el grupo... el grupo muere.

LO ENCUENTRAS EN:

En medio de la bolita, contando un chiste.

DISFRAZ:

Boxers con todo tipo de payasadas, playeras y gorras con personajes o chistes. Si está medio gordito, se pone la playera, aunque parezca chorizo a punto de explotar.

FRASE:

¡Ah, verdad! o Hashtag es broma

PODERES:

Todo mundo lo quiere (esto no incluye a maestros, directores y emos).

PROS:

No le teme al ridículo (lamentablemente tú sí).

CONTRAS:

Es difícil hablar o textear en serio con él.

ARMAS:

Te hace reír y te empieza a gustar.

ENEMIGO:

Lugares donde no puede hablar (misa, velorios, buceo).

NIVEL DE CALENTURA:

1 2 3 **4** 5

SOSPECHOSOS CON DICHAS CARACTERÍSTICAS:

NOTAS DE LA AGENTE:

AMIGOS QUE ENTRAN EN ESTA CATEGORÍA:

TIPO DE HOMBRE:

ALTERNATIVO PANDROSO

CARACTERÍSTICAS:

Se lleva la vida leve, es culto, inteligente y puede hablar profundo hasta de un vaso con agua, ama las bandas de garage rock, pero odia a la banda Timbiriche. No soporta a la gente superficial y presume a sus amigos hippies (entre más sucios estén, más los presume). Nunca ha bailado reggaeton ni tiene redes sociales, sólo tiene un mail que abrió en la primaria.

LO ENCUENTRAS EN:

Librerías, festivales de música: Coachella (si tiene presupuesto) o Vive Latino (si no tiene tanto), exposiciones, muestras de cine, bares con música en vivo, hoyos funkies, partidos de los Pumas y detrás de cualquier disc jockey o nube de humo que huela medio rara.

DISFRAZ:

Jeans rotos y muy, pero muy por debajo de la cintura, playeritas deslavadas con letras o figuritas con "onda", Converse, Vans o cualquier tipo de tenis, colgije con hojita de marihuana en plateado, pulseritas con más de 2 años de permanencia (muchas veces ya olvidaron de qué eran o por qué se las pusieron).

FRASE:

¿Qué P-A-S-A? Te invito a una t-o-c-a-d-a (hablán súper lento y a todo contestan "Va").

PODERES:

Siempre está relajado y cae bien.

PROS:

Nunca se pelea por tonterías y es cero inseguro.

CONTRAS:

No es romántico, ni detallista y le da flojera socializar.

ARMAS:

Su backpack (traen hasta cables para conectar aparatos).

ENEMIGO:

Los fresas o niños bien que se combinan hasta el reloj.

NIVEL DE CALENTURA:

 1 2 3 4 5

SOSPECHOSOS CON DICHAS CARACTERÍSTICAS:

NOTAS DE LA AGENTE:

AMIGOS QUE ENTRAN EN ESTA CATEGORÍA:

TIPO DE HOMBRE:

WILO - ZORRO

CARACTERÍSTICAS:

Le da alas a todas, tiene muy buen verbo, su control de calidad es bajo, o sea, le tira a lo que se mueve. Todas mueren por él, pero saben que andar con él es un suicidio estúpido (o aceptar a 15 socias). Busca diversión, no quiere nada en serio. Puede textear con seis niñas al mismo tiempo sin confundirse y sus redes estan llenas de fotos con mil niñas distintas (todas lo abrazan).

LO ENCUENTRAS EN:

El antro de moda o, como acostumbra decir este espécimen, "donde haya más".

DISFRAZ:

Como nunca le falla la cara de seductor, se puede colgar cualquier trapo y se le ve bien.

FRASE:

"Eres la más guapa del antro...te lo juro." Y "¿Me prestas $300 para la cuenta?"

PODERES:

Tú sabes que te está choreando, pero lo dice tan bonito que le crees (o por lo menos le quieres creer).

PROS:

Sirve para darle celos a tu novio y, de que te la pases bien, te la pasas súper bien. Si te taggea en una foto suben tus followers.

CONTRAS:

Si te pide tu teléfono, ve sacando tu rosario. No busca amiga, busca fuck-buddies.

ARMAS:

Tiene maestría en ligue y cursos de faje en el extranjero.

ENEMIGO:

Un Wilo master (cualquier wilo que le haya bajado una chava a otro wilo).

NIVEL DE CALENTURA:

1   2   3   **4**   **5**

Con más de tres shots el .5 sube a 5.

SOSPECHOSOS CON DICHAS CARACTERÍSTICAS:

NOTAS DE LA AGENTE:

AMIGOS QUE ENTRAN EN ESTA CATEGORÍA:

TIPO DE HOMBRE:

TETAZO

CARACTERÍSTICAS:

La piensa 10 mil veces antes de acercarse y cuando llega no sabe qué decir. Su plática es de flojera. Es buenísimo en la escuela. Sólo se enoja cuando todos le quieren copiar o cuando le salió una nota mal en sus clases de violín. Cuando comenta en tus redes es sólo para ofrecerte ayuda con algo #aburrido.

LO ENCUENTRAS EN:

El laboratorio, analizando un mechero de Bunsen.

DISFRAZ:

Pantalón arriba del ombligo, siempre se faja y cuando llega a usar jeans, son nuevos y están planchados.

FRASE:

"¿Qué onda mi NIÑA, cómo TAS?" (literal).

PODERES:

Es fiel… (sí leíste bien ¡es fiel!).

PROS:

Podrás identificar a la perfección plantas fanerógamas y criptógamas.

CONTRAS:

Cuando te platique, no vas a saber cómo cortarlo.

ARMAS:

Sus conocimientos impresionarán hasta a tus papás.

ENEMIGO:

Las horas libres en la escuela.

NIVEL DE CALENTURA:

1 | 2 | 3 | 4 | **5**

Han esperado tanto, que cuando tocan a una mujer por primera vez, pueden causarle quemaduras de segundo grado.

SOSPECHOSOS CON DICHAS CARACTERÍSTICAS:

NOTAS DE LA AGENTE:

AMIGOS QUE ENTRAN EN ESTA CATEGORÍA:

TIPO DE HOMBRE:

BUENA ONDA

CARACTERÍSTICAS:

Es agradable, te cuida, cero perro y siempre te da tu lugar. Textea sin faltas de ortografía (sí, con acentos y todo).

LO ENCUENTRAS EN:

Como exnovio de niñas luciditas que según ellas les "dio flojera".

DISFRAZ:

No notas mucho cómo se viste, pero siempre se ve bien.

FRASE:

"No te preocupes, yo te ayudo."

PODERES:

Sabe escuchar (aunque parezca imposible, algunos hombres lo logran).

PROS:

Te vas a sentir respetada, querida, y tus amigas lo van a adorar.

CONTRAS:

Algunas niñas se sienten tan seguras, que se les sube.

ARMAS:

Les da súper buena vibra a tus papás.

ENEMIGO:

Las niñas que sólo ven el físico.

NIVEL DE CALENTURA:

 1 2 3 4 5 *Ninguno*

Viene en diferentes presentaciones.

SOSPECHOSOS CON DICHAS CARACTERÍSTICAS:

NOTAS DE LA AGENTE:

AMIGOS QUE ENTRAN EN ESTA CATEGORÍA:

TIPO DE HOMBRE:

PATÁN

CARACTERÍSTICAS:

Nunca cumple lo que promete. Maneja muy buen verbo y si no le crees, por lo menos te marea. Su raza es Galán spaniel cruza Mamilón de las praderas, y por más que parezca NO tiene pedigree. Manda memes sexuales hasta en el grupo donde está la maestra.

LO ENCUENTRAS EN:

Viendo tu escote y el de cualquier mujer a 150 metros a la redonda.

DISFRAZ:

Camisa garigoleada, abierta hasta el ombligo, o playera en cuello "v", tres tallas más chica.

FRASE:

"¿Ya pediste tu Uber?"

PODERES:

Te baja el sol, la luna y las estrellas (y si te descuidadas, hasta la blusa).

PROS:

Te volverás muuuuuy popular (pero por ser una de las cinco que se dio ese fin).

CONTRAS:

Vas al baño y cuando regresas, ¡ya está con otra!

ARMAS:

Baila bien y siempre te dice lo que quieres escuchar.

ENEMIGO:

Las niñas que no toman.

NIVEL DE CALENTURA:

1 2 3 4 **5**

SOSPECHOSOS CON DICHAS CARACTERÍSTICAS:

NOTAS DE LA AGENTE:

AMIGOS QUE ENTRAN EN ESTA CATEGORÍA:

100

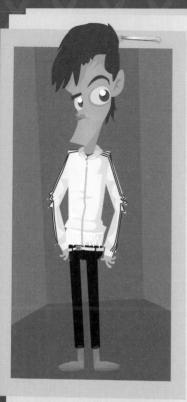

TIPO DE HOMBRE:

AMIGOVIO

CARACTERÍSTICAS:

Es, pero no es. Odia la palabra novia y la frase "te quieren conocer mis papás". Cero compromisos, pero 1000% química. Te textea de vez en cuando en tus redes sólo para hacerse presente, pero en realidad sólo te busca cuando quiere que se "den".

LO ENCUENTRAS EN:

Tus contactos del cel (lo has borrado cinco veces), pero siempre vuelves a poner su teléfono.

DISFRAZ:

Le vale; como sabe que se gustan cañón, es lo último que le preocupa.

FRASE:

"Para qué echamos a perder nuestra amistad" o: "¿Sabes lo que es un sexbuddy?"

PODERES:

Es mago… hoy lo ves, la próxima semana no lo ves.

PROS:

Te la pasas bien con él y como no tienen obligaciones casi no se pelean (ésta es la teoría, porque en la práctica es como los experimentos de química… nunca salen como te dicen).

CONTRAS:

Te puedes súper enamorar y, obvio, él no va a querer nada.

ARMAS:

Sabe lo que te gusta y lo que odias de los hombres.

ENEMIGO:

El niño que quiere en serio contigo.

NIVEL DE CALENTURA:

SOSPECHOSOS CON DICHAS CARACTERÍSTICAS:

NOTAS DE LA AGENTE:

AMIGOS QUE ENTRAN EN ESTA CATEGORÍA:

TIPO DE HOMBRE:

CELOSO- POSESIVO

CARACTERÍSTICAS:

Jura que le gustas hasta a los meseros que te atienden. Si un día no lo puedes ver, te hace drama; es fiel defensor de la teoría "una mujer con novio, no puede tener un amigo hombre". Stalkea todas tus redes y se enoja porque le diste un like a un primo tuyo.

LO ENCUENTRAS EN:

Una distancia no mayor a 50 centímetros de ti… siempre.

DISFRAZ:

Se cambia de look a tu antojo. Si le dices que te gusta una camisa, prepárate para vérsela puesta un día sí y el otro también.

FRASE:

"¿Con quién texteas?"

PODERES:

Es chantajista y domina tus contraseñas de email, Facebook, celular, etcétera. Con tal de conseguir información tuya, puede hackear hasta tu horno de microondas.

PROS:

Jamás estarás desprotegida y te consiente muchísimo.

CONTRAS:

Debes tener cuidado, porque son tan obsesivos que pueden impedirte salir de sus redes.

ARMAS:

Se gana a tus hermanos, muchachas y vecinos para obtener información sobre lo que hiciste en el día.

ENEMIGO:

Tu ex es su criptonita.

NIVEL DE CALENTURA:

1 2 3 **4** 5

SOSPECHOSOS CON DICHAS CARACTERÍSTICAS:

NOTAS DE LA AGENTE:

AMIGOS QUE ENTRAN EN ESTA CATEGORÍA:

TIPO DE HOMBRE:

PERFECTO

CARACTERÍSTICAS:

LO ENCUENTRAS EN:

DISFRAZ:

PALABRAS:

PROS:

SOSPECHOSAS
CARACTERÍSTICAS

CONTRA:

ARMAS:

NOTAS DE LA AGENTE:

ENEMIGO:

NIVEL DE CALENTURA:

[1] [2] [3] [4] [5]

AMIGOS QUE ENTRAN EN
ESTA CATEGORÍA:

NI LE BUSQUES
NO EXISTE

TIPO DE HOMBRE:

FAROL

CARACTERÍSTICAS:

Lucido (primo-hermano de mamila), galán pero versión pirata, entra a los mejores lugares rapidísimo. Tiene 2 objetivos principales: impresionarte y compartir la música de su coche con cualquier persona a cuatro cuadras a la redonda. #masnacoquerefrescoenbolsa

LO ENCUENTRAS EN:

Platicando con los gerentes de los antros y siempre lo ves a la salida de cualquier lugar presumiendo coche (parece casual pero se sale 20 minutos antes para esperar a que salgas y lo veas).

DISFRAZ:

Siempre está a la moda. Maneja camisa abierta y se abrocha los menos botones posibles. Pantalones pegados, hebillotas y se arremanga la camisa al grado de cortarse la circulación.

FRASE:

"En serio, pide lo que quieras, eeeehhhhh."

SOSPECHOSOS CON DICHAS CARACTERÍSTICAS:

PODERES:

Tiene buen verbo.

PROS:

Se esmera por cumplirte cualquier capricho.

CONTRAS:

Es capaz de no quitarse los lentes obscuros, ni para conocer a tus papás.

NOTAS DE LA AGENTE:

ARMAS:

Su bronceado.

ENEMIGO:

Que su tarjeta de débito no pase.

NIVEL DE CALENTURA:

1 2 3 **4** 5

AMIGOS QUE ENTRAN EN ESTA CATEGORÍA:

TIPO DE HOMBRE:

MEJOR AMIGO

CARACTERÍSTICAS:

Hay de dos, o está secretamente enamorado de ti, o está secretamente enamorado de ti. Odia todas las fotos de tus redes donde sales con alguien más pero siempre te dice "¡Se ven súper bien!"

LO ENCUENTRAS EN:

La comida en casa de tu abuelita, la kermesse de tu escuela, el veterinario cuando tu hamster está enfermo, te acompaña al evento de la fundación de cáncer de mama.

DISFRAZ:

Hace como que le vale, pero se pone lo que le chuleas a los demás.

FRASE:

"Tú te mereces algo mejor."

PODERES:

Siempre te consuela.

PROS:

Realmente lo quieres.

CONTRAS:

Realmente te quiere (pero dar unos besotes).

ARMAS:

Usa la información de lo que te molesta de tu ex, para hacer todo lo contrario.

ENEMIGO:

Cualquier hombre que te guste (aunque dizque le hecha porras).

NIVEL DE CALENTURA:

1 | 2 | 3 | 4 | 5 | 6

SOSPECHOSOS CON DICHAS CARACTERÍSTICAS:

NOTAS DE LA AGENTE:

AMIGOS QUE ENTRAN EN ESTA CATEGORÍA:

TIPO DE HOMBRE:

INALCANZABLE

CARACTERÍSTICAS:

Galán sonrisa colgate, no hay una sola niña que no lo conozca, de hecho hasta alguna parte de su cuerpo es famosa (pompas, brazos, etcétera). Si te lo encuentras, hay un 110% de posibilidades que no te voltee a ver. Ves cada actualización de sus redes (en serio cada una).

LO ENCUENTRAS EN:

Las fotos grandes grandes de las revistas sociales y las ediciones especiales de "Los 10 más guapos".

DISFRAZ:

Si le pones uno de príncipe, está igualito al de la Cenicienta (si no es tan galán se parece al de Pocahontas).

FRASE:

" ,"(sólo habla con sus amigos).

PODERES:

Todas quieren con él (nota: pero él no quiere casi con ninguna).

PROS:

Si anduviste con él, tendrás algo que contarle a tus nietos.

CONTRAS:

No importa cuántas veces te lo presenten, siempre te dice "mucho gusto". Y si andas con él, olvídate de tu nombre, serás la novia del súper galán...

ARMAS:

Sabe que todas quieren con él.

ENEMIGO:

El maestro acomplejado que siempre lo quiere tronar por galán.

NIVEL DE CALENTURA:

1 **2** 3 4 5

SOSPECHOSOS CON DICHAS CARACTERÍSTICAS:

NOTAS DE LA AGENTE:

AMIGOS QUE ENTRAN EN ESTA CATEGORÍA:

TIPO DE HOMBRE:

METROSEXUAL

CARACTERÍSTICAS:

Se arregla más que tú, odia los pelos en el cuerpo, se depila todo (todo, es todo), va al gym hasta en Navidad, aprovecha cualquier cosa que refleje para verse (papel aluminio o el sartén de acero inoxidable). Se toma más selfies que tú y usa los hashtags: #fitness #healthy #wayoflife #noconozcootramanera

LO ENCUENTRAS EN:

Camas de bronceado, salones "uniseps", y fiestas bonitas (como ellos).

DISFRAZ:

Son los más fashion, tienen más bufandas y sombreros que los zapatos que tú puedas tener. Aman los jeans pegados y acomodan su clóset por colores.

FRASE:

"Amo las claras de huevo y el queso panela."

PODERES:

Siempre se ve bien y se sabe más de 15 recetas con quinoa.

PROS:

Se ve mejor que tú, y si no le gusta lo que traes puesto, se la pasa diciéndote con qué combina mejor.

CONTRAS:

Le puede dar baje a tus cremas carísimas de París.

ARMAS:

Maneja a la perfección términos como "exfoliación", "auto bronceado" y "macrobiótico".

ENEMIGO:

Cualquier ser humano con rastas.

NIVEL DE CALENTURA:

1 2 3 4 5

Aquí el .5 no sube.

SOSPECHOSOS CON DICHAS CARACTERÍSTICAS:

NOTAS DE LA AGENTE:

AMIGOS QUE ENTRAN EN ESTA CATEGORÍA:

TIPO DE HOMBRE:

EMO

CARACTERÍSTICAS:

Medio tristón, melancólico y súper sensible. Suele taparse media cara con el pelo, como que en algún momento tenía ganas de ser punk pero se quedó a la mitad. Usa pantalones bien chiquitos y bien pegaditos. Su muro de Facebook es deprimente (parece en blanco y negro).

LO ENCUENTRAS EN:

Comprando playeras de Kitty.

DISFRAZ:

Parece que todo les quedó chiquito o que se lo pidieron a su hermanito prestado, usan colores rosas o morados combinados con el negro de temporada. Les encanta perforarse por todos lados y el barniz de uñas negro es su hit.

FRASE:

"Love-Hate", a veces se lo escribe en los dedos.

PODERES:

Su sensibilidad puede llegar a lo más profundo de tu ser.

PROS:

Siempre tendrás a alguien con quien llorar.

CONTRAS:

En todas las películas de dibujos animados siempre termina llorando, desde cuando la Bella Durmiente se pica el dedo hasta cuando se pierden los recuerdos en *Intensamente*.

ARMAS:

Un morralito donde carga sus pensamientos.

ENEMIGO:

El maltrato a los muñecos de peluche.

SOSPECHOSOS CON DICHAS CARACTERÍSTICAS:

NOTAS DE LA AGENTE:

AMIGOS QUE ENTRAN EN ESTA CATEGORÍA:

NIVEL DE CALENTURA:

—1 2 3 4 5   Menos uno

TIPO DE HOMBRE:

GAY

CARACTERÍSTICAS:

Delicados, de cuerpo atlético, siempre con lo último de la moda, humor negro, les raya todo lo que pueda brillar. Al morir su cuerpo se convierte en diamantina. Aman Instagram y odian Twitter.

LO ENCUENTRAS EN:

El antro de moda, salones de belleza y cursos de superación personal.

DISFRAZ:

Accesorios de marca, ropa del color de la temporada súper bien combinadita con sus calzones y calcetines, lentes de formas y colores nunca antes vistos. Suelen usar pantalones de cadera extrema.

FRASE:

"Te recomiendo que el próximo mes te vistas de azul, es la tendencia."

PODERES:

Saben perfectamente como funciona un hombre y te lo pueden traducir en términos sencillos de comprender.

PROS:

Puede ser tu mejor amigo y siempre te apoyará.

CONTRAS:

Súper criticones, honestos y directos. Si te ves horrible seguro te lo dicen. Se puede pensar que no tiene corazón. Ah, y no les vas a gustar por más que quieras.

ARMAS:

Saben mejor que nadie cómo editar y arreglar una foto.

ENEMIGO:

Los zapatos sin bolear.

NIVEL DE CALENTURA:

1 | 2 | 3 | **4** | 5

SOSPECHOSOS CON DICHAS CARACTERÍSTICAS:

NOTAS DE LA AGENTE:

AMIGOS QUE ENTRAN EN ESTA CATEGORÍA:

Si te preguntas si un tipo de hombre puede cambiar, la respuesta es Sí… se puede poner peor. No, ya en serio, algunos toda la vida son así y para otros es sólo una etapa.

También cada tipo puede tener sus combinaciones. O sea, puedes encontrarte un intenso-wilo o un alterno-patán. Si te encuentras una de estas mutaciones, no te asustes, sólo cuídalo, aliméntalo y sácalo a pasear.

> A ver Roberto hazme 4 veces como pollito.

> Pío, pío, pi pi.

Palabras y frases que nunca le debes decir a un hombre

Imagínate a un cuate que mida más de 1.75 metros, súper rudo, con cara de pocos amigos y que sea como un monstruo de 110 kilos; en fin, el típico al que todo mundo le tiene miedo, pero al que de repente su novia le pide que le haga como pollito chicken, y este gigantón acepta y con todo y sus 110 kilos, esto no quiere decir que sea medio teto, sino que más bien los hombres, al igual que las mujeres, tienen fibras muy sensibles y bajo ciertas circunstancias salen a la luz pública.

Por lo tanto, debes pensar que, así como un hombre se preocupa por tratar de no herirte con ninguno de sus comentarios (o por lo menos eso intenta), tú debes procurar lo mismo con él, recuerda: un hombre sentido vale por dos... pero dos mujeres.

Y aunque así como entre hombres y mujeres existe gente muy segura de sí misma que no tiene ningún problema con estas cosas, no está por demás darte algunos tips.

Cuando tu galán todavía tiene algunas inseguridades le molesta hasta que le digas que otro niño está guapo. (Evita decirlo, pero ni de loca dejes de voltear a verlos.)

No lo hagas sentir menos con cosas materiales que otro niño tenga y él no te pueda dar.

No le presumas el trabajo de otro niño o lo compares en el nivel laboral o de la escuela, a menos de que el objetivo sea su superación y realmente tengas bases.

No critiques a su familia (una cosa es dar un consejo y otra criticar). Además, si él le llega a contar a su familia, no te la vas a acabar, porque a él se le olvida... pero a la familia nunca.

Cuando se peleen nunca se digan groserías, nunca se agredan. Una vez que cruzas esa línea es muy difícil regresar.

No le digas que las cosas que le gustan son tonterías.

No lo presiones para ir al nuevo antro de moda o algo así (si no ha accedido, lo más seguro es que no tenga dinero o no lo dejen entrar y le da pena decirte).

No le cuentes los súper detalles que tenían contigo tus exnovios.

No le platiques de cómo tu familia adoraba y trataba al ex, porque va a empezar a alucinar a tu familia desde ese momento. Mejor dale tiempo a que se los gane.

No queremos decir que con este tipo de comentarios se acabará la relación, pero por lo menos sí te vas a ahorrar dos o tres broncas innecesarias y lo harás sentir mucho mejor.

¿Cómo saber cuando tu novio te engaña?

No importa cómo le digan: poner el cuerno, dobletear, darse a otra, tener una socia, doble frente, o como sea, se siente CAÑONCÍSIMO. Si creías que cuando tus papás te ponían alcohol en una herida ibas a gritar, espérate a este grito.

La neta es que a algunos hombres (si es que se pueden llamar así), les encanta el 2 x 1, y cuando menos te lo imaginas, ya pasaron de coqueteo 1 y cerrada de ojos 2, a ser licenciados en infidelogía con todo y maestría.

El especimen Infidelius estupiduz, ataca con la tranquilidad de que su pareja se encuentra distraída con el resto de la manada; es por eso que aquí te damos algunos argumentos que él usa para buscar onda en otro lado; así que si cachas al especimen cortejando a otras niñas, conviértelo más que de inmediato en Infidelius estupiduz ABANDONADUZ, pero a la de iya!

💔 Su celular tiene clave, pues según él, tiene números muy importantes o dice que se le marca solito a cada rato (siempre que quieres hacer una llamada de su celular, él marca la clave o es de huella digital).

💔 No sube fotos contigo a sus redes o prefiere no tener "x" red social porque le da flojera (¡¡ajá!!).

💔 Tiene una mejor amiga, a la que jamás puede ver contigo.

💔 Cada vez que están juntos por mucho tiempo, busca la forma de separarse de ti con cualquier pretexto, para marcar algún teléfono.

💔 En su celular tiene casi siempre mensajes de texto borrados y lo ves en línea tardísimo y no está texteando contigo.

💔 Normalmente insiste en buscar besos o algún tipo de faje y de un día a otro, como que ya no le importa.

💔 Supuestamente está en un lugar en el que puede contestar su celular y por más que lo intentas, obvio no contesta, ni textea de regreso.

💔 De repente te cambia el apodito cariñoso; por ejemplo, siempre te ha dicho "cosita" y de la nada te comienza a decir "bebus" (lo más seguro es que así se dice con la otra "bebus").

💔 Cuando se le olvida su celular en TU casa, regresa más que inmediatamente a buscarlo.

💔 Van al cine y se le sale que ya vio la película (aquí de volada vas a verlo tartamudear y ponerse nerviosito para explicarte con quién la vio o te pondrá el pretexto de que lo leyó en un artículo muy, muy amplio sobre la película). ¡Aaaja!

💔 De la nada se niega rotundamente a ir a una fiesta o a "x" antro (tal vez ese día, también vaya a ir tu socia).

💔 A veces frente a ti contesta el teléfono y se pone súper nervioso y cortante, se aprieta muchísimo el teléfono contra la oreja para que no escuches que es otra mujer (generalmente tiene registrado el teléfono con nombre de hombre; esto lo aprendió en alguna película de James Bond).

💔 En la navidad te da regalos muy chafas o de plano no te dá (… ya se gastó el presupuesto).

💔 Generalmente se te pierde una tarde o un día completo y casualmente en esos momentos "olvidó" su celular en casa o se le acabó la pila.

💔 Al llegar a tu casa, está hablando por teléfono y siempre cuelga antes de estar contigo.

- ♥ Tiene más de dos fotos con tu socia en sus redes y siempre pone: #amigos #amistaddelabuena #queselacreasuabuela
- ♥ Regresa de un viaje o un fin de semana que no lo viste y se empieza a portar muchísimo más lindo de lo normal. (La famosa situación francesa... La colé entre le paté).
- ♥ Estás en su casa y al contestar tu suegra el teléfono, dice "no está", cuando en realidad está toda la familia (aquí la suegra está metida hasta las manitas).
- ♥ Cuando escucha el tema de infidelidad en la tele, radio, podcast o alguna conversación, le saca la vuelta, le cambia al canal o se le ocurre ir al baño.
- ♥ A ti te late que algo pasó y tratas de verlo a los ojos, pero él escapa la mirada. Esa ya es señal ROJA de alerta.

Bueno, aunque estas son algunas de las señales que puedes tener cuando alguien aplica la infidelidad, tampoco queremos que te conviertas en espía profesional. Si tu novio encaja en uno o dos de estos puntos, relájate, lo más seguro es que no pase nada y que sea otra cosa (esa bolita que te está saliendo en la frente es granito, no cuerno).

Pero si tu galancito cae constantemente en más de 5 puntos, es muy posible que te esté engañando.

Ahora, si es tu caso, seguro te preguntarás si debes cortarlo. Nosotros, ¡ni lo dudaríamos! Sin embargo, eso sólo depende de ti. Lo que te podemos asegurar es que si lo hace una vez, es muy probable que lo vuelva a hacer. No te engañes.

Aunque a veces nos cuesta mucho trabajo reconocerlo, y no lo queremos hacer, es mejor afrontar la situación. ¡Qué caso tiene estar con alguien que NO quiere estar contigo!

Si ese es el asunto, es mejor no aferrarse y tomar esta relación para aprender, para darte la oportunidad de conocer después a un hombre fiel que te de el lugar que te mereces. (Sólo como dato: los hombres fieles, SÍ existen.)

Por otro lado, también es un hecho que cualquiera puede equivocarse y mega regarla. Si ese es el caso, y en verdad estás muy enamorada y lo perdonas de corazón, te sugerimos que le armes un súper rollo, lo cortes, luego dejas que te ruegue un buen rato, que le cueste trabajo y, si decides perdonarlo porque en verdad lo notas arrepentido, le des otra oportunidad y tal vez pueda servir la experiencia para que te valore y te aprecie más. Date siempre tu lugar, si no lo haces tú, ¿quién lo hará?

Ahora que si lo vuelves a cachar en lo más mínimo, no pierdas tu tiempo. No vale la pena.

Por más dolor que sientas, date la oportunidad de amar a alguien que verdaderamente te ame.

Cómo cortar a un galancín al instante

Si lo que quieres es una frase para cortar con tu súper galancín al instante, aquí tenemos varias opciones que nunca fallan.

>> CUIDADO <<

Si te atreves a decir algunas de estas frases más vale que tengas puesto un casco de futbol americano o te acompañen mínimo un par de guardaespaldas.

FRASES CÉLEBRES

- No es que no me gustes, en realidad salgo contigo por lástima.
- Mi vida, no es que me caigan mejor mis amigas, lo que pasa es que Laura me gusta. ¿Te molesta si voy con ella al cine?
- Independientemente de que te huele la boca, estás horrible, tienes hongos en las patas y eres tonto, me pareces un poco simpático.
- No es que no me guste besarte, mi amor, lo que pasa es que me da un poquito de asco.
- Estoy saliendo contigo mientras me consigo algo mejor, pero, por favor, no lo tomes personal.

ESPACIO RESERVADO PARA TUS FRASES

_____

_____

_____

_____

_____

_____

¿Por qué las mujeres somos diferentes de los hombres?

Las mujeres y los hombres somos totalmente distintos, por eso vemos el mundo diferente, nos complementamos, discutimos y, de vez en cuando, nos enojamos.

El cuerpo y el cerebro de los hombres

EL CUERPO

No hace falta ser un genio para darnos cuenta de lo diferentes que somos; simplemente agarra un libro de anatomía y verás que desde afuerita somos distintos. Fíjate cómo unas partes están más bonitas y otras de plano, mas feítas.

Cerebro
Masculino
Edad 25

"Reservado"

Cerebro
Masculino
"Inflamado"

Cerebro
Femenino

Cerebro
Hormiga
Reina

EL CEREBRO

El rollo es que si por fuera somos distintos, ¡imagínate por dentro! De entrada, el cerebro de los hombres y de las mujeres es distinto (el de los hombres tiene su disco duro lleno de escenas xxx y el de las mujeres lleno de catálogos de ropa y zapatos). No, ya en serio, aunque nuestros cerebros tienen muchas similitudes también hay muchas diferencias.

La principal diferencia es que el cerebro femenino produce más serotonina que el de los hombres. Es una sustancia que tranquiliza el comportamiento agresivo. En el cerebro de los hombres hay menos serotonina, por eso son más pesaditos y agresivos. Les gustan más los riesgos físicos y se la pasan compitiendo por todo.

Ahora, si una niña se la pasa comiendo todo el día, lo que va a pasar es que ¡será-tonina o será-ballena! Pero bueno, eso es otra cosa.

GOT BRAINS?

¿Por qué son tan hombres los hombres?

La expresión de emociones: a los hombres, como ya sabes, generalmente se les dificulta hablar de los sentimientos. Para las mujeres es casi casi como respirar. Esto se debe a que, además de las diferentes sustancias que predominan en el cerebro de cada sexo, la sociedad ha marcado muchos patrones que se utilizan desde el principio de las eras. Por ejemplo, durante millones de años, los hombres fueron cazadores y proveedores de la casa (cueva), mientras que las mujeres tenían hijos, socializaban y eran las recolectoras de alimentos.

Es por eso que actualmente el hombre no está acostumbrado a llegar a su Baticueva (llámese la casa de la novia) y hablar mucho. Ni tampoco está muy acostumbrado a llorar con frecuencia; generalmente se aguanta esos sentimientos y después los convierte en agresividad (enojándose contigo, molestando, echándole ganas a un deporte o trolleando en internet).

En cambio, las mujeres tenían a los bebés, se dedicaban a recolectar frutas o semillas y tuvieron que relacionarse más afectivamente con sus hijos y con otras mamás. Por eso, hoy en día las mujeres hablan hasta por los codos. Entonces, como ahora ya no salen a recolectar frutas pues recolectan chismes (anécdotas, para que se oiga más bonito), y por supuesto cuando una mujer le pregunta a su novio: "¿Y de qué platicaban tú y tus amigos?", y el novio contesta: "...de nada", ella dice: "¿Cómo que de nada?, yo recolecté hoy todos estos chismes (anécdotas) y tú ¡nada!, ¡no recolectaste nada!"

El enfoque: cuando un hombre cazaba, iba sobre una sola presa hasta que la atrapaba, es por eso que hoy los hombres no pueden hacer dos cosas al mismo tiempo, ¿ya sabes?; están texteando y les pides que te contesten algo y haz de cuenta que se les traba el cerebro, no porque sean tontos; simplemente, están preparados para hacer una sola cosa a la vez. Mientras que la mujer hacía mil cosas a la vez, recolectando frutas, cuidando a los niños, cocinando, socializando, volteando a ver por todas partes al árbol para ver cuál era la mejor fruta, situación que hoy no ha cambiado mucho, las mujeres actuales pueden manejar mientras se pintan, hablan por celular, se van tomando un yogur "light" y van criticando el vestido de la chica de a lado. O sea, nos queda claro que pueden hacer varias cosas al mismo tiempo sin broncas. #mujermultitask

A los hombres les encanta buscar cosas en el espacio. Así como nuestros ancestros buscaban la presa en el espacio de la selva, hoy el hombre hace lo mismo, fíjate: ya no son mamuts, ahora se llaman balones.

GOL
PARA

Los hombres cazan... balones

Imagínate un partido de futbol. Se juntan en dos manadas (nada más que ahora se ponen una camiseta amarilla con azul y otros roja con blanco), luego sueltan a la presa, el balón, y ahí van todos a romperse la cara por la pelota para ver quién la domina.

En realidad los hombres de hoy son los de la prehistoria, nada más se rasuraron y se cortaron el pelo, porque no han cambiado mucho que digamos.

También es un hecho que hoy en día hay muchas mujeres que son las capitanas de su equipo de fut y son súper extremas; es normal, todos aprendemos de todos.

Cómo resolver los problemitas que ves en los hombres

Los hombres tienen una gran carga de testosterona, que es la hormona de la agresividad; es por eso que cuando algo les sale mal, para liberar ese enojo le pegan a la pared o dicen malas palabras. Mientras que las mujeres, frente a un problema tratan de alivianarse y crean cercanía emocional al platicar. La mujer necesita sentirse apapachada, querida y escuchada. Mientras que el hombre en ese momento necesita aislarse y estar solo para tranquilizarse.

Como ves, la forma de ser de cada uno se da por influencia de muchas situaciones. La mejor manera de llevar una buena relación es comprender y aprender cómo es la otra persona para entenderla y aceptarla.

Está de la #*!"0°^& decir tantas *0©°◯#^ groserías

Güey, no sabes, conocí a un güey que, ¡güeeeeeey!, estaba guapísimo, pero el güey venía con otro güey, ¡imagínate, amigo de mi ex, güey! y es un cuate bien güey. ¿Cómo ves güey? Me traté de hacer güey, pero como que me vieron, y de güey voy y que me acerco...

GROSERÍAS LIGHT

La palabra güey y sus primas como: m'ta madre, qué poca, i...uuta!, sí ca..., zorra, no manches o perra; digamos que son groserías light, que chance y se oyen chistosas, están de moda, todo mundo las dice y hasta las escuchas en el radio y la tele, pero en realidad son abreviaturas de groserías más densas. Decirlas una que otra vez no tiene bronca, te puede funcionar y hasta sonar rifado.

Pero si eres de las personas que maneja 85 "güeyes" por hora en una plática, es demasiado. Llega a ser aburrido, molesto y te puede hacer ver, lo menos, como lucidita.

GROSERÍAS MÁS HEAVYS

Aunque se sabe que los hombres son más groseros, especialmente cuando están solos, las mujeres hoy en día se aplican durísimo. No es lo mismo grosería que insulto. La grosería no tiene la intención de ofender. El insulto es más denso. La diferencia depende en el tono y la forma en que la digas.

La verdad, todos decimos groserías en algún momento. Cuando estás joven es muy normal que las uses por sentirte libre, rebelde, te sientes cool, grande o las usas simplemente para que te acepten tus amigas.

Hay personas a quienes una grosería se les oye súper forzada y hasta caen gordas. Hay otras que dicen la misma grosería y a ellas se les oye súper chistoso porque la dicen en el momento exacto y de vez en cuando. También todos las usamos para alivianar un dolor o un coraje. ¿Qué tal cuando te pegas en el dedo chiquito del pie? Dices todo tu playlist de groserías.

Cómo, cuándo y dónde decirlas

Es importante que te fijes cuándo, dónde y con quién las dices, por más chistosas que se oigan. Si estás con tu grupito de amigas y están solas está bien; cuando crezcas es probable que cada vez las digas menos. Si las dices con tus galanes, y ya no se diga con los adultos, aunque no lo creas, te ves muy mal.

Además, te puede pasar que si te acostumbras a decirlas con tus amigas, se te pueden salir cuando menos lo esperas, lo imaginas o lo necesitas. ¿Qué tal si se te sale decirle a tu suegra: "Oye, perra, pásame la sal" O si tu papá llega tarde por ti: "M'ta madre, ahí cuando quieras, ¿eh?" ¿Te imaginas?

Ahora que si estás con tus amigas en un restaurante o lugar público, cuídate de no gritar groserías; además de que se oye horrible, nunca sabes si la abuelita de tu novio está en la mesa de atrás.

Por otro lado, a los hombres se les hacen cero cool las niñas que entre palabra y palabra intercalan una grosería de las densas. Da la impresión de que lo hacen por alguna de estas razones:

- Es una niña insegura y necesita llamar la atención de alguna forma (o sea, medio lucida).
- Es súper mal educada.
- Es una niña corriente, lo que cualquiera piensa que va de la mano con otro tipo de rollos.
- Se quiere hacer la muy grande.
- Si dices groserías "fuertísimas" como "v..." los hombres se ríen pero te consideran vulgar y en el fondo les daría pena presentarte como su novia.

Y de plano, a la mayoría de los niños les das flojera. Para evitarte problemas es mejor que no las digas delante de:

- Profesores, el director de la escuela, monjas, policías gandallas, suegras, etcétera.
- Por supuesto, no las digas frente a tus papás o abuelitos.
- Con niños chiquitos, porque las van a repetir de volada y cuando los regañen te van a echar de cabeza.
- El galán que te acaban de presentar.
- Tu novio, porque si rompes la barrera del respeto, ni cómo ayudarte.
- Cuando estás enojada con alguien, especialmente con tu novio, ¡aguas!, porque luego dices cosas de las que puedes arrepentirte.

Por último, piensa muy bien cómo hablas porque esto es un factor muy importante en la imagen que la gente se hace de ti. Si te apodan la "vulgarcita" y no es precisamente porque estás chaparrita, ¡aguas!, porque luego tú cambias y todo mundo cree que sigues siendo igual. Además, piensa que con tu forma de hablar también marcas cómo quieres que te traten. Si respetas, los demás te respetan.

La declaración

Aunque ya casi no se usa la declaración, la verdad sigue siendo algo muy padre y significativo y te ubica dónde está tu relación, ahora si que más bien es "la aclaración".

Cuando empiezas a salir con alguien casi siempre presientes cuando el tipo ya se te va a declarar, ¿ya sabes? La verdad te encanta porque en ese momento tu autoestima se va a mil, nada más que cuidado, porque este mismo príncipe azul, ya de novios, puede bajarte la autoestima hasta menos 1500 y volverse a convertir en sapo.

Aunque no lo creas, los hombres se ponen muy nerviosos para llegarle a una niña. Es muy cómico. El día que se le van a declarar se la pasan pensando todo el tiempo en cómo y dónde lo van a hacer. Desde que la ven están con el estómago sumido, hasta que llega el gran momento.

Es típico de los hombres que cuando dicen: "Ahorita, ahorita le llego", alguien se acerca y se espantan. Luego piensan: "Ahorita que salgamos al patio", pero también algo pasa y se echan para atrás. Finalmente, siempre le llegan al despedirse (mejor se deberían ahorrar todo el sufrimiento de la cita, ya que las estadísticas dicen que los hombres generalmente son muy miedosos y sólo se atreven hasta el final).

Lo que no falla es lo siguiente: ya que no saben cómo sacar el tema, casi siempre dicen: "Oye tengo que decirte algo...", y cuando contestas: "¿Qué?", siempre te dicen: "No, nada", (no juegues, siempre dicen lo mismo, ¿no podrían tener una neurona extra que inventara una frase nueva? ¡Siempre es la misma!). Y tú, por supuesto, te haces la distraída y dices: "Ya, ¿qué me querías decir?"

Si el galán es medio extrovertido se va a poner muy nervioso y te va a echar un rollo kilométrico que, además de repetirlo 15 veces, llega el momento en que ni él mismo se entiende.

Si el niño más bien es calladón se va a quedar en silencio como nueve segundos y luego te lo va a soltar así de golpe: "¿Quieres ser mi novia?" (así, o menos romántico).

El asunto es que si quieres andar con él no importa cómo te lo diga; vas a ser la mujer más feliz del mundo.

Por otro lado, ten cuidado porque también existen los típicos players que nada más te llegan para darse de besos contigo o un agarrón y al otro día ni se acuerdan. A esos los identificarás rápidamente, porque te llegan el mismo día que los conoces. ¡Omítelos!

También pasa que cuando te das un beso con el niño con el que sales, pues ya es como una declaración sobreentendida y empiezan a andar, nada más así. Aplícate pronto, porque aquí puedes entrar a la dimensión desconocida de la...

Cuasi relación

Cuando sientes química con un niño, así como aleación de zinc con hierro (nada más ¡aguas!, cuida que en tu relación no vaya a haber plutonio), se gustan y se empiezan a dar, es entonces cuando se da la "cuasi relación"; o sea, ni son, ni no son. Aquí empiezan los problemas porque la relación amorosa y física cada vez avanza más y tú aún no sabes si tienes novio, amigo cariñoso o mascota. Es más, ves su perfil en Facebook y sigue como "soltero".

Es muy importante que saques la antena y definas tu situación lo más pronto posible. Después, los tipos se hacen tontos mucho tiempo y como no tienen nada formal al rato se van de cacería y te los cachas con otra amiguita en el reventón, para decirte la típica frase: "Es que, pues no somos novios, ¿no?, ¿o sí?"

Los hombres se hacen los autistas y usan esta famosa táctica conocida como "Tengo pero no quiero", y así tienen siempre un buen pretexto para ligar con todas.

Si estás más cómoda con esta situación, pues entonces no te quejes porque tú también estás aplicando el "tengo pero no quiero", o sea, que los dos están viviendo en Disneyfreelandia o Sexbuddylandia.

Si lo que quieres es andar en serio con él, te recomendamos que más rápido que inmediatamente lo hablen.

Los tips básicos para hacer formal una relación

♥ Cancela el suministro de besos. Desde este momento, él va a pensar: "Creo que ya se dio cuenta y seguro quiere hablar conmigo". Verás que cada vez que no le quieras dar un beso quizá se enoje, pero ten seguro que se va a clavar más. Así que aguántate.

♥ Pórtate más payasa con las salidas, dile por lo menos dos veces seguidas que no puedes ir a "x" lugar.

♥ No dejes que te agarre la mano y mucho menos lo demás.

♥ Habla con él. Dile cómo te sientes de forma clara, directa y viéndolo a los ojos. Ahora que, al hablar con él, te puedes llevar la sorpresa de que te diga que no quiere andar en serio o que por lo pronto no quiere ningún compromiso. Será muy difícil para ti, pero piensa que es mejor esto a que te sigas haciendo ilusiones o te traiga de free mientras estás súper clavada. Acuérdate: más vale sola, que mal apapachada.

Noviazgo

¡PAPIS! Les presento a mi novio Lennon, nos casamos en un mes.

Tener novio es padrísimo y, por supuesto, es más que un ligue: es una relación amorosa, digamos que es oficial. En el noviazgo se pueden dar todo tipo de emociones: amor, emoción, diversión, entrega e ilusión. Pero también tiene su lado difícil; quizá exista confusión, enojos, truenes, celos y muchas cosas más, pero todo es parte del mismo paquete.

Así que no te preocupes si un día te sientes entre mil estrellas, y al otro sientes como que te estrellaron mil veces: ¡felicidades! Tienes un noviazgo en toda la extensión de la palabra.

TIPOS DE NOVIAZGO

Noviazgo recreo: porque no dura nada.

Noviazgo siamés: se la pasan tan embarrados que parecen uno, en lugar de dos.

Noviazgo paparazzi: porque se andan escondiendo de todos.

Noviazgo de bajo aprovechamiento: porque se la pasan tronando.

Noviazgo Greenpeace: preserva la especie, o lo que es lo mismo, es cuando te haces novia del hermano de tu mejor amiga.

Noviazgo titanic: se aman hasta la muerte.

Noviazgo karate: son novios pero se la pasan de la patada.

Noviazgo panadería: uno es un pan y el otro puros cuernos.

Adentrándonos más en este rollo de la manita sudada, ¿te ha pasado que de repente sientes que tu novio y tú piensan muy diferente?, ¿estás súper clavada y te preocupa que no sienta lo mismo por ti?, ¿un día lo amas y otro lo odias? Bueno, pues es completamente normal. Se conoce como el famoso #amorodio

En esta edad, los sentimientos cambian todo el tiempo sin avisarte. Además, si hay mucha diferencia en edad, cultura, educación, valores o costumbres el asunto se complica un poco.

Lo mejor es que también esas diferencias hacen que tú y él se complementen. Y cuando el amor es grande, dice "quítate, que ahí te voy".

Tips para el asunto de los novios

> Las relaciones tienen altas y bajas, disfruta las dos.
> Respeten su espacio; cuando todo el día andan de pegotes o texteando es agobiante.
> No seas absorbente ni controladora: ¡lo alucinan! Tampoco permitas que él lo sea contigo.
> Olvídate de preguntarle todo el tiempo: "¿Me quieres?" o, "nunca me dices si te gusto, si estoy guapa..." ¡de flojera! A veces los hombres son tímidos, o simplemente no se les ocurre decirte estas cosas.
> Platica con él sobre lo que les late y lo que no.
> Las peleas constantes apagan el amor. Si te peleas de vez en cuando es normal, pero nunca con agresión verbal y mucho menos física.
> Los celos son aceptables cuando son normales; cuando son enfermizos hablan de una persona súper insegura.
> Nunca dejes que él te obligue a hacer algo que no quieras.
> Si hay engaños es mejor terminar.
> Cuando truenas sientes que te vas a morir. Tranquila, no te mueres, sientes horrible pero siempre pasa y te vuelves a enamorar, escucha bien: ¡siempre! #lojuramos

Las relaciones maduran cuando encuentras a la persona correcta. Olvídate de sólo pasarla bien, vas a querer estar con esa persona no sólo un rato, sino toda la vida.

¿Qué es un free o sexbuddy?

¿Mínimo es de opción múltiple?

Les hicimos varias preguntas a unos chavos de entre 18 y 25 años. Ahí te van sus respuestas:

¿Qué es para ti un free?

"Un free, es como ser amigos con derechos o novios sin compromiso. Se da casi siempre con niñas más abiertonas, ya sabes, salen contigo y te prestan. Es tu Fuckbuddy."

"Es tener sexo sin tener que andar. Aunque a veces no sales con nadie más, no le das la importancia de un noviazgo."

¿Qué tan frecuente es?

"Mira, depende de la niña. A veces es fácil, conoces a una niña en el antro y te le das. Con otras necesitas dos o tres salidas. Las niñas más inteligentes no se dejan, saben cómo manejarla y me caen bien."

"Cada vez es más común, en especial de vacaciones. Hay niñas fresas que en su ciudad o con los niños que conocen no andan de free, pero en las playas es más fácil. No te conocen ni saben nada de ti ni tú de ellas. A estas niñas les decimos las 'Yolis', como el refresco, porque te las echas en Acapulco."

¿A qué edad empiezan con los frees?

"Como en segundo de secundaria y en la prepa, ya en la universidad es diferente, hay más compromiso o andas más en serio."

"Es más fácil que se dé en las grandes ciudades que en las pequeñas, porque ahí el chisme es heavy y se acaban a las niñas. Se cuidan más."

¿Qué porcentaje de los cuates de tu edad crees que tengan o hayan tenido uno o varios frees?

La respuesta osciló entre 50 y 70 por ciento.

¿Por qué te laten los sexbuddies?

"Porque es mejor andar con niñas que son 'compartidas', con las que haces todo, si quieres les hablas, si no quieres no, que con una novia que te exige; es muy cómodo."

"Porque el pedo del noviazgo me da flojera: ir a ver a sus papás, tener que hablarle todos los días, salir siempre con la misma, hueva."

"Ahora las niñas se dejan más fácil que antes. Antes veías mal a la niña que sabías que se ha acostado con alguien, ahora es más normal, incluso le pasas el dato a tus amigos."

"A veces lo hago para apantallar a mis amigos y poder contarles al día siguiente."

¿Tú, como hombre, qué piensas de la niña con la que sólo te das pero no hay ningún compromiso?

"Pues al principio dices qué buena onda, sabes que es para eso, luego te aburre, te deja de interesar."

"Siempre respetas más a las niñas que no se dejan, te pican más."

"Le pierdes el respeto."

"Si quieres andar con alguien en serio y te enteras que ya tuvo varios frees, te da pa´bajo."

"Yo por ejemplo, llevo dos años con mi novia y te puedo decir que no hemos llegado al final, y eso me pica durísimo."

¿Estás consciente de las ITS (infecciones de transmisión sexual)?

"La verdad no."

"Las niñas son más conscientes y te exigen que te cuides. A los niños, si te dan chance, no desaprovechas y ni la piensas; a las niñas sólo les preocupa no embarazarse."

"A veces te preocupa el sida, depende con quién estés..."

¿Te informan sobre esto tus papás o en el colegio?

"¡Para nada! En el colegio, a veces. Pero con mis papás el tema nunca se toca. Como que les da pena."

"En el cine, en internet, en revistas y con mis compañeros (que a su vez se informan en los medios)."

Esta fue la respuesta general.

¡AGUAS!

El que tengas un free o un sexbuddy puede ser muy cool, pero la neta ten mucho cuidado, porque así como puedes no tener problemas, puede causarte muchas broncas.

De entrada, ya te diste cuenta lo que para un hombre significa andar con una niña de free. Si te late pues entonces aplícala, y si no pues decide qué onda con tu relación.

Principales causas por las que se da un free

- Falta de compromiso por alguno de los dos lados (o de ambos).
- Me gusta pero no creo que sea el mejor partido como para algo en serio (o sea, ando con éste mientras encuentro algo mejor).
- Me da flojera todo el rollo del noviazgo (detallitos, ir a ver sus papás, siempre estar con él).
- Nunca hemos hablado con la verdad, pero me parece cómodo así.
- Está de moda y está padre.
- Como él no quiere nada en serio y yo sí, empiezo de esta forma para ver si después nos hacemos novios.
- Ahorita prefiero divertirme y no atarme a algo tan formal (esto está plasmado en la famosa frase: "El respeto a conocer a uno nuevo, es la paz").
- A veces duran sólo una noche y las razones son: el niño está guapo, te urge un beso, darte a alguien, por presión de las amigas o para apantallarlas y contarles al día siguiente. Esto pasa especialmente en vacaciones en la playa ya que dicen por ahí que "lo que sucedió en la playa... se queda en la playa".

Nada de responsabilidades

Algunos niños son muy heavy y no quieren nada en serio, pero aquí también aplica a la inversa. El niño muere por andar en serio contigo y para ti es simplemente un bonito artículo de decoración, así que: "Mi free es un bonito lujo, pero creo que lo valgo".

También es real: hoy en día para algunas personas y para algunos momentos de la vida, el darse a alguien simplemente es una opción.

Riesgos

💔 Si algún día lo ves o te platican que estuvo ligando con alguien más en un antro, te vas a súper arder pero no vas a poder reclamarle, porque finalmente él no es tu novio. Ésa es una desventaja, a menos que tú también hayas estado ligando con otro niño en otro antro.

💔 Corres el riesgo de que al principio lo tomes como algo súper "x" y no quieras tener nada en serio. Luego te clavas y ¡tómala!, o resultas embarazada, o resulta que él ya no quiere nada en serio y además consigue novia formal. Te vas a sentir usada y terrible porque además de estar clavadísima vas a sentir que te cambiaron tan fácil como foto de perfil.

💔 Algo importantísimo es el rollo del sexo. Si cuando te preguntan qué responsabilidad tienes en cuidarte, dices: "Pues, maso", ¡ojo! porque no vaya a ser mas o menos embarazada. Los riesgos del sexo no seguro son muy densos, y si a veces en una relación seria se les van, ¡imagínate algo que de entrada, cero responsabilidad!

💔 Si buscas darte a alguien sólo para ver si más adelante él quiere en serio, ¡cuidado!, porque generalmente no pasa así. Vas a quedar muy lastimada y perderás ese respeto que los demás y tú misma te tienen. Mejor no te metas en eso.

Hoy en día muchos jóvenes han tenido un free y lo toman como una opción intermedia para empezar a ver qué onda con una relación o para divertirse. Sin embargo, el riesgo es muy alto. Recuerda que el hombre siempre busca tener sexo. Así que depende de ti. Para que una relación dure, es mucho más importante la comunicación, los sentimientos, el respeto y los valores; así que no bases tu relación únicamente en el sexo. Tener un novio formal es lo ideal; tienes alguien que te responda, que está pendiente de ti y tú significas algo más para él que simplemente un sex-buddy. Además, puedes experimentar un tipo de amor más profundo, gratificante y sobre todo, más responsable.

Ahora que si sabiendo esto, tu rollo es el free, sólo cuídate y protégete sentimental y sexualmente.

¡IMPORTANTÍSIMO!

- Si no te late el free, después del primer beso aclara las cosas con él y contigo misma.
- Si a un hombre se la pones muy fácil pierde interés; va a tomar confianza y es muuuy probable que te respete menos.
- No lastimes a un niño en un free si ves que él se está clavando cañón. Mejor antes de que sea doloroso acaba con la situación.

Mis amigas

Tener una buena amiga

¡Qué importante es tener una buena amiga! #bff Ella puede comprender mejor que nadie lo que te pasa, lo que sientes, lo que te preocupa, simplemente porque, por lo general, está viviendo lo mismo que tú. Con ella puedes llorar con confianza, contarle tus depresiones, saber con un intercambio de miradas lo que tú y ella piensan y reírte a carcajadas hasta que el estómago te duela. Es más, puedes enseñarle todos los mensajes directos de tus redes y no tienes problema.

No hay dos iguales

Estás de acuerdo en que algunas amigas son esporádicas; ya sabes, las conoces en vacaciones y nunca más las vuelves a ver. Otras son amigas que ves sólo en una clase, en un deporte o en cualquier otra actividad, también están las reciclables; las típicas que la amabas, luego te peleaste a muerte y otra vez son medio amigas. Sin embargo, tienes LAS AMIGAS, el grupito con el que te sientes más identificada y donde están las que más quieres.

Aunque es posible que la amistad entre un hombre y una mujer se dé, por lo general hay cosas que sólo le confías a una bestie, ¿ya sabes?

Las amigas y el teatro

Las amigas son como los lugares del teatro: hay amigas *vip* (casi siempre son dos o tres) que comparten tus mismos valores y forma de pensar, y con las que te abres sin temor a ser criticada. A ellas las sientas en la primera fila. Hay amigas, las de tu grupito, por ejemplo, que sientas en la zona de preferencia; cuídalas mucho. A otras las mandas hasta arriba y di que les tocó lugar. A unas pocas las sientas en los palcos, a otras tantas las acomodas en medio porque son como del montón, y de plano hay algunas que te caen terrible y nada más les dices: "Perdón, pero ya se me agotaron las funciones y tú no alcanzas ni en la reventa".

Como en todas las relaciones, la comunicación abierta y honesta será la clave para que tu amistad dure mucho tiempo y logre pasar los problemas que sí o sí vas a tener. Si andas insoportable y les tiras mala onda a todas, ojo, porque a ti también te pueden cerrar el teatro.

Me cuesta trabajo hacer amigos

"Llevo en la secundaria como dos meses y desde que entré no tengo amigas. Cuando llegué no conocía a nadie y la neta me la paso sola porque me cuesta mucho trabajo hacer amigos. En el recreo sólo me siento en el patio a hacer la tarea mientras veo cómo los demás juegan y se divierten. ¿Me entiendes? Es deprimente, ¿no? Yo creo que como soy callada los demás piensan que soy rara o de flojera. ¡No sé!", nos cuenta Liz.

Es cierto, no a todo el mundo se le facilita hacer amigos, es cuestión de temperamento. Con eso naces y no vas a cambiar; lo que sí puedes hacer es ser más accesible. Por ejemplo:

Si ERES iNTROVERTIDA

Los introvertidos, como Liz, a veces se sienten bichos raros. Por lo general comparten poca información acerca de ellos mismos, y si lo hacen, hablan de su forma de pensar más que de sus sentimientos. Son personas a las que les gusta pensar, profundizar en las cosas y son excelentes observadores y amigos. Saben escuchar muy bien y son muy pacientes. Generalmente se sienten como dedo en el recreo y como no tienen con quién platicar, se ponen a leer o a hacer la tarea, o ya de plano leen su tarea tres veces, nada más para hacer tiempo. Si éste es tu caso, relájate, no estás sola, a muchas personas les pasa. Una forma en la que puedes empezar a hacer amigos es, aunque te cueste un poco de trabajo, acercarte a alguien que te lata y hacerle preguntas.

Preguntarle, por ejemplo, sobre algún tema que vieron en clase, sobre quién le corta el pelo, sobre algun programa de televisión de moda o alguna app, y poco a poco platicarán sobre temas distintos. Otro día la invitas a comer, juntan el lunch y así empezará la amistad.

Es bueno que ubiques que a veces la gente puede confundir el ser tímida con ser sangrona, por lo que te sugerimos sonreír mucho y tratar de abrirte para que esto no te suceda. También te recomendamos que si pasan el lunch juntas no te abalances el primer día sobre sus cacahuates gourmet, o sea japoneses con Miguelito de agua y chile.

Si ERES EXTROVERTIDA

Los extrovertidos son aquellos que apenas acabas de conocer y ya te contaron su vida entera. A ellos les gusta estar llenos de actividades, conocer mucha gente, ir a muchos lugares y experimentar mil cosas a la vez (tienen más de dos redes sociales).

Hablan hasta por los codos (y vaya que hay codos muy expresivos) y son muy malos para escuchar. Hablan sin pensar, por eso es común que metan la pata o se metan en problemas. Si ésta es tu forma de ser, hacer amigos se te facilita mucho; sólo procura interesarte en ellos, cuidarlos más, ¡ah!, y de vez en cuando cierra la boca para que sepas cómo se llaman, si tienen hermanos, si andan con alguien... en fin, cosas básicas.

Conflictos y complicaciones

Entre dos o más amigas siempre habrá situaciones externas o internas que pongan a prueba su amistad. Hay veces que la amas y dices: "¡Qué haría sin ella!", y otras en que la odias y dices: "¡Ashhh! ¡Qué voy a hacer con ella!" Es inevitable. Para aliviar cualquier circunstancia es necesario platicar mucho, tener paciencia y confianza.

Sentimientos que se dan en una amistad

> Admiración: "Mi amiga Laura es guapísima, tiene a mil galanes muertos por ella. Además, es la más aplicada del salón y es la mejor amiga de todas". #lapopular
> Posesión: "¿Cómo que quedaste de ir al cine con Paola? ¿No vamos a estudiar juntas?" Casi casi le dices "idiota".
> Indignación: "Siempre me copias en lo que me pongo." "El sábado ni se te ocurra ponerte la blusa lila porque yo me la voy a poner, ¿ok?"
> Envidia: "Mi papá no me deja ir al concierto del sábado y Ale ya tiene boletos y además va a ir ¡con Pepe! ¡Grrrrr! Ojalá que al vocalista le dé una enfermedad rara y se cancele." #soloporfregar

- **Competencia:** "Cristy es una de mis mejores amigas, pero ni modo, le tengo que ganar en las calificaciones, y si no, por lo menos que yo me vea más guapa el día que las entreguen, LOL."

- **Celos:** "Desde que tienes novio, ya ni me pelas" o "mi mejor amiga es buena en todo y le gusta a todos los niños. ¡Claro!, ¿a quién no? Es alta, flaca, tiene el pelo divino y es perfecta. ¡Ay!, la odio, pero si yo fuera hombre ¡creo que andaría con ella!"

- **Solidaridad:** "No te preocupes, yo me voy a tu casa en la tarde para explicarte mate. Está muy fácil, vas a ver. ¡Claro que puedes!"

- **Decepción:** "Mi mejor amiga le insinuó a José Pablo 'sin querer', que muero por él, lo que es cierto, pero me dio mucho coraje. Ya me pidió perdón mil veces, pero la verdad no siento que sea sincera".

- **Afinidad:** "Con mis amigas me la paso ¡súper!, nos encanta ir los viernes a comer y después al cine."

- **Amor incondicional:** "Fernanda tiene mil broncas en su casa y además es gordísima y no es muy bonita, aun así la quiero mucho y trato de ayudarla".

- **Traición:** "Claro, mi amiga se fue con Eugenia porque ella sí fuma y yo no. ¡Estoy furiosa!", o "el secreto que le confié a Lupe se lo contó a todo el mundo". Aunque es peor: "Laura me bajó a mi novio, y también ya se lo pasó a todo el mundo".

¡Es neto! En una amistad, todas estas cosas se pueden dar y más. ¡Es muy normal! Lo importante es reconocer si lo que sientes son tonterías pasajeras o a lo mejor en realidad no es tu amiga. Si algo no va bien no te lo calles, platica con ella y acláralo, porque una buena amistad influye de muchas maneras en tu vida: hay que cuidarla. Es algo que dura para siempre, especialmente las que haces durante esta etapa, y es lo mejor que te puede pasar. Pero no olvides que la amistad es como una calle de doble sentido: dar y recibir, es la regla del juego.

Sé una súper amiga

> No critiques, no juzgues y apoya siempre a tus amigas.
> Atrévete a hablar con sinceridad las cosas que otras se callan.
> Cuando una amiga te cuente algo que le preocupa escúchala con atención.
> Si alguien molesta a tu amiga defiéndela.
> Si no te piden un consejo no lo des.
> Guarda bien ese secreto que te contaron (no lo postees en todas tus redes).
> Permite que los demás sean como son, no los trates de cambiar.
> "La única manera de tener un amigo, es siéndolo", R. W. Emerson.

CHECA ESTO

Bullying

Odio ir a la escuela, hay dos niñas que no dejan de molestarme. Cada vez que estoy cerca de ellas dicen cosas horribles de mí, delante de mí, y se ríen. Me empujan, me esconden mis cosas, y me avientan bolas de papel con baba a la cara.

Un día me escribieron en mi mochila "eres una teta" y cuando llegué y lo vi, me di cuenta de que me estaban grabando. Se murieron de la risa y después lo subieron a internet. Cuando lo vi sentí lo peor que he sentido en mi vida; pensé en tomarme unas pastillas de mi mamá, para morirme y no volver a la escuela.

Primero eran sólo dos niñas, ahora, es casi todo el salón. Dicen que cuando no voy no se divierten. Las odio, pero por más que intento no puedo decirles nada. ¡No sé qué hacer!

Susana, 14 años

Nunca falta. Todos, en algún momento de la vida, supimos lo que se siente que los demás se burlen de ti: del apodo, de los zapes, de la tristeza que te da y demás. A esto se le conoce como bullying y lamentablemente ha crecido cada vez más. De entrada, queremos que sepas que esto pasa en todas las escuelas y en el caso de los zapes, en todas las cabezas. Sin embargo la manera en la que nos enfrentemos a este problema marca la diferencia entre ser feliz en la escuela o pasártela súper mal.

Los papás, a veces, no le dan importancia a este rollo. Piensan que este tipo de acoso es típico cuando pasas de la niñez a la juventud. Sin embargo, esto ha aumentado y el que te traigan de bajada es un tema que les pega a miles de niños y niñas; y de acuerdo a las investigaciones, los daños psicológicos pueden ser durísimos y reflejarse incluso cuando seas más grande. También existe el cyberbullying (bullying exclusivo en línea), de eso platicaremos más adelante.

Les preguntamos a algunos jovenes y a varios expertos. Nos pareció interesante compartir contigo sus respuestas:

¿Qué hace que a una niña la traigan de bajada?

"Su forma de actuar, la manera como se viste, si está fea, si es muy gorda, si siempre trae el pelo sucio, si habla chistoso, como de otro lugar, que huela feo, que sea tonta, "teta" o medio zorra, su peinado, el color de su piel, que tenga malas calificaciones, que sea tímida, introvertida, freaky, rara, que no conozca niños, que se vea vulnerable —todo esto hace que la puedas molestar—, que sea atacable…"

¿Qué tanto pasa esto y a qué se debe?

"Es muy frecuente, en especial en la etapa de preescolar y en la adolescencia. Puede ser por una sobreprotección de los papás. Si al niño siempre le han solucionado todo, no sabe cómo construir sus defensas. El niño se acostumbra a ser el tonto, el flojo y desarrolla tolerancia a los insultos, una baja autoestima y ninguna herramienta de defensa. A eso le sumamos a niños o adolescentes, que quieren tener poder sobre otros. Cuando logran que se enojen, que lloren o que se pongan tristes, sienten que ellos tienen el control."

Si ya te traen de bajada, ¿qué puedes hacer para que te dejen en paz?

Aquí te damos algunas sugerencias que investigamos entre jóvenes, expertos en problemas juveniles y en algunos libros:

- Simula que no te importa, aunque por dentro te mueras. Ríete, tú misma has burla de lo aparentemente "chistoso" que tienes. Eso es lo mejor para desanimarlos a seguir.
- No les des poder, si te pones triste o te ven llorar, logran su objetivo y la cosa se pone peor. Si cuando los ves en un lugar, les sacas la vuelta y te vas por otro lado, consiguen lo que quieren. Mejor júntate con una amiga y pasa exactamente por ahí. Que vean que no tienes miedo (aunque obvio, sí lo tengas).
- Si la situación no se arregla es muy importante que cuando te moleste esa persona la veas directo a los ojos (con enojo por dentro) y con una voz fuerte y segura le digas "basta", "no me gusta que _____", aunque no lo creas tu mirada firme y tu tono fuerte los intimidan bastante. Si te cuesta trabajo practícalo sola en tu casa. En muchas ocasiones basta con esto para que dejen de molestarte.
- Otra forma es que si las cosas ya se pasan de la raya, reconoce que te molesta y te enoja que te traigan de bajada. Contéstale a la que te moleste, para que te respete. Todos tenemos defectos, así que encuéntrale uno y dícelo. Esto funciona cañón, porque se da cuenta de

que ella también tiene defectos que todo mundo puede ver y burlarse de ellos si se hacen públicos. Y aunque al principio haga como que no le importa, va a sentir que se muere. Sus amigas van a quedarse calladas, pero en el fondo van a pensar "sí es cierto, tiene las cejas de azotador... LOL". La mayoría de los que molestan, lo hacen porque son muy inseguros y tratan de cubrir esto al molestar a los demás. Así que si le dices su defecto, y se lo repites varias veces, va a sentirse vulnerable y te dejará de molestar. Ahora, nada más no lo sigas haciendo, no te vayas a convertir en uno de ellos.

- Háblalo con tus papás o con un maestro, pero para pedirles un consejo, no para acusarlos. Es muy difícil salir de una de estas situaciones sola.
- Habla a solas con cada una de las que te molestan, enfréntalas. Aunque te suene raro o suicida, esto pueda ayudar muchísimo. Primero porque se necesita mucho valor y eso lo notan ellas; y segundo porque por lo general a ellas en algún momento también las trajeron "de bajada". Así que es muy probable que te dejen de molestar.
- El lenguaje corporal es importante: evita caminar encorvada, mirando hacia el suelo, como si no existieras, porque esto empeora las cosas. Camina segura, pisa fuerte.
- Si te molestan por algo de tu apariencia física, tipo el peinado, o de tu forma de vestir, puedes cambiarlo. Seguro el primer día se van a burlar, pero después se van a acostumbrar y te van a dejar de molestar. Nunca metas reversa.
- Escribe una lista de tus cualidades, acepta tus "diferencias" con orgullo. No te achiques y no faltes a la escuela. Reclama tus derechos y, sobre todo, construye la imagen de lo que quieres ser y trabaja para obtenerla.

Cuando estaba en cuarto de primaria, había una chava muy guapa que se llamaba Sofía. Un día me empezó a molestar en frente de todos, diciéndome que mi papá estaba muy moreno. Los demás se empezaron a burlar y a esa edad me pegó horrible. Lo siguió haciendo por algunas semanas, hasta que decidí hacer algo.

Un día en la tarde se me ocurrió empezar a decirle "salami" (no te rías, ubica que estaba en cuarto). Le dije a un amigo que me ayudara a decirle igual. Al día siguiente, llegué a la escuela y le dije: "Hola, salami". Obvio, al principio no entendió. Después cada vez que estábamos cerca de ella, decíamos "¿huele a salami, no?", y empezamos a jugar todo el día con la palabrita. A los demás del salón se les hizo chistoso y siguieron con la broma.

Bueno el asunto es que ese día, Sofía terminó llorando y suplicándome que no le volviera a decir "salami". Lo hice, y ella dejó de molestarme.

Jamás me imaginé que una cosa tan tonta me ayudara a resolver un problema que en ese momento me agobiaba tanto.

Como ves, esto funciona. Lo único importante es utilizarlo sólo para defenderte. **Jamás para convertirte en uno de ellos.**

Yordi

Otra cosa súper importante es recordar que el mundo es como un espejo. Como te ves, la gente te ve. La etiqueta que te pongas, va a ser la que los demás lean de ti. Y sobre todo, ponte atenta, porque: "La gente te tratará como tú permitas que te trate" Así que… ¡Mucha suerte!

NOTA:

Si tú eres de las que por caerle bien a los demás, por sentirte superior, por diversión, por llamar la atención o sentirte aceptada, zapeas y traes de bajada a alguien, piensa en el daño que le puedes hacer a esa persona, y que a veces ese daño es de por vida. Ponte en sus zapatos y pregúntate si te gustaría que te lo hicieran a ti. Acuérdate de que todo lo que haces en la vida, como boomerang, tarde o temprano regresa a ti…

HUELE A SALAMI

Ahora que si ves que tu amiga molesta a alguien y a ti no te late, aléjate cuando lo haga. La gente que molesta quiere público, para demostrar su poder, si no lo tiene, su rollo no funciona. Trata de convencer a la que molesta de que le baje, en buen plan.

La necesidad de pertenecer

TODO EL MUNDO LO HACE

La necesidad de pertenecer es un asunto súper grueso que toca las fibras de la esencia humana. Sin embargo, en la etapa de la adolescencia en la que estás, pertenecer o no a un grupito de amigas es un factor de supervivencia y hasta una razón de vida. La presión de grupo afecta muchos aspectos de tu vida.

La mayoría de las niñas entre 12 y 19 años hacen lo que hacen porque "todo el mundo lo hace", no importa si se trata de mentir, irse de pinta, trollear en internet, tomar unos drinks, vestir a la moda, fumar, meterse a una clase de algo o no, tener relaciones o no. Son cuestiones que se reducen a una frase tipiquísima: "Todo el mundo lo hace".

Se siente tan mal la angustia de no pertenecer, que eres capaz de vender a uno de tus hermanos con tal de que te pelen, así que mejor platiquemos de este punto.

"En la escuela, mis amigas me tienen en el congelador porque soy buena gente con una niña a la que todo mundo en el salón le tira mala onda. La pobre me da lástima. A mí no me gustaría que fueran así conmigo, pero mis amigas no lo entienden y no sé qué hacer", nos cuenta Andrea.

Que no te pelen por una razón tan simple como ésta o por algo más importante, es muy difícil de superar para cualquiera, porque te pone en una situación súper vulnerable, asunto que el grupito de tus amigas conoce bien o intuye; por eso ponen a prueba a sus miembros, ya sea con méritos o con ritos de iniciación para tener el privilegio de "pertenecer".

Esta presión puede ser tan cañona que logra que una niña haga cosas que jamás haría por su propia voluntad. Si alguna vez te ha pasado esto, creemos que para tomar tus decisiones es importante que sepas qué es lo que nos mueve a los humanos a responder a lo que se conoce como:

Presión de grupo

Seguramente te vas a encontrar con gente que piensa que debes ser o actuar de cierta manera y va a tratar de influir para cambiarte. Esto te confunde muchísimo, especialmente si viene de alguien que te importa, que crees que es tu amiga o de algún galancito que te guste; además, quizá todavía no estás muy segura de quién eres tú.

A veces los consejos y las sugerencias te ayudan y te dan buenas ideas para ver qué onda. Pero si te llevan hacia una dirección que te hace sentir incómoda, hasta en lo más mínimo, porque va en contra de tus valores y principios, te obliga a hacer cosas que no quieres y que ponen en peligro tu vida, tu libertad, o te causa problemas con tu familia, la escuela o con otras personas. Hazle caso a tu intuición y ¡no lo hagas!

"Es que si no haces lo que todas hacen, tus amigas te hacen sentir como bicho raro: se burlan de ti, te critican, te hacen menos, o simplemente te hacen a un lado", continúa Andrea.

¿Por qué tendemos a ceder a la presión de grupo?

Porque estas actitudes de rechazo tienen que ver con nuestros miedos más grandes: el miedo al abandono, al ridículo (cuánto miedo nos da hacer un súper osote, ¿no?), al fracaso o al rechazo que todos llevamos dentro. ¿Quién no tiene estos temores? ¿Se siente horrible? ¡Claro! Por lo que, dado el caso, no es fácil encontrar el valor suficiente para oponernos. Al mismo tiempo, pertenecer a un grupo nos hace sentir súper bien porque te sientes poderosa y aceptada (la frase se oye como de super héroe, pero es neto).

¿Cómo hacerle frente?

- Aprende a decir "no": dilo convencida, fuerte y claro. Te vas a dar cuenta de que al principio tus amigas igual te rechazan, pero luego, te lo aseguramos, en el fondo te admirarán por tu firmeza y te van a respetar más que antes.

- No te creas el "todo mundo lo hace": no es cierto, no todo el mundo se pierde en el chupe, no todo el mundo fuma mota, no todo el mundo lloró con las mismas películas, no todo el mundo tiene relaciones sexuales ni dice mentiras. Este es un rollo que por el simple hecho de escucharlo, hace que mucha gente se lo crea y haga "x" cosa.

- Tampoco te creas el "una vez y ya": este es otro de esos puntos que en el momento se escuchan fáciles y te convencen: "Una vez y ya, no te va a pasar nada. ¡Ay! ¿Qué tanto es tantito?" De hacerlo, pueden arruinar tu vida o te pueden dar la confianza para seguir en algo de lo que después ya no podrás salir: pisarle al acelerador, entrarle a las drogas, robar o tener relaciones con alguien que no conoces y sin cuidarte, nada más porque te dijeron y porque están de moda los deportes extremos.

- No te engañes con el "a mí no me pasa": y, ¿por qué no? Pregunta a las personas que en un segundo tuvieron un accidente y están en una silla de ruedas o les pasó algo drástico en sus vidas. A cualquiera, incluso a

ti, te puede pasar todo. Hace poco grabé un programa de tele sobre adicciones y le pregunté a varios jovenes qué les gustaría borrar de sus vidas y me dijeron: "El momento en que me ofrecieron drogas por primera vez y dije sí. Nunca me imaginé lo que iba a pasar al final."

- Escucha a tu cuerpo: el cuerpo es súper sabio, por medio de sensaciones te avisa de volada cuando algo no le late o no estás actuando bien. Es un mecanismo natural de conservación. De hecho, hay estudios que dicen que tu intuición es más certera en muchas ocasiones que tu propia razón. Así que ya sabes: ¡Hazle caso a tu cuerpo!

- Establece alianzas: busca a alguien que se sienta de la misma forma en que te sientes tú. Es más fácil resistir la presión cuando te sabes apoyada.

Por último, recuerda que tú eres tú, que tu vida la construyes sólo tú, y que tus verdaderas amigas son aquellas que te aceptan tal y como eres y a quienes no necesitas demostrarles nada. Así que di no a la presión de grupo y... y... y ¡no al consumo de huevos de tortuga! (bueno, no tiene nada que ver, pero se nos ocurrió).

Popularidad

Ayyy, la odio...

- Tienes tanta ropa que... (estoy segura de que su papá es dueño de Saks).
- Es tan guapa que... (he pensado que hasta a mí me gusta).
- La invitan a tantas fiestas que... (creo que hasta le pagan por ir).

- Se lleva tan bien con tanta gente que... (podría trabajar en la ONU).
- Tantos niños guapos mueren por ella que... (¡estoy segura que hace tratos con el diablo!).
- Tanta gente la conoce que... (aparece hasta en el mapa del GPS).

...y la verdad es que... que... que... ¡¡Quiero ser ELLA!!

El rollo de la popularidad puede ser una pesadilla (y de esas en las que sueñas que te hiciste pipí y resulta que... sí te hiciste).

Ser popular es primo hermano de la aceptación que platicábamos anteriormente y pues a todo mundo nos gusta la aprobación, es completamente natural. La bronca es que como este asunto ahora incluye el Kit Hollywood (dinero, belleza, mascota más mamila que su dueña, marcas, amigos y hasta botox... ¡para la mascota!) ya ha llegado a niveles súper cañones.

Claro que es normal querer verte guapa, fashion, vestirte padre y sentirte cool, y por supuesto que se vale, la bronca es que dejes de ser tú para convertirte en la híper-ultra-súper Abeja Reina de la escuela (aunque no estaría mal tener por ahí algunos obreros a tu servicio).

Muchas veces queremos ser aceptados porque nos sentimos rechazados o inseguros, como si la ley fuera "si soy popular, es porque valgo" y aquí es donde viene el problema, pues entre más busquemos ser populares, más riesgo tenemos de rechazo y si nuestra autoestima ya estaba en el suelo se puede ir enterrando hasta casi casi hacerte una mascarilla de lodo.

Lo más importante es que seas tú, buscar qué te gusta, cómo eres y ser exactamente así, no hay nada menos popular que una wannabe. (Bueno, sí... dos wannabes.)

Cuando alguien hace esto es un foco rojo gigante, porque todo mundo se da cuenta y la rechazan durísimo; de hecho, ya no sólo es CERO popular... ahora es cero popular y mentirosa.

La mayoría de los populares (aunque parezca lo contrario) no son tan felices como parecen, porque se la pasan tratando de agradar a todo mundo, no son reales con ellos. (Imagínate si quieres ir a comer unos nuggets al McDonald's con tu pants despintado, bien fodonga y los pelos de plumero, pero no puedes porque... ¿qué va a decir la sociedad estudiantil?)

También, aunque estén rodeados de tanta gente, en realidad muchas veces se sienten muy solos porque sus amistades son más interesadas que sinceras. Por otro lado hay gente que es popular porque verdaderamente le gusta vestirse de esa forma, ser de esa manera, tiene mucho dinero, es todo un party animal, es líder o simplemente tiene mucho charm con la gente. Pero eso es algo que no escogemos y que si no es nuestro caso, solamente estamos presionándonos a ser lo que de plano no somos y lastimándonos cada vez que nos mandan a la... a la... (O sea muy lejos.) #teponesenmodozombie

Otra cosa muy importante de ubicar es que la popularidad es sólo en la escuela y por un rato. Cuando sales de la escuela eso se acabó. Finito ¡Kaput! En el mundo real, más que gente popular, hay gente exitosa.

Hay genios de la computación muy respetados (que antes eran los Nerds-Geeks), cantantes famosísimas (que antes las veían medio freaks), doctoras que salvan vidas (que antes eran las matadas), grandes diseñadoras (que en la escuela sólo les preocupaba la ropa y qué combinaba con qué), ecologistas con movimientos a nivel mundial (que antes la gente se reía de ellos), excelentes madres de familia —una de las cosas más difíciles de lograr— (que creían que no les gustaba hacer nada hasta que descubrieron la maternidad)... En fin, todas esas personas son hoy lo que son porque decidieron ser ellas, porque hicieron lo que les gustaba en lugar de tratar de ser algo que no son.

Así que para no hacer el cuento más largo, hay de dos sopas:

- Tratar de agradar a todos, olvidándote de ti y enseñándole a todo mundo una versión pirata de tu ser.

- Hacer lo que de verdad te gusta, tener amigas que les llama la atención lo mismo que a ti, no sufrir mintiendo acerca de ti y disfrutar la escuela al máximo.

¡importante!

Tú decides, y recuerda: cuando te quieres y te respetas, no sólo te ves más atractiva, es el secreto para que también otros te quieran y te respeten.

Mi Familia

Ahí naciste

Puedes escoger a tus amigas, a tu novio, a tu escuela, pero lo que no puedes escoger es a tu familia. En ella naciste. De ahí eres. En el mejor de los casos, la familia es una fuente de amor, apoyo y consuelo. En el peor, es fuente de dolor, frustración y gran pena. A veces, es una combinación de las dos cosas.

Es chistoso, pero muchas veces cuando eres chiquita ves a tus papás casi perfectos; crees que cómo son ellos contigo respecto a tu educación, a los valores que vives en tu familia, a cómo se tratan entre si, o te tratan a ti y a tus hermanos, así son los papás en todas las casas.

Cuando creces y te haces un poco más independiente, empiezas a ver a tus papás y a tu familia desde otro ángulo, así como de: "Ah, caray, como que me los cambiaron". ¿Ya sabes? Te das cuenta de que son personas como cualquiera, con defectos y cualidades. Al mismo tiempo, descubres cómo funcionan otras familias, lo que te ayuda a ubicar mejor a la tuya; comprendes cómo tu familia ha influido en ti, en lo que te gusta, en lo que estás de acuerdo y en lo que de plano no, así como lo que te gustaría cambiar (una vez más, acuérdate de que por mucho que quieras, no puedes cambiar a ninguno de tus hermanos, ni subastarlos en línea).

El sube y baja en las relaciones

En todas las familias hay cosas que te gustaría cambiar, cosas que a lo mejor te molestan o son dolorosas y no te queda más que aprender a vivir con ellas.

Asimismo, en todas las familias los hermanos se pelean, se odian y se adoran. En este proceso de cambios que vives, la relación con tus hermanos y con tus papás puede tener varias etapas y altibajos. Es normal: todo mundo los tiene.

También sucede que a tus papás de repente los adoras, los admiras y, de pronto, ¡los quieres matar frente a tus amigas! En ocasiones te dan orgullo y en otras quieres desconocerlos. Típico que estás con tus papás en el centro comercial y ellos, como es domingo, se fueron en pants a desayunar, todos fachosos, y a la salida te encuentras al galán que te fascina: "¿Son tus papás?" "No, para nada… ni los conozco. Deben de trabajar aquí. Pobrecitos, se ven cansados." O cuando tu mamá les enseña las fotos al niño que te gusta de cuando eras bebé y estás encueradita, quisieras desaparecer el álbum y, si se pudiera, a tu mamá también; o de plano cuando tu papá canta una canción súper retro y tú y tus cuatro amigas van con él en el coche y tú muriéndote. #penaajena

Diferentes tipos de papás

Antes de seguir con el tema de los papás, debemos tomar en cuenta que en las familias hay de todo: las de ambos papás, las de un papá o una mamá; las que viven con los abuelos, con una tía o quizá con la nueva persona con la que tu mamá o tu papá se casaron. Así que al decir "papás" nos referimos a esa persona esencial en tu vida, con la que compartes lo bueno y lo malo, las altas y las bajas de todos los días.

¿Qué les pasa?

Como dijimos en el capítulo anterior, cuando la adolescencia te llega, por lo menos tu cuerpo te avisa, te manda señales: un pelito por aquí, una bolita por allá, cólicos por... TODOS LADOS, en fin. El asunto es que cuando tú cambias, también a tus papás les afecta. La bronca es que a ellos nadie les avisa. Sólo piensa: cuando menos se lo esperan, su hijita, que era un niña que jugaba con las muñequitas que le regalaban, ahora sólo quiere jugar con los muñecotes (de carne y hueso) que ella escoge.

Entonces las soluciones que antes tenían para resolver los problemas, ya no les funcionan ni tantito.

Llevar la contraria: deporte nacional

¿Sabes por qué de repente les quieres llevar para todo la contraria? Lo que pasa es que, cuando somos niños, nuestros papás son nuestro modelo a seguir: queremos ser como ellos. Y realmente nos parecemos mucho, primero, por la herencia genética (carácter, habilidades; bueno, hasta las orejas de Dumbo que odias de la familia, cuando menos te imaginas... tómala, ahí las tienes); y segundo, por la educación que recibes de tus papás.

La cuestión es que una de las principales características de la adolescencia es que necesitas buscar individualidad. Tu instinto te pide que seas tú misma y ¡zaz! te das cuenta que llevas años tratando de ser como tus papás. Entonces inconscientemente decides llevarles la contraria en muchas cosas porque necesitas dejar de parecerte a ellos, para empezar a ser tú.

Ahí empieza el problema y, a veces, aunque te juren y perjuren que el cielo es azul, tú dices: "Pues yo lo veo rosa y punto". Entonces te ponen una súper castigada y se te va acabar lo rosa de tu vida (va a empezar a ser medio marrón).

En realidad, ni tus papás ni tú tienen la culpa. Se trata simplemente de una etapa que ninguno escoge: las dos partes la tienen que vivir y resolver. De hecho, ellos la pagan sin deberla.

Imagínate qué difícil para ellos, primero los admiras y luego los rechazas horrible (aunque es parte de tu naturaleza). Ellos se sienten muy confundidos, asustados y hasta decepcionados porque a veces no lo entienden y sienten que hacen todo por ti y tú muy poco por ellos. #entiendelosunpoquito

No hay papás perfectos

Es una realidad que en todo el mundo no existe el papá y la mamá perfectos, ¿estás de acuerdo? A veces hay divorcios, problemas, discusiones, papás ausentes, hermanos postizos y demás.

Sin embargo, en la mayoría de los casos los papás te quieren y se interesan por ti como nadie más en el mundo, aunque a veces no parezca.

La relación con los papás puede ser conflictiva a cualquier edad; en la adolescencia el asunto se pone más denso por los cambios que vives, especialmente en cómo ven tú y tus papás el asunto de la independencia. Ellos pueden sentir que pierden el control de tu vida, mientras que tú te matas para obtenerlo. La realidad es que te aman tanto, que les da pavor que te pase algo, por eso se ponen tan locos contigo.

A ver pa, apúntale... Voy a casa de la Jeny, de ahí nos vamos al cine... ...y regreso en un mes.

El origen de la mayoría de las broncas

La base de todo conflicto es la falta de información. Te damos aquí un buen tip: Entre más les demuestres a tus papás que pueden confiar en ti, más se harán a la idea de que eres capaz de ser responsable y cuidarte a ti misma. #teconviene

Si mantienes a tus papás informados sobre lo que haces, a dónde vas y con quién te llevas, ayudarás a alivianar sus miedos. Cosas tan sencillas como decir la verdad y llamarles por teléfono para decirles dónde estás (hasta donde se pueda), harán que ellos se tranquilicen y que la relación sea de mutua confianza; incluso, decirles cosas que sabes que no están bien como: "Me fui de pinta". Muchas veces, lejos de regañarte, agradecen que les tengas confianza y entienden, por lo general, que de vez en cuando es normal.

Por otro lado, si no los informas funciona todo al revés: sus miedos crecen y entonces te presionan para saber más de ti, te dan menos permisos, tú te enojas; vienen los castigos, te encierras en tu cuarto y se dejan de hablar. Por supuesto, la relación se deteriora, se desgasta y todos pierden, sobre todo tú.

¿De qué se quejan los papás?

La mayoría de los papás de adolescentes se quejan de sus hijos por las mismas cosas. Aquí te damos una idea. A lo mejor te ubicas en una de ellas o igual hasta en todas, y si tratas de mejorar todos ganan.

- Están todo el día conectados a internet, a sus redes sociales o chats, y se siente horrible que no te pelen.
- Los jóvenes sólo entienden la palabra "no" cuando ellos la dicen.
- A las jóvenes les revienta que las abracen sus papás, las besen o tengan algún gesto de ternura.
- De todo se enojan, a la menor sugerencia explotan.
- Cuando dicen mentiras y creen que no nos damos cuenta.
- Sólo les hacen caso a sus amigos y a los demás, pero a nosotros jamás.
- Hablan de una manera que no hay quien les entienda.
- Tienen doble personalidad: con sus amigos son de una manera y con nosotros de otra.
- Creen que siempre los criticamos.
- Sólo ellos tienen la razón, el resto del mundo se equivoca.
- Son muy egoístas, sólo piensan en ellos mismos.

Para que las relaciones en general sean buenas debemos trabajarlas. Te sugerimos que hables tranquilamente con tus papás sobre lo que te late y lo que no. Casi siempre, la mejor forma de solucionar los problemas es por medio de la negociación. Vas a ver que si cedes en unas cosas, a ellos no les quedará más que ceder en otras; nada más no busques negocios cuando están en plena pelea, porque vas a terminar con tus acciones a la baja, muy pero muy a la baja.

Nos vamos a divorciar

Es domingo y mis papás, para variar, se están peleando. Empiezan a hablar dizque bajito para que no nos demos cuenta; pero nos hemos vuelto unas expertas en cacharlos. ¡Las discusiones son tan seguidas!

Después de como 15 minutos salen de su cuarto, como si no pasara nada, aunque los dos andan de cara y no se dirigen la palabra. Pero cuando nos hablan a nosotras son súper cariñosos, yo creo que es porque se sienten culpables.

Nos subimos al coche, pues vamos a comer a un restaurante. No sé qué le dice mi mamá a mi papá que él se súper encabrona, avienta la puerta y se sale del coche. Yo me asusto horrible, y mi hermana que es más chavita se pone a llorar; mi mamá le empieza a gritar a mi papá, tanto, que ni nos pelan; has de cuenta que no estamos.

Total que todos nos bajamos del coche y nos metemos a la casa. Mi mamá persigue a mi papá hasta el cuarto y ahí se quedan peleando un buen.

Natalia y yo nos quedamos sentadas en la sala y sólo escuchábamos gritos y cómo se avientan cosas. Siento horrible y mi hermana no para de llorar.

De repente se hizo un silencio que duró mucho. Mi papá, después de un rato, sale de su cuarto y se va. Nunca regresó a dormir a la casa.

Como dos semanas después nos juntaron para decirnos la frase que sabía que nos iban a decir y que no quería escuchar: "Nos vamos a divorciar".

Isabel, 15 años

¿Qué duele y por qué duele el divorcio?

La psicóloga Julia Borbolla nos dice: "Imagínate que tú vas en un avión y ves cómo el piloto y el copiloto se pelean todo el tiempo. Uno mueve la palanca para adelante y el otro para atrás. No tienes idea de cómo manejar el avión, pero sabes que si no se ponen de acuerdo, tú te caes con ellos".

Cuando de adolescente despiertas a tu sexualidad, te das cuenta de que tus papás son sexuados también (o sea que tienen relaciones), y que además si se divorcian, ¡quedan disponibles! Esto te confunde mucho, y te conviertes en el vigilante: "¿A dónde vas? ¿A qué hora llegas?" Y como niña, te frustras porque tu mamá no se va a dejar. Eso te desgasta mucho.

Algunos jóvenes que han vivido el divorcio de sus papas nos dicen:

"Duele todo. Duele acordarme de ver a mi papá salir de la casa con maletas. Duele sentir que voy a perder mi seguridad; que quizá mi mamá no va a tener dinero para pagar lo que siempre hemos tenido. Que a lo mejor nos vamos a un departamento más chico, a otra escuela; que ella ahora tiene que trabajar y está menos con nosotros. Duele ver que mi mamá está triste y la oigo llorar."

"Sentí como si me hubieran arrancado la mitad de mi corazón, como que nunca me iba a volver a sentir segura. Mi papá me cuidaba. Duele horrible pasar por el cuarto y no verlo en las mañanas, no oler su loción. Sentí que me iba a morir sin que me cargara, me abrazara, sin sus besos y que me diera todos los días la bendición."

"Duele ya no ver a mi papá. Sentir que por mi culpa, por mis calificaciones, ellos discutían. Duele pensar que si yo hubiera hecho o no hubiera hecho algo… a lo mejor seguirían juntos. Duele tener que elegir entre los dos y que la familia se termine. Duele la impotencia; el imaginarme o ver a mi mamá con otro señor o a mi papá con otra mujer más joven. El sentir que no voy a tener el apoyo de mi papá, que ya no voy a jugar con él."

"Duele que me usen de mensajera, de espía o como si fuera yo algo negociable. Duele sentir que me abandonaron. Sentirme traicionada porque pensé que mis papás siempre estarían juntos. Duele que se critiquen uno al otro; sentirme diferente a mis amigas."

Como hijo, ¿puedes hacer algo?

- Trata de platicar tus sentimientos con algún adulto. No te los guardes. Es normal sentir miedo, coraje y soledad.
- Llora lo que tienes que llorar, es completamente normal y te va a ayudar a sacar el dolor y superarlo.
- Escríbeles a tus papás lo que sientes. Están tan ocupados en lo suyo, que quizá no te volteen ni a ver.
- Entiende que en el divorcio no hay "buenos" ni "malos". Todos sufren y pierden.
- No juzgues a tus papás como pareja, sino como han sido contigo como mamá y papá.
- Quizás rechaces la idea de ver que tus papás rehacen su vida, y te sientas mal. Aliviánate (aunque sabemos que cuesta un poquito de trabajo) y trata de entenderlos y respetarlos. Sé amable y trata a su nueva pareja como ellos tratan a tus amigos.
- Evita aprovecharte de la situación para manipular, conseguir permisos, dinero o concesiones. Esto a la larga te trae una cruda moral que no te la acabas.
- No tomes partido ni te involucres en los problemas. Niégate a ser la mensajera, el árbitro, la tapadera o la reportera de lo que pasa en "la otra casa".
- Busca apoyo y unión con tus hermanos.
- No trates de sacar tu tristeza usando alcohol o drogas. De momento sentirás que te tranquilizan un poco, pero te engancharán para toda la vida. Seguro pierdes.

- Si alguno de tus papás está siendo infiel recuerda que esos son problemas de pareja que sólo ellos pueden solucionar. No son infieles contigo ni te están engañando a ti. El amor de padre o madre no tiene nada que ver con el de pareja ni con sus problemas.
- No busques sexo con algún galán para sentirte querida. Lo único que va a pasar es que te sentirás arrepentida y cada vez más vacía.
- Ubica que un divorcio puede darse por mil razones, pero nunca, entiéndelo, nunca por tu culpa.
- A pesar de todo y aunque no lo creas, este episodio tan doloroso te puede llevar a ser una joven más madura, más consciente para entender la realidad y el verdadero valor de las cosas.

Finalmente, la mayoría de las niñas y niños nos dijeron que después de todos los problemas, los gritos y las angustias, el ambiente en su casa mejoró. Que prefieren mil veces vivir como viven ahora. Después de todo, aunque duele mucho, te adaptas y te acostumbras. Así que relájate, la decisión está tomada y lo único que puedes hacer es enfocarte en hacer de ti una mejor persona, en gozar a tus papás por separado y vivir feliz con todo lo que SÍ tienes.

El novio de mi mamá, la novia de mi papá

Si vives un divorcio o el fallecimiento de alguno de tus papás, lo más normal es que tarde o temprano, tu mamá o tu papá quieran rehacer su vida. Incluso es lo mejor que puede pasar. Esto quiere decir que tendrá nuevos amigos, novio o novia, y es posible que se vuelva a casar. Es lógico.

Cuando el nuevo "novio" aparece, para ti como hija, es muy cañón ya que de alguna manera estás acostumbrada a tener papá o mamá en "exclusiva".

La soledad, la tristeza, las ganas de ser feliz, la culpa o la escasez económica, lleva a los papás a buscar una pareja (aunque a veces parece más dispareja que nada).

La bronca es que cuando las cosas parecen que van mejor, de pronto aparece este extraño/a... así de "un dos tres por mí", y obvio, te sacas muchísimo de onda.

Pero aquí viene otra situación: que ese extraño/a quiera ser tu mamá o tu papá; quiera imponer sus reglas, quiera educarte y, sobre todo, se robe la atención que antes tu papá o tu mamá te tenían sólo a ti. Y eso, por supuesto, como que no te gusta nada... Por lo mismo, puedes sentir celos, coraje, enojo y demás emociones negativas. "Mi mamá me pide que trate de quererlo, pero cómo va a ser, si ni es mi pariente."

Las relaciones con un padrastro o una madrastra pueden ser súper difíciles y tal vez hagan surgir sentimientos de culpa y coraje. Obviamente es muy difícil, pero con el tiempo, las cosas se van ajustando, y aunque te parezca increíble, si todos ponen de su parte, la situación puede mejorar muchísimo para todos.

No es necesario que quieras a la nueva pareja de tu mamá o de tu papá. Solo respétala y trátala como te gustaría que tus papás trataran a tus amigos o a tu novio.

Es importante que sepas que la mayoría de las nuevas parejas tienen como objetivo principal hacer feliz al otro; que vuelvan a sonreír y a sentir el gozo por la vida. Cosa que, después de lo que vivieron tus papás, es lo mínimo que se merecen.

Así que si te das cuenta de que con el tiempo el padrastro o la madrastra te cae bien, incluso sientes que lo/la quieres, no te sientas mal. El cariño de un papá o una mamá es insustituible.

Sólo le abriste a tu corazón otro departamento (aunque al principio le haya salido la renta carísima) y eso es bueno. Esto no le roba nada al gran espacio que le tienes a tu papá o a tu mamá.

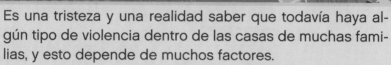
Es una tristeza y una realidad saber que todavía haya algún tipo de violencia dentro de las casas de muchas familias, y esto depende de muchos factores.

De entrada, todos los días escuchamos en las noticias historias que suceden en la calle "Solidaridad", que más bien, se debería llamar "Pesadilla en la calle del infierno II".

El internet y la televisión, para entretenernos, tienen varios tipos de programas y series con violencia. Por ejemplo, hay series cómicas en donde los actores se agreden, se tiran mala onda, se insultan y nos reímos de eso. En las caricaturas, los personajes se cortan la cabeza o se sacan los ojos y la sangre sale como de la manguera de un bombero. Y lo vemos de lo más normal.

En los conciertos, también vemos la violencia en el escenario o la escuchamos en las letras, que a veces tienen más "piiiips", que palabras normales.

Un día, por curiosidad, cuenta todos los actos de violencia que ves y oyes en los medios (incluye todos los videos virales en redes). Cuando una persona es sarcástica con otra o le habla golpeado, cuando se dicen groserías, cuando se falten al respeto, se hagan caras o simplemente se pasen de gandallas. Después de ver y oir eso mil veces, ¿Qué mensaje crees que se nos graba en la cabeza?

Entre más violencia vemos, poco a poco ¡nos acostumbramos! Y ni cuenta nos damos.

"¡No me contestes!..." era lo que siempre me decía mi mamá. El problema no era ése, sino que se enojaba tan fuerte que una vez me cacheteó y me dejó marcadísima la cara. No me mandó a la escuela como por una semana.

Es horrible que cada vez que tu mamá te grita y se acerca, te de tanto miedo que cierres los ojos y levantes el brazo para protegerte. Siempre me pegaba con lo que tuviera a la mano. Una vez, tenía una cuchara de las que se usan para aplastar los frijoles, y me pegó tan duro que me dejó marcados los hoyitos en el brazo.

Me daba mucha pena que me vieran los golpes.

Amanda, 18 años

En algunas casas, este tipo de violencia a los hijos se da súper seguido, o se da entre los mismos papás. Esto se llama "violencia intrafamiliar" y las hay de varios tipos: psicológia, física, emocional o sexual. Recuerda que nadie tiene derecho a maltratarte de ninguna forma.

Si en tu casa vives algún tipo de violencia, busca a un adulto de confianza y platícale. No es fácil, sin embargo hay que hacerlo para darle solución. Confía en que te va a creer.

La violencia intrafamiliar se considera un delito, que puede ser castigado con la cárcel. Tú tienes el derecho de vivir en un ambiente tranquilo. Todos lo tenemos.

Además, si de chica te acostumbras a vivir con algún tipo de violencia, de grande te parecerá de lo más normal que tu novio o tu marido te maltrate. ¡Jamás lo permitas! Ni en lo más mínimo.

Si afortunadamente no has vivido algo tan fuerte como la violencia, te puede parecer increíble que unos papas torturen así a sus hijos.

Hay que comprender que por lo general estos papas a su vez fueron maltratados y no tuvieron a nadie que los ayudara; por eso no saben ni controlar ni canalizar su enojo. ¡No saben cómo! Casi siempre se trata de personas emocionalmente inestables. Muchas de ellas, por lo mismo, tienen broncas de alcohol o drogas. Cuando se sienten mal o frustrados, golpean en lugar de decir lo que sienten de forma tranquila. Podemos comprender, mas no justificar lo que hacen.

Los niños que son golpeados y no reciben apoyo, con el paso del tiempo corren el riesgo de sufrir depresiones y baja autoestima. Y lo peor es que también se pueden convertir en papás golpeadores.

Si sufres de este tipo de abuso, o conoces a alguien que lo viva, pide ayuda. Aquí te damos algunos centros a los que puedes acudir. ¡Ni la pienses!

PROCURADURIA FEDERAL DE PROTECCIÓN DE NIÑOS, NIÑAS Y ADOLESCENTES

Francisco Sosa No. 439
Col. Del Carmen, Delegación Coyoacán, México, D.F.
(01 55) 30 03 22 00 Ext. 4431
www.dif.gob.mx

APOYO PSICOLÓGICO POR TELÉFONO SAPTEL

(01 55) 52 59 81 21   (01 800) 110 10 10

ASOCIACIÓN PARA EL DESARROLLO INTEGRAL DE PERSONAS VIOLADAS.

(01 55) 56 82 79 69   55 43 47 00
55 47 86 39
adivac@adivac.org

APOYO A NIÑOS Y NIÑAS VÍCTIMAS DE ABUSO SEXUAL

(01 55) 56 58 11 11

APOYO LEGAL POR TÉLEFONO CENTRO DE TERAPIA

(01 55) 55 75 54 61

CENTRO ASISTENCIAL INFANTIL COMUNITARIO (CAIC)

Congreso 20, México, D.F.
(01 55) 30 03 22 00 Ext. 5319

Conversación

> Cm sts? io sty pkm...
> Qría dcrt q tkmmmm, q nunk
> C t olvid!
> Así q Cdtm ok?
>
> Bss xoxo

El pan de cada día...

Internet, Redes sociales, Apps (o lo que es lo mismo: "Mi vida digital")

Todo mundo está clavadísimo en internet. Seguro, de vez en cuando hasta tus papás te quieren dizque enseñar un truquito que aprendieron en su oficina LOL. Aquí sí aplica por primera vez aquello de: "Hay papá, cuando tú vas, yo ya vengo".

La verdad es que no es cierto, el rollo de la red va más rápido de lo que sepan tus papás, tú, tus próximos hijos y hasta tu pez beta (en caso de que tu pececito tenga alguna cuenta).

Efectivamente, en internet puedes encontrar, crear, comprar, vender, intercambiar, ver, escuchar, jugar, contactar, blogear, mailear, postear, videollamar, trollear, googlear, hashtaggear, stalkear (¡todo lo que termine en ...ear!) y conectar con todo el mundo. ¡Ahí está el problema!, "con todo el mundo". La cuestión es que no "todo el mundo" es bueno, y hay mucha gente que utiliza este medio para aprovecharse de los demás.

Se llama red porque está conectada a millones de centrales (como obviamente te has dado cuenta), literalmente es una red, un tejido con múltiples conexiones, pero ahora hay que tener cuidado porque, como lo hace una red, también te puede atrapar. Así que utilízala, disfrútala, y pásala increíble, pero abre muy bien los ojos para que sepas dónde navegas. #tumuybien

¡¡¡Redes Sociales y Aplicaciones a tooooooodo!!!

Hay un millón (o dos, o tres, o cuatro... ¡Ya, ya, ya!) de redes sociales y aplicaciones de todos los sabores, colores y formas; sí, desde las más infantiles, monas y color pastel hasta lo más raro, creepy y color negro —oscuro— que te puedas imaginar. #quemiedo

Las redes sociales son increíbles, fantásticas, inigualables y posiblemente sean uno de los mejores inventos de la humanidad (incluyendo las estaciones espaciales, el descubrimiento de la penicilina, la teoría de la relatividad y hasta los sándwiches de Nutella). Con las redes sociales puedes comunicarte, chismear, romancear, textear en individual, grupo (o peor aún, sacar a alguien del grupo), reír, llorar, seguir riendo, ver fotos, postear links de cosas que te gustan, seguir riendo, mandar videos, compartir posts de otras personas, ponerle un millón de efectos y cositas a tus fotos y videos, transmitir en vivo desde cualquier punto del planeta o tomarte la selfie donde te veas más guapa que cualquier top top top model (obvio, con su debido filtro y pequeña, muy pequeña edición). En fin las redes verdaderamente son un mundo padrísimo donde vas a vivir momentos increíbles con tus amigas, amigos, galanes, mascotas y todo lo que se acumule (galanes y mascotas están juntos por pura coincidencia) y de eso se trata que las disfrutes mucho y aproveches esta época tan padre de la vida que te tocó vivir.

Peeeeeero... Te tienes que cuidar mucho porque en las redes también puedes encontrar cosas peligrosas, ya que, como dijimos al principio, hay mucha gente buena pero también hay mucha gente mala. El problema es que como en internet es posible esconderte con un nickname y un perfil falso, hay mucha gente que te puede buscar y hacerte daño, y ojo, pueden ser adultos o inclusive adolescentes de tu misma edad que pueden lastimarte mucho. ¿Estás asustada? ¿Te preocupaste #horrible? ¡No te preocupes!, tienes a tu súper héroe a tu lado (o en tus manos)... Súper QUIÚBOLE que no te va a dejar sola y te va a ayudar a que no te pase naaaada.

Este súper héroe no vuela, no tiene capa, ni está guapísimo; no está súper marcado, ni tiene un traje pegadísimo que se ve... (Tú sabes cómo se ve), pero te aseguro que tiene toda la información necesaria para no dejar que te pase nada. Si sigues sus consejos te aseguramos que nada nada nada podrá pasarte (ya estamos hablando como súper héroes) y sobre todo podrás disfrutar mucho del mundo digital.

Así que ahí te van los primeros:

Para empezar, la mayoría de las redes sociales sugieren que tengas 13 años para empezar a usarlas, esto no es nada más porque se les ocurrió, sino porque se considera que a esa edad ya tienes idea de lo que subes y de los riesgos que puede haber. Algunas niñas y niños quieren tener redes desde antes y la realidad es que hay algunas redes sociales que son más amigables y tienen controlados los riesgos, si es tu caso, habla con tus papás sobre eso para que encuentren una buena opción.

Por otro lado, para no meterte en ningún problema:

- Siempre usa un nickname (apodo) neutro en la red. Evita el @conejitasexy (en serio) todo lo que tiene tonos de sexo les llama mucho la atención a los acosadores sexuales.

- Cuidado con los mensajes como: !!Yei!! Me voy de vacaciones del 16 al 25 de octubre", porque eso significa "!!Yei!! Puedes venir a robar mi casa del 16 al 25 de octubre" (acuérdate que nunca sabes quién te sigue en tu red o quien está al pendiente de lo que haces, escribes o envías).

- Nunca nunca nunca subas fotos sexuales o íntimas que después se puedan usar en tu contra o apenarte (esto se llama sexting y hablaremos de él más adelante).

- Nunca te encuentres con alguien que conociste en la red, es un súper volado, no sabes realmente quién va a llegar. Te recomendamos mucho el programa de MTV *Catfish (Mentiras en la red)*, búscalo en línea, te va a parecer muy interesante.

- Evita comentarios negativos, racistas, agresivo, sexuales o de cualquier tipo que ofendan a otras personas, ya que, además de lastimar, se pueden usar como evidencias en tu contra. (Ya sé que sonamos como investigadores del FBI.)

- Recuerda que algunos de los contactos del chat y de las redes sociales, tal vez no sean jóvenes, sino más bien adultos con malas intenciones. En el anonimato cualquiera puede poner una foto de una niña de 14 años y ser un adulto pederasta de 50.

- Muchos hackers mandan requests o invitaciones de supuestas redes sociales, solicitando que te metas a cierto link para cambiar tus datos y clave, ¡aguas!, alguien que no conoces se está volando tu password.

- Nunca contestes mensajes de personas o compañías que no conoces y te invitan "al EVENTO del año", a LA fiesta o te dicen que te ganaste un coche, un viaje, una compu, etcétera, generalmente son trampas para contactarte y meterte en problemas. Si no entraste a una rifa de algo en específico… nadie te va a regalar, porque le sobra, un coche último modelo.

- Ten mucho cuidado con las fotos que subes a tus redes o las fotos donde te taggean tus amigos, pueden causar que cortes con tu novio, que la gente se burle de ti por la situación en la que estés, te etiqueten de la "niña peda" o "la zorra". Una foto se puede manipular mucho y la pueden sacar de contexto. #piensaloquepuedecausarloquesubes

- No dejes abiertas tus cuentas en la escuela, en la compu de tu casa o en un café internet, ni le prestes a todo mundo tu cel con la clave desbloqueada, nunca sabes cuándo una "amiga" se mete y publica algo horrible de ti que obviamente jamás escribiste y después a ver averigua ¿quién fue de las 25 amigas que estaban en la comida y que se estaban rolando tu celular?

- Si tus redes son públicas debes tener mucho cuidado de no subir fotos ni activar la localización de tus dispositivos de manera que los que te siguen puedan saber dónde encontrarte (aguas con subir fotos donde sea evidente tu ubicación), acuérdate que hay muchos asaltos, secuestros y extorsiones (pedirle dinero a tus papás a cambio de algo) y el hecho de sólo verte el uniforme, saber en qué escuela estás, ver un monumento o lugar típico atrás de ti y saber qué es lo que estás haciendo en ese momento puede darle información a personas para hacerte daño. Lo ideal es que tus cuentas sean privadas.

- No compartas fotos ni des likes a imágenes o frases que lastimen o se burlen de otras personas, eso es hacer cyberbullying y te convierte en bulleadora (agresora que ofendió a la víctima).

- Ten mucho cuidado con todas las redes que son para ligar y conocer personas, es donde más pederastas/abusadores sexuales de menores hay (Tinder, Blendr, Omegle, Grindr, Happn). Es común que pongan otra foto de perfil y te hagan creer que tienen tu edad y tus mismos gustos, al final te meten en un problema que podría marcarte de por vida. Además muchas de estas aplicaciones usan localización GPS, por lo que también saben dónde estás. ¡¡¡Muchísimo cuidado, porfa!!!

- Aguas con los links y las promociones que comparten otros usuarios, muchas veces son virus o pop ups (fotos) que van a salir un millón de veces en tu pantalla (y no quieres que tu mamá o tu novio ande viendo esas cosas).
- Cuando las redes te pregunten si quieres que le avisen a todos los amigos de tus amigos que ya estás dentro ponle que no, que tus amigos sepan está bien, pero los amigos de tus amigos es demasiado, y puede ser peligroso.
- Cuando ya no uses tus cuentas no las dejes volando en el ciberespacio, dalas de baja. Hay quien las busca y hace mal uso de ellas (aunque las redes tienen medio escondida esta función porque no quieren que te salgas, ahí está, búscala).

Cómo tomar las mejores SELFiES

- ✘ Deja tu brazo lo más quieto posible o usa un selfie stick.
- ✚ Si es grupal pon en la esquina al que tenga los brazos más largos y que te haga el favorcito.
- ✘ Toma por lo menos tres fotos para ver cuál es la mejor.
- ✚ No voltees a la pantalla, voltea al hoyito donde está la cámara de tu smartphone (repite: la pantalla no es la cámara, la pantalla no es la cámara, la pantalla no es la cámara).
- ✚ Toma la foto desde arriba y ladea un poco tu carita, eso hace que te veas más delgada y se escondan algunas imperfecciones (tampoco exageres y la subas muchísimo porque va a parecer foto aérea y entonces se ve peor).
- ✚ Trata de que la foto se tome lo más lejos posible (o sea estira el bracito).
- ✘ Haz muchas pruebas para ver cuál es tu mejor ángulo y una vez que lo tengas ¡atáscate de fotos!

- ✖ Pon los hombros derechos y mantén una buena postura.
- ➕ No pongas en tooodas las fotos Duck Face (labios de patito enamorado), los demás van a pensar que solo haciendo eso te ves bien y ni modo que andes por la vida con la boca torcida todo el tiempo.
- ✖ Evita tomar selfies en el baño y si ya lo vas a hacer cuida que no haya nada feo o íntimo atrás, nunca sabes cuando el protagonista de la foto son tus chones colgados en la barrita de la toalla.
- ➕ Nunca tomes una foto donde la luz o el sol esté atrás de ti, eso se llama a contra luz y hace que se vea terrible la foto. Si se ve muy oscura la foto, sólo gira como antena sobre tu propio eje mientras ves la pantalla y vas a ver cuál es la mejor posición para tomarla.
- ➕ No te tomes selfies cuando te da el sol directo a la cara, vas a parecer como luchadora con mascara, busca que la luz te de tenuemente.
- ➕ Trata de que se vea el paisaje o algo lindo atrás.
- ✖ La luz natural es la mejor para tomar selfies.
- ➕ Si te la tomas frente a un espejo revisa que tu cuarto no esté tiradísimo o se refleje algo que no quieres que los demás vean (como la mega panza de tu papá atrás de ti).

Cyberbullying

El cyberbullying (bullying digital) no está fuerte, ¡sino lo que le sigue! Es cuando te aíslan, amenazan, ridiculizan, acosan, atormentan, apenan, molestan o excluyen otro u otros menores de edad en línea. Imagínate, hoy en día hay cuatro veces más víctimas de cyberbullying que de bullying tradicional.

¿Por qué ha crecido tanto el cyberbullying?

- En el bullying tradicional sólo te ven los que están presentes, pero en el cyberbullying te graban, te suben a las redes (lo comparte la amiga de la amiga de la amiga) y en una tarde eres Trending Topic y te vieron, no sólo tu salón, sino todas las escuelas de la zona. ¡¡Ouch!!

- Con una foto tuya pueden generar imágenes editadas, memes y burlas hacia tu cuerpo y tu persona y pueden compartir o robar tus datos (número de teléfono o claves) para que más gente te moleste.

- Te va a sonar a políticas de tienda departamental, pero en el bullying tradicional hay horarios y lugares seguros (normalmente es el horario de la escuela y el lugar seguro es cuando llegas a tu casa) pero en el cyberbullying te pueden mandar un millón de mensajes a la hora que sea y ni tu cuarto, ni tu casa, ni la alacena son seguros porque te llegan mensajes y agresiones a tu celular, tablet, compu, smartwatch y todo lo que tenga conexión en línea.

- En el bullying tradicional cuando no puedes más y te rindes o lloras, generalmente al agresor le entra un poco de compasión y él o sus amigos se conmueven y te dejan de molestar, pero en línea nadie ve tu cara ni el momento que vives, así que no paran y esto te puede llevar a niveles muy serios.

El problemas es que el cyberbullying es tan fuerte que muchas niñas y niños entran en una depresión cañoncísima, sufren tanto que se quedan marcados para toda la vida y lamentablemente algunos llegan a tener tanta pero tanta presión y dolor que se quitan la vida, ¡imagínate! O sea que es importantísimo que si te empiezan a hacer cyberbullying lo pares inmediatamente, antes de que se convierta en un problema gigante.

¿Qué hago si me están haciendo cyberbullying?

- Lo más importante es contárselo a tus papás o a algún adulto de confianza para que te ayude, es súper-esencial. No te preocupes, no te van a quitar tu celular o tu compu, te van a ayudar.
- Guarda todo tipo de evidencia de lo que te están mandando, es importantísimo porque es la prueba de lo que te están haciendo, haz capturas de pantalla, guarda videos, mails, textos, chats, fotos (de preferencia todo con hora y fecha).
- Trata de identificar quién es la persona que te está molestando. Aunque sea anónimo, si mandó los mensajes vía el internet de la escuela muchas veces se pueden checar los records y averiguar de dónde salieron. Busca a un experto en internet que te ayude a localizar de dónde vienen los mensajes, entre más rápido mejor.
- Y lo más importante, cuando veas el primer mensaje de alguien que te está molestando, después de guardar la evidencia:

IGNORA   BLOQUEA   REPORTA

Esto es lo que más funciona porque al final el agresor lo que quiere es lastimarte, cuando IGNORAS y BLOQUEAS los mensajes y él se da cuenta que no los estás leyendo entonces su mensaje pierde propósito. Lo importante para ellos es saber que te están lastimando pero si no lo logran, pues entonces no tiene caso. Muchas veces hacen cuentas falsas para molestar, pero si lo IGNORAS y BLOQUEAS no te lastimarán. Después de un rato de ser ignorados se cansarán y dejarán de enviar mensajes.

Cuando los REPORTAS, los administradores de la red social investigan su cuenta, checan el tipo de mensajes que está mandando y si encuentran que efectivamente está haciendo cyberbullying o tiene varios reportes acumulados, bloquean la cuenta por cierto tiempo o de plano dan de baja la cuenta y pierde a todos sus seguidores.

Sabemos que suena de miedo pero tus papás tienen que avisar del cyberbullying en la escuela. Las escuelas en México (y en muchos otros países) tanto privadas como oficiales —de acuerdo al Congreso Internacional de Innovación Educativa 2015—, tienen la obligación de protegerte contra toda agresión física o moral, deben intervenir y ayudar. Así que tranquila, tienes todas las de ganar, nadie tiene por qué lastimarte.

Lo que es importantísimo es que averigües y trabajes el por qué te está pasando esto, muchas veces (la mayoría) es por una baja autoestima. Puedes acudir al psicólogo de tu escuela o le puedes pedir a tus papás que busquen a otro especialista que te ayude a que esto no se repita. Checa también el apartado sobre Bullying en la página 140, te puede ayudar mucho.

No te preocupes, por más difícil que parezca, te prometemos que puedes salir de este problema. **XOXO**

Sexting

Voy en tercero de secundaria y nunca había tenido novio, en serio nunca, un día vi una película que se llamaba *Never been kissed* y sentí horrible, porque dije esa niña soy yo, mis amigas ya se habían dado, bueno súper dado a varios niños y yo ni si quiera había dado un beso bien.

En una fiesta de 15 años conocí a Imanol, fue el más lindo, me cayó increíble desde el principio, era primo de Lore, una amiga que va en mi salón. Me pidió mi teléfono y me empezó a seguir en mis redes. Juré que no me iba a pelar, pero al otro día me empezó a textear, todo el día me mandaba mensajitos que adoraba.

175

> ¿Cómo estás preciosa?
> ¿Cómo te fue en el examen?
> No te preocupes, yo te ayudo en lo que necesites

Además de preocuparse por mí, me hacía reír todo el día, era chistosísimo y a mí no hay nada que me guste más de un niño que me haga reír.

Un día llegó antes que yo a mi casa y le estaba ayudando a mi mamá a poner la mesa y a servir, ¿really? ¡¡Lo ame!! Y mi mamá también, obvio.

Nos hicimos novios formales y todo, bueno hasta mis papás y sus papás se conocieron en el club y un día comimos todos juntos.

Nunca me imaginé lo que se sentía estar enamorada. Un día se fue de viaje con sus papás dos semanas y yo ya no aguantaba. El día que tenía que llegar su vuelo se retrasó y llegó hasta el día siguiente, casi me muero, en serio, llevaba 14 días esperándolo y cuando me dijo que no iba a llegar sentí que me asfixiaba, no podía respirar, lloré muchísimo y de hecho él también lloró.

Obviamente cuando estábamos solos nos besábamos delicioso y más, no sexo sexo, pero sí nos dábamos durísimo, cada día me prendía más, no sólo era por horny, estaba enamoradísima, cerraba los ojos y no los abría hasta que terminábamos.

Un día que estábamos cada quién en su casa texteando:

> ¿Te puedo decir algo que jamás he dicho?

> Te amo

Nunca lo había dicho, ni a mí ni a nadie. Me dio un ataque de risa, no podía pararme de reír como idiota en mi cuarto.

Me empezó a decir todo lo que gustaba de mí, mi sonrisa, mi forma de ser, la forma en la que ayudo a la gente:

¿Qué más?

Tu pelo, tu cara, tus piernas, besarte el cuello...

¿Qué más?

Tus hombros

¿Y algo más por esa zona?

 ...Tus bubis

¿Por qué? ¿qué te gusta de las niñas?

Las pecas que tienen, que están suavecitas, me encantan

Para ese momento yo me estaba volviendo loca.

¿Qué bra traes puesto?

Adivina

Ni idea

El negro que te gusta

Mándame una foto de las niñas

No lo dudé ni un segundo, cerré la puerta de mi cuarto con seguro, me tomé una foto con mi cel y se la mandé.

Wow ya las extrañaba, me encantaría estar ahí para consentirlas.

A nosotras tres también nos encantaría que estuvieras aquí 😃 😃 😃

Conciéntelas tú

¿Cómo?

Tócalas tú y hazles lo que yo les haría

Ok... Se siente rico

Pero hazles como yo les hago ehhh!!!, que las cuido muchísimo

Ay que rico

Mándame un videíto para ver que lo estás haciendo bien

Ok, pero sin cara

Como quieras

Wow, lo haces mejor que yo

Me estoy prendiendo

Yo también

Mándame otro vídeo pero también mándame beso

Por un segundo lo pensé pero estaba tan prendida que me dio lo mismo y lo mande

Me encantas estás preciosa

178

Esa noche fue increíble, nos prendimos como locos y la repetimos varias veces, nuestra clave era ¿consentimos a las niñas?

Durante los primeros meses que salimos, Imanol siempre fue súper caballeroso y casi no teníamos problemas, pero después de un rato nos empezamos a pelear porque él era muy celoso, no le gustaba que nadie fuera atento conmigo, un día se puso celoso de mi primo de Monterrey, que porque me abrazaba mucho, ¡imagínate, era mi primo!

Terminamos por ese y muchos problemas más a los siete meses de novios, me dolió mucho pero yo ya estaba muy cansada de pelear todos los días y le pedí que mejor cortáramos.

Después de cortar me preocupé mucho, no sabía cómo iba a reaccionar, pero me sorprendió porque me mandó dos mensajes de despedida súper decente como era normalmente y no me volvió a buscar. Lo vi varias veces en Arcos, una plaza donde iba con mis amigas, y aunque era incómodo nunca fue grosero ni nada.

Como a los dos meses me enteré que ya tenía novia y en una fiesta me los encontré en la entrada, me la presentó y todo. La verdad me dolió ver cómo con ella se portaba igual que conmigo, sabía que yo lo había cortado así que me aguanté.

La siguiente semana fui a otra fiesta donde no estaba él, cosa rara porque teníamos el mismo círculo de amigos. Jack el hermano de una amiga estuvo platicando conmigo pero la verdad me dio flojera y me escabullí como a la media hora. Al otro día Imanol me mandó un mensaje:

> ¿Así o más zorra? ¿Lo tiene grande Jack?

Sentí horrible cuando lo leí, le dije que no me hablara así y le empecé a explicar que ni lo conocía, que sólo platiqué con él un rato. Imanol no leía mis respuestas sólo seguía poniendo mensajes.

> Siempre supe que eras puta

Me puse a llorar y le texteaba rapidísmo, más rápido de lo que había texteado en mi vida, pero no me contestaba nada. Al otro día subió el video donde me estaba tocando las bubis y se me veía la cara cuando le mandé el beso, ¡ni siquiera me acordaba de ese video!, jamás me imaginé que lo hubiera guardado. Subió el video con el hashtag Tamara #asiomaszorra y se lo mandó a toda la escuela, pero lo subió de una cuenta que no era la de él.

Yo no lo supe hasta que llegué a la escuela. Todo mundo se reía de mí y no sabía qué pasaba, sentí el ambiente más raro que nunca y las miradas de toda la escuela sobre mí. Como a las 9 de la mañana me lo mandaron a mi cel, sentí que el estómago se me hundía hasta el fondo cuando vi que era yo la del video...

Tamara #asiomaszorra, nunca en mi vida me había sentido peor, me quería morir, los maestros no sabían nada, no salí del salón y fue el día más largo de mi vida. Los niños más grandes del colegio pasaban por mi salón y hacían ruidos de gemidos, quería irme de ahí, hasta Lore la prima de Imanol me volteaba la cara. Para las 12 del día ya habían compartido el video con todas las escuelas que están por la zona y esas personas lo empezaron a compartir también. A la 1 de la tarde el video tenía cuatrocientos mil views, me sentí mareada y me desmayé, abrí los ojos en el hospital, mi mamá estaba al lado de mí llorando y lo único que me dijo fue: "Tu papá ya vio el video".

Tamara 15 años

¿Qué fuerte verdad?, el tema del sexting lamentablemente cada vez está más y más preocupante.

Hoy muchos adolescentes se mandan cometarios y fotos sexuales entre ellos (#boobshoot, #dickpic). Algunos lo hacen sólo por divertirse, por reírse, por coquetear, por prenderse sexualmente o por estar enamoradísima como Tamara, y generalmente no piensan en las consecuencias.

Muchos novios, dates, frees, galanes o ligues se mandan fotos de bubis, traseros, penes, masturbaciones, posiciones y todo lo que sea sexual para complacer, erotizar, jugar o excitar al otro.

Esto al principio parece muy íntimo y que es sólo entre ustedes dos, pero la bronca es que cuando uno de los dos termina con el otro generalmente hay una persona lastimada, enojada, ardida, sentida y muchas veces busca vengarse y ¿qué pasa después?

○ Muchos de ellos suben tus fotos a las redes sociales para que todo mundo vea tus partes íntimas o lo que estabas haciendo en el video, como pasó en el caso de Tamara e Imanol.

Vamos a hacer un ejercicio:

Imagínate por un momento que toda tu escuela, incluyendo maestros y tus papás ven un video de tus partes íntimas o un video de ti tocándote o una frase sexual que texteaste a tu novio y ahora todo mundo conoce.

...¿Ya?

¿Te puedes imaginar una forma de sentirte más apenada?, obviamente es uno de los momentos más vergonzosos que puedes tener en tu vida.

Lo que empezó como algo chistoso puede hacerte pasar el peor año o años de tu vida, así que aquí te damos información súuuuuper importante para que jamás vivas esto:

● No importa que tan protegido, encriptado y hasta programado con 10 segundos de autodestrucción sea tu mensaje, la persona puede hacer una captura de pantalla y guardarlo.

- No solamente son los galanes los que hacen esto, también puede ser una "amiga", una prima, un desconocido o quien sea, no mandes este tipo de mensajes y fotos a NADIE.
- El que hoy es tu date o el ser más amado del mundo, mañana puede ser tu peor enemigo.
- Una "broma" o un coqueteo el día de mañana (o pasado mañana) puede costarte más caro de lo que te imaginas.
- Cada vez que subes algo a internet, independientemente de la seguridad con la que lo hagas, se convierte en parte de la red y siempre estará ahí.
- Si la foto la subes tú y eres mayor de edad (18 años) y la otra persona es menor de edad se considera un delito (estarías publicando pornografía infantil o puedes ser acusada de acoso sexual).
- Al subir una foto así o ser la protagonista de ella puedes llamar la atención de los depredadores sexuales que están en la red.
- Alguien puede tener la foto en su poder y extorsionarte con ella para que hagas lo que quiere, podrían ser otras fotos, dinero, videos más fuertes o inclusive obligarte a NO terminar con el noviazgo en cuestión.

El asunto es que la pena y la vergüenza no es nada a lado del daño moral y emocional que una cosa como ésta te puede causar. Literal, esto puede afectar tu seguridad, autoestima y confianza DE POR VIDA.

Es por eso que te pedimos que tengas mucho cuidado con esto, que no mandes fotos ni mensajes sexuales por más que ames y recontra ames (o simplemente te mueras de ganas de conquistar) a la otra persona, que antes de subir cualquier comentario o foto en línea pienses bien lo que estás subiendo, pienses cómo podrían manipularla y editarla; en conclusión, piensa muy bien antes de darle click, post, compartir, share, tweet, reaction a lo que subas porque cuando menos te imagines puedes estar metida en el problema más grande de tu vida.

Cybergrooming

OJO, OJO, OJO, OJO con esto porque con el cyber-bullying es uno de los problemas que más adolescentes viven en línea.

Cybergrooming son adultos/ pedófilos que por medio de la red, usando mentiras y perfiles falsos buscan y contactan niños, niñas y adolescentes con el objetivo de establecer contacto sexual con ellos o con otras personas. También lo hacen para generar pornografía de menores. Lo primero que hacen es crear empatía contigo, o sea decir que les gustan las mismas cosas que a ti, caerte bien y ubicar en que situación estas para dizque "ayudarte" y una vez que se ganan tu confianza y crees que están de tu lado, abusan de ti.

Hoy en día hay muchos adultos haciendo algo que se llama Trata en Línea (viene de la frase Trata de personas), ojo para que jamás te vaya a pasar:

Trata en Línea

Son personas que se enfocan en conseguir niñas y niños con objetivos sexuales y los engañan ofreciéndoles ser modelos o artistas.

Normalmente mandan en alguna de tus redes (Facebook, Twitter, Snapchat) frases como "¿Quieres ser modelo?" y ponen los logos de las agencias de modelos, marcas de ropa, televisoras o compañías más famosas de moda para que les creas, o peor aún, ven tu foto en las redes de alguna otra amiga o amigo y te preguntan directo cosas como:

"Oye, estás guapísima, ¿no te gustaría ser modelo?"
"¿Cómo te llamas, tienes una cara divina?"
"¿Quieres ganar dinero haciendo catálogos de ropa?"

Lamentablemente muchas niñas caen en esa trampa y empiezan a textear con estos desconocidos, el asunto es que te piden fotos poco a poco, primero normales y cuando ya te sientes en confianza más atrevidas, te dicen cosas como: "Ahora enseña un poco el hombro", "Súbete un poquito la falda", "Haz cara sexy".

Y cuando menos te imaginas ya te están pidiendo que te quites la blusa, que mandes una foto en brassiere o sin él. El asunto es que cuando lo dudas te mandan videos o fotos de modelos profesionales donde se ven con poca ropa, donde desfilan con las bubis de fuera o donde se fotografían completamente desnudas y entonces te convencen de que es normal y muchas mandan las fotos.

Después de eso siguen siendo "muy tus amigos" y buscan tener imágenes más fuertes, te piden que te desnudes completamente, que te toques o que hagas ciertas posiciones sexuales; cuando te niegas a esas cosas, te presionan con revelar los datos y la información que les has dado antes y hasta te amenazan con mandarle los videos (que ya hiciste antes) a tus papás o amigos iimagínate la presión! Lo peor es que muchisísisisimas niñas (más de las que te imaginas) terminan mandando estas fotos.

Estas personas asquerosas y sin escrúpulos usan esas fotos para excitarse personalmente o para subir tus fotos y videos a sitios pornográficos donde algunos adultos buscan ver niñas adolescentes de manera sexual. Venden tus imágenes a los sitios porno y después los sitios porno cobran por ver tu video. Sabemos que es muy duro lo que te estamos diciendo, pero preferimos decírtelo y que te cuides a que algún día te pueda pasar algo así.

¿Sabes cuánto tiempo pasa entre la primera vez que te contactan estos tipejos a cuando ya tienen tus fotos en los sitios? Dos semanas aproximadamente. Sí, trabajan más rápido de lo que te imaginas. Que miedo, ¿no?

También ten mucho cuidado con las selfies que subes porque si son en traje de baño o con poca ropa, cualquiera las puede bajar, recortar, editar y ponerla en estos sitios, por eso ten mucho cuidado con lo que subas y si es con poca ropa jamás lo hagas en una cuenta pública.

Queremos que no te pase nada, así que te pedimos con todo nuestro corazón que cuides los siguientes puntos:

- Nunca textees o mandes imágenes sexuales con nadie (mucho menos si es un desconocido) porque puede ser peligrosísimo.
- Jamás recibas dinero, regalos o favores de nadie en línea, nunca sabes lo que te van a pedir a cambio.
- Hay muchas personas que buscan niñas y adolescentes con objetivos sexuales y generalmente se esconden en perfiles falsos diciendo que son niños o niñas de tu edad, abre bien los ojos y jamás le contestes a nadie que no conozcas.
- No des likes a cosas sexuales o compartas imágenes eróticas en línea, ese tipo de cosas le llaman la atención a los abusadores y de esa forma deciden quién será su próxima víctima.

¿Y ahora cómo me cuido?

Como ves, entre cyberbullying, sexting y cybergrooming es muy fácil que alguien te pueda meter en un problema, estos tipos están inventando todos los días cosas distintas para sorprendernos y convencernos de hacer cosas que jamás nos imaginamos hacer. Es por eso que hoy en día se utiliza que tus papás tengan tus claves de internet (yo sé que si tus papás no las tienen después de leer esto nos quieres matar), pero la idea no es que tus papás estén chismeando tus cuentas sino que, con la experiencia que tienen, te cuiden, te protejan y te prevengan en caso de que vean que alguien te está queriendo hacer daño.

No importa si tienes 12, 14, 16 o 18 años, hay mucha gente afuera —adultos o adolescentes con muy mala vibra—, que tienen formas inimaginables para meterte en un problema, es por eso que necesitas a algún adulto que pueda estar checando tus cuentas para ayudarte si te empiezan a engañar y tú no tienes ni la menor idea.

Sabemos que lo primero que te pasa por la cabeza es, "me muero de la pena que mi papá o mi mamá lean lo que escribo en mis redes". La idea es que los papás también se comprometan a ser maduros en este tema y a no estar leyendo todo lo que pones, sino a meterse únicamente en caso de que estés en emergencia, ya no se trata de tu intimidad sino de tu seguridad.

Sabemos que es un tema difícil pero en el libro *S.O.S Adolescentes fuera de control en la era digital* de Yordi Rosado, viene todo esto explicado ampliamente para que los papás lo entiendan, no se metan en tus cosas personales y sólo busquen cosas peligrosas para ti, inclusive en ese libro hay un contrato en línea o contrato digital donde vienen clausulas para ti y también PARA TUS PAPÁS, con el objetivo de que ellos te cuiden pero que al mismo tiempo respeten tu privacidad.

Acuérdate que hay gente muy mala y el único objetivo es cuidarte y salvarte si alguien te está poniendo una trampa.

Ánimo y ponte muy atenta con todo esto, recuerda que la mejor manera de evitar un problema de estos es con la información que tengas y las decisiones inteligentes que tomes.

¡¡¡muuuuuucha suerte!!!

Capítulo 3
Quiúbole con...
mi imagen
El dinero para la ropa
Los tatuajes y los piercings
Mi imagen interior
Lo que dice tu cuerpo
Los colores
Las máscaras
El eneagrama

Cómo te ven los demás

El rollo de cómo te vistes y cómo te presentas a los demás podría parecer mega superficial o súper "x", pero en realidad no es así. Es mucho más importante de lo que te imaginas. ¿Recuerdas el dicho "como te ven te tratan"? Pues aquí lo aplicaremos al revés: "Vamos a ver cómo te tratan", y por qué es así.

La primera impresión que des a los demás es básica y muy difícil de cambiar. Buena o mala, ésta se graba por mucho tiempo en la mente de la gente, tal vez para siempre. Ahora que, este punto se divide en dos: el regalo y la envoltura.

Tu imagen es un regalo con envoltura

El regalo

Imagínate que recibes un regalo con una envoltura preciosa tipo obsequio de película. ¡Guau! Al verlo, ¿qué supones que hay adentro? Algo bueno, bonito, padrísimo, ¿no? Peeero, ¿Qué tal si el mismo regalo te llega con una envoltura rota, sucia, la caja destrozada, tipo premio de feria chafa? Lo más probable es que cuando lo veas, digas: "Si así está la envoltura, ¿cómo estará el regalo?"

Sólo que, ¡sorpresa! cuando abres esa caja rota te das cuenta de que, adentro, perfectamente bien empacado, viene algo padrísimo. ¿Te lo imaginabas? ¿No, verdad? Eso mismo pasa con muchas personas: estamos llenos de valores por dentro, llenos de cualidades pero, ¿cómo lo van a saber los demás, si a veces, (o más bien siempre) nos presentamos que damos penita?

La envoltura. La imagen que proyectas como persona es tu envoltura, tu paquete. Así que cuando veas a un tipo muy galán puedes decir: "¡Qué paquetón!"

La envoltura

Una buena envoltura para nada son unas mega bubis operadas, con todo y que les pongas moño; la envoltura es la limpieza, el cuidado que pones al arreglarte, la complexión, el peso, la ropa que usas, la postura que tengas, los lentes, los zapatos, el peinado, el gloss, o sea, hasta el celular y la funda (una cosa es que sea brillante y otra que deslumbre a todos). Finalmente, es lo que los demás ven primero. La venta de nosotros mismos comienza ahí, tú decides si te compran a la primera o te quedas mil años en la bodega hasta que estés al dos por uno.

El contenido

Es lo que eres, lo que llevas por dentro: tu personalidad, tu buena vibra, tu sonrisa, tus pensamientos, lo buena que eres para escuchar, tu entusiasmo, tu educación, tu actitud, ser buena amiga y un buen de cosas más.

Por ejemplo, ¿qué imagen das cuando llegas con un niño y hablas con puras groserías? Fíjate, hicimos una encuesta con hombres y nos comentaron que una niña así se ve insegura, parece que quiere llamar la atención y que la verdad… les da #lastimita. Pero, ¿qué tal si llegas con él y se da cuenta de que hablas bien, con seguridad e inteligencia (¡aguas!, ¡no nerd - teta - geek, con inteligencia!). El rollo cambia por completo.

Como ves, la imagen es muy importante porque puede mostrar lo que eres y tiene mucha influencia sobre las personas que te rodean, desde cómo te ven tus maestros hasta tus futuros suegros. Así que date tiempo y échale muchas ganas, porque la imagen es la puerta que abrimos a los demás para mostrar quiénes somos. Y si no les gusta la puerta menos van a querer conocer el departamento.

Tu imagen corporal

Tu cuerpo es parte muy importante del paquete. Es un compañero inseparable que tendrás para toda la vida, a menos de que seas medium o algo así. Cómo te sientas en él, con él, afecta muchísimo el cómo te sientas contigo misma y la actitud que tengas hacia la vida y hacia los demás.

¡Exacto! Lo que comas y cómo lo uses le afecta mucho a tu cuerpo. Sin embargo, llévatela tranquila porque los genes también cuentan. Así que, si heredaste los tobillos anchos de tu tía a la que le decían la pata de elefante, y no precisamente por lo que tomaba, las piernas flacas de tu tía abuela "la fideos", o "x" estatura, por más que le hagas, son cosas que debes aceptar y aprender a vivir con ellas.

¿Quién no quisiera estar delgada y que te entrara toda la ropa que quisieras? Pues está en tus manos ponerte a dieta, hacer ejercicio y cuidarte. Además, no hay regalo sin compra; te vas a dar cuenta de que cuando te esfuerzas por estar bien, sin exagerar, tu autoestima crece gruesísimo.

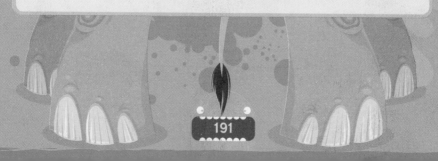

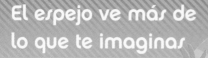

El espejo ve más de lo que te imaginas

¿Quién no tiene inseguridades sobre su aspecto físico? Ya sea que se trate de la estatura, las manchas, el pelo, las bubis, el sobrepeso, granitos o de plano granitos sobre granitos... en fin, el rollo es que siempre hay algo que nos preocupa y mucho.

Cuando te ves en el espejo, además de tu reflejo ves también tus pensamientos y sentimientos. Todo afecta: desde el humor en el que estás (procura no hacer este ejercicio cuando estés en tus días), lo que opinan los demás de ti, la buena o mala luz en la que te ves, lo que tu mamá te decía de niña, la bronca por la que estés pasando; es más, hasta el comentario mas mínimo de alguien, te puede hacer sentir la princesa del cuento o de plano la bruja embrujada del mundo mundial. Y de forma consciente o no, consultas tu imagen en todos lados: en el espejo, en el vidrio, en los lentes de tu mejor amiga, te tomas selfie con tu celular, hasta en un charco callejero o en el papel aluminio de tu sándwich. En todos lados buscas el reflejo real o mental varias veces al día.

Algunos psicólogos dicen que hasta 33 por ciento de nuestra autoestima está directamente relacionada con nuestra imagen corporal, o sea, los galanes de Hollywood y Yordi ya tienen 33% ganado (esta broma fue pagada por el autor masculino de este libro). Esto quiere decir que el cómo te valoras está ligado a cómo crees que te ves. Y si la imagen que percibes es mala, lo más seguro es que pienses que te ves fatal.

El asunto es que para verte y aceptarte como eres, es básico aprender a mirarte objetivamente y a separar lo negativo de tus pensamientos (o lo que es lo mismo, "no te claves"). Y para esto hay que identificar algunas de las broncas de pensamiento más comunes. A ver si ubicas alguna:

PENSAMIENTO TODO O NADA

"O soy talla dos, o de plano estoy hecha una cerda." Hay que aceptar que el mundo no es blanco o negro; el mundo tiene muchos tonos. Si no te cae este veinte, con nada de lo que hagas vas a estar contenta.

MAXIMIZAR LO NEGATIVO

Cuando sólo ves los aspectos negativos, o sea, que cualquier defecto se convierte en lo que te define. "No importa si ya bajé de peso, si mi piel está mejor, si me saqué la lotería, si el galán de galanes me tira la onda, ¡no! Todavía me siento mal porque mi nariz es grande." Al ver sólo lo que no te gusta de ti, puedes ignorar todo lo bueno y bonito que tienes. Y seguro que es mucho. #pinochotunariznoestodo

PERSONALIZAR TODO

Cuando te sientes responsable o te enojas por cosas que no tienen nada que ver contigo y lo relacionas con todo. "No se sentó junto a mí, ¡chin!, seguro porque hoy me veo mal o porque mi dedo chiquito del pie está más grande que el gordo... ¡Ay, odio mi dedo chiquito!"

HACER CONCLUSIONES IRRACIONALES

"Seguro que no se ríen del chiste, se están riendo de cómo se me ven mis patas de hilo en esta mini falda." Hacer esto no sólo te enoja, sino que lo piensas tanto que tú solita logras que la gente termine viéndote las piernas y pensando que están flaquísimas.

VER TODO COMO EL PEOR DE LOS ESCENARIOS Y EXAGERAR

"Como he subido dos tallas desde las últimas vacaciones, seguro que el cinturón del avión no me va a cerrar y van a tener que cancelar el vuelo por sobrepeso. Mejor ¡no voy! Voy a tener que pagar sobre equipaje."

GENERALIZAR LO NEGATIVO

Exagerar los resultados de una mala experiencia y llevarla a otras cosas que no tienen nada que ver. Por ejemplo: "Mi último novio me dijo que no le gustaban las morenas, así que lo más probable es que a la mayoría de los niños tampoco les gusten, por lo que no voy a poder tener otro novio ¡jamás! (¿y si me mudo a África?)".

Entonces, lo que pensamos, conscientemente o no, afecta cómo nos sentimos y cómo actuamos. Así que la próxima vez que te sientas cada vez peor con tu imagen, detente, trata de identificar los pensamientos negativos y piensa en todas las cosas que te gustan de ti, es más, si es necesario escríbelo en una lista. Este ejercicio funciona durísimo; de hecho, actualmente es la base de los cursos que toman muchos empresarios y gente exitosa, así que … ¡HAZLO! verás cómo empiezas a sentirte mucho mejor. Sólo recuerda: cambia los pensamientos malos por buenos. ¿Te late?

Lo que un hombre ve primero en una mujer...

O lo que es lo mismo, "ya te vi"

Cuando un hombre te acaba de conocer y quiere bajarte el cielo, la luna y las estrellas, dice frases como:

CASO no. 1

ÉL: Lo primero que vi fueron tus ojos.

TÚ: (piensas) ¿A 50 metros de distancia?

Decimos "piensas", porque a pesar de que sabes perfectamente que no es cierto, prefieres quedarte con la duda pues se siente más bonito.

CASO no. 2

Estás en Cancún, con bronceado de seis días y con un súper bikini, y el niño llega y te dice: "Hola, qué bonita nariz tienes". Ay, no manches, es tan malo el comentario que da lo mismo que te diga: "Qué bonito omóplato tienes".

CASO no. 3

ÉL: ¡Hola, qué guapa estás!

TÚ: Gracias.

ÉL: Oye, ¿cómo se llama tu amiga?

(O sea, adiós, perro del mal, aquí sí aléjate y cuéntaselo a quien más confianza le tengas.)

El asunto es que para que un hombre se acerque a decir frases como éstas (no te asustes, son de las menos afortunadas), necesita haberte echado una miradita antes en la escuela o en algún centro comercial.

En la Universidad de Georgetown, Washington, se hizo un estudio sobre esto, basado en la pregunta: "¿Qué es lo que vemos de los demás en un abrir y cerrar de ojos?" Y éstos fueron los resultados:

LO QUE UN HOMBRE VE PRIMERO EN UNA MUJER
CUERPO
43%
YO LE VI LAS BUBIS
UYYY VISTE SU ABDOMEN FITNESS
¿LE VISTE LAS POMPIS?
CARA
31%
¡WOOOW! QUÉ OJAZOS
TIENE BOCA MUY BESABLE
¿CÓMO VISTE?
26%
ESA FALDITA COMO DIJO EL PERRO "GUAU"

LO QUE UNA MUJER VE PRIMERO EN OTRA MUJER

¿CÓMO VISTE?

43%

CUTIS

28%

CABELLO

29%

¡WOOOW! NI UN SOLO PELITO

¡ASHHH! YO VI ESE VESTIDO PRIMERO

¿DÓNDE TE PEINARON?

CON ESOS JEANS SE VE BIEN "X"

COMO POMPITA DE BEBÉ

PELAZZO

¡LA ODIO! SE VE GUAPÉRRIMA #quetemuerdaunperro

LO QUE UNA MUJER VE PRIMERO EN UN HOMBRE

¿CÓMO VISTE? 30%

CARA SONRISA 21%

OJOS 25%

CUERPO 24%

ME ENCANTA MUGROSITO HIPSTER-HIPPIE

CUANDO LO VI ME DESLUMBRÓ

ESOS OJITOS HIPNOTIZAN

LA CORBATA LO HACÍA VERSE ¡WOW!

GORDITO SIMPÁTICO

TIENE CARITA DE NIÑO #ternurita

ME ENCANTA EL AZUL PROFUNDO

YA QUE SE CAMBIE ESOS JEANS #ayudalodios

TE QUIERO MARCADO, NO LLENO DE BOLAS

Como puedes ver, los hombres se fijan primero en el cuerpo y las mujeres en lo que traes puesto.

La forma en que te vistes habla todo el tiempo de quién eres, habla de tu forma de ser, de tu ánimo, de tus gustos, y a veces hasta de si le echan cloro o no a tu ropa cuando la lavan.

Si en alguno de estos puntos no te sientes a gusto, no te preocupes, porque precisamente en este libro te vamos a ayudar a que los mejores. Recuerda: "Nunca tenemos una segunda oportunidad para causar una buena primera impresión".

El significado de los colores

Estamos seguros de que todos los días escoges con cuidado los colores que vas a usar en tu ropa, en las sombras que te pones o hasta el color de bolsita de maquillajes, todo según el clima, la moda y tu estado de ánimo. Esto a muchos hombres les puede parecer exagerado. Dales chance, finalmente son hombres y no se preocupan por pintarse la cara. Ahora que si tu novio sí se preocupa por eso, entonces más bien preocúpate tú.

Los colores significan mucho más de lo que te imaginas. Desde que nos despierta el horrible sonido del despertador estamos rodeados de colores y éstos nos influyen. Por ejemplo, si llegaste tarde, tu mamá está roja de coraje; si sacas malas calificaciones te las vas a ver negras, pero cuando te preguntó tu papá por qué llegaste tarde, te quedaste en blanco y si tu hermano tiene hepatitis lo vas a ver amarillo. Ya en serio, el color encierra más misterio del que tenemos idea. Los colores, así como el clima y cuando truenas con tu novio, te afectan emocional y físicamente.

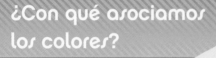

¿Con qué asociamos los colores?

#AZUL

Es el símbolo del agua en reposo; es el color del cielo y del mar, se asocia con lealtad, sabiduría y espiritualidad. El azul es el color favorito de la mayoría de la gente. Si te quieres ver tierna, inspirar confianza y sensibilidad, usa azul claro. ¡Claro, cómo no se te había ocurrido! El azul reduce la presión cardiaca, el pulso, la temperatura, la tensión muscular y hasta la actividad hormonal, así que si estás en una fiesta y ves a un niño que te vuelve loca pero tiene novia, sólo piensa y repite: azul, azul, azul. También úsalo cuando vayas a que tus papás te firmen las calificaciones para que su pulso y tono muscular se relajen (ahora que si tronaste dos extraordinarios , más bien te van a poner morada).

Por otro lado si te vas vestida de azul desde los zapatos hasta el moño, sabes lo que significa: pues que te gusta mucho el azul y punto.

#naranja

El color naranja te da hambre y lo podemos ver como ejemplo en muchas taquerías grandes que ocupan este color para que te comas dos taquitos extra.

#ROJO

Expresa fuerza, energía, velocidad. Es el color del amor y la pasión. Si es tu favorito, eres una mujer muy dinámica, apasionada y que le gusta llamar la atención.

El rojo sube la temperatura del cuerpo, acelera nuestro ritmo cardiaco y eleva la actividad hormonal.

Psicológicamente el rojo es excitante, alarmante. Por eso se usa en los semáforos para marcar el alto, ya que ocasiona una respuesta de cuatro décimas de segundo más rápida que otros colores.

También por eso en la mayoría de las películas y los comerciales sexys visten a las modelos de rojo; y las de las marcas más grandes del mundo, Coca-Cola, Nestlé, Levis, Mattel, tienen su logotipo en rojo.

No lo uses cuando vayas a conocer a tus suegros, ni si te meten a un ruedo a torear.

El rojo atrae a los hombres, si te vistes de rojo no habrá un solo niño que no voltee a verte, así que ¡aguas! porque si estás pasada de peso todos van a voltear y tú no querrás parecer esfera de navidad.

#ROSA

Es el color de la intuición. Cuando pintaron de rosa chicle las paredes de una cárcel, los reos agresivos se calmaron rápidamente. Las amantes del rosa aman la vida, son tiernas y cariñosas. En el idioma de los hombres eso se llama cursi. #bienbiencursi

#AMARILLO

Es símbolo de luz y alegría. Las personas que lo usan son activas, desinhibidas, muy alegres y optimistas. Es la mejor opción para levantarte el ánimo, en especial en los días nublados. Si organizas una fiesta y todo mundo está de flojera, échales una cubeta de pintura amarilla a todos en la cabeza, seguro se pone mejor el ambiente; si no, por lo menos se van a ir.

El amarillo también repele a los mosquitos, así que si te empiezan a ligar una bola de tipos medio feos nada más ponte una blusa amarilla; pero si de plano están horribles, ponte también los pantalones del mismo color.

#NEGRO

Es el final, la negación del color. Cuando lo usas te puedes ver formal, sofisticada, misteriosa y fuerte. Excelente para combinar con cualquier color. Súper elegante. Cuando no tengas idea de qué ponerte en una noche importante el negro no tiene pierde. Cuando no tengas qué ponerte en un momento de pasión, no te preocupes, ponte, ponte... ¡no te pongas nada! No, ya en serio, quien usa el negro todos los días muestra ser rebelde contra todo lo establecido. Tampoco te claves.

#GRIS

Súper "x". Un color neutro del que nadie se acordará cuando te lo pongas. Si quieres ligarte a alguien o estás en una "cita" romántica, no lo uses; no le vas a inspirar nada a tu galán, capaz que hasta te deja en el antro y no se va a dar ni cuenta.

#VERDE

Es el símbolo de la naturaleza, tranquiliza y relaja los nervios. Si tu novio está muy nerviosito, ponte una blusa verde. La gente que lo usa suele tener alta autoestima, es analítica, crítica y lógica, también necia y se resiste al cambio (sobre todo el cambio ¡¡climático!!).

#MORADO Y LILA

Invita a soñar. Es el favorito de los niños chiquitos, refleja que el mundo para ellos es todavía un lugar mágico. Es imaginativo, sensible, intuitivo y original. A quien le gusta y usa este color quiere alcanzar una relación mágica. Busca hechizar y fascinar a los demás (creemos que es el color favorito de los magos de fiesta).

#BLANCO

Es como una página nueva, como los rayos del sol. La gente que lo usa refleja paz, salud y vida; se ve pura, limpia y fresca, e inspira confianza. Por eso los médicos se visten de blanco. También el blanco... el blanco... se ensucia mucho.

Así que ya sabes de qué color puedes pintar tu cuarto o de plano a tu novio.

¿Qué colores me quedan?

Cuántas veces te han dicho: "¡Qué bien te ves! ¿Qué te hiciste?", y tú piensas: "Pues qué raro porque no me hice nada en especial". Pero te ves en el espejo, te gusta lo que ves y dices: "Pues sí, la verdad, hoy sí estoy guapa". También hay otros días en los que, como que no quiere la cosa, te preguntan: "Oye, ¿estás cansada?, ¿te desvelaste?" o "¿estás malita?"; acuérdate de que "¿estás malita?" es prima de: "Te ves fea".

Cuando quieres verte mejor te peinas, te acomodas la blusa, te vuelves a maquillar, te pones perfume; en fin, te cuelgas hasta el perico y te das cuenta de que el maleficio no desaparece. Y lo peor es que sin estarlo, luces igual de cansada. ¿Por?

Como te ves te sientes, y como te sientes te ves. ¿Sabes cuál es el secreto? Lo que hemos dicho: el color. Por sencillo que parezca, el color de la ropa que usas puede ser la diferencia entre verte súper guapa o súper "x". A veces, por instinto, te das cuenta de que con ciertos tonos te ves mejor que con otros. Otras veces, por más cara o moderna que sea la ropa, el color es precisamente lo que hace que se te vea terrible.

Si te fijas, el color es el elemento más importante, ya sea en la ropa, en la decoración de un cuarto o en la envoltura de un galán; o sea, la ropa que trae el bombón que te gusta.

Existe un método científico para saber cuáles son los colores que te van. Conocerlos te ayudará a verte mejor, proyectarte con mayor confianza y, por lo tanto, a sentirte mejor.

La naturaleza es tu mejor guía, no se equivoca. ¿Has notado la combinación perfecta de las flores y de los animales, y cómo el mundo cambia su colorido cuatro veces al año en perfecta armonía? En otoño vemos los tonos ocres, verdes secos y dorados, mientras que en primavera son puros colores vivos, los típicos de "me ves, porque me ves". También los genes hacen que nuestro color de piel, de ojos y de cabello, combinen súper bien. Tampoco en esto se equivoca la naturaleza.

¿Eres cálida o fría?

Los colores se dividen en cálidos y fríos. Los fríos son los tonos que tienen como base el azul. Los cálidos son los que tienen como base el amarillo. Igualmente, tu piel tiene

tonos que combinan mejor con los colores cálidos o con los fríos. Por eso, cuando le atinas todo mundo te dice o piensa: "¡Guau! Es tu noche". Ahora que si eres blanca blanca, casi transparente, no te preocupes: combinas con todo.

POR EJEMPLO

CÁLIDOS	FRÍOS
VERDE PERICO ROJO CORAL CAFÉ CANELA BLANCO MARFIL NARANJA	VERDE BANDERA ROJO CEREZA CAFÉ CHOCOLATE BLANCO NIEVE ROSA FUERTE

La única diferencia entre estos colores es que en su mezcla tienen más azul o amarillo. Son como Romeo y Julieta; o sea, sólo se pueden casar con los de su misma familia. Fríos con fríos y cálidos con cálidos.

Tu piel se ve súper bien con una de las dos familias. Para saber si es con los cálidos o con los fríos observa el tono de tu piel bajo la luz natural. Pon la parte interna de tu muñeca sobre una superficie blanca para encontrar el tono. ¿Qué tonos tiene? ¿Beige, rosa, azulado, oliváceo, (tonos fríos) o tono marfil, dorado (tonos cálidos)? Si tienes dudas, compárala con el tono de piel de otros, y si sigues sin ver bien la diferencia, entonces olvídate de este rollo y mejor ve al oftalmólogo, lo que necesitas son unos lentes.

Ahora, ponte frente al espejo, toma prendas o pedazos de tela en los colores que te mencionamos arriba y ponlos debajo de tu cara. Compara cómo se ve tu piel con unas y con otras. Pídele a alguien que te ayude con el diagnóstico. Si tienes el pelo pintado cúbrelo con un pañuelo o trapo blanco; ahora que, si te ves mejor con el trapo en la cabeza, entonces sí, ni cómo ayudarte.

AHORA PREGÚNTATE:

- ¿Te bronceas rápido en tonos dorados y el color te dura varias semanas? Tu piel es cálida.
- ¿Tu piel es sensible y tarda varios días para llegar a tomar un ligero color? Tu piel es cálida.
- ¿Te bronceas paulatinamente en tonos café y el color te dura poco? Tu piel es fría.
- ¿Tu piel es muy sensible al sol, se pone roja de volada y no llegas a broncearte bien nunca? Tu piel es fría.
- ¿Tu piel tiene un color verde tipo salón de clases? Vete a la playa y hazte un favorcito.

En fin, una vez que ubiques si tu piel es cálida o fría trata de copiar los colores que ves en la naturaleza durante las épocas de frío y de calor; sólo que ¡aguas!, no vayas a verte tan natural que los pajaritos quieran dejarte un recuerdito.

¿Qué color le queda a tu piel?

Si tu piel es de tonos fríos te quedan los colores brillantes, fuertes e intensos como fucsia, verde bandera, azul añil, negro, blanco, o muy claritos como si fueran los de una paleta helada. Te van los tonos azulados, grisáceos, rosas, perla, magenta, uva, etcétera.

Si tu piel es cálida te quedan los tonos oro, naranja, verde ocre, musgo, rojo canela, amarillo, menta, crema, verde limón, café o marfil, entre otros.

Un día haz la prueba de usar cerca de la cara algún color cálido y otro día un color frío; más rápido que de inmediato vas a ver lo que te dice todo mundo.

Si tienes duda, hay varias clínicas de belleza y sitios de internet en donde analizan tus colores de manera profesional. Esto te va a servir para siempre. Te sugerimos que los conozcas, la diferencia en cómo te ves será ¡enorme! Y no sólo te verás mejor sino que te vas a sentir más segura y atractiva.

TLAPALERÍA
LOS ESPECIALISTAS DEL COLOR

PRECIOSA CON LOS TONOS DE SUS CACHETES EL VERDE PISTACHE LE VA INCREÍBLE.

¿Qué onda con las marcas?

¿Conoces a alguien que pague un precio estúpido por una blusa con la marca visible en un tamaño más grande que la misma blusa, sólo para que todo el mundo se dé cuenta y de paso noten que es medio sangrona? O sea, ¿hello? Hay bolsas de vil plástico de colores que sólo por traer el apellido del diseñador o sus iniciales cuestan mucho dinero. Si te llamas "Lupita Pérez" ponle LP a tu bolsa con un marcador rojo y ahórrate como muuucho dinero.

En serio, está gruesísimo; hay personas que dan su vida por entender la teoría de la evolución de Darwin y otras por unos lentes Chanel. ¿Qué onda?

¿Por qué pasa esto? ¿Es un logro de marketing? ¿Le pega a nuestro sentido de pertenencia? ¿Nos hemos convertido en víctimas de la moda? ¿Nos falta identidad? ¿Hay muchos tianguis con copias pirata por nuestra casa? ¿Por qué se ha complicado tanto el mundo que tenemos que esmerarnos para pertenecer y sentirnos exitosos? ¿De qué marca es el calzado del Gato con Botas?

El materialismo de nuestra cultura está cada vez más fuerte. Parece ser que al tener ropa y cosas caras tenemos una varita mágica que, con sólo moverla, nos convierte más en winners que en losers. Para algunos, la presión social por tener más y más objetos de marca es muy fuerte. Hoy, el asunto de tener cosas materiales más padres que las de tus amigas parece que en lugar de ser un asunto de estatus es de supervivencia. ¿Por qué?

El problema principal es que muchas veces ni nosotros mismos sabemos quiénes somos y ahí es donde las marcas nos dan con todo. Como lo que buscan los fabricantes es vender, tienen bien definido cómo es su marca y qué estilo de niña debe usarla (algo que es inventado, pero lo ponen súper bonito en los comerciales), entonces nos la creemos completita y pensamos que con tal o cual marca ya somos importantes, gente nice y mega cool, y si no tienes para comprarte "x" bolsa carísima, vas y compras en un tianguis una bolsa sin un ojo, o sea, pirata.

En fin, te sientes como que tienes que usar tal o cual cosa para ser popular y ser aceptada con tus amigos o amigas. ¡No te dejes manipular! Ahora, que si las usas simplemente porque te gustan, no está mal, simplemente ¡no exageres con las marcas!

Cuando una niña está repleta de marcas se ve cargada, insegura, de mal gusto y de flojera.

Además, qué horrible que estés tan alejada de ti misma que necesites que alguien te diga quién eres y cuánto vales sólo por un logotipo, y si no, ¡no eres nadie! No caigas en la trampa.

Haz que las personas admiren lo que eres, no lo que usas.

¿Necesito mucho dinero para vestirme bien?

Muchas personas piensan que para vestirse bien tienen que tener el presupuesto de las princesas europeas, o ya muy fregado, el de la princesa Caramelo (no es cierto). Con los tips que te vamos a dar y un poco de imaginación y creatividad no hay falla.

✖ No uses más de tres colores al mismo tiempo; si te pones más, puedes parecer payasito de circo o chupirul.

✚ Repite siempre un color; es decir, si tu falda tiene estampados de varios colores pues que tus zapatos, tu blusa o tu cinturón, el listón del pelo o una mascadita al cuello, lo repitan.

✖ No te pongas más de siete accesorios. Los accesorios son padres porque dan un toque moderno a lo que te pongas y reflejan mucho de tu personalidad, pero no exageres porque parecerá que se te perdió la fiesta o de plano que eres la piñata. Todo lo que sea pequeño cuenta como accesorio: aretes, pulseras, collar, medalla, cadenita, anillos, cinturón, mascada y demás. Si te pones varios collares diferentes a la misma altura, cuentan como uno; si uno está cerca de la garganta y otro a la mitad del pecho, cuentan como dos accesorios; si el de la garganta está muy apretado, ¡ojo!, te está ahorcando. Si te pones muchas pulseras juntas está bien, nada más no te forres el brazo.

✖ No uses más de siete materiales; es decir, la piel de tus zapatos cuenta como uno; los calcetines, dos; la tela de los pantalones, tres; la tela de tu blusa, cuatro; el suéter, cinco; un cinturón de moda y de otro color o textura que los zapatos, cuenta. Si es del mismo material que los zapatos, no cuenta, etcétera.

Dime a qué hueles y te diré quién eres

¿Alguna vez te has enamorado de algún niño simplemente por su olor? ¿Has entrado a alguna perfumería y pides oler todas las muestras de las lociones y perfumes que hay? Parece como una galería de exnovios, conforme hueles una y otra te acuerdas de:

¡Ay, Carlos!

Mmm, ¡Jorge!

¡Ayayayay, César!

Ah, ¡qué rico! Alejandro

(Esperamos que el "qué rico" sea únicamente por el olor.) También los olores te hacen recordar lugares y situaciones, como:

● Olor de "Miguelito" en polvo con "Miguelito" de agua = recreo.

- Plastilina = kinder.
- Olor de mole de olla o chicharrón en salsa verde = iash!, reunión familiar en casa de los abuelitos.
- Un olorcito especial te recuerda la casa de una amiga, las vacaciones en algún lugar o en el peor de los casos, al compañero que se sentaba a tu lado en clase, y que olía tan mal que no sólo era dañino para la salud, sino también para el medio ambiente. #salvemoselplaneta

El olor de una persona es tan importante, que si huele mal o le ruge la boca de plano te olvidas de lo bueno que pueda tener. Todo mundo comenta el asunto, y de hecho el convivir con esta persona se convierte en algo itan incómodo! que prefieres evitar su linda presencia.

Además, por medio del olfato podemos conocer datos de la personalidad.

¿Qué tal cuando alguien huele bien, fresco y limpio? Te dan más ganas de estar con esta persona, y sin darte cuenta te relacionas mejor con ella.

Observa: si la loción de alguien huele a verde fresco, ligero, significa que es una persona que le gusta estar en exteriores, que probablemente es atlética o deportista (ahora que, si es medio cochina, probablemente se le cayó el frasco de loción de algún amigo).

Si el olor es muy seco, tipo maderas y musk, refleja a una persona sofisticada, calculadora y práctica.

A poco no cuando buscas acordarte de alguien que te gusta o que quieres (novio, galán, free o mascota), te acuerdas de su olor.

Es típico que cierras la puerta de tu cuarto y buscas el suéter del susodicho, su reloj o cualquier cosa que tenga su olor. ¡Mmm!

No es pura casualidad. La memoria olfativa es muy fuerte y está durísimo que se borre.

Así que cuando le mandas a un novio una cartita con el olor de tu perfume, no es ninguna cursilería, al contrario; puedes estar segura de que cada vez que perciba ese olor se va a acordar de ti.

Muchas veces no sabemos por qué rechazamos a alguien o por qué nos rechazan; con frecuencia, es el olor que despide la persona o que despedimos nosotros.

Ahora, tampoco exageres, no te vacíes el frasco del perfume porque entonces sí vas a atraer... pero a las abejas.

Otro detallito muy importante es que los olores estimulan al hipotálamo, el cual está en comunicación con las glándulas sexuales que generan las feromonas y con las cuales atraemos al sexo opuesto.

Como ves, son muchas las razones por las que es básico cuidar tu olor. Influye mucho en ti y en cómo te perciben los demás. Así que, la próxima vez que estés con unas amigas y alguna diga: "Aquí hay algo que no me huele bien", esperamos que ese "algo" ¡no seas tú!

Cuando caminas

Puedes ser la niña más bonita del mundo y traer un vestido padrísimo, pero si caminas jorobada o con flojera de nada sirve. Sólo fíjate en las modelos de pasarela cuando presentan una colección, quizá llevan unos trapos horrendos o rarísimos, pero si los portan bien se les ven hasta bonitos. Así que, como si fueras un títere y alguien desde arriba te jalara del centro de la cabeza, párate derecha, relaja los hombros, contrae el estómago e imagínate una red de ligas verticales que conectan tu tórax con tu cadera. Esas ligas siempre deben estar estiradas. Vas a ver cómo de inmediato te ves más alta y delgada (por supuesto este ejercicio jamás se lo recomendaron al jorobado de Notre Dame).

Siéntete ¡GUAU!

La mente juega un papel muy importante. Si te sientes la mujer más guapa sobre la Tierra, sin duda lo eres. Jamás entres a un lugar sintiéndote fea, gorda o chaparra porque así te vas a ver. Al contrario, siéntete como Miss Universo siempre (nada más no llegues en traje regional).

Al dar el paso camina con un pie enfrente del otro, y al hacerlo debes rozar un poco las dos rodillas. Contrae el estomago y ve hacia el frente, nunca al piso.

Cuando camines imagínate que lo haces dentro de una hilera de mosaicos de 20 x 20 centímetros, de esos que se ponen en la cocina o en los pasillos. Procura no salirte de la raya como cuando jugabas de chica.

Como esta forma de caminar va a ser nueva para ti mejor te sugerimos que practiques en casa hasta para ir por un vaso de leche a la cocina; no vayas a darte un "ranazo" enfrente de una bola de galanes, y qué buen oso. #penaajena

Cuando te sientas

Es normal que quieras sentarte súper cómoda, sólo que en la casa del niño o en lugares públicos no debes sentarte como lo haces en la última hora de clases. Aunque los sillones chaparros, profundos y pachoncitos son muy cómodos, son los más difíciles para sentarse bien. Antes de sentarte en ellos registra con la pantorrilla la altura del sillón. Esto te lo comentamos para que no te tome por sorpresa y al sentarte no lo hagas toda desparramada para que no les des a todos una panorámica tan buena que a la siguiente ocasión que vayas a esa casa te quieran sentar en el "silloncito del show".

Te sugerimos que te sientes primero en la orilla del sillón. Ahí dejas tu bolsa o lo que lleves, ya sea en el piso o en una mesa. Después te empujas hasta atrás del sillón (si llegas), y si deseas cruzar la pierna crúzala al mismo lado; no como en una "v", sino como dos rayas paralelas (//). Ahora que si pones las piernas así "$", felicidades, tienes una elasticidad increíble.

Cuando te levantes no lo intentes desde el fondo del sillón porque te vas a ver tan femenina como borracho de cantina. Mejor regresa empujándote a la orilla, ahí recoges tu bolsa y con un esfuerzo de las piernas te levantas derechita.

SIÉNTATE
COMO REINA

Tips para las fotos

Si te van a tomar una foto, no selfie, y quieres salir delgada (aunque no lo estés), es importante que te pares con tu cuerpo ligeramente inclinado hacia adelante, como si te estuvieras asomando a ver algo. La lente ubica tu cara y pies en primer plano y tu cuerpo en segundo, lo que da la ilusión óptica de verte delgada. Por el contrario, si te paras derecha sacando la panza vas a salir como embarazada. Así que ya sabes...

Aretes, tatuajes, piercings

Y todos esos detallitos que hacen que tu papá no te dirija la palabra.

El asunto de que te pongan tus aretitos de bolita dorada cuando naciste, ya se quedó muy atrás con todas las cosas nuevas que existen. Por ejemplo, el rollo del body piercing, también conocido como las famosas "perfos", cada vez lo encuentras en más gente. No conformes con los orificios que tenemos en el cuerpecito —algunos más escondidos que otros— mucha gente busca hacerse un hoyito extra para colgarse algo: los típicos aretes, joyería, balines, ganchos para colgar su ropa y demás.

Los piercings se ponen en el cuerpo desde hace siglos —quizá tu abuelita tenía uno y jamás te lo enseñó. Como sabes ahora se

217

ponen en cejas, labios, lengua, orejas, cintura baja, ombligo, mejillas, pezones ¡oouch! y genitales ¡mega oouuuch!

También existen… expansiones, que consisten en estirar la piel y dejarte un hoyo tipo cañón del sumidero. Y los implantes que son algo mucho más heavy, son piezas de plástico biocompatible (teflón), que te introducen en la piel para hacer formas, prácticamente es como tener figuritas de colección, pero debajo de la piel.

Por otro lado, están los tatuajes. Originalmente, hace mil años, se tatuaba a los ladrones, asesinos y demás "chuladas" que metían a la cárcel, para identificarlos para siempre. Y como antes no había rayo láser para quitárselos, pues ahora sí que los marcaban como producto del súper con código de barras.

Hoy en día —y en noche también— la gente que los usa, lo hacen, como un rollo muy personal para ser diferentes y no parecerse a los demás. Es como una forma de decirle al mundo quiénes son, de dónde vienen a qué grupo pertenecen, o de plano qué tan "borregos" o "heavys" son.

De hecho, para algunos, los tatuajes y piercings se consideran una forma de arte en el cuerpo, en la que los tatuadores llegan a ser unos verdaderos artistas; los cuales tienen tendencias tipo Picasso y Frida Kahlo, porque pican y calan. Y por eso es que ahora hay hasta programas de TV sobre estas cuestiones.

El rollo es que, aunque puede estar de moda, verse padre y mucha gente los usa, para muchas personas todavía tiene una connotación medio feíta. Piensan que la gente que usa este tipo de adornos —que no son precisamente navideños—, son personas rebeldes, violentas, depresivas o de plano que se meten de todo.

Lógicamente esto te puede causar problemas con tus papás, con los papás de tus amigas, en la escuela, con tus suegros —a menos que tu suegro toque la batería en un grupo de rock progresivo— y te pueden hasta negar un trabajo por esto. ¡Ojo! Es para siempre.

Si decides ponerte una decoración permanente y lo haces en un lugar con la higiene y profesionalismo necesarios, no debes de tener ningún problema de salud. Las perforaciones terminan por cerrarse cuando te quitas la pieza. También, algunos tattoos y piercings chicos, en lugares estratégicos, pueden no notarse mucho y evitarte cualquier bronca. Muchas mujeres se lo ponen en la espalda baja, muy, muy baja, en el ombligo (aunque lo tengan saltón), en el tobillo, o arribita de una tanguita de cinco para la una (según las manecillas del reloj). Cuando el tatuaje está en esta zona parece, más que adorno, señalización de carretera "curvas peligrosas". La ventaja es que están escondidos y no se ven tanto.

PRECAUCIÓN
EN CASO DE QUE DECIDAS QUE SIEMPRE "SÍ"

El asunto es que tienes que evaluar muy bien si te lo vas a poner sólo por locura con tus amigas o novio, o si verdaderamente estás convencida. En caso de que decidas que sí, te recomendamos lo siguiente:

- Platícalo con tus papás antes de ponértelo. Diles las razones por las que te latería hacerlo... A ver si los convences. Seguro se van a enojar, y más si un día llegas con el trabajito ya hecho.

- No dejes que nadie te presione, hazlo porque estás convencida y no porque estás súper-hiper-ultra-mega enamorada. No lo decidas cuando estás emocionalmente alterada o durante una súper jarra, así de "nos acabamos esta botella y nos hacemos todas un tattoo para festejar la pijamada, ¿va?"

- Asegúrate de que quien te lo haga sea un profesional. Al decir profesional nos referimos a que esterilice el equipo en autoclave (esterilizador con base en vapor y presión), que las agujas estén cerradas y nuevas. Que se lave las manos antes de empezar y use guantes esterilizados. Que tire la tinta que quede después de cada paciente, y que use tinta vegetal, no como la de las plumas de escribir. El profesional te da instrucciones escritas sobre lo que tienes que hacer después del tatuaje. Por último, y muy importante, que tenga un permiso de la Secretaría de Salud colgado y a la vista. Sólo los profesionales se registran. Y, más profesional es si rechaza hacértelo si tienes menos de 18 años.

- Usa joyería de acero inoxidable, oro de 14K o titanio. Evita cualquier cosa que tenga níquel (ahora te das cuenta para qué sirve aprenderse la tabla periódica de los elementos en química).
- No vayas a visitar a tu abuelita, puedes provocarle un paro cardiaco, o en su defecto, "envidia", y al rato imagínatela con dos arracadas en la nariz.

RIESGOS

- Como te pican la piel, las dos formas de arte en el cuerpo te pueden causar una infección, aun cuando seguiste todos los cuidados. Esto se nota si la piel se inflama, se pone roja o te duele.
- Puedes tener una reacción alérgica, formar una cicatriz queloide (de esas que se ven como gusano).
- Sólo puedes donar sangre un año después de habértelo hecho.
- Puedes contraer tétano, hepatitis B y C, y sida. ¡Checa bien la higiene!
- Si te pones un arete en la lengua, puede ser que un día te lo tragues.
- Si te pones un piercing en los genitales y llegas a tener relaciones sexuales, el condón de tu pareja se puede romper más fácil.

No pienses que si tomas alcohol antes, te duele menos. Es pésima idea, el alcohol y las drogas hacen que sangres más y pueden arruinar el diseño del tatuaje.

DOLORÓ METRO

CHECA CUÁNTO DUELE CADA UNO

★ ENTRE MÁS ESTRELLITAS MÁS TE VA A DOLER ★

NO DIGAS QUE NO TE LO ADVERTIMOS

PIERCING		TATUAJE	
CEJA	★	BRAZO	★ ★ ★
LENGUA	★	ESPALDA	★ ★ ★
LABIO	★ ★	TOBILLO	★ ★ ★
OMBLIGO	★ ★ ★	MUÑECA	★ ★ ★ ★
NARIZ	★ ★ ★	MANOS	★ ★ ★ ★
GENITALES	★ ★ ★ ★	CODO	★ ★ ★ ★
PEZÓN	★ ★ ★ ★	CUELLO	★ ★ ★ ★ ★

LA OREJA NI LA METIMOS, PORQUE SEGURO YA SABES DE ESO.

SI LO HACES EN EL CUELLO DE OTRA PERSONA, BÁJALO A 1

OJALÁ Y HUBIERA UN POSTERCITO DE ESTOS AFUERA DE LA TIENDITA DE TATUAJES

Si estás convencida, fíjate en todo lo anterior. Si no te sientes muy segura, el asunto puede esperar. Piensa bien las cosas antes de hacer algo definitivo. Aunque como dijimos, el hoyito con el tiempo se cierra y el dibujo te lo pueden quitar con láser, mucho ojo, la piel siempre queda rara. Sin olvidar que también duele, y no es barato.

A veces te sientes menos que los demás

Autoestima

¿Cómo te sientes cuando ves una bolita de amigas platicando y en el momento en que te acercas se callan? Inmediatamente piensas que estaban hablando de ti, ¿no?

¿Qué tal cuando no te invitan a una fiesta? Haces como que no te importa, pero casi siempre te preguntas: "¿Por qué no me invitaron?, ¿qué tengo?, ¿por qué no les caigo bien?" Te sientes poca cosa.

Cuando escuchas la palabra autoestima suena como a plática de flojerita en la escuela. La verdad es que cuando leas lo que es vas a querer saber mucho más de ella.

Para estar bien enterada

Autoestima es el valor, la confianza, el cariño que te das a ti misma. Prácticamente es cuánto crees en ti, sin importar lo que suceda a tu alrededor. Por otro lado, andar por el mundo sintiéndote la gran cosa no es sinónimo de alta autoestima (es sinónimo de ser medio mamila). ¿Te ha pasado que muchas veces sientes que tu novio, papás, amigos o jefes no te aceptan o no te quieren lo suficiente? Pues te tenemos una noticia: eso pasa cuando no te aceptas.

La etiqueta que te pones será la que los demás lean en ti: si te sientes segura, te ves segura; si te sientes fea, te ves fea.

Si crees en ti, los demás creerán en ti. Si te caes bien, le caerás bien a los demás. Te podríamos decir que la autoestima casi casi se puede oler.

Tener baja autoestima genera un buen de broncas, desde sentirte fuera de lugar o inconforme contigo misma hasta problemas más fuertes como alcoholismo, depresión, bulimia, anorexia, cutting y algo mucho más grueso como el suicidio.

Cuando tu autoestima está alta todo tu mundo mejora: las relaciones con tus amigas, con tus maestros y, por supuesto, con tus galanes. En la escuela te va mejor y te conviertes en una niña más atractiva.

¿Te contamos un secreto? Muchísimas personas, más de las que te imaginas, tienen baja autoestima. En la adolescencia pasa mucho porque entras prácticamente a un mundo nuevo y puedes sentir que no tienes las herramientas suficientes para enfrentarlo. Pero no te preocupes: aquí te daremos unos tips para elevar la autoestima.

¿Dónde se genera la baja autoestima?

El rollo empieza desde niña, en tu casa: lo que tus papás o algún adulto te diga, ya sea positivo o negativo, influye mucho en la imagen que tienes de ti hoy en día.
Si te dijeron frases como:

Son frases que, aunque a lo mejor ya no te acuerdes de ellas, se graban y se acumulan en el disco duro de tu inconsciente y están ahí, listas para salir cuando menos o más las necesitas. Por ejemplo, un día estás en la escuela o inclusive en un trabajo y preguntan: "¿Quien quiere ser la encargada de este proyecto?", y tú empiezas a levantar la mano, pero a la mitad del trayecto, recuerdas cosas que te han dicho o que tú te has dicho: "No, tú no lo sabes hacer", "no seas tonta", "¡Ay! que mejor lo haga tu hermana", y bajas la mano, bajas la confianza que tenías en ti por algo que no es verdad, pero que traes hace mucho tiempo en el inconsciente.

Por supuesto, muchos papás, para bien o para mal, dicen este tipo de frases sin saber la importancia que tendrán en el futuro. Además, hay que comprenderlos porque ¡tienen tantas cosas que cuidar en tu educación y formación!, que es lógico que a veces se equivoquen. Lo único que ellos quieren es lo mejor para ti. Así que ni de broma vayas a reclamarles porque nada más los vas a hacer sentir mal por algo que hicieron sin mala intención.

BRÍNCATE A LA PAG. 254

Al tener contacto con la sociedad: desde el kínder, donde le dabas de comer a los conejitos, hasta el salón de belleza o en la maestría con más prestigio, hay riesgo de enfrentar situaciones que afecten tu autoestima.

ALGUNOS EJEMPLOS:

¿Te ha pasado que cuando oyes a un grupo de personas platicar de un cierto tema y tú quieres participar, esperas a que la última persona deje de hablar para contar tu súper anécdota? Y cuando empiezas: "Pues fíjate que el otro día...", nadie te escucha y alguien más toma la palabra, de volada piensas: "No pasa nada, ahora que acabe de hablar esta niña lo digo". Vuelves a intentar y la historia se repite. Entonces, subes el volumen de voz, te paras más derecha y hay quien hasta levanta la mano para pedir la palabra como en la escuela, así de: "Can I go to the bathroom?", pero nunca te hacen caso. La realidad es que tu autoestima en esos momentos se va al sótano, ¿no? Creo que a todos nos ha pasado.

Un niño te invita a salir, se la pasan padrísimo (de hecho sientes que el niño babea por ti), y al otro día de repente el niño no te vuelve a llamar. Lo primero que piensas es: "¿Qué hice mal?" ¿Te fijas? Tu primera reacción es culparte en lugar de pensar en otras opciones como:

Este niño no se da cuenta de lo que valgo.	Qué tonto, no pudo conocerme.	Soy mucha mujer para él.
	Él se lo pierde.	Se fue de viaje.

¿Sabes qué? Tú no confías en ti; crees que no te habló porque le caíste mal, tu escote no estaba muy participativo o porque casi no tienes seguidores en tus redes.

Las características físicas

Este punto es de los que más duro nos pega en la autoestima. Cuando vemos a alguien que tiene alguna característica física que llama la atención a la mayoría nos gusta bromear y decir cosas como: "No es que Laura sea fea, simplemente es varonil". "No, Jorge no está gordito, más bien es un tinaco". "Adriana no se ve guapa ni en su foto de perfil".

Cualquier cosa puede afectar negativamente nuestra autoestima; por ejemplo, alguna característica física que, según nosotros, es diferente o especial (gordos, muy flacos, altos, muy blancos, muy morenos, con orejas chicas o con problemas de acné).

¿Sabías que hasta la gente que todos podríamos identificar como muy guapa, se puede sentir horrible y diferente? Ese sentimiento nada tiene que ver con su físico, sino más bien con su autoestima.

Si tu baja autoestima es por tus características físicas, hay algunas que puedes cambiar, como el sobrepeso, el acné, la celulitis y demás (en casos como la obesidad, algunas veces por más ganas que le echas, tu cuerpo tiene una genética que no te permite bajar como quisieras). Y es cierto, hay otras que no puedes cambiar: si eres alta, baja, morena o blanca. Punto. ¡Así eres! Nadie cambia (bueno con excepción de Michael Jackson, pero ve nada más el resultado final). Mejor hazte amiga de tus características y aprende a vivir con ellas. Son parte de ti, con ellas naciste, con ellas te vas a morir; siéntete orgullosa de ellas porque es lo que te hace ser única e irrepetible. No quieras tener la cara de "x" actriz famosa o el cuerpo de tal otra. Son tan pocas las modelos y galanes tipo Hollywood "auténticas", que inclusive te sabes su nombre (y si eres medio chismosita, hasta si se están divorciando o cómo se llama su perrito), ¡imagínate!, a veces no te sabes el nombre ni de los de tu salón. La verdad es que la mayoría de las personas somos normales. Oséase... los raros son ellos.

Las máscaras

Cuando tenemos baja autoestima la podemos esconder tras diferentes máscaras:

✖ La "de flojera": son las personas que todo el tiempo están como tímidas, retraídas y aisladas. Obvio se nota su inseguridad y baja autoestima.

✚ La "no pasa nada": son aquellas personas que se sienten muy mal y deprimidas, pero cuando están con los demás actúan como si no pasara nada.

✚ La "pasada": es la persona agresiva que da ordenes a todos y se maneja todo el tiempo como líder. En pocas y sencillas palabras, trata de demostrar que es la persona más segura del mundo para esconder su inseguridad.

✖ La "doble A" (no "Alcohólicos Anónimos" sino "Autoestima Artificial"): la persona siente que, ante los demás, no vale nada. Entonces busca algo que tenga un valor ante todos, por ejemplo: ropa de marca, coches, viajes y demás. El caso es presumir y encargarse de que los otros se den cuenta de lo que valen las cosas que trae puestas: "¿Ya viste mi nueva bolsa Louis Vuitton?, costó carísima". Aunque en realidad sea piratísima y sea Luis Buitrón, ropa Armandi y lentes Chafel, como en el fondo sientes que no vales nada prefieres darte el valor de lo que valga la bolsa.

✚ Otra típica del "doble A" es cuando conoces a un niño que sabes que es un golfo y un patán. Te dice que si quieres ser su novia y le dices que ¡sí!, pero en realidad en ese "sí", le dices ¡sálvame!, porque tu autoestima es tan baja que no te importa recibir sólo migajas de amor y seguridad: ¡aguas!

¿Cómo levantar mi autoestima?

Aquí viene el secreto más importante para elevar tu autoestima: una vez que conoces tus características especiales, ubica tus cualidades. Todos las tenemos y eso es lo más importante.

Tú vas a decidir qué quieres que la gente vea en ti: tus características físicas o tus cualidades como persona. Por ejemplo, puedes ser:

GORDITA	Pero una chava líder.
ALTÍSIMA	Pero muy simpática.
FLAQUÍSIMA	Pero excelente amiga.

Recuerda siempre: la gente ve lo que tú quieres que vean. Si llegas a un lugar y piensas: "!Ay!, se me nota la lonja", "con esto me veo feísima", o "seguro le caigo mal a todos", eso es precisamente lo que la gente va a notar y a sentir de ti. Está grueso, ¿no? Si por el contrario, llegas muy segura de ti misma y te dices: "Qué guapa estoy", "se me ve un cuerpazo", "me llevo bien con todos", eso es lo que vas a proyectar.

Cuando una persona en la escuela o en algún grupo es muy querida a nadie le preocupa su físico. Todo mundo hace comentarios como: "Es una niña súper buena gente", "ella organizó la última convivencia de exalumnos, es muy movida", o "un día que estaba llorando se acercó y me preguntó si podía ayudarme en algo, la adoro".

Nadie le va a decir: "Ay, como que está muy flaca y muy morena, ¿no?" Esta persona se ha preocupado porque la gente vea sus cualidades, no sus características físicas. Por eso es muy importante que te des cuenta de que:

Tú vales por lo que eres, no por cómo te ves

Nuestra autoestima no debe depender de nuestro físico, de lo que tengamos o de cuánto nos quieran; todo eso está fuera de nosotros y escapa a nuestro control.

Lo único que puedes controlar es cómo te sientes contigo misma en la circunstancia que sea. Nadie puede bajarte la autoestima si no le das permiso. Te pueden decir cualquier estupidez para hacerte daño y no lo van a lograr, a menos que te lo creas. No le des a nadie ese placer, cree en ti y sé tú porque una persona que vale no tiene que hacer nada extra para que los demás se den cuenta de su valor.

Quiérete, trátate bien, háblate bonito, apóyate en ti misma y vas a ver qué popular y atractiva te vuelves.

Reconoce a quien tiene autoestima alta y baja

ALTA

▲ Son los que destacan en un grupito, hacen chistes, son populares.
▲ Tienen una buena comunicación con sus papás.
▲ Tienen la sensación de controlar su propia vida.
▲ Se sienten capaces, eficientes.
▲ Hablan bien de los demás.
▲ Viven sin muchos problemas.

BAJA

▼ Son ansiosos.
▼ Se enojan mucho.
▼ Se sienten infelices.
▼ Se deprimen.
▼ Se sienten controlados por todos y por todo.
▼ Critican a todo el mundo.

La confianza en ti

A veces, la publicidad en la televisión, internet y en las revistas nos hace creer que la confianza personal se obtiene de un buen de elementos: la dieta, las pastillas para el aliento, la última moda, un aparato para hacer ejercicio (de esos que bajas 10 kilos con sólo tres minutos de ejercicio diario), un auto, etcétera. Desgraciadamente no es tan fácil. De lo que sí puedes estar segura es de que se trata de algo súper valioso, que todos podemos tener y que hay muchos caminos para lograrlo.

¿Cómo tener confianza en ti?

La palabra confianza viene del latín *confidere*, que quiere decir "creer". Santo Tomás decía: "Ver para creer", pero ahora podemos decir que es al revés, que tenemos que creer para ver. Por ejemplo, imagínate al mega galán de tu escuela; la mayoría de las niñas piensan: "Es un súper bombón... me encantaría andar con él, pero jamás me pelaría", y no le hacen la luchita. Y las que

tienen confianza en sí mismas, piensan cosas como: "Tengo muchas cosas que podrían fascinarle"; es decir, creen en ellas, le hacen la lucha y, por supuesto, son las que terminan con el galán que quieren.

He aquí algunas sugerencias para fortalecer la confianza en ti misma:

- Cree en ti. Ten tu "reserva de logros", o lo que es lo mismo "tu guardadito" de momentos en los que te sentiste muy bien y de los cuales te sientes orgullosa. Aliviánate con esa reserva cuando sientas baja la confianza en ti misma. Utilízala como tu súper arma secreta. Es típico que cuando te sientes así, se te olvida aquello que te animó otras veces. Imagina lo que quieres lograr y elimina esa vocecita interior que te dice: "Está muy difícil", "no vas a poder", "eres malísima para eso". Cuando escuches la vocecita saca otra que le diga a la primera: "Please, ya deja de fregarme y cállate, ¿sí?", y piensa en el último logro que hayas tenido. Eso aunque parezca algo muy "x", cambia completamente la energía de tu cuerpo, y las cosas empiezan a salir bien.

- Disciplina. No lo vas a creer, pero entre más te disciplinas en las cosas pequeñas que te cuestan trabajo, más te respetas. Cuando pospones lo que te encanta, por ejemplo que en lugar de comerte el postre sales a correr, la seguridad en ti misma crece un buen. La disciplina te hace sentir que tienes el control.

- Empieza a creer lo que quieres. Cuando te preguntan: "¿Cómo estás?", y no andas muy bien, lo mejor es contestar: "Excelente, ¿y tú?" El sólo hecho de decirlo te hará sentir súper bien. Jamás, jamás, contestes como esas personas que pertenecen al "Club de la Lágrima Perpetua" que se la pasan de queja en queja. A ellas aplícales la ley de la glorieta: dales la vuelta pues el rollo negativo se pega.

Recuerda que "el pájaro no canta porque sea feliz, sino que es feliz porque canta..."; a menos que sea el pájaro loco y ni cante ni esté feliz, o sea, que sólo se la pase comiendo, y "el que come y canta, loco se levanta", pero como éste ya estaba loco... bueno nos entendiste, ¿no?

¿Tengo personalidad?

"¡Qué personalidad tiene!", seguramente has pensado esto al ver a un artista de cine, un youtuber, a un cantante, o al ver a alguien simplemente caminando por la calle. A todos nos gustaría que la gente pensara eso al vernos, pero, ¿qué es la personalidad?, ¿cómo la consigues?, ¿en qué se basa? Ahora ten cuidado porque si un niño te dice que tienes mucha "pechonalidad" quizá está hablando de tus bubis, no de tu seguridad; bueno, pero regresemos a lo que nos interesa...

LO QUE SE NOTA

Se siente cómoda ella misma.
Se gusta.
Se cae bien.
Se siente orgullosa de lo que es.

LO QUE SE PROYECTA

Cómo baila.
Cómo habla.
El brillo de los ojos.
Su porte.
Cómo se viste.

Cuando hablamos de cómo se viste, nunca se ve como si se hubiera tardado años para arreglarse o como si quisiera impresionarnos a propósito. La personalidad no viene simplemente de vestir padre o arreglarse mucho, sino que viene del interior; es ese rollo que te impresiona y que es muy fácil de reconocer y no tan fácil de explicar pero que todos podemos alcanzar, ¿ya sabes?

Tienes que ser auténtica

¿Por qué es tan fácil que un bebé vuelva loco a los demás? Seguramente no es por lo que hace, sabe o tiene de dinero, simplemente nos atrae por lo que es, porque en él no encontramos ninguna superficialidad, hipocresía o falsedad. Transmite sus verdaderos sentimientos por medio de su propio lenguaje (llorar o sonreír) que es transparente.

Ahí esta la clave: que seas tú misma, sin máscaras, sin miedos ni pensamientos negativos como: "Y si no les caigo bien", "y si me sale sangre de la nariz y ven que no tengo sangre azul", "y si piensan de mí que…"; ¡que te valga! Los bebés son como son y por eso son adorables. Ahora, por favor no vayas a llegar a una reunión con chupón y pañal, para ver si le caes bien a todos.

Personalidad todos tenemos, sólo déjala salir y no actúes como alguien que no eres. Cree en ti, conócete y reconoce que tienes tus monadas.

Así que no tengas miedo de mostrar tu verdadero yo y sacarte el mejor partido para sentirte muy atractiva. Estamos seguros de que vas a lograr que cuando la gente te vea diga: "¡Qué personalidad tiene!" Y si también dicen lo de la ipechonalidad! pues ya tienes dos cosas de qué sentirte orgullosa.

Asertividad

¿Alguna vez se han burlado de ti? ¿Te han visto la cara? ¿Te has sentido menos? ¿Has sentido que abusan de lo buena onda que eres? ¿Te resortean el brassiere? ¿Nadie pela tus publicaciones en redes? Si algo de esto te ha pasado, ¿cómo te sientes? ¿y qué has hecho al respecto?

Todo el mundo ha experimentado esto una o muchas veces. La diferencia radica en cómo respondemos a este tipo de rollos.

La mayoría de las personas intenta alivianarse con pensamientos tipo: "¿de qué sirve que me queje?", "¿para qué les digo?", "de todas maneras, no me van a hacer caso", "no puedo hacer nada" o "si protesto, me va a ir peor", y demás. Cada vez que nos quedamos con esa frustración, nuestra autoestima se hunde.

La solución, por supuesto, no está en tirar mala onda o querer romperle la cara a quien te molesta, tipo UFC. A la larga, también terminamos frustrados y con muy mal sabor de boca. La solución es ser asertiva.

Ser asertiva significa:

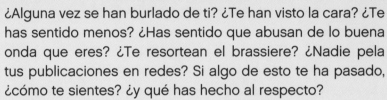

no sé decir "no", o lo que es lo mismo, ¿cómo ser asertiva?

Ser asertiva es:

✖ Decir tranquilamente que algo no te late.

➕ Atreverte a decir "no" a lo que no te gusta, no quieres, no puedes, te incomoda y demás. Sólo dos letritas juntas: n+o= ¡no! ¿Ves qué fácil?

✖ Exigir un derecho con seguridad y decencia.

✦ Hablar claro, sin rodeos y sin ser grosera.

✖ Por supuesto, ser asertiva es algo que se aprende. No nacemos sabiéndolo y no lo hacemos así nada más, de repente.

El doctor Moriarty hizo un estudio con la ayuda de sus alumnos de psicología en Nueva York. Los invitó a participar en situaciones en las que hacían pomada los derechos de los demás, para ver su reacción y qué onda con su asertividad.

Uno de los alumnos comenzó a tocar rock pesado a un volumen muy alto junto a otros que tenían que concentrarse en una tarea muy difícil.

80 por ciento de los alumnos no se quejó. Luego admitieron lo mal que la estaban pasando.

15 por ciento pidió al músico que le bajara pero no lo volvieron a hacer después de que les contestó agresivo.

¡Imagínate! Sólo cinco por ciento insistió y logró que el otro monito le bajara.

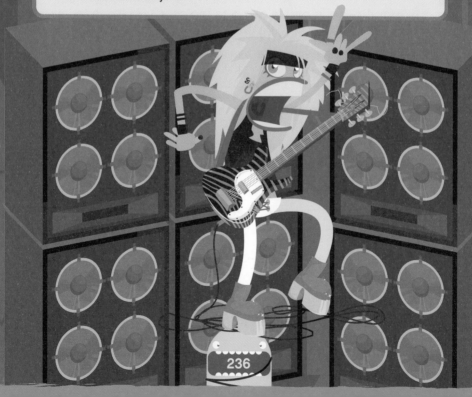

TEST:
Y Tú, ¿qué tan asertiva eres?

INSTRUCCIONES PARA EL LLENADO DEL TEST

5 = SIEMPRE
4 = CASI SIEMPRE   2 = CASI NUNCA
3 = A VECES   1 = NUNCA

CUANDO ME QUEJO POR ALGO:

Lo digo tal cual ☐

Me detengo a pensar en cómo decirlo de la mejor manera posible sin pasarme ☐

Considero las consecuencias antes de hablar ☐

Le pregunto antes a la persona el porqué del problema para evitar problemas ☐

Sin enojo describo lo que me molesta ☐

Expreso lo que siento ☐

No insulto ni le echo la culpa a nadie ☐

Propongo una solución si es necesario ☐

Lo digo claro y fuerte ☐

Miro a la persona directo a los ojos ☐

TOTAL: ☐

50 = MUY ASERTIVA
25 o menos = SERÍA BUENO QUE TE APLICARAS MÁS

Lo que tenemos que hacer es identificar qué nos molesta, qué sentimos y decirlo sin rodeos y sin perder el objetivo.

- Aliviánate a la hora de la saludada. A todo el mundo le cae muy bien que lo saluden tipo: "¡Quiúbole! ¿Qué onda? ¿Cómo estás? ¡Qué gusto verte!", en lugar de oír un tímido: "Hola", o que saluden con la cabeza sin decir una palabra.

- Al opinar expresa lo que sientes. Por ejemplo, en lugar de decir: "esa película está horrible", di: "A mí no me gustó esa película", "a mí me encanta", "a mí me cae muy bien fulana", y demás.

- Lo tuyo es tuyo. Si alguien te dice un cumplido acéptalo y contesta: "Gracias, a mí también me gusta esta blusa", en lugar de: "¿Te gusta?, pero si está viejísima". Esta última respuesta es como si alguien te diera un regalo y se lo aventaras en la cara.

- Pregunta: "¿Por qué?" cuando te pidan hacer algo que no te parece razonable o no te late, di: "¿Por qué quieres que haga eso?"

- Pide que te aclaren. Si alguien te explica o da instrucciones y tú no entiendes nada, no te vayas confundida y sin saber qué hacer. Al contrario, tranquilamente di: "No entendí bien, ¿me puedes explicar otra vez?"

- Siempre expresa lo que no te late. Si opinas o piensas diferente, di con confianza: "fíjate que yo lo veo de otra manera", "yo opino que...", "creo que hay muchas cosas en las que no hemos pensado, como..."

- Defiende tus derechos. Nunca dejes que alguien te haga sentir menos. Di: "perdón, pero estoy formada y sigo en la fila", "llegaste media hora tarde a la cita", "por favor, trae tu propio lunch", "disculpa, ¿podrías besar a tu propio novio?"

Beneficios de ser asertiva

- Te vuelves protagonista de la vida y no esperas pasivamente a que las cosas pasen.
- Tu autoestima se eleva.
- Te sientes tranquila. Hay congruencia entre lo que piensas y lo que haces.
- Te sientes libre al aprender a decir "no".

Así que vale la pena ser asertivo. Es algo que, una vez que lo pones en práctica, te hace sentir muy bien contigo misma.

El Eneagrama

CHECA ESTO

¿Quieres saber...?

- ¿Qué pasa contigo; por qué a veces estás rayada o súper triste, enojada o te entra por comprar como loquita?
- ¿Por qué te cuesta trabajo comunicarte con tus papás?
- ¿Cómo entender a tu novio? (aunque parezca imposible).
- ¿Cómo acercarte a la amiga que, según tú, no te soporta?
- ¿Por qué siempre tienes novio o por qué siempre te andan cortando?
- ¿Cómo hacerle para que se alivianе el maestro que te trae de bajada?
- ¿Cómo lograr que el niño que te gusta te voltee a ver? ¡Pero cada 5 minutos!
- ¿Por qué sientes y reaccionas de una manera que ni tú entiendes?
- ¿Por qué a unas amigas te les cuadras y a otras ni les haces caso?

Bueno pues te presentamos al súper héroe que puede ayudarte a todo eso: ¡prrrrrrrrrrrrrrrrrrr! (es un redoble de tambor para hacerla de emoción) ¡prrrrrrrrrrrrrrrr!

Platicamos con la experta en el Eneagrama, Andrea Vargas y nos explicó muy bien todo lo relacionado con este apasionante tema. De su gran experiencia aprendimos lo siguiente:

El Eneagrama es la mezcla de una sabiduría muy antigua (de hecho, milenaria) y lo nuevo de la psicología moderna. Entender el Eneagrama es facilísimo, divertido, profundo y obviamente muy práctico. Se le aplica a todos los seres humanos a partir de los siete años de edad.

¿Pero, qué es...?

El Eneagrama es un mapa que describe nueve diferentes tipos de personalidad, o sea, nos enseña nueve maneras de pensar, de sentir y de reaccionar. Nueve maneras de ver la vida, de percibirla, sentirla, de expresarnos, tomar decisiones, de enojarnos, defendernos, de enamorarnos... (sha-la-la-la-la)

¡Todas con virtudes y defectos, y lo más padre es que todas son válidas y ninguna es mejor o peor que otra!

En pocas palabras el Eneagrama es una súper herramienta que nos ayuda a entender nuestro tipo de personalidad y la de la gente con la que con-vivimos (y algunas veces con-morimos).

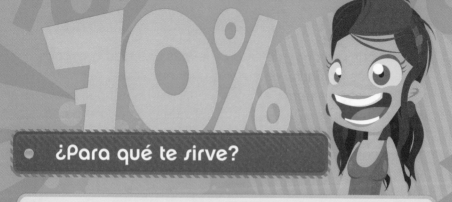

¿Para qué te sirve?

Para conocerte y entender por qué eres como eres (romántica, chistosa, agresiva, perfeccionista, enojona...) y qué es lo que te mueve a ser así.

Para descubrir cuáles son tus puntos fuertes y desarrollarlos al máximo, así como aceptar tus puntos debiluchos y echarle ganitas a ellos y así sacar la mejor versión de ti.

Para conocer tus miedos, tus deseos, tu manera de comportarte en el amor (esa seguro ya te funcionó o ya te dio broncas), en la escuela, en el trabajo, en los momentos de estrés o cuando estás mega alivianada.

Si me conozco, me acepto, me caigo bien, me auto controlo, tomo mejores decisiones y me adueño de mi misma. Evito que mis impulsos y mi personalidad me controlen, ¡y me convierto en una MEJOR PERSONA!

Lo interesante de este rollo, es que una vez que me conozco, puedo entender a los demás (léase novio, suegra, tío insoportable, hermano odioso, amigovio, mejor amiga, etc., etc., etc.) desde su personalidad y así mejoro mi comunicación, mi amistad y tendré mejor vibra y entendimiento con las personas.

Lo interesante del asunto arranca desde el momento en que descubres el tipo de personalidad que eres tú, y qué tipo de personalidad tienen las personas con las que convives.

Para saber qué tipo de personalidad eres, debes tener por lo menos el 70% de las características que se mencionan. Acuérdate de que todos tenemos un poco de todo, pero hay una personalidad que predomina más en ti.

PERFECCIONISTA

Es súper clavada con el orden, con el detalle, tiene un método y una estructura para hacer cualquier cosa (casi casi hasta para ir al baño). Toda su ropa la tiene por colores, de acuerdo con la estación y en su compu tiene 1,000 carpetas con sus archivos súper ordenados.

Es muy estricta con ella misma y con los demás. Detecta rapidísimo cualquier errorcito, mancha, falta de ortografía y siente una necesidad compulsiva por corregirlo (a quien se deje, y a quien no se deje también). Usa mucho las palabras "debería" y "tengo que". Está convencida de que existe una sola manera de hacer las cosas y que obvio es la de ella. Busca la perfección en todo lo que hace y se frustra cuando los resultados no están a la altura de sus expectativas. Le da miedo cometer errores, pues siente que la van a juzgar o a criticar. No rompe una regla, ni aunque se esté muriéndo su mamá. Puede ser muy cuadrada, impaciente y juiciosa.

LOS DEMÁS DICEN

"Relájate, no seas tan dura y estricta, no pasa nada."

AYUDADORA

Es servicial, cálida, optimista. Busca ser necesitada, amada y apreciada (tipo esos ositos de peluche, que dicen "quiéreme"), su rollo es volverse indispensable en la vida de ciertas personas. Para ellas la vida emotiva y tener muchos amigos es súper importante.

Se relaciona muy fácil con los demás. Le gusta más dar que recibir. Es seductora, busca siempre agradar a todos. A veces se viste y actúa super sexy y trae locos a los hombres, por lo que se vuelve muy manipuladora y dependiente. Otras veces reconoce de volada las necesidades de los demás y las complace; y a la vez se siente orgullosa de que ella no tiene necesidades.

Habla mucho, le encanta el chisme, dar consejos, ayudar y ser el centro de sus amigos. Con tal de que la quieran, se sacrifica y ayuda cuando no se lo piden, al grado de convertirse en intrusa, posesiva e inoportuna.

LOS DEMÁS DICEN

"¡No te metas, no me ayudes, déjame, yo puedo solo!"

EJECUTORA

Es organizada, independiente, mega comprometida, siempre tiene un objetivo que realizar. Ambiciosa, protagónica y muy vanidosa. Adicta al trabajo, mucha energía y muy, muy pero muy competitiva. Es buenísima para las apariencias. Le importa más lo de afuera que el fondo. Siente que vale más por la casa, coche, puesto o dinero que tiene, que por lo que vale como persona. Es muy yo-yo, sólo habla de ella misma y no sabe escuchar. Tiene una súper necesidad de ser reconocida; su meta es lograr el éxito, ser popular y tener prestigio ante los demás. Le da mucha importancia a su imagen de ganadora y le preocupa durísimo lo que los demás opinen de ella. Puede llegar a ser presumida, prepotente y mentirosa.

LOS DEMÁS DICEN

"Calma, disfruta el momento, no todo es trabajo y éxito."

ARTISTA O ROMÁNTICA

Es muy creativa, le gusta ser original y diferente a los demás (puede vestirse rarísimo, y ella se siente in). Tiene mucha sensibilidad para crear belleza. Es hipersensible, la intuición la tiene a todo, es sincera y súper empática. ¡La neta de su vida son las emociones profundas y los sentimientos! Le gusta la naturaleza. Sueña y fantasea con momentos románticos. Su intensidad para sentir es superior a cualquiera: "Sus tristezas son tragedias y sus alegrías son cañonsísimas". Cambia de humor como de zapatos, y eso le causa problemas ya que puede pasar fácilmente del odio al amor, de la alegría a la tristeza o de te quiero abrazar a te quiero ahorcar, sin ninguna explicación. Se siente vacía, incompleta, "algo" le falta para ser totalmente feliz. Siempre quiere lo que no tiene y le da flojera lo que tiene.

LOS DEMÁS DICEN

"No exageres ni hagas drama,
no seas intensita."

OBSERVADORA

Si la número 4 es artista, la 5 es más bien autista. No, ya en serio, la número 5 es súper observadora, objetiva, analítica y tiene una mente muy clara. Le fascina el conocimiento y cuando le interesa algún tema se clava durísimo. La mayoría del tiempo vive en su mente (Houston... lo perdimos). Busca un espacio para estar "sola" pues ahí se siente segura, se recarga de energía, investiga, crea, sintetiza, reflexiona y se divierte. Es seria, fría y habla muy poco. Se siente diferente (como un Alien), que no encaja con los demás, por lo que busca ser autosuficiente para no depender de otras personas. Es coleccionista, desde todo tipo de gadgets, hasta cachivaches. Generalmente se retrae y se aísla en su cueva, es por eso que le cuesta trabajo relacionarse, abrazar, expresar, transmitir sus sentimientos, apapachar al otro... A veces, le gustaría ser invisible y observar sin tener que participar o comprometerse.

LOS DEMÁS DICEN

"Aterriza, involúcrate, interésate, muestra sentimientos."

COLABORADORA

Es responsable, trabajadora, comprometida y súper leal. Sentir "seguridad y confianza" es básico para ella, es por eso que le gusta saber en dónde está parada, oséase...qué ondita con ella. Es escéptica, se cuestiona todo; no se la cree a la primera, así que es cautelosa y se va como muy leve. Duda muchísimo de la gente que no es coherente con lo que dice y luego no hace. Enojada se vuelve defensiva y evasiva. Le da miedo tomar decisiones importantes; necesita el apoyo de alguien para hacerlo (a veces duda hasta de qué ropa se va a poner). Está muy consciente del peligro, es negativa, nerviosita y todo el tiempo piensa: "Y si pasa esto, y si pasa lo otro"; le gusta planear y tener opciones de emergencia por si algo sale mal. Cuando siente angustia y ansiedad, se puede imaginar escenas catastróficas cañonsísimas y las puede experimentar como si fueran reales. La autoridad le crea conflicto; la puede obedecer o de plano revelarse ante ella.

LOS DEMÁS DICEN

"Aviéntate, no pasa nada, debes creer en ti, sí puedes."

ENTUSIASTA

Es espontánea, aventurera, simpática, soñadora y miembro honorífico del club de los optimistas. Es la opuesta de su vecina la 6 ¡Se quiere comer al mundo, probar de todo y no perderse de nada! Busca lo agradable y divertido de la vida, ama la libertad y cuando tiene alguna bronca hace como que no pasa nada, evita al máximo el dolor y el sufrimiento. Generalmente, en la escuela o en el trabajo, son las chistositas. Usa su encanto y optimismo para seducir y conseguir lo que quiere. No tiene límites. Es un poco hábil para todo, pero a la hora de la verdad no se especializa en nada. Visualiza las cosas y disfruta pensando en el futuro, planeando un chorro de actividades. Su agilidad mental, su entusiasmo y falta de disciplina, la llevan a planear más de lo que realmente puede hacer. Como consecuencia, generalmente no cumple, no termina las cosas, se vuelve superficial y poco confiable.

LOS DEMÁS DICEN

"Comprométete, crece, termina lo que empiezas, no todo es fiesta."

COLABORADORA

Es una líder natural. Es protectora, generosa, directa, y siempre va al grano. No le da la más mínima pena decir NO cuando no quiere hacer algo. Tiene la batería ultra-recargada, es muy dominante, dura, le gusta controlar todo y a todos y sentirse fuerte y poderosa. Es visionaria y muy trabajadora: cuando se propone algo, lo hace. Protege gruesísimo a la gente que quiere, pero ¡aguas si eres su enemigo! porque usa toda su fuerza y agresividad para aplastarte. Es rebelde, visceral, es la más enojona del Eneagrama; su manera de hablar intimida y asusta a la gente. No conoce los límites, la culpa ni el miedo... Es intensa y excesiva en todo: en la comida, el reventón, los deportes, compras, trabajo... Es "la autoridad", ella manda, así que obedece las reglas sólo cuando le benefician, si no, le vale y las rompe. Le atrae la gente independiente y decidida; y le saca la vuelta a los débiles, inseguros y mediocres.

LOS DEMÁS DICEN

"Contrólate, ten tacto, no seas tan impulsiva y agresiva."

MEDIADORA

Es muy tranquila, adaptable, sencilla y muy querida. Si fuera un animal, sería como osito koala. Busca mantener la paz y la armonía cueste lo que cueste. Prefiere ceder con tal de que no haya broncas. Odia y minimiza los problemas y deja que se resuelvan solos. Le gusta la parte fácil de la vida: la comodidad, la rutina y vivir muy bien. Es muy positiva y complace a los demás, el problema es que se olvida de sí misma y se deja llevar por la corriente o por los gustos y necesidades de quienes la rodean. Se distrae y pierde el tiempo con cosas súper "x", y deja para el último las cuestiones importantes. Casi nunca se enoja, pero cuando lo hace se prende cañón. Le cuesta trabajo tomar decisiones, establecer prioridades y tomar la iniciativa.

LOS DEMÁS DICEN

"Despierta, muévete, enójate, defiéndete, no te dejes."

251

Cuando descubras qué tipo de personalidad eres en el Eneagrama, notarás que la gran mayoría de la descripción te queda. Sin embargo, ninguna personalidad es totalmente pura, siempre tenemos influencia, a mayor o menor grado, de nuestros números vecinos. Por ejemplo: si saliste 7, checa las características de la 6 y de la 8 y la que se adapte mejor a tu personalidad será tu "ala" en el Eneagrama, algo así como el complemento del número de tu personalidad. Y como la idea del Eneagrama es ampliar tu conciencia para conocerte y tratar de mejorar como persona, recuerda que las cosas que no te gustan de tu número las puedes mejorar y así volverte una mejor versión de ti misma.

En fin, el rollo es que si quieres saber sin margen de error qué número eres, cuáles son tus virtudes, defectos, miedos, qué alas tienes, cómo se visten o hablan las de ciertos números, cómo actúan o cómo debes reaccionar con ellas, y muchas cosas más, consulta el libro *El Eneagrama*, de Andrea Vargas, publicado por Editorial Alamah, sin duda te ayudará cañón a descubrir tus cualidades y defectos para que seas siempre una mejor persona.

Quiúbole con...

Capítulo 4

mi SEXUALIDAD

LOS BESOS

DARTE A ALGUIEN

¿ESTOY EMBARAZADA?

LOS CONDONES, PASTILLAS, JALEAS...

LA VIRGINIDAD

EL ACOSO SEXUAL

EL FAJE

LAS INFECCIONES DE TRANSMISIÓN SEXUAL

LAS DROGAS DE LA VIOLACIÓN

El rollo de la sexualidad

La sexualidad es algo con lo que estamos conectados desde que nacemos hasta el día en que morimos y encierra una gran responsabilidad. Las decisiones que tomes serán súper importantes en tu vida; si se te hacía difícil escoger qué blusa ponerte con qué falda, espérate a ver qué onda con esto. Para vivir bien tu sexualidad es básico tener la mayor información posible.

Entenderla y manejarla de manera inteligente y segura es un rollo que toma tiempo. Y, ¡obvio!, lo que te expliquen en la escuela, lo que tus papás platiquen contigo y lo que leas, te ayudará mucho. Lo importante es que te informes bien y no quedarte sólo con las chocoaventuras que tus amigas te cuentan o ves en línea para tomar la mejor decisión.

¿Cómo tranquilizar a tus papás cuando te hablan de sexo y se ponen nerviosos?

Cuando escuches la siguiente frase, significa que llegó el momento:
"Laura, Ale, Ana, o Pau, (pon tu nombre aquí), si está muy largo, ponlo acá (   )
quiero que platiquemos."

Esta frase no falla cuando tus papás quieren hablar de sexualidad contigo. Se ponen serios, empiezan a caminar como locos en el cuarto, miran hacia otro lado, sudan, no contestan el teléfono, en fin. Pobrecitos, se sienten súper incómodos y nerviosos, así que ayúdalos. Si tus papás son abiertos en el tema entonces no tienes bronca, pero si no, es importante que sepas qué pasa.

De entrada es súper natural. Seguro que a ellos sus papás jamás les tocaron el punto porque era ¡tabú! Y mucho menos lo hablan con la naturalidad con la que tú lo haces. Así que ayúdalos, ponles atención y entiende que lo hacen porque te quieren, que les cuesta trabajo pero que tienen experiencia y vale la pena escucharlos. Obvio a ti también te da mucha pena pero entiéndelos plis, a ellos les da el doble de pena y lo único que quieren es cuidarte.

¿Cuándo empieza?

Las primeras sensaciones de tipo sexual empiezan por lo general en la pubertad. Obvio, algo nuevo, muy nuevo está pasando. Por ejemplo, el interés por el otro sexo despierta de pronto y los hombres, que antes veías como niños babosos, ¡ahora te parecen unos cueros! (bueno, algunos se quedaron igual). El asunto es que comienzas a ponerte roja cuando ves al niño que te late, a sentir mariposas en el estómago y esas cosas. ¡Aguas! Al rato la mariposa eres tú y a los chavos les gusta coleccionarlas.

La atracción sexual

Cuando un niño te gusta se despierta una sensación muy particular. De hecho, es algo tan padre pero también extraño. Lo que te puede parecer atractivo de un niño a tu amiga le puede no gustar nadita.

En la sexualidad, los cinco sentidos juegan un papel súper importante porque percibimos el mundo a través de ellos: la vista, el olfato, el tacto (éste es de los favoritos de los hombres), el oído y el gusto.

Tu sistema límbico en el cerebro interpreta la información que éstos le mandan, y a su vez envía mensajes a las distintas partes del cuerpo para que respondan sexualmente: es una pasadera de información que te va tener súper ocupada y contentita, como dicen por ahí, por el resto de tus días.

Las etapas de la sexualidad

El deseo

Sin el deseo, la sexualidad se convierte en algo mecánico y nada agradable. Esta primera etapa es totalmente psicológica. Desear al otro es tener ganas de tocarlo, de estar con él, de tener fantasías, de conocerlo mejor, o sea, lo que hoy se conoce como "chocar sus carritos", "darte a alguien", "siempre sí", o como tú le quieras decir.

Pero aquí debes ser muy inteligente para decidir si controlas tu deseo o de plano haces que se enteren hasta tus vecinos (bueno, eso no es muy difícil porque los vecinos se enteran de todo).

Eso sí: recuerda que todas, hasta la más mínima de tus elecciones tienen consecuencias.

El contacto físico

La piel es un receptor mega sensible. Al mínimo contacto con el niño que te late (ya sea que te toque el brazo, te tome de la mano o sientas su cachete al saludarlo), tu cerebro recibe de inmediato señales que cambian la química de tu cuerpo.

Puede pasar que te suden las manos, te pongas roja, el cerebro se te nuble y digas tonterías, así como preguntarle dos veces su nombre, cinco veces su edad o empezar a contestar babosadas. Esto pasa porque mientras te pregunta algo tú estás pensando en cómo te ves, en la forma de disimular que te gusta, en cómo se verían juntos y abrazados en tu foto de perfil; en fin, es muy chistoso.

Si los dos se empiezan a gustar y este rollo avanza como debe, puede ser que estén a punto de conocer más de cerca sus boquitas. Recuerda, entre más retardes este paso, estará más loco por ti el niño.

Los besos

También conocido como kiko, kikorete, ósculo (se oye horrible, pero es verdad), y expresado como muak, smock o iuuu; ya, pues, como lo conozcas, un beso es padrísimo y mágico; nos hace entrar a una dimensión que ninguna palabra puede describir. Advertencia: a veces es mágico, porque el niño después del beso desaparece, así que ¡ojo!

Besar es compartir en todos los sentidos, representa el inicio de una entrega, por lo que es súper personal y delicado. Es la suma perfecta entre dos personas, por eso si te lo das con un niño "x", se va a sentir exactamente así... "x". Y si además el niño usa brackets y no sabe besar, prepárate para que tus labios queden como trapeador.

Los besos varían según el ritmo, la intensidad, el sentimiento y el deseo. Cuando le das un beso a alguien, puede ir desde un saludo de buena onda, como: "Hola y adiós", a un beso de cariño, de despedida o uno muy intenso, amoroso y apasionado (esos de: "¿Me regresas mis labios por favor?").

El primer beso, como nueva experiencia, generalmente es padrísimo y siempre lo vas a recordar. Es súper importante que disfrutes cada instante.

También puede ser que estés nerviosa por ser la primera vez y te sientas vulnerable por tener un contacto íntimo con el niño. Aquí pueden preocuparte mil cosas, tipo "¿qué va a pensar de mí, de mi poca o mucha experiencia, de mi cuerpo, del tamaño de mi boca, de mi olor? Hubiera masticado chicle, ¿por qué me tiemblan las rodillas?", y demás. No te preocupes, es natural que te sientas nerviosa en esta primera experiencia de tipo sexual.

KISS

Con brackets... juntos para siempre

La primera vez que di un beso tenía trece años y no me la acababa de los nervios. La bronca fue que estaba a punto de que llegar el momento y, ¡no sabía cómo darlo! Creía que por ser hombre debía saber.

Mi única referencia eran los besos de las telenovelas (que a esa edad muchas veces se ven más asquerosos que ricos) y los de las películas, en donde los hombres besan a súper modelos y además ¡les pagan por hacerlo! (la vida no es justa). Y por supuesto, otra referencia era el típico amigo que se hace el súper conocedor cuando todavía no puede ni dormir con la luz apagada. Por eso es importante que no te preocupes y que sepas que el rollo del primer beso es igual de difícil para los hombres que para las mujeres.

yordi

Por otro lado, cuando sales con un niño, ¿cómo sabes que te quiere dar un beso?, ¿te haces del rogar, te lanzas o te dejas y cierras los ojos? Seguro te preguntas: "¿Qué hago?, ¿le gustará cómo beso?, ¿me gustará cómo besa?" En lo que llegamos a ese punto, la siguiente información te puede servir.

Datos con saliva

No es nada romántico saber que cuando dos bocas se besan, intercambian un promedio de 250 tipos de bacterias, 9 mg cúbicos de agua, 0.7 g de albúmina, 0.18 g de sustancias orgánicas, 0.71 mg de materia grasa y 0.54 mg de saliva. Además, el beso implica la actividad de alrededor de 30 músculos faciales. Así que cuando te beses con alguien, más vale que te lata mucho para que no te importe nada de lo anterior.

No sé besar

¿No sabes besar? No te preocupes: aunque un primer beso es como saltar del bungee (si al galán le huele la boca, es como brincar sin cuerda), cuando hay química las cosas se dan solitas. Entre más relajada y tranquila estés, mejor (ahora sí que, flojita y cooperando, nada más aguas, no te vayas a pasar de cooperativa).

Si no sabes qué hacer tienes de dos:

- Decirlo con confianza. El niño te sabrá llevar y si no, copia lo que él hace (recuerda que aquí no puedes sacar acordeón).
- Si no quieres que te bese, también dilo. Nadie te puede forzar a hacer algo que no quieres.

Siento que me muero de nervios

Entre más a gusto te sientas con el niño, es más probable que te sobrepongas rápido a la ansiedad, o sea, que te relajes. Piensa que los hombres, como comentábamos, también se sienten inseguros y tienen en la cabeza las mismas preocupaciones que tú.

Besos malísimos

También hay veces en las que el beso que tanto soñaste resulta que ni al caso. Tal vez el niño estaba tan nervioso que lo echó a perder.

263

BESOS DEL TERROR
TU PEOR PESADILLA

Demasiado húmedo	Demasiado seco	Demasiado tieso o rígido
(¡Iuuu llenó de baba!)	(¡Tiene los labios partidos!)	(Labios tan apretados que parece que estoy besando la banqueta.)

Le huele mal la boca	Demasiado abierta la boca	Un beso precipitado
(¡Adivino qué comiste!)	(Sentí que me devoraba.)	(¡Auxilio!, no puedo respirar.)

Un beso desabrido	Un beso succionador
(#tonsparaquex?)	(Se trata de que me beses, no de que me aspires.)

Existen besos que no sólo son malísimos, sino peligrosos; son los que te dejan enganchada y te confirman que mueres por él, que de sólo ver al niño sientes mariposas, pero gigantes, en el estómago. Pero lo más peligroso no es eso, sino que el niño no quiera contigo.

Hay otro tipo de besos que matan: los que representan una traición a una amiga (o sea que, besuqueaste a su novio), o los que te dan la fama de que te besas con cualquiera, muy utilizados por el espécimen: Zorriux Besuconix.

Cómo dar un beso

Los besos no se estudian ni se practican y mucho menos se googlean, sólo te aplicas, te dejas llevar y se dan, así que no te claves, no te preocupes; una vez que empiezas, paso a paso vas entendiendo, hasta que encuentras tu estilo.

Ahora que, si aún así estás medio nerviosa, aquí te va una guía de los movimientos básicos:

💋En un beso de amor lo primero es la delicadeza, la ternura, como si se tratara del roce de las alas de una mariposa. Cuando por primera vez juntas tus labios con los del niño que te gusta es algo iguau! Concéntrate. Piensa sólo en el beso que vas a dar y ni de broma imagines qué opinaría tu papá si estuviera a tu lado.

💋Empieza suavemente, con los labios cerrados o un poco entreabiertos y relajados. No se te ocurra comenzar con la boca abierta y la lengua casi casi tocándote la nariz. Si no, el niño va a decir: "¡Órale!"

💋Tómate todo el tiempo del mundo pero sé consciente de que los besos tienen una duración lógica, no te proyectes. Hay que saber terminar en el momento justo; así hasta se quedan picados y no te ganas el apodo de "La ventosa".

💋Utiliza tus manos como complemento. Hazle cariñitos, piojito y todo ese tipo de cosas.

💋Extiende el beso por diferentes partes de la cara, no te limites a los labios.

💋Trata de dejar un buen sabor de boca con un beso tierno, calientito, romántico, con hashtag: #regresapronto

UNIVERSIDAD DEL
ÓSCULO DE SOR JUANA

UNA UNIVERSIDAD DE RECONOCIMIENTO MUNDIAL

Con base a la recomendación de la Facultad de

ADMINISTRACIÓN DE BESOS

Ahora que si te quieres graduar en esto de los besos (algunas tienen maestría) es importante que te sepas algunos de los más famositos.

🫦 Beso de piquito: es en la boca, chiquito y rápido, sólo como para decir hola o adiós a tu galán; es inofensivo siempre y cuando sea con pocas repeticiones.

🫦 Beso de esquimal: aquí la boca no juega. Se trata de juntar las narices y moverlas de derecha a izquierda con el propósito de que se toquen (si tienes gripe, mejor evítalo por el bien común).

🫦 Beso francés: la lengua del sujeto A está en la boca del sujeto B, y la lengua B en la del sujeto A. Es con el que se experimenta mayor pasión.

🫦 Kiko apasionado: es más que el de piquito, pero menos que el francés. Consiste en besarse los labios muy románticamente y de manera constante, casi sin utilizar la lengua.

🫦 Beso de mariposa: consiste en jugar con las pestañas. Pones tus pestañas sobre las de él y abren y cierran los ojos tipo colibrí. Se siente chistoso y es como un juego.

🫦 Beso lastimador pero gozador: se trata de morderse un poco los labios, aprisionar la lengua del compañero (conocido como "beso succionador") y es un poco más prendido.

UNIVERSIDAD DEL ÓSCULO DE SOR JUANA

UNA UNIVERSIDAD DE RECONOCIMIENTO MUNDIAL

Con base a la recomendación de la facultad de

ADMINISTRACIÓN DE BESOS

Se otorga a:

_____

FOTO DEL ALUMNO
CON FRENTE
DESCUBIERTA

El Título de:

**Maestría en Administración del Beso
Mención Honorífica**

Con reconocimiento de validez oficial de estudios de la Secretaría de Aplicación Oral, según acuerdo no. 78900890 de fecha 19 de diciembre de 1975, En atención a que terminó los estudios correspondientes, acreditando los requisitos establecidos para ello.

Ciudad de México a:_____

Con todos los honores, derechos, privilegios y obligaciones que obligan este Título.

Firma del alumno

_____

Directora General

_____

Betsamé Aguado C.

La verdad es que el tipo de beso es lo de menos: lo importante es que lo sientas con todo el corazón, que lo hagas con respeto para ti y para él, pero sobre todo que la pases padre porque es uno de los mejores instrumentos para demostrar y sentir todo el amor que existe entre los dos. Así que aplícate.

El faje/ darse

Palabra que tus papás con seguridad detestan. También conocido como "fax", "llegue", "agarrón" "me di" o ya de plano, lo más cursi de lo cursi, "nos dimos unas caricias" (¡no, por favor!, eso sí suena nefasto). Bueno, el rollo es que el faje, después del beso, es la segunda experiencia de tipo sexual que puede ocurrir.

Un faje es intercambiar besos, abrazos y caricias, es tocar y permitir que te toquen. Como cada persona tiene distintas ideas y valores relacionados con la sexualidad, el faje para algunos puede ser natural y lógico dentro de una relación amorosa, y para otros no tanto. Lo importante es que estés consciente de lo que TÚ quieres y de que te sientas cómoda, segura, de hasta dónde quieres llegar. Sólo tú decides.

Cuando sucede, el olfato capta una sustancia que despide el cuerpo llamada feromona y que ayuda a mantener muy arriba el deseo amoroso. Por eso dicen que el olor del cuerpo de la persona que amas es el mejor estimulante sexual. Ahora que si tu galán no se ha bañado en los últimos tres días, más que atraerte a ti, va a atraer ¡pero a las moscas!

Ahora, tu novio puede ser tan educado que casi casi te manda una invitación que dice:

Tengo el gusto de invitarte este jueves a las *17:00 horas*
al evento denominado:

"Faje entre Cynthia y Julio"

Que se llevará a cabo en la sala de mi casa.

Posteriormente, agradecemos su presencia en el banquete.

Ropa Interior Sexy Rigurosa

R.S.V.P.

Por otro lado, puede ser un patán y más que parecer "osito de peluche" parezca "pulpo de cuarta" porque sus tentáculos van más rápido que tu vista.

El faje es como la carreterita que conduce a hacer el amor, así que toma tus precauciones si ésta no es tu decisión. Ojo, porque hay una línea muy delgada y, si la cruzas, es difícil regresar sólo a los besitos. Corres el riesgo de que ya encarreraditos los dos, la carreterita va de bajada.

Si decides tener un faje con tu novio, las primeras veces te puedes poner como nerviosita porque no lo conoces. Es natural. Pero una vez que te presentan al faje, le dirás: "¿Cómo no te conocí antes?"

Ahora, ten cuidado y piensa. Si le entras a todo con cada niño que quiera contigo puedes terminar con fama de zorra o de pizza, porque se entrega máximo en 30 minutos.

Faje dactilar

Primero, es básico saber que si permites que el faje suba de tono, como ya se dijo, pueden entrar a un punto de encarreramiento mucho más difícil de controlar y detener. Tu cuerpo, con seguridad va a sentir placer y te va a pedir más, pero debes de preguntarte si estás lista y preparada. Y segundo, como el faje dactilar consiste en que el hombre toque los órganos sexuales de la mujer con los dedos y los introduzca en la vagina, y aunque la vagina tiene una flora bacterial que la equilibra y protege, puedes conseguirte una infección que sólo un médico puede ver y tratar adecuadamente; por lo que es muy importante que si tienes faje dactilar con tu novio, él tenga las manos limpias.

La excitación

Ahora vas a conocer el verdadero significado de la palabra "excitante". ¿Qué pasa en tu cuerpo? Cuando tu cerebro recibe un estímulo (como cuando ves a un niño que te fascina), manda señales para que la presión sanguínea y el ritmo cardiaco aumenten. Aquí es cuando sientes que literalmente ise te sale el corazón! Esto manda un mayor flujo sanguíneo a los genitales, alerta los sentidos y aumenta la sensibilidad en toda la piel, o séase ique te estás derritiendo!

Si el interés sexual es súper en serio, empieza la lubricación vaginal y los pezones se pueden poner duros.

El coito

Para entender bien el asunto podríamos decir que los besos son llegar a primera base, el faje ir a la segunda y el coito de plano batear un home run. En términos muy claros el coito es la penetración. En términos románticos es la culminación del amor, la unión física más íntima de dos personas, siempre que exista una entrega voluntaria total.

El orgasmo

Tan buscado por muchos, es el punto culminante en una relación sexual. Sucede cuando la excitación y la tensión muscular llegan a su punto máximo, gracias a las contracciones musculares (que tú no controlas) de los genitales, el útero y el ano.

Es mega difícil describir cómo es un orgasmo porque los hay de muchos tipos y cada quien lo experimenta de forma diferente. Hay quienes lo describen como una gran acumulación de tensión y rigidez que termina en una súper explosión o en una sensación placentera de alivio. O sea que, si el coito es un home run el orgasmo sería como ganar la serie mundial de béisbol.

También es posible no ganar la serie mundial. Muchas mujeres no han tenido un orgasmo en su vida, ya sea porque su cuerpo todavía no está listo o porque su pareja no ha sabido estimularlas. Algunas lo descubren años después de haber iniciado actividad sexual con su pareja. Porque con la madurez se sienten más tranquilas y seguras de lo que hacen; otras lo obtienen sin problemas. De hecho, si alguien vendiera mapas para llegar al orgasmo se volvería millonario.

La mujer es multiorgásmica; es decir, puede tener varios orgasmos en una sola relación. El hombre sólo puede tener uno por relación sexual. Marcador final: mujeres 1, hombres 0.

La relajación

Después del orgasmo se siente como si caminaras en el paraíso: te relajas y el cuerpo regresa a su estado normal. El ritmo cardiaco y la respiración se regularizan. Aun sin orgasmo, el cuerpo regresa poco a poco a su estado normal. Lo malo es que muchos hombres se duermen a media caminata por el paraíso.

Espacio para que dibujes tu paraíso ideal:

272

EL ROLLO SECRETO DE LA MASTURBACIÓN

Este tema no se habla abiertamente, ¿por qué? Porque es algo muy íntimo. Sin embargo, en la exploración y conocimiento de su cuerpo, es un hecho que algunas niñas y la mayoría de los niños se masturban. A otras no les hace falta o, simplemente, este tema les tiene sin cuidado.

Según el diccionario, masturbación "es la acción de proporcionarse placer sexual estimulando los órganos sexuales con la mano u otro medio". Es una manera de conocer tu cuerpo y encontrar qué te causa placer y cómo respondes. Esto no significa que si eres de las niñas que no se masturba tienes algo raro; para nada. Algunas personas no se masturban sino hasta que son adultas o cuando tienen una relación madura y estable. Otras, como dijimos, nunca se masturban y no pasa nada. Lo importante es que te sientas a gusto y tranquila con lo que haces.

Existen mil mitos e historias acerca de lo que te puede pasar si te masturbas. Ninguno es cierto. Todos los bebés tocan sus genitales instintivamente para conocer su cuerpo y después lo repiten porque descubren placer en ello.

En realidad no hay ningún tipo de peligro en masturbarte. De hecho, es una manera de tener sexo seguro; no te puedes embarazar ni contagiar. El único riesgo es que pesques una infección si no te lavas bien las manos antes de tocarte.

Los hombres y el sexo

Los hombres empiezan la pubertad un poco después que las niñas, más o menos entre los 10 y los 14 años.

Todo empieza con una señal del hipotálamo (aunque parece nombre de animal, es una región del cerebro) y de la glándula pituitaria: juntos hacen que los hombres empiecen a producir testosterona y ahí empieza tooodo.

Los principales órganos sexuales del hombre son los testículos y el pene (posiblemente los conoces como pilín, pajarito, pipí, pirrín y huevitos, webs, kiwis y hasta panditas LOL). Sólo existe algo que preocupa a los hombres más que el futbol, y es el tamaño del pene. El pene deja de crecer más o menos a los 18 años y la medida promedio de los latinos, cuando llega a su tamaño final, es de 13 centímetros, siempre y cuando no esté dormidito.

En las relaciones sexuales, un pene grande puede lastimar y uno muy chico puede casi no sentirse, pero es común que los niños lo tengan tamaño estándar.

Los hombres son muy sexuales y muchas veces su principal interés contigo puede ser sexual, así que ponte atenta. Quizá un niño te haga sentir, o pienses tú, que no hay amor más sincero: te lleva flores, te escribe comments súper románticos, te baja el cielo y las estrellas, pero en realidad, es muy posible que sólo esté tratando de enamorarte para llegar a otra cosa. También existen los hombres que de corazón se enamoran y respetan todas tus decisiones.

Tamaño "Latino" estándar

A los 18

CON LOS PAJARITOS

QUIÚBOLE

Dormidito

REGLA DE PAPEL
BIEN EXACTA

HECHO EN MÉXICO

Así como tú tienes algunas inquietudes en el asunto de la sexualidad, los hombres tienen las suyas; una de ellas es el tema de la erección (cuando la sangre se concentra y el pene se alarga y se pone duro para la penetración). El hombre tiene la erección cuando hay estimulación física o simplemente con pensamientos de tipo sexual, pero también puede ser así de repente y sin causa; o sea, puede tener una erección a cualquier hora por lo que puede despertar con el calzón como tienda de campaña.

Si te toca que a cierto amigo, hermano o primo tuyo se le despierta el amiguito, sé buena onda e ignóralo para que su amiguito se vuelva a dormir, y no empieces con preguntas como "¿Por qué no te sales de la alberca, vente ya todos se salieron?" o "Ya párate, no seas flojo; a ver, no me voy de aquí hasta que te levantes de la cama".

Relaciones sexuales

O lo que es lo mismo, "¿lo hago o no lo hago?"

Todos nos hemos planteado el punto de cuándo hacer el amor o no. Y neta, esta cuestión también dio vueltas en la cabeza de tus papás, tus abuelitos y hasta tu novio (aunque él diga casi casi que ilustró el Kamasutra).

Cada quien tiene distintas creencias, educación y teorías sobre tener o no tener relaciones sexuales. Hay que respetarlas. Recuerda que nunca debes sentirte presionada a hacer algo que no te late, no quieres, no estás segura o simplemente, te incomoda. TÚ decides.

Tener relaciones sexuales con amor y responsabilidad es la forma más cañona e intensa de comunicación, unión y amor que puede existir entre una pareja. Aquí se involucra todo: el cuerpo por supuesto, la cabeza, el alma y, ojo, el corazón. Puedes comenzar una vida sexual activa siempre y cuando sea lo que realmente quieres y te cuides.

Cuando se hace por presión, sólo por buscar placer o por puritita curiosidad, puede ser una experiencia insatisfactoria o hasta traumática, que puede tener repercusiones como sentirte usada o con un enorme sentimiento de vacío y soledad. Es súper importante que no te apresures: toma el tiempo suficiente para tomar una decisión, asegurarte de que tú y tu galán se quieran y se comprometan responsablemente antes de dar el paso.

Pero, ¡aguas!, piensa que a tu cuerpo lo puedes proteger para no embarazarte o no "ganarte" una infección de transmisión sexual (ITS), o una enfermedad como el sida; pero a tu corazón y autoestima, ¿cómo los proteges? Ya que no hay condón para el corazón debes estar segura de lo que sientes por el niño.

Que no te pase

Muchos adolescentes confiesan haber empezado su vida sexual sin desearlo, llenos de dudas o presiones (como cuando el novio es mayor que tú y te presiona). Las razones más frecuentes que escuchamos de las niñas son:

❌ No pude decir "no". Es importantísimo saber decir "no", sobre todo cuando te presionan, así que si no sabes cómo negarte, checa la sección "No sé decir no (asertividad)".

❌ El alcohol. Cuando te tomas unos drinks tus sentidos se atontan y, como dicen las mamás: "Las cosas que al principio no te quedan, al ratito dan de sí", o sea, te puedes volver más cooperativa que una asociación altruista, así que aguas con los drinks. Ten en cuenta que a las mujeres se les sube mucho más rápido la misma cantidad de alcohol que consumen los hombres. Además, el sexo puede ser muy divertido en el momento, pero no al día siguiente cuando tienes borrado el disco duro y no te acuerdas de lo que pasó. El remordimiento puede ser horrible; además ¡qué tal si te embarazas a la primera! ¡Porque claro que es posible!

✖ Temor. A veces, el miedo de lastimar a tu novio o a que te corte y se vaya con la niña guapa del otro salón, hace que aceptes tener sexo con él. ¡Ubícate! Recuerda que si eso es sólo lo que busca, cualquier niña se lo puede dar (la del salón de enfrente, la del salón de atrás, bueno hasta la chava de la tiendita). Tú eres alguien especial y diferente y él te debe querer por eso, por ti, por lo que eres, no por tu cuerpo. Si no es así, y tú te das cuenta, que se dé a la que quiera. Recuerda que para los hombres una mujer que se da a respetar es ¡todo un reto! y mucho más interesante. Por eso los hombres clasifican a las mujeres en las que son para echar relajo y las que son para andar en serio.

✖ Presión. Otro asunto que te puede orillar a hacerlo es sentirte presionada o manipulada por tu novio, con la famosa "prueba de amor" (¡esto ya no debería pasar ni en las películas!). Es una forma de manipularte muy pasadita de moda. Si es tu caso, lo mejor es hablar netas con él, con amplias posibilidades de mandarlo a volar. Seguro estarás incómoda, pero será peor si te quedas callada. Recuerda que más vale sola que con ¡un pulpo de cuarta!

A veces las amigas que ya tuvieron relaciones te pueden presionar a que lo hagas, no de manera directa sino con comentarios como: "¡Es lo máximo!", "¡Darte a un niño es lo mejor!", "¡No sabes lo que te pierdes!", "¡Todas lo hacen!", "¡Ya te tardaste!" Recuerda que la decisión es tuya y sólo tuya.

✖ Desamor. También es súper importante que sepas que algunas niñas que tienen relaciones sexuales lo hacen porque de alguna manera se sienten solas y desean sentirse queridas o aceptadas. Y al contrario, terminan sintiéndose más solas. Ser querida o aceptada se logra con menos complicaciones, como quererte y aceptarte por lo que eres, obvio, por lo que vales.

✖ Los medios. De una u otra manera el sexo está súper presente en línea y en todos los medios de comunicación. Nos lo ponen como algo fantástico, maravilloso y sale hasta en la sopa. La verdad es que las imágenes no son reales. En la mayoría de las escenas romanticonas de anuncios o películas, los modelos se acaban de conocer y son profesionales; por eso están tan guapos (si no, todo mundo tendría un galán de esos en su alacena) y, por supuesto, les pagan mucho dinero por hacer su trabajo. Así que no te la creas; en la realización hay muchas repeticiones de tomas, ediciones, retoques, rellenos, bubis operadas y efectos especiales. Los videos porno que se ven en línea no son reales, son como una película de Hollywood. El sexo no es así, ni la duración ni los cuerpos y mucho menos se trata a una mujer durante el sexo como se ve en la pornografía. Eso no es real y jamás dejes que un hombre te trate así.

Algunos riesgos

● Si no usas un método anticonceptivo te puedes embarazar y hacer que tu vida dé un giro de 180 grados.

● Si no existe comunicación honesta entre los dos, un amor verdadero, o la confianza ciega para ponerle, literalmente, el cuerpo en sus manos, puede ser una experiencia muy mala. Si existe todo lo anterior, el panorama es distinto.

- Si no se protegen puedes contraer una ITS (Infección de Transmisión Sexual), o ser víctima del sida (Síndrome de Inmunodeficiencia Adquirida).
- ¿Sabías que, de acuerdo con estudios realizados por The Medical Institute for Sexual Health, es cuatro veces más probable que contraigas una ITS a que te embaraces?
- Se te puede hacer fama de "zorra", "bitch" o "fácil". Puede ser que un niño quiera una niña bien y si sabe que te has acostado con muchos desista de salir contigo o quiera tu teléfono para la despedida de soltero de un amigo. Ya, en serio, vivimos en una sociedad que, nos guste o no, juzga muchísimo; acuérdate que la reputación es súper importante, cuando se daña es como si tiraras agua en la tierra, ¿cómo la recoges?
- Algunos hombres pueden llegar a ser peores que una revista quincenal de chismes: donde los encuentres tienen algo qué chismearte, así que pueden dañarte con sus comentarios o incluso compartirlos en línea.
- Puedes tener unos mega sentimientos de culpa, especialmente cuando lo has hecho por presión de tu novio o por intentar parecer cool con tus amigas.

¿Qué pasa si te esperas?

- Vas a sentirte súper tranquila, sin arrepentimientos por haberlo hecho sin estar preparada.
- Vas a estar tranquila porque no te embarazas, porque no te contagiaste y porque no le debes nada a nadie.
- Se ha comprobado que, entre más se espera la pareja, sienten más control sobre su vida.

- Recuerda que te quedan muchos años por delante para disfrutar de una vida sexual con quien elijas y cuando quieras.
- Cuando somos jóvenes creemos ser súper maduros; la verdad es que no, y en este rollo donde te juegas el corazón y muchas cosas más, es importantísimo estar preparada, así que entre más te esperas, más madura eres.
- Cuando te esperas, construyes tu relación con el respeto y el compromiso.

Pon tus límites

Si de repente sientes que tu noviecito súper mono se convirtió en un monstruo mano larga, o sea, que van rapidísimo y como que ya no te está gustando la cosa, tienes todo el derecho de detenerlo en cualquier punto y por cualquier razón. El niño te debe hacer caso inmediatamente.

Entre los hombres se maneja este dicho: "Los hombres llegan hasta donde las mujeres quieren", y es en serio. Si insiste y no quieres, sé más firme y repítelo para que entienda. Si no capta, mándalo a volar. Un niño que vale la pena comprenderá y respetará tus decisiones. Por otro lado, el respeto debe ser de ambos. También puede suceder que el niño te dice que no y tú te lo quieres dar completito. Respétalo. #ternurita

El himen y la virginidad

Ser virgen no tiene nada que ver con interpretar este papel en una pastorela. Técnicamente, cuando decimos que alguien es virgen, nos referimos a un hombre o a una mujer que no

han tenido relaciones sexuales, aunque es más común llamar así a las mujeres; entre hombres es ser "quinto".

Esto es porque en otros tiempos se pensaba que existía un elemento físico comprobable para checar la virginidad de una mujer: el himen (la membrana de la que hablamos en el primer capítulo) que si se rompía y la mujer sangraba, supuestamente era señal de que había tenido relaciones sexuales.

Antiguamente, el himen se consideraba el símbolo de la pureza de la mujer. Si en su noche de bodas ella no dejaba la sábana manchada de sangre era considerada sucia. Además perdía todo valor dentro del mercado de las "casables", incluso en algunas culturas, la apedreaban.

En el mundo occidental, el himen mantuvo su importancia hasta los años cincuenta o sesenta del siglo pasado, cuando algunas mujeres más liberales se dejaron de preocupar por él. Esto ha influido en el resto de la sociedad, aunque hay personas y culturas que prefieren mantener una actitud más conservadora al respecto .

Diferentes formas y tamaños del himen

Ahora sabemos que el himen de las mujeres no es un sello de garantía, no tiene un código de barras ni lo puedes comprar en ninguna "promoción por fin de temporada". El himen puede ser de muchas formas y tamaños, algunos se rompen y sangran con la primera penetración y otros no. También sabemos que muchas niñas tienen una vida muy activa, hacen gimnasia, montan a caballo, juegan fut, hacen deportes extremos, andan en bicicleta, y esto provoca que pierdan el himen antes de tener relaciones. El uso de tampones o un examen pélvico del ginecólogo también pueden alterar su estado.

Finalmente, creemos que en la actitud hacia la virginidad importan cosas como la educación, el ejemplo de tu familia, tus valores, amigos y creencias religiosas. Sin embargo, es algo que sólo tú puedes decidir. Lo importante es defender tu idea, sea cual sea, y respetar la forma de pensar de los demás.

¿Por qué se dice "hacer el amor"?

Realmente, se hace el amor cuando dos personas se aman, se respetan, esperan el momento adecuado y buscan darle placer al otro y a sí mismos.

Tener sexo por sexo es muy diferente, es un acto "físico-calenturiento" sin que necesariamente exista amor y respeto, en este caso el único fin es sentir placer.

La abstinencia

Aunque para algunas personas es casi casi una palabra prohibida, la abstinencia es hoy una opción para muchos jóvenes. Está tan denso el asunto de las ITS y de los embarazos no deseados, que hoy en día muchos chavos consideran la abstinencia en serio.

Entrevistamos a 30 niños de 17 y 18 años y nos encontramos con que siete habían optado por la abstinencia. Sí, leíste bien, hombres, del género de los calenturientos, prendidos y súper guerreros. Están tan

yo, me aguanto

fuertes las broncas, los riesgos de contagio, las posibilidades de embarazo, que un buen porcentaje de jóvenes de ambos sexos prefiere llevársela leve.

El rollo es que la abstinencia no es algo del otro mundo. Si conoces a alguien que optó por ella, lejos de tacharlo como teto, ñoño, o loser, reconoce que es un mérito porque el niño o la niña son igual de prendidos que tú. Cuando ellos ven a alguien que les gusta y traen dos chupes encima, también se les aloca la hormona, sin embargo deciden aguantarse y divertirse de otra manera. ¡Claro! de que se les antoja, se les antoja, y aunque no lo creas, los niños se clavan y respetan más a una niña que escoge esta opción.

La primera vez

Si lo haces, hazlo con responsabilidad

Hay un buen de cosas que pasan la primera vez que tienes una relación sexual. Lo más importante, como ya vimos, es que estés bien segura de tu decisión.

Si decides hacerlo, platica en serio con tu novio sobre el tema. Como no hay método cien por ciento seguro, pregúntale: "¿Qué significa para ti?, ¿cómo nos vamos a cuidar?, ¿qué haríamos en caso de embarazo?" (esta última pregunta te permite medir qué tan en serio te toma tu galán).

Muchos niños te bajan la luna y las estrellas pero, que te quede claro, si te embarazas se apanican, se hacen tontos y la mayoría desaparecen. Si eres clara y directa lo harás pensar para que sea más consciente y responsable. Asimismo, sería ideal ir al ginecólogo para que te haga un examen pélvico vaginal. Y obviamente cuídate para no quedar embarazada. México ocupa el primer lugar de embarazos no deseados en adolescentes; muchos países latinos y la comunidad hispana en Estados Unidos tienen índices muy altos. Así que si vas a tener relaciones utiliza dos métodos anticonceptivos al mismo tiempo porque aunque sea un "rapidín" igual puedes embarazarte. Estás en una etapa súper fértil de tu vida así que si no tienes con qué cuidarte, por más prendida que estés o por más que te insista tu novio, no te arriesgues.

Las expectativas de hacer el amor

Generalmente lo has esperado y ¡te han dicho tanto! que juras que el lugar donde lo hagas se llenará de estrellas, la cama se elevará, tú sentirás lo más padre del mundo y brincarás de emoción. Y sí, vas a brincar, pero del susto cuando suene tu celular y descubras que es ¡tu papá!

El punto es que la primera vez, generalmente, lejos de ser padre, es bastante rara, no es ni fantástico, ni mágico. De hecho, en las encuestas realizadas al respecto, a la mayoría les cuesta trabajo la primera vez. Es lógico: existen un buen de pensamientos, dudas y sentimientos, a veces contradictorios, que flotan entre los dos. A veces, físicamente no sabes bien ni por dónde es el asunto por más que lo hayas visto en las clases de cuarto de primaria; lo cierto es que las veces futuras no se parecen en nada a la primera y mejoran totalmente.

Lo más seguro es que cuando experimentes la primera penetración sientas dolor y tengas un leve sangrado. Esto sucede porque el himen puede no ser elástico y romperse al momento de la penetración.

Si estás tensa o nerviosa, tu vagina se reseca y se aprieta, por lo que puede doler. Esto es súper típico por ser la primera vez; conforme te relajas o tienes más relaciones, la vagina se dilata, se lubrica y el dolor disminuye hasta desaparecer por completo. Mientras, se puede usar un lubricante como Jalea K-Y, Soft Lube de Sico, Multi O, Benzal Gel, Wet, Extreme Lube de Sico, o un condón lubricado para reducir el dolor (obvio, todo lo pueden conseguir en la farmacia).

Aunque se te haga raro este rollo de la lubricada es básico, porque si están muy nerviosos les costará mucho trabajo. Recuerda que los condones de figuritas chistosas y musicales (aunque parezca broma, sí existen) son sólo para echar relajo, no te confíes.

Estoy embarazada

A continuación Mariana nos platica su experiencia:

¡Chin! ¿Cómo les voy a decir a mis papás? ¡Me van a matar! ¡Soy una imbécil! Y Joel, ¿qué va a decir? Yo siempre pensé: "A mí no me pasa". Se nos fue, carajo. Yo creo que el condón se rompió. ¡Tanto que critiqué a Susana que me dijo que se embarazó por una sola vez que lo hizo! Y le dije: "¡No manches!, ¿cómo crees?" Pues ahí va la bruta y me embarazo. ¿Qué voy a hacer? ¡No he terminado ni la prepa! Yo quería estudiar una carrera, irme de maestría a algún lado. ¿Y ahora? ¿Qué tal si a Joel le vale madres?

...Cuando hablé con Joel se sacó de onda durísimo, se puso todo nervioso, no quería que lo tuviera, me preguntó cómo lo íbamos a mantener, en dónde viviríamos, dijo que sólo teníamos 19 años...

Mientras Mariana, con su voz de niña, me platica por teléfono sus primeras impresiones al descubrir que estaba embarazada, escucho también los ruiditos de la bebé, ya de tres meses.

...Cuando le di la noticia a mi mamá se quedó helada, no dijo nada y se soltó a llorar. A mi papá le tengo pavor, así que preferí escribirle una carta. No querían que la tuviera, así que discutí con ellos y decidí tenerla. Les ha costado mucho trabajo aceptar todo esto.

También me corrieron de la escuela; sentí horrible y tuve que terminar la prepa en la abierta. Pero estoy contenta por la decisión que tomé, aunque he perdido muchas cosas: ya no tengo tiempo para estar con mis amigos ni puedo salir de reventón los fines de semana. Vivo con mis papás, Joel viene a ver a la niña y aunque es cariñoso, se aburre y se pone triste. Para mí es difícil porque tengo que sacar adelante a la niña, y a él...

Le pregunto a Mariana qué consejo daría a las niñas de su edad.

Que se cuiden o se abstengan. A las que ya están embarazadas, que no crean que va a ser fácil: todo se descompone, te cambia la vida por completo. De todas formas, creo que vale la pena. El parto te aterra pero es lo de menos; pienso que ha de ser peor el remordimiento.

Síntomas de embarazo

- Cambios en el tamaño de las bubis y aumento de sensibilidad.
- Oscurecimiento de la zona que rodea el pezón (areola).
- Ausencia de menstruación.
- Náuseas por la mañana, al despertar.
- Cansancio.
- Muchas ganas de hacer pipí.
- Cambio en el color de la vulva.
- Aumento de secreción vaginal.
- Te pueden dar "antojos".
- Sabor metálico en la boca.
- Puedes sentir ligeros mareos.

Si sospechas que estás embarazada, lo mejor es hacerte una prueba de las que consigues en la farmacia. Clearblue indica el número de semanas de embarazo y First Response detecta el embarazo cuatro días antes de tu periodo. Estas pruebas son bastante certeras, pero siempre es bueno confirmar con una prueba de laboratorio.

Tus opciones

A veces te embarazas por descuido; otras para atraparlo, porque crees que así te amará toda la vida (es la mentira más grande del mundo), otras veces porque quieres escapar de tu vida actual y no sabes que el embarazo la hará más complicada. Fue una noche de jarra en la que te perdiste, no te cuidaste, te valieron los métodos anticonceptivos o creíste que no te iba a pasar. Pero a la hora de la hora sí te pasó, y ahora, ¿qué vas a hacer?

No hay salida fácil de un embarazo no planeado. Una vez confirmado tienes una situación muy seria por enfrentar y pocas opciones para decidir qué hacer.

Antes que nada, no tomes una decisión tú sola. Platícalo con el papá del bebé y con algún adulto que sepas que te quiere y puede comprender, alguien que te ayude a tomar la decisión que más te convenga. Piensa que cualquier elección será difícil y dolorosa, que cambiará tu vida por completo y que no habrá vuelta atrás.

Si decides tenerlo hay tres opciones: casarte, ser mamá soltera o darlo en adopción. Existen apoyos y clínicas de salud emocional gratuitas (Injuve).

Casarte

Un hijo es una de las experiencias más maravillosas en la vida de una pareja. Pero la responsabilidad de traer un bebé al mundo es durísima. La naturaleza es sabia y nos da nueve meses para prepararnos lo mejor posible para este cambio tan drástico en la vida. ¿Van a vivir juntos? ¿Dónde? ¿Vas a trabajar? ¿Cómo se van a mantener? ¿Quién cuidará al bebé?

287

Ser mamá soltera

Si deciden no casarse, ¡tranquila!, debes saber que la mayoría de las madres solteras se sienten súper bien por su valor. Por supuesto no va a ser fácil, pero si quieres, puedes encontrar muchas formas de recibir ayuda. Y si ya de por sí tener un hijo tan joven es difícil, se complica más con una pareja de la cual no estás enamorada.

Darlo en adopción

Se necesita mucha valentía para dar en adopción a tu hijo. Pero a veces, debido a las circunstancias, tú sabes que es lo mejor. Son muchas las parejas que no han podido concebir y desean muchísimo a ese bebé para hacerlo feliz. En nuestro país existen diversos centros donde se encargan de orientarte y buscar el mejor hogar para el bebé, para que viva rodeado de amor, reciba una buena educación y un buen ejemplo.

CENTROS DE ADOPCIÓN

SEDAC
QUINTA CARMELITA
(01 55) 55-68-83-72
servicios@sedac.org.mx

HOGAR Y FUTURO
(01 55) 58-10-29-51,
58-10-29-52
www.hogaryfuturo.org

YOLIGUANI
(01 55) 27-57-38-37,
01 800 251-85-86
contigo@yoliguani.org

FUNDACIÓN COLOSIO
(01 55) 52-82-33-03

FILIOS; Monterrey,
Nuevo León
(01 81) 83-58-44-01
filios@mailservice.com.mx

VIDA Y FAMILIA
(01 55) 53-93-74-05
www.vifac.org

DESARROLLO INTEGRAL;
DE LA FAMILIA (DIF)
www.dif.gob.mx

CASA CUNA AMIGO DANIEL
León, Guanajuato
(01 477) 10-44-102
y 10-44-103
info@amigodaniel.org

TIEMPO NUEVO;
Guadalajara, Jalisco
(01 33) 38-27-12-00
gdl@tiemponuevo.org

LÍNEA GRATUITA
DE VIDA Y FAMILIA
(01 800) 048-4322

El aborto

El aborto fue ilegal en nuestro país, hasta el 26 de Abril del 2007, fecha en que se despenalizó dentro de las primeras 12 semanas de gestación, según el artículo 144 del código penal. En la Ciudad de México es legal (por voluntad de la mujer). Si la mujer es menor de edad es necesario que asista acompañada de un adulto (no necesariamente un familiar) y con una identificación vigente. Cada estado en México —así como varios países— tienen diferentes causas por las que se permite el aborto: puede practicarse si te embarazaste por causas de una violación, si el bebé tiene malformaciones congénitas o si el embarazo representa un grave riesgo para tu salud.

Datos de la OMS (Organización Mundial de la Salud) revelan que quienes mueren por la práctica de un aborto, legal o ilegal, son frecuentemente adolescentes que llegan al hospital con hemorragias o infecciones causadas por interrumpir la gestación cuando las jovencitas se encuentran muy desesperadas.

Físicamente, el aborto puede provocar infertilidad, perforación del útero y peritonitis; en casos extremos resulta necesario extraer la matriz. Psicológicamente, causa depresión, arrepentimiento y sentimiento de culpa que, según la opinión de algunas mujeres que se lo han practicado, puede durar muchos años, incluso toda la vida.

Por dichas razones, esta opción es la más dolorosa y difícil en la vida de cualquier mujer.

La realidad es que, aunque se despenalizó el aborto en la Ciudad de México, el tema aún es muy polémico y de mucha controversia. La mayoría de los doctores no lo practican por sus creencias o simplemente por el riesgo que puede existir hacia la paciente.

Si decides hacerlo, infórmate bien, no acudas a clínicas clandestinas ni con charlatanes o hierberos. Existen portales y asociaciones que brindan información sobre el aborto legal, clínicas ginecológicas acreditadas para la interrupción legal del embarazo y apoyo emocional.

Hay quienes defienden el aborto diciendo que cada quien es libre de decidir sobre su cuerpo; sin embargo, no olvides que el cuerpo formándose dentro de ti no es el tuyo.

De todas las opciones anteriores lo mejor sería no tener que decidir. Sé inteligente, piensa muy bien las cosas y evita que la prendidez y el momento te ganen. Valórate, opta por la abstinencia o cuídate para que no te la juegues.

CENTRO DE APOYO

Instituto de Reconciliación para la
Mujer que ha Abortado
01 (55) 52-60-72-73

Orientación sexual

Heterosexuales, homosexuales, transexuales y bisexuales

Ya son tantos tipos y estilos que seguro te haces bolas. Muy posiblemente conoces hombres y mujeres que se sienten atraídos por personas de su mismo sexo; como sabes, se conocen como: **homosexuales**, **gays** o en el caso específico de las mujeres, **lesbianas**. Su atracción al mismo sexo es **física y emocional**.

Los heterosexuales son a quienes les atrae el sexo opuesto. A quienes les atraen los dos sexos por igual -o sea, que les da lo mismo-, se les conoce como **bisexuales**. Y hay más: **los transexuales** son personas que sienten que nacieron con el sexo equivocado, porque lo que viven en su interior no corresponde con su cuerpo. Ven alguna parte de su cuerpo y dicen: "Ah caray, esto no es mío." Muchos transexuales, desde chicos, se comportan como si fueran del otro sexo. Esto sucede en una de cada 30,000 mujeres y en uno de cada 12,000 hombres. O sea que la probabilidad es más alta en los hombres que en las mujeres.

Se dice que un hombre es **travesti** cuando le gusta vestirse de mujer, pero te tenemos una noticia que te va a sacar de onda: no necesariamente son homosexuales.

¿Naces o te haces?

Esta pregunta es como la del huevo y la gallina. Algunos expertos dicen que la homosexualidad es producto de la naturaleza. Muchas investigaciones se han enfocado en encontrar las posibles causas; hay quienes dicen que existe una diferencia física en el hipotálamo –un área específica del cerebro que maneja la sexualidad entre otras cosas. Otros afirman que este rollo, se da por el origen genético, hormonal o que tiene que ver con algo durante la gestión o el nacimiento. Lo que sí se sabes es que "no es algo que tú eliges", "obviamente no es una enfermedad" y, esperamos que no se te ocurra ni pensarlo.

Otros expertos piensan que se debe a un tipo de educación, a un medio determinado o algo que en tu vida te hace tomar la decisión de ser gay. El caso es que ninguna de las investigaciones es definitiva y hasta ahora no se ponen de acuerdo.

¿Seré gay o no?

"Estoy asustada, no sé si me gustan las mujeres o no. Tengo una amiga y me encanta estar con ella. Me gustan sus ojos, su cara y hasta sus manos. Pero no sé si es porque se arregla muy bonito o porque soy gay. Me preocupa que cuando otra chava se le acerca y le plática mucho, me dan más celos de lo normal y trato de alejarla. Siento como que estoy

haciendo todo lo posible para convencerme de que no soy, pero en el fondo creo que me estoy engañando.

La mayoría de las veces que digo que un niño me gusta es mentira, lo hago porque todas dicen que es un guapísimo; aunque sí hay un niño que me gusta. Estoy muy confundida. Me da mucha pena imaginar qué pensarían mis papás, mis hermanos y todos los demás. Un día en una peda me pasó por la mente darle un beso a otra amiga, pero no sé si se me ocurrió por cool, como en los videos, o porque quería. Tengo miedo, ¿es normal eso, o no?"

Georgina 16 años

Algunos expertos opinan que hay jóvenes que, en un periodo de transición como la adolescencia, pueden pasar por algún tipo de experiencia homosexual. A veces puede ser algo breve, pasajero, sin importancia o bien, en un futuro, convertirse en una forma de vida.

Hablando de este periodo, es común que durante tu desarrollo y despertar sexual tengas experiencias sexuales estimulantes con alguien del mismo género... ¡Hasta fantasías con otra chava! Eso no tiene nada que ver con que seas o no homosexual. No sientas culpa. La menstruación, tus bubis, el vello, ¡tus hormonas! están como locas trabajando por primera vez y hacen que estrenes sensaciones. Así que, si de casualidad tu amiga pasaba por ahí y sientes "chistosito", no necesariamente eres gay.

También es normal que tengas miles de dudas tipo: "¿Seré gay porque me gusta estar siempre con mi amiga?", "¿por qué le veo mucho el cuerpo?", "¿por qué me dan celos de que mi mejor amiga sea más amiga de otra?", "¿por qué me encanta cuando me abraza?".

Muchas veces, todo lo anterior pasa por la necesidad de sentirte segura, comprendida y apoyada. Quizás también porque admiras la forma de ser de tu amiga y quieres aprender de ella. Una vez más, nada que ver con ser lesbiana. También puede ser que no sientas ningún tipo de

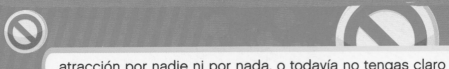

atracción por nadie ni por nada, o todavía no tengas claro quién te guste. No te preocupes, este tipo de confusiones son de lo más normal en la adolescencia.

¿Hasta aquí vamos bien?, (frase típica de profe de secundaria), entonces seguimos: otros especialistas opinan que hay niñas y niños que desde la infancia se sienten y se saben diferentes, pero como la sociedad no lo entiende o no lo acepta, se quedan callados muchísimo tiempo o para siempre.

Sobre este tema hay mucha desinformación. No hay recetas de cuánto tiempo se debe tardar una persona con este tipo de deudas en reconocer su orientación sexual. Lo más importante es que, si crees que es tu caso, te informes con personas, libros o sitios de internet confiables sobre el tema. Y, por supuesto, acuérdate de que la decisión es sólo tuya.

El día que estés segura podrás enfrentar tus miedos. Sólo tú vas a saber cuándo estás lista para dar los siguientes pasos. Es básico saber que cuando te crees o te sabes gay, te causa mucha angustia, sufrimiento y depresión; incluso puedes tener pensamientos de suicidio por no entenderte y por el profundo miedo al rechazo. Puedes pensar que la homofobia (odio a los homosexuales) y todas las bromas que se hacen de los gays son muy crueles y te angustia enfrentarte a "esa soy yo". Aunque no es algo fácil, debes tranquilizarte y pensar que es algo que no decidiste, que no por ello vas a ser más o menos feliz que los demás, que hay muchísimas chicas en la misma situación y que llegará el momento de enfrentarlo.

Si tienes dudas lo mejor es hablarlo con algún especialista que te pueda informar y orientar (puede ser cualquier sexólogo o psicólogo, particular o el de la escuela). Además, te recomendamos leer mucho sobre este asunto para que te informes más y te des cuenta de que no eres la única a la que le sucede.

Según el informe de The Surgeon General's Call to Action to Promote Sexual Health and Responsible Sexual Behavior: "Ningún niño o niña puede considerarse homosexual. En la mayoría de las personas se consolida la identidad homosexual durante la adolescencia y en la vida adulta".

SALIR DEL CLÓSET

Se dice "salir del clóset" para referirse al momento en que una persona está totalmente convencida de que es gay y decide no ocultarlo. Si es tu caso, debes estar preparada para enfrentar situaciones y problemas que la mayoría de las veces no son fáciles, entre los que se encuentran la aceptación:

- De ti misma. Esto es lo básico de lo básico, el primer paso. Aceptarte de esa manera, entender que no estás haciendo nada malo y que, así como mucha gente tiene ciertas características, ésta es la tuya. Si todavía te deprimes con el tema, todavía no lo platiques. Debes tener la fuerza suficiente para enfrentar los prejuicios y reacciones de algunas personas. Infórmate mega bien sobre todo esto, ve con un sexólogo, con un terapeuta o checa libros confiables.

- De la sociedad. Cuando se trata de diferencias sexuales, muchas personas se portan de manera distinta respecto de lo que consideran que está bien o no. Hay quienes no están de acuerdo y quienes no le ven ninguna bronca. En el caso de quienes no están de acuerdo con los sentimientos y formas de actuar de los homosexuales, es muy importante que sepas que pueden criticarte, ponerte apodos, marginarte o hasta discriminarte. A eso se le llama homofobia.

- De tus amigas. La noticia puede sorprender a algunas y a otras no tanto. Sin embargo, tienes que ubicar que unas te pueden aceptar y otras rechazar, es normal. También es normal que tus amigas se saquen un poco de onda, porque no saben nada de esto, por eso debes explicarles que no las vas a seducir, atacar o a tratar de convencer para que se vuelvan gays; que no tiene nada que ver con eso y que no es una decisión personal, mucho menos una enfermedad y, por lo tanto, no se puede curar con un doctor. Todo esto es el miedo típico de los amigos.

● De tu familia. Ésta es quizá la más difícil. Las reacciones de incomodidad, enojo y decepción de tus papás pueden ser súper fuertes, sobre todo porque choca de frente con las expectativas que ellos tenían. Igual y ellos te veían casada con un príncipe azul y con tres hijos, y de repente las cosas no son así. Para ellos es un mega trancazo. Viven una gran pérdida. Ellos lo sienten a veces como un fracaso. Sobre todo, se preguntan cosas como: "¿En qué fallamos?", y pueden, equivocadamente, sentir mucha culpa. ¡Entiéndelos! Al igual que tus amigas, hermanos y demás, no tienen información, y la mayoría todavía no saben ni por qué pasa esto.

Escoge un momento apropiado para decirlo, no cuando estés borracha o enojada por otros problemas. Puedes encontrar también a papás que de inmediato te den todo su apoyo y se porten súper cariñosos, otros que no sepan qué decir o algunos que te rechacen y te empiecen a repetir frases que te lastimen. Tienes que ser muy paciente y demostrarles que los quieres y los necesitas más que nunca. Entiende que lo que tú has asimilado en varios años, a ellos les cae de golpe, y al igual que tú tienen miedo y no saben cómo actuar. Pero no lo olvides: ¡No tiene nada de malo ni es una enfermedad!

En el caso del rechazo, es importante que sepas que la mayoría de los papás, con el paso del tiempo lo llegan a entender o en su caso a tolerar. Se necesita mucho valor y convencimiento absoluto de que eres gay para superar todos los obstáculos y encontrar tranquilidad y paz personal. Esto no puede detener tu vida; la existencia y el valor de una persona van mucho más allá de una preferencia sexual. No hay gente "normal" y "anormal", todos somos iguales y debemos respetar la sexualidad de los otros. Obviamente puedes ser tan feliz como tú quieras y recuerda que hoy en día, las diferentes orientaciones sexuales son protegidas por las leyes contra la discriminación.

Centro de apoyo para gays

Si tienes alguna duda sobre tu forma de ser, o algo no te late respecto a cómo te sientes, no dudes en buscar consejo en los siguientes lugares:

EL ARMARIO ABIERTO
www.elarmarioabierto.com
(55) 5286-0895

NUESTRAS HIJAS Y
NUESTROS HIJOS
www.pflag.org

FUNDACIÓN TRIÁNGULO POR
LA IGUALDAD SOCIAL DE
GAYS Y LESBIANAS
www.lander.es/~cleston

CONSEJO NACIONAL PARA
PREVENIR LA DISCRIMINACIÓN
www.conapred.org.mx

COMISIÓN DE DERECHOS
HUMANOS DEL DISTRITO
FEDERAL
www.cdhdf.org.mx

COMISIÓN NACIONAL DE
LOS DERECHOS HUMANOS
www.cndh.org.mx

TELSIDA
52-07-40-77
(01-800) 712-08-86
(01-800) 712-08-89
telsida@salud.gob.mx

DEMYSEX, RED DEMOCRACIA
Y SEXUALIDAD
www.demysex.org.mx

Sexo cuando no quieres

La música de la fiesta está a todo lo que da mientras Rodrigo y yo platicamos, nos besamos, fumamos y bailamos cañón. Él tiene 19 años y yo acabo de cumplir 16. Como a la una de la mañana siento que las cubas se me subieron y voy al baño. Rodrigo me sigue, entra detrás de mí y cierra la puerta, no digo nada. No protesto mientras él me besa.

Recargada contra la pared siento que su mano me desabrocha el pantalón. A pesar de la peda que traigo me asusto porque nunca antes he tenido relaciones sexuales. Al mismo tiempo, una serie de pensamientos pasa por mi mente: "Si ya lo dejaste entrar aquí cómo le vas a decir que no. Ahora, ¿qué vas a hacer? No vas a perder tu virginidad en un baño. Estás ahogada".

En eso, Rodrigo me jala fuertemente para acostarme sobre el piso. Siento el peso de su cuerpo encima de mí. Yo lucho, forcejeo, quiero gritar y salirme de ese lugar. Él me lo impide, usa toda su fuerza hasta que, al fin, puedo sacar una pierna y logro empujarlo y salir corriendo...

Después de agradecerle a Martha, ahora de 27 años, su confianza para narrarnos su experiencia, le preguntamos:

¿Cómo te afectó lo sucedido?

Por un par de años lo bloqueé, me dañó mucho emocionalmente y, al mismo tiempo, estaba afectada por haberme mantenido en silencio. Sentía miedo y también culpa, me di cuenta de que no me había valorado y por mucho tiempo le tuve coraje a los hombres. Aprendí que era muy soberbio de mi parte creer que podía ligarme a quien quisiera y coquetear a mi antojo como si fuera un juego sin consecuencias.

¿Por qué crees que te pasó?

El alcohol tuvo mucho que ver, yo estaba jarrísima. Aprendí que el abuso sexual se da fácilmente cuando hay droga o alcohol de por medio.

¿Cuándo es abuso sexual?

El abuso sexual puede darse de diversas formas, hasta sin contacto físico de por medio. Por ejemplo: los comentarios que te incomoden, la forma en que te volteen a ver, muestras de exhibicionismo, que te obliguen a ver determinadas imágenes, algún tipo de contacto físico, toqueteo

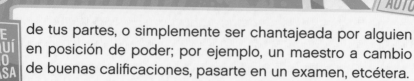

de tus partes, o simplemente ser chantajeada por alguien en posición de poder; por ejemplo, un maestro a cambio de buenas calificaciones, pasarte en un examen, etcétera.

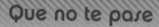

Que no te pase

En general, cualquier tipo de abuso sexual no tiene que ver estrictamente con el sexo, sino que está más relacionado con un rollo fuerte de poder. Ser víctima de una situación así es de las cosas más humillantes que te pueden suceder, pues los sentimientos de culpa y vulnerabilidad te pegan durísimo. Por eso, es importante que sepas que:

- Alrededor de 80 por ciento de las violaciones definidas como penetración sexual no deseada, ocurren entre personas que se conocen. Puede suceder entre amigos, novios o parientes. Imagínate, ¡personas en quienes confías!
- El alcohol es un factor determinante en dos terceras partes de los casos de violación y abuso sexual. Éste, como otras drogas, puede nublar la razón o hacer perder la conciencia al grado de aceptar la violación o, lo que es lo mismo, no resistirse a ella.
- ¡Aguas! En muchos casos, la mujer está dispuesta a llegar sólo hasta un punto del acto sexual; pero sucede que cuando decide detenerse, al hombre le vale, la chantajea y la obliga a continuar. Por eso es importante decir de manera clara y fuerte: "No, no quiero" y repetirlo cuantas veces sea necesario, para que quede constancia de que lo dijiste en caso de que se proceda legalmente.

Encuesta de abuso sexual

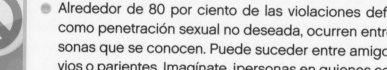

La doctora Guillermina Mejía, directora general de Adolescentes A.C., realizó un estudio piloto con un grupo de 222 jóvenes estudiantes de entre 18 y 22 años, mediante una dinámica llamada "Cuéntame tu secreto". Los cuestionarios respondidos por escrito de manera anónima y espontánea, sin presión o inducción alguna, arrojaron los siguientes resultados: 57 por ciento de las niñas habían sido abusadas sexualmente. La edad promedio de la víctima fue 8.5 años, y la del abusador, 20.3 años.

El parentesco del abusador era:

- **21%** tío
- **19%** primo
- **16%** un extraño
- **14%** amigo o conocido de la familia
- **11%** no se menciona parentesco
- **9%** hermano mayor
- **4%** pareja
- **3%** papá/padrastro
- **2%** abuelo
- **1%** sacerdote

¿Comunicaste a alguien del abuso?

nunca: **84%**

Sí: **16%**

* la mayoría en este rubro coincide con exhibicionismo

Cómo ubicar a los que quieren hacerte algo

Es importante que estés consciente de lo frecuente que se da un abuso sexual o violación. Piensa bien con quién andas, con quién sales, con quién te sientes segura y por qué. Observa cómo te tratan; si el niño con el que sales o cualquier otra persona siempre insiste en ir a un lugar en donde tengan que estar solos, o notas que tiene cambios de personalidad y se comporta agresivamente: ¡ojo!

Cómo evitarlo

¿A todas nos puede pasar? Sí, a cualquiera. ¿Lo puedes prevenir? También, o reducir las posibilidades de que suceda, especialmente cuando eres joven. Sólo es cuestión de tener algunas precauciones:

EN LA CASA

- No permitas que nadie, ya sea tío, hermano mayor, primo, padrino, padrastro, vecino o lo que sea, toque tus partes íntimas cuando no quieres. De acuerdo con las estadísticas, 38 por ciento de los abusos ocurren en casa de la víctima y otro 38 por ciento en la de familiares o amigos.
- Ten en cuenta que si con los ojos cerrados, aunque sea una calaca te acaricia la piel, ¡vas a sentir bonito! Pues la piel está llena de terminaciones nerviosas. Así que cuando alguien abusa de ti, al principio quizá te sentiste bien, luego ya no quisiste que siguiera y al terminarse el abuso puedes sentirte culpable y hasta avergonzarte. No lo permitas. Tal vez estas circunstancias contribuyan a que te quedes callada: ¡JAMÁS LO HAGAS!
- Se ha dicho que más que un abuso sexual, se le debería llamar seducción sexual. El abusador lo sabe y lo usará como herramienta para amenazarte. No lo permitas NUNCA.
- Por ningún motivo toques los genitales de un adulto (atenta, porque para convencerte son capaces de hacer e inventar lo que sea).
- Si algo así ocurriera avisa de inmediato a un adulto de tu confianza, no te calles; entre más tiempo guardes el secreto más trabajo te costará decirlo. Por favor, habla de inmediato, te prometemos que te van a creer.

- Muchas de las violaciones se cometen en medio de un parque público y durante el día. Si notas que te siguen, grita, corre, entra a una tiendita o a un lugar con gente.

- Evita caminar sola por lugares desconocidos, oscuros o poco transitados. Hay calles tan, pero tan solas que hasta parece que se llaman "Avenida Abuso Sexual": trata de no caminar por ahí.

- Si tienes que pasar por ahí, usa zapatos cómodos con los que puedas correr; camina con paso firme, derecha, muy segura y con la cabeza en alto. Que se note que sabes a dónde te diriges.

- De ser posible, lleva un celular en la mano con un teléfono premarcado para que, en caso de necesitarlo, sólo aprietes la tecla "llamar". (Incluso puedes fingir que estás hablando con alguien que supuestamente está muy cerca de donde tu estás.)

- Cuando camines por la calle evita pegarte a la pared al dar vuelta en la esquina; alguien podría estar esperándote del otro lado.

- Procura no subirte sola al elevador con un desconocido, o con un conocido que no te dé confianza.

- Si alguien en un coche te pide información responde de lejitos, no te acerques a él.

- Si manejas sola, mantén tus vidrios arriba y las puertas cerradas con seguro. Si sospechas que alguien te sigue, si otro coche te pega por atrás, o te ponen algún obstáculo en la calle, nunca te detengas ni te bajes del auto. Maneja hacia una área transitada y toca el cláxon constantemente hasta que alguien se acerque o el sospechoso se vaya; si traes celular llama inmediatamente al teléfono de emergencia (es recomendable guardarlo en la memoria). Por supuesto no le des ride a nadie.

- Si notas que algún hombre te mira con insistencia y te hace sentir incómoda, no lo pienses, cámbiate de lugar o vete.

- Ya que las drogas y el alcohol disminuyen tu posibilidad de defenderte, no bebas en exceso ni utilices otro tipo de sustancias.

- Confía en tus instintos. Si el niño con el que estás comienza a actuar raro o alguna situación o lugar no te late, vete, corre o, si es necesario, haz una escena para llamar la atención.

- Se sabe que cuando una niña está en un bar o en un antro y alguien quiere abusar sexualmente de ella, el violador puede introducir en la bebida de la mujer un sedante muy potente o sobornar al mesero para que lo haga. La niña se siente paralizada, se le nubla la vista, se marea y entra en un estado de somnolencia que afecta seriamente su memoria. Quienes han sido víctimas de esta situación, dicen que no se acuerdan de nada de lo que les pasó. Ten cuidado antes de aceptar bebidas de tipos desconocidos (lo mejor es no aceptarlas).

- Aunque un galán te haya invitado la mejor cena en un restaurante muy caro y te haya pedido la mejor botella en el antro de moda, con todo y fuegos artificiales, eso no le da derecho a disponer de tu cuerpo.

- Evita regresarte sola en el coche de un hombre que acabas de conocer en la fiesta o el antro, aunque aparente ser el más buena onda.

- De ser posible toma clases de alguna disciplina relacionada con defensa personal, por ejemplo el judo te ayuda a hacerle llaves a una persona aun cuando está muy cerca de ti, como en el coche o abrazándote. También el karate es buena opción y no olvides que una buena patada en las partes nobles del abusador puede ser tu mejor arte marcial.

AHORA:
PONTE SÚPER ATENTA PARA QUE NO TE VAYAN A DAR UNA DE LAS...

CHECA ESTO

Drogas de la violación

Estas drogas facilitan de manera impresionante los asaltos sexuales, en personas que obviamente no desean tenerlos. Los efectos que estas drogas producen hacen a las víctimas (tus amigas o tú) más indefensas, incapaces de rehusarse y confundidas de lo que pasó o de plano no se acuerdan de nada.

KETAMINA

Muchos chavos (y no tan chavos) les dicen Special K, Vitamina K, Kit Kat, o Keta. Es un anestésico general, que casi no se usa para las cirugías con humanos, pero se usa mucho en la práctica veterinaria. Son legales para uso médico, pero ilegales para uso recreativo. La principal bronca es que se diluye súper fácil en las bebidas porque es insípida e incolora. Dentro de los efectos en las victimas está la reducción en la conciencia, se les olvidan los eventos inmediatos, causa sueño y se distorsiona lo que ven y lo que oyen.

Imagínate qué peligroso, la persona que te la da te tiene prácticamente con control remoto y sin preocupación de que te acuerdes de lo que pase.

Por eso el testimonio que la víctima ofrece a la hora de una declaración después de la violación es cero confiable. Algunos la combinan con cocaína y cristal para inhalarla, lo que se conoce como CK, o Calvin Klein.

GHB

También se conoce como Éxtasis líquido. Es un depresor del sistema nervioso central; produce sueño, amnesia y modifica tu voluntad; ¡imagínate qué fuerte! También se diluye fácilmente en bebidas o se añade a la comida, produce deterioro del juicio y consumiéndolo percibes cosas y situaciones alteradas, distintas de cómo son en realidad.

¿Qué hacer?

- No pierdas de vista tu bebida.
- No aceptes bebidas que no hayan sido abiertas enfrente de ti o por ti.
- Asegúrate de que sea un envase cerrado.
- Ni por equivocación aceptes bebidas de extraños o de personas a quienes tienes poco tiempo de conocer.
- Al ir a fiestas o antros, ve en grupo y ponte de acuerdo con tus amigos y amigas para que todos cuiden las bebidas de los demás.
- Si llegas a una fiesta en grupo, sal con ese mismo grupo.
- Si piensas que has sido víctima de un asalto sexual, avísale a tus papás y a las autoridades inmediatamente.

Recuerda que hay muchos hombres que parecen ser buena onda y tienen pésimas intenciones, así que si estás en plena fiesta y te das cuenta de que te empiezas a sentir mal, de volada díselo a una amiga o a un amigo de confianza para que llamen a tus papás y te lleven a tu casa, antes de que sea demasiado tarde. No lo dudes y vete de ese lugar.

Que no te intimiden

Si de repente te encuentras en una situación donde un tipo te pide que tengas alguna relación con él de tipo sexual, a pesar de que tú no quieras, ¡no te dejes! Es muy probable que proteste, te asuste, te haga sentir culpable o trate de amenazarte con frases tipo: "¿Qué te pasa? No seas niña", "¡Qué ridícula!", "Mira cómo me pusiste, ¿crees que me puedo ir así?", "Todo el mundo va a enterarse de que eres una zorra", o ¡qué sé yo! Quizá recurra a los chantajes más inimaginables. ¡No te la creas! ¡No te dejes intimidar! Lo hace para provocarte miedo, para que te calles y él logre lo que quiere.

Insistimos, denúncialo, no te quedes callada, platícalo con tu mamá, tu papá o con algún adulto al que le tengas confianza. Que no te dé pena. ¡Al contrario!, sentirás un gran alivio. No hay nada peor que sobrellevar en soledad esta humillación. Nadie tiene derecho a forzar a una mujer a tener relaciones sexuales si ella no quiere, ni aun estando casados.

Quienes abusan sexualmente de una niña o una mujer dependen del silencio de su víctima; en el momento en que hables eso se acaba. Por eso, denúncialo de inmediato, sin importar quién sea. ¡No te sientas culpable de nada! Si tomaste un poco, si permitiste que te besara o accediste a ir a un lugar solitario, eso no le da derecho a sobrepasar tus límites. No te calles. ¡Alza la voz!

En caso de que hayan logrado dañarte o violarte, te proporcionamos los datos de instituciones donde puedes encontrar ayuda.

Centros de atención a víctimas

▶ AGENCIAS ESPECIALIZADAS EN DELITOS SEXUALES

AGENCIA 5: (01 55) 53-45-56-56
Agencia 48: (01 55) 53-45-58-30
Fiscalía de Delitos Sexuales: 53-46-82-06,
53-46-82-06
www.pgjdf.gob.mx

▶ CENTRO DE TERAPIA DE APOYO A VÍCTIMAS DE DELITOS SEXUALES

(01 55) 52-00-96-32 al 36   www.pgjdf.gob.mx

▶ COMISIÓN NACIONAL DE DERECHOS HUMANOS

(01 55) 56-81-81-25, 54-90-74-00,
(01 800) 715-20-00   correo@cndh.org.mx

▶ ASOCIACIÓN PARA LA DEFENSA DE LA MUJER

(01 55) 55-74-85-47, 55-75-01-52
www.apdm_86@hotmail.com

▶ ASOCIACIÓN PARA EL DESARROLLO INTEGRAL DE PERSONAS VIOLADAS

(01 55) 56-82-79-69, 55-43-47-00
55-47-86-39 adivac@adivac.org

▶ ASOCIACIÓN DE SOBREVIVIENTES DE ABUSO SEXUAL

(01 55) 19-98- 45-68, 55-78-91-97
musasmujeres@musas.org.mx

▶ INSTITUTO NACIONAL DE LAS MUJERES

(01 55) 53-22-42-00   www.inmujeres.gob.mx
contacto@inmujeres.gob.mx

¡Cuídate de las ITS!

(ITS) infecciones de transmisión sexual

No olvides que los hombres, por más decentes y lindos que se vean, son desconocidos, no conoces su curriculum completo. Tal vez ese niño que hoy parece príncipe de sangre azul, ayer en la noche estaba en un table dance y en lugar de príncipe era sapo.

El niño que jura estar sano y que no tiene "nada raro" puede meterte en una bronca fuerte porque no sabes en qué antros, ¡perdón!, "castillos", se ha metido. Si un niño tiene herpes genital o el virus del papiloma humano, ¿crees que te lo dirá?

Nadie habla de las Enfermedes (ETS) o infecciones de transmisión sexual (ITS) ni siquiera con su mejor amigo/a. Es un rollo penoso, incómodo y lamentablemente bastante común. Es difícil que escuches hablar de esto a alguien en reuniones, fiestas, en la escuela o a la hora del club. Bueno, incluso hay personas que ni al doctor van.

Queremos informarte sobre esto porque, estamos seguros, a la hora del chupe, el reventón y la calentura, es en lo último que piensas o lo que menos te interesa, así ya no cabe el rollo de: "No sabía", "si alguien me lo hubiera dicho", "de haberme informado".

Es fácil encontrar a alguien que se reconozca como persona en recuperación de drogas o anorexia, y esto es súper admirable. Sin embargo, es muy difícil, o casi imposible, encontrar a quien acepte o confiese que tiene o tuvo una ITS. ¿Te imaginas? "Hola, soy Luis y tengo verrugas genitales" o bien: "Oye, quiero contigo. ¡Ah! por cierto, tengo herpes genital, es contagioso y si te embarazas es posible que tu bebé tenga broncas de salud pero, vamos, ¿no?" Por lo general, tener alguna de estas enfermedades es un sufrimiento que se enfrenta a solas. Checa estos datos:

✳ ¿Sabías que en los años cincuenta del siglo pasado se conocían sólo cinco enfermedades de transmisión sexual y que ahora se conocen más de 50? (está cañón, ¿no?).

✳ ¿Que 25 de ellas son súper comunes entre los jóvenes y 30 por ciento incurables?

✳ El 80 por ciento de las ITS ¡no presentan síntomas! Así que, ¿cómo curar algo que no sabes que tienes? Contagias sin saber y, a largo plazo, te puede causar infertilidad, inflamación pélvica, cáncer y hasta ¡la muerte! La neta es que está densísimo.

✳ Una de las enfermedades más comunes actualmente es el virus de papiloma humano y, ¿sabías que hoy en día mueren más mujeres por broncas de papiloma que de sida? Y como ya dijimos, es cuatro veces más probable que contraigas una ITS a que te embaraces.

Cómo saber si te tienes que hacer una prueba de ITS

Piensa: ¿has tenido relaciones sexuales con alguien que, a su vez, las haya tenido con alguien más? ¡Imagínate la cadenita que se puede hacer! Si la respuesta es sí, ¡hazte una prueba de ITS o de ETS! Ve al médico, sácate un análisis de sangre o hazte un cultivo en un laboratorio. De hecho, se recomienda que si eres sexualmente activa en una relación monógama (o sea, sólo con tu novio), te hagas una prueba cada seis meses.

Sobre todo, quítate de la mente los choros falsos de: "A mí no me va a pasar. Si no tengo síntomas, es que no estoy enferma de nada. Si no hay penetración, no existe riesgo de contagio". ¡Olvídalo! Estas enfermedades no sólo se transmiten por medio del esperma y fluidos vaginales, sino que algunas puede ser por el simple contacto con los genitales; así, de piel a piel, en esos encuentros donde la ropa ya salió sobrando o a través de la saliva o de la sangre. Por eso los condones no son cien por ciento efectivos para protegerte. Así que si no te cuidas, con una sola vez que estés íntimamente con un hombre puedes contagiarte.

Mentiras y verdades de las ITS

ESTO ES SÚPER MEGA FALSO →

→ Sólo te contagias cuando practicas el acto sexual completo.

→ Si te lavas mucho, o después del acto sexual, no contraes ninguna de esas enfermedades o infecciones.

→ Si te contagias, lo descubres de volada porque te empieza a dar una comezón insoportable en todo el cuerpo.

→ La única enfermedad seria es el sida, las otras se quitan con pomadas que venden en las farmacias.

→ En cuanto deja de picarte ya no hace falta que te sigas tratando.

- Son muy contagiosas.
- La mejor manera de evitar el contagio es evitar las relaciones sexuales.
- Los síntomas no son inmediatos y hay que conocerlos. Infórmate.
- El único medio para combatirlas es un tratamiento prescrito por el médico.
- Algunas enfermedades desaparecen un tiempo pero quedan latentes y reaparecen en una nueva fase.
- De no atenderse, muchas pueden causar la muerte.

Infórmate y reflexiona sobre esto. Piensa: cualquiera puede tener relaciones sexuales, y eso no nos hace ni más mujeres ni más hombres. En cambio, la firmeza, la integridad, el respeto por ti y por los demás ¡sí te convierte en mejor persona! Además, no hay nada como entregarte a quien amas, sin broncas, sin miedos y sin preocupaciones.

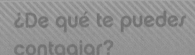

¿De qué te puedes contagiar?

A continuación, te presentamos una lista que te explica, a grandes rasgos, cómo se adquieren estas enfermedades, los síntomas y el tratamiento médico adecuado.

✳ ¿Qué es?

Una infección bacterial.

✳ ¿Cómo te da?

Por contacto vaginal, anal o sexo oral.

✳ Síntomas

Son más molestos para el hombre que para la mujer, quien a veces no presenta síntomas. Los hombres sufren dolor intenso al orinar o cuando el pene secreta. Las mujeres pueden tener secreciones e hincharse los labios vaginales.

✳ Prevención

Evita las relaciones sexuales hasta que la persona esté curada. El condón y los espermicidas reducen el riesgo pero no al 100 por ciento.

✳ Tratamiento

Antibióticos.

✳ Implicaciones a largo plazo

La gonorrea no tratada puede provocar enfermedades inflamatorias pélvicas y esterilidad.

Ladillas

✳ ¿Qué son?

Piojos que se instalan en el vello púbico y se alimentan de sangre. También pueden vivir en el cabello y en las axilas.

✳ ¿Cómo te dan?

A través del contacto cercano con una persona que las tenga. Compartiendo ropa interior, sábanas y ropa de cama. Las mascotas pueden traer consigo estos bichos.

✳ Síntomas

Mucha comezón. Posiblemente manchitas de sangre en la ropa interior por las mordidas. Si miras de cerca las podrás ver.

✳ Prevención

Evita contacto íntimo con personas que las tengan.

✳ Tratamiento

Medicamento prescrito por el médico. Lavar toda la ropa utilizada recientemente y los sitios o prendas donde pueda haber ladillas. Estos bichos pueden ser difíciles de quitar y tal vez necesites repetir el tratamiento varias veces.

✳ Implicaciones a largo plazo

Ninguna.

Herpes

✳ ¿Qué es?

Hay dos clases de virus de herpes. El herpes oral puede aparecer en forma de llagas o fuegos alrededor de la boca. Es extremadamente común pero no es considerada una ITS. El herpes genital es otra historia, definitivamente una ITS. Esta clase de herpes se caracteriza por dolor, comezón y llagas en la zona genital.

Lo que resulta confuso es que el herpes oral puede aparecer en los genitales y causar síntomas similares a los del herpes genital. El virus del herpes genital se aloja en la base de los nervios de la columna vertebral y vive ahí permanentemente.

Los síntomas pueden aparecer al contraerse el virus, o tiempo después, y regresar de manera esporádica. Algunos detonantes de estas reapariciones son la fatiga y el estrés.

✳ ¿Cómo te da?

A través de contacto oral, genital o anal con una persona con llagas activas de herpes; es decir, cuando la llaga está abierta y se dice que está derramando. Puedes contraerlo por contacto de piel a piel o mediante fluidos vaginales o esperma, que lo trasladan de la llaga a otra locación.

✳ Síntomas

La primera vez aparecen una o más llagas en la zona genital, que se pueden romper, sangrar o supurar, y dar comezón. Tardan en secarse entre siete y catorce días.

Algunas veces los brotes son seguidos por síntomas parecidos a los de la gripe (dolor de cabeza y cuerpo cortado, fiebre y fatiga), así como dificultad al orinar. Los síntomas pueden surgir después de varios meses del contagio. Los siguientes brotes usualmente son más leves y pueden confundirse con infecciones o alergias. Los brotes también aparecen sin presencia de síntomas.

✳ Prevención

Siempre utiliza condón, así como espermicidas. Hay riesgo de contagio aun cuando las llagas no sean visibles. Los condones para mujer son todavía mejores que los de hombre porque cubren más del área genital.

✳ Tratamiento

Las pomadas pueden reducir la molestia del herpes, disminuyen la comezón y aceleran el proceso de cicatrización. Son recomendables los baños de asiento. Las cremas anestésicas pueden disminuir la molestia; además, algunos medicamentos antivirales pueden reducir los brotes. Comer bien y dormir bien ayuda al tratamiento.

✳ Implicaciones a largo plazo

Una vez que contraes herpes tendrás que vivir con él toda la vida y necesitarás tener muchos cuidados. Lávate las manos frecuentemente cuando tengas brotes, evita tocarte ojos y cara después de tener contacto con una llaga. El herpes en los ojos es peligroso y puede provocar ceguera. Si estás infectada es difícil dar a luz en parto natural, pues un brote podría tener graves consecuencias en el recién nacido. Si te embarazas dile a tu doctor que tienes herpes.

Virus del papiloma humano

✳ ¿Qué es?

Es un virus de transmisión sexual muy común, relacionado con el virus que causa verrugas en cualquier parte del cuerpo.

✳ ¿Cómo te da?

Se adquiere a través del contacto de la piel, contacto vaginal, anal o sexo oral con alguien que tenga el virus. ¡Aguas! Se contagia con sólo juntar tus genitales con los de otra persona, aunque no haya penetración.

✳ Síntomas

Usualmente no causa dolor, algunas veces aparecen verrugas que dan comezón en alguna zona genital externa o interna.

Tienen una apariencia diferente dependiendo de si son más duras, blancas o cafés en los genitales externos, más suaves y rosadas en la parte interior del canal vaginal o en el cérvix. Pueden aparecer individualmente o en grupo.

✳ Prevención

Algunos métodos como los condones y los diafragmas ayudan a reducir el riesgo. Se puede transmitir de piel a piel aun con protección. Muchas personas tienen verrugas y no lo saben, otros tienen el virus y lo ignoran.

✳ Tratamiento

Una vez que el médico diagnostica, las verrugas pueden congelarse, quemarse, tratarse con láser o cortarse. El sistema inmunológico del cuerpo parece que limpia el virus del cuerpo permanentemente o por un largo tiempo. Existen medicamentos para eliminarlo.

✳ Implicaciones a largo plazo

Algunas verrugas que no se han tratado pueden seguir creciendo, romperse y sangrar si son irritadas. Algunos efectos del virus que causan las verrugas se relacionan con el cáncer cervical y con condiciones precancerosas del cérvix, aunque el porcentaje de estos casos es bajo. El papanicolau es una forma confiable para detectar el cáncer cervical, que es fácil de tratar y curar en fases iniciales. Cada mujer necesita practicárselo una vez al año. Aquellas que han sido diagnosticadas con el VPH (virus del papiloma humano) deberán hacérselo cada seis meses.

NOTA:

Ya existe una vacuna preventiva que puede ayudar a que no te contagies de VPH.

Consulta con un médico.

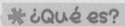

Clamidia

✳ ¿Qué es?

Una infección bacterial en los genitales.

✳ ¿Cómo te da?

Se adquiere a través del contacto con la piel, el contacto vaginal o anal y el sexo oral.

✳ Síntomas

Sensación de quemazón al orinar y en los genitales. Cambio de olor y textura en el flujo. Posibles cólicos.

* Prevención

Asegúrate de que tú y tu novio no estén contaminados. Usen condones (para hombre o mujer) con espermicida al tener sexo oral, vaginal o anal.

* Tratamiento

Con antibióticos si es diagnosticada en las fases iniciales.

* Implicaciones a largo plazo

Sin diagnosticar y sin tratar puede causar daños en vías urinarias y órganos reproductores, enfermedades de inflamaciones pélvicas (EIP) en la mujer y esterilidad.

Hepatitis B

* ¿Qué es?

Un virus que daña al hígado.

* ¿Cómo te da?

Se transmite por medio de los fluidos corporales incluyendo la saliva. La puedes contraer al besar a una persona infectada, o al tener contacto sexual oral, anal o vaginal. También al compartir agujas usadas, navajas, cepillos de dientes, tijeras para uñas, o al utilizar instrumentos no esterilizados para hacer piercings o tatuajes.

* Síntomas

Sarpullido, fatiga, nauseas, vómito, dolor corporal, dolor abdominal, pérdida de apetito, tono amarillento en la piel. También hay quienes no presentan síntomas.

* Prevención

Existe una vacuna que se suministra en tres inyecciones. La hepatitis B es altamente contagiosa, así que debes evitar el contacto íntimo con quienes la padezcan. Los condones femenino y masculino, utilizados con espermicidas, reducen el riesgo de contagio durante el sexo, pero seguirás expuesta aun si se besan.

✳ tratamiento

La vacuna es efectiva aun después de la exposición. También las inyecciones de inmunoglobina ayudan a fortalecer el sistema inmunológico para combatir el virus.

✳ Implicaciones a largo plazo

Si te cuidas bien, con descanso, una buena dieta, nada de alcohol y el tratamiento médico adecuado, esta enfermedad puede controlarse. Sin embargo, es crónica. Sin tratamiento y sin control puede dañar el hígado y causar la muerte.

Sífilis

✳ ¿Qué es?

Es una bacteria de transmisión sexual que entra en la corriente sanguínea y provoca úlceras, llagas y sarpullido.

✳ ¿Cómo te da?

Por sexo oral, anal o vaginal. Algunas veces por besos ya que las llagas pueden aparecer en el interior de la boca.

✳ Síntomas

Se manifiesta en diferentes etapas: primero aparece una llaga donde se dio el contacto, la llaga comienza a supurar y, posteriormente, se seca (la etapa de supuración es la más contagiosa).

Sin tratar, la bacteria avanza hasta provocar sarpullido, fiebre y dolores de cabeza. La llaga seca no implica curación: la enfermedad es latente y quien la padece se convierte en portador.

✳ Prevención

Los métodos como el condón masculino y femenino, utilizados con espermicida, reducen el riesgo. Claro, debes pensarlo muy bien antes de tener relaciones sexuales con alguien que la padece.

✳ Tratamiento

Antibióticos.

✳ Implicaciones a largo plazo

La sífilis sin tratar puede deteriorar órganos vitales, provocar daño cerebral y hasta la muerte.

Vaginosis bacteriana

✳ ¿Qué es?

La vaginosis bacteriana es el tipo más común de infección vaginal.

✳ ¿Cómo te da?

La causa de la vaginosis bacteriana (VB) no se conoce del todo. Tiene que ver con un desequilibrio en la cantidad de bacterias que por lo general están en la vagina. Normalmente, la mayoría de las bacterias en la vagina son "buenas", pero también hay unas cuantas bacterias que son "dañinas". La VB se presenta cuando hay un aumento del número de bacterias dañinas.

Algunas de las situaciones que pueden aumentar el riesgo de contraer la VB son:

✳ Tener una nueva pareja o múltiples parejas sexuales.
✳ Hacer lavados vaginales.

La relación de la actividad sexual en la aparición de la VB no es clara. Las mujeres no contraen la vaginosis bacteriana por el contacto con los baños, las pijamas, las albercas o por tocar los objetos que las rodean. Sin embargo, las mujeres que nunca han tenido relaciones sexuales también pueden padecer esta infección.

✳ Síntomas

Las mujeres con VB pueden tener un flujo vaginal anormal con un olor desagradable, u olor a pescado, sobre todo después de haber tenido relaciones sexuales. Cuando tienes VB, el flujo vaginal es generalmente de color blanco o gris y puede ser un poco espeso. También se puede sentir ardor al orinar o comezón en la parte externa de la vagina o de plano los dos síntomas. Debes tener cuidado, pues muchas mujeres sienten que estos síntomas son normales y no saben que tienen VB.

✳ Prevención

Dentro de los puntos que pueden ayudar a prevenirla, están el tener una buena higiene diaria, en especial cuando tienes tu menstruación; tener una sola pareja sexual, no darse lavados vaginales, ni ponerse desodorantes en aerosol que tapen tu olor vaginal.

✳ Tratamiento

Antibiótico, crema o gelatina que se inserta en la vagina con un aplicador. Es muy importante que si estás tomando algún otro medicamento, lo comentes con tu doctor.

✳ Implicaciones a largo plazo

En la mayoría de los casos, la vaginosis bacteriana no produce complicaciones; pero cuando la tienes puede aumentar la posibilidad de que te contagies de otra ITS.

A mí sólo me daban catarritos

Sida (Síndrome de inmunodeficiencia adquirida)

Es casi imposible que haya alguien que desconozca la existencia del sida, pero ¿qué es exactamente? Es una enfermedad que se transmite por un virus en la sangre, en los flujos vaginales o en el semen, llamado VIH, que ataca el sistema inmunológico; así, la persona es más vulnerable a enfermarse porque queda sin defensas ni protección.

Hasta ahora no se ha descubierto una cura contra el virus, aunque existen tratamientos súper caros que lo pueden más o menos controlar.

El virus hace un trabajo silencioso, va destruyendo células (linfocitos CD4) por lo que una persona puede tardarse años en descubrir que está enferma (a esto se le llama ser portador). Tener el virus no es lo mismo que tener sida, aunque un portador puede desarrollar la enfermedad con el tiempo.

Se puede transmitir al tener relaciones sexuales con una persona infectada, a través de la penetración oral, anal o vaginal. También al utilizar objetos como jeringas usadas, agujas de tatuaje, instrumental quirúrgico no esterilizado, navajas de rasurar, o de madre a hijo durante el embarazo o la lactancia.

Los síntomas

En las fases iniciales son imperceptibles. Después, se inflaman los ganglios linfáticos, hay una pérdida gruesísima de peso, sudoración por las noches, fiebre intermitente, diarrea, dolor de cabeza, infecciones frecuentes y cansancio.

Se puede prevenir usando el condón masculino o femenino, acompañado de espermicida (que mata a los espermatozoides) al tener relaciones sexuales.

Aguas con el sida, porque sí... da

Sobra decir que el sida es un asunto de vida o muerte. No le dedicamos tanto espacio por mera casualidad; mucha, pero mucha gente se está muriendo por esta enfermedad.

Cuando eres joven crees que tus decisiones no serán trascendentales: todo lo contrario, ¡son muy importantes! Como a esa edad se vive "el YOLO", puedes tener mucho más riesgo.

Como ya dijimos, la ciencia no ha encontrado la cura para el sida, así que no importa cuánto tomaste, cuánto te gusta el niño o si es tu única oportunidad para estar con él: si no tienes condón, no te la juegues. Ni el momento más increíble del universo es suficiente para arriesgar tu vida.

NOTA:

Si algún día sospechas que te contagiaste de sida, espera a que pasen tres meses de la relación, hazte un análisis de sangre y acude al médico con los resultados. No hagas caso de remedios caseros, de curanderos o de brujos. Lo más importante entonces, es que dejes de tener relaciones sexuales para evitar que la enfermedad se propague.

Centros de apoyo

AMIGOS CONTRA EL SIDA
56 59 75 31
(044) 55 91 95 55 13
amigoscontraelsida@yahoo.com

TELSIDA
52 07 40 77
(01 800) 712 08 86
(01 800) 712 08 89
telsida@salud.gob.mx

FUNDACIÓN SER HUMANO
55 78 74 23
55 88 76 29
humannet@serhumano.org.mx
serhumano@serhumano.org.mx

Cómo evitar el contagio de ITS y de ETS

Actividades sin riesgo

- Abstinencia.
- Masajes.
- Abrazos.
- Frotación corporal.
- Beso seco.
- Masturbación.

Actividades de muy bajo riesgo

- Besos húmedos.
  - De qué te puedes contagiar: catarro, gripe, hepatitis B.
  - Cómo lo puedes evitar: aplicando la vacuna para hepatitis B y no besar a alguien que está enfermo.

Actividades de bajo riesgo

- Masturbación mutua.
  - De qué te puedes contagiar: de nada si es que no hay cortadas en las manos o lesiones en los genitales. Si las tienes y estableces contacto íntimo con alguien que tenga sida, puedes contagiarte porque el esperma infectado entra al flujo sanguíneo.
  - Cómo lo puedes evitar: usando guantes de látex, condón masculino o femenino y espermicida.

Actividades riesgosas

- Sexo oral al hombre.
  - De qué te puedes contagiar: herpes, sida, hepatitis B, gonorrea, sífilis y condilomas.
  - Cómo lo puedes evitar: usando condón.

- ▶ Penetración vaginal.
- ▶ Sexo anal.
- ▶ De qué te puedes contagiar: herpes, sida, hepatitis B, gonorrea, sífilis, clamidia, y condilomas.
- ▶ Cómo lo puedes evitar: usando condón masculino o femenino y espermicida.

Sexo oral

Es la unión de la boca con los genitales. Consiste en besar o lamer los genitales de la pareja. Es importante tener cuidado porque muchas enfermedades como el herpes y el sida se pueden transmitir de esta manera. Como los virus no son visibles y nunca sabes si tu pareja está contagiada, lo mejor es protegerte. Si decides practicarlo, recuerda que el uso del condón aminora el riesgo, es por eso que existe el condón de sabores.

Sexo anal

Es la penetración del pene o los dedos en el ano. Ahí se encuentran muchas terminaciones nerviosas por lo que para muchos es una zona placentera. Sin embargo, el acto sexual puede ser doloroso y con riesgos pues es posible que las paredes del recto se desgarren y sangren, lo que lo convierte en lugar ideal para transmitir o adquirir una enfermedad sexual.

Esta situación empeora cuando el pene, posteriormente, se encuentra muy contaminado por materia fecal. ¡Evítalo! Sí tú y tu galán van a compartir y a conocerse sus cositas,

Protección sexual

Wooowww
ya le viste su
"ESE"

Métodos anticonceptivos

Sí tú y tu galán van a compartir y a conocerse sus cositas, es fundamental que te informes sobre el tema.

Si eres sexualmente activa, no importa qué pastilla o qué método uses, siempre existe la posibilidad de que te embaraces o contraigas una ITS.

Una vez más, ¡sólo la abstinencia es 100 por ciento segura!

Puedes aumentar la protección al utilizar dos métodos anticonceptivos a la vez (como pastilla y condón), ¡siempre y cuando las pastillas no sean de menta!

- Según la OCDE (Organización para la Cooperación y el Desarrollo Económico) México está en los primeros lugares de embarazos en adolescentes entre 12 y 19 años de edad (incluso muchos años México ha estado en primer lugar). Todos los días en el país hay un promedio de 1,252 partos de adolescentes. Así que plis, cuídate mucho para que no seas parte de la estadística.
- De acuerdo con el Instituto Nacional de Estadística, Geografía e Informática (INEGI), sólo 45 por ciento de mujeres entre 15 y 19 años utilizan métodos anticonceptivos, cuando 96 por ciento de los jóvenes las conocen; o sea, que al otro 55 por ciento ¿qué onda?

Cualquier método es mejor que ninguno. Hay diferentes y cada uno tiene sus ventajas y desventajas.

TABLA
DE MÉTODOS ANTICONCEPTIVOS Y PROTECCIÓN

Tipo de anticonceptivo	Efectividad contra las ITS	Efectividad contra embarazos
Condón	Alta. A excepción de la abstinencia, el condón es el mejor método para no contraerlas.	88% (condón masculino) la efectividad aumenta si además se usa algún espermicida.
Diafragma con espermicida.	Baja. El espermicida te puede proteger contra el virus del papiloma humano y la gonorrea.	82%
Método natural, ritmo.	Ninguna.	Muy baja.
Óvulos, espuma o jaleas.	Baja. Puede proteger contra clamidia y gonorrea.	79%
Píldora anticonceptiva.	Ninguna.	99%
Coitus interruptus.	Ninguna.	38%
Preservativo femenino.	Buena. Cubre una superficie vaginal considerable.	90%
DIU: Dispositivo intrauterino.	Ninguna.	Entre 98 y 99%
Ligamiento de trompas.	Ninguna.	99%
Esponja.	Ningujna.	Entre 64 y 94%
Píldora anticonceptiva de emergencia.	Ninguna.	Entre 80 y 95% depende del tiempo en que se tomó después del coito.
Implante/chip anticonceptivo	Ninguna.	99.5%
Anillo intravaginal	Ninguna.	99%
Inyecciones hormonales	Ninguna.	99.5%
Parche	Ninguna.	99%

Lo que NO funciona como método anticonceptivo

Existen mitos acerca de métodos anticonceptivos que no tienen nada que ver, o sea, no tienen fundamento:

✚ Tomar mucho limón. Sólo sirve para cuando tienes gripe.
✖ Hacerse lavados vaginales con vinagre.
✚ Tomar una pastilla anticonceptiva sólo el día que se tienen relaciones sexuales o llevar dietas especiales: estas creencias son como de película futurista.
✖ Brincar después de tener relaciones sexuales para que se salga el semen: no sirve de nada.
✖ Retirar el pene antes de la eyaculación.

Métodos anticonceptivos más comunes

La pastilla anticonceptiva

Es recomendable que la recete un médico pues hay de diferentes tipos. Es una pequeña pastilla que contiene dosis mínimas de hormonas que impiden la ovulación. Existen diferentes marcas y las concentraciones hormonales varían de una a otra. Algunas deben tomarse el día que te baja; otras, a los siete días de haber terminado la menstruación; unas más, a partir del quinto día del inicio de la menstruación. El ginecólogo sabrá cuál es la mejor para ti. Se pueden comprar en cualquier farmacia. Como método anticonceptivo es bastante seguro; además, los ciclos menstruales se hacen más regulares y el dolor disminuye. Puede tener efectos secundarios, especialmente durante los tres primeros meses de uso:

- Aumento de peso.
- Aumento de vello.
- Dolor en los pechos.
- Dolor de cabeza.
- Depresión.
- Náuseas.

Por último, está contraindicada a las fumadoras y cuando tienes algún problema en las bubis.

A pesar de todo, muchas mujeres la prefieren y es uno de los métodos anticonceptivos más utilizados y recomendados.

Hay que recordar tomarla diario a la misma hora porque si no lo haces pierde su efectividad. (¡Aguas! Que no se te olviden).

El dispositivo intrauterino

Es un aparato de plástico o cobre en forma de "T". El médico lo inserta en el útero y lo revisa cada seis meses para comprobar que esté bien colocado. Actúa como anticonceptivo al hacer que el útero sea inhabitable para un óvulo fecundado. Tiene una efectividad de 98 por ciento y puede durar de tres a cinco años sin necesidad de cambiarlo. Debido al dispositivo puedes tener más cólicos menstruales al comenzar a usarlo y notar un aumento de sangrado. Ahora también se ponen dispositivos con hormonas, son muy efectivos y recomendables.

Marco Antonio

el diafragma

Es como una copita de goma que se coloca en el cuello uterino. Mide entre cinco y diez centímetros de diámetro y es "quita-pon". Su función consiste en que el semen no pase por el cuello uterino. Dura dos años y tiene una efectividad de 90 por ciento. El doctor te dice cuál es el tamaño que necesitas. La mujer lo inserta en la vagina antes de la relación sexual y lo cubre con jalea espermicida dejándoselo puesto siete horas después de la relación para que el espermicida haga su trabajo. Antes de ponerlo hay que revisarlo para comprobar que no tenga algún agujerito. Se puede insertar en la vagina hasta cuatro horas antes de tener relaciones. Si está bien colocado no molesta. Al quitarlo debe lavarse bien y guardarse en su estuche.

Eran millones y no deje pasar ni a uno solito

Woooow, lo mismo me pasó la otra vez

el condón

Tus papás lo conocían como preservativo; es una funda de látex con la que se cubre el pene cuando está erecto para que, al eyacular, el semen quede atrapado en él y no pase al cuello uterino. #adondevan?

Hay diferentes tipos: lubricados, no lubricados, con figuritas, colores, sabores y hasta musicales.

Obviamente se pueden comprar sin receta médica y, como ya leíste, te protege de enfermedades de transmisión sexual incluyendo el sida. Tiene una efectividad de 88 por ciento. El porcentaje de protección aumenta si lo usas con anticonceptivos vaginales como óvulos o espuma.

- La sensación de usarlo no cambia mucho; el hombre siente 95 por ciento igual que si no lo usara, así que no dejes que tu galán se mal viaje.
- Se debe usar un preservativo nuevo en cada relación y no nos referimos a cada novio ieh!, sino a cada vez que hagan el amor.
- Te repetimos que los condones musicales, de figuritas chistosas y todos esos rollos cómicos no sirven, sólo se usan para jugar, nada más no se los prestes a tu hermanito menor.
- Se tiene que interrumpir "el romance" para que se lo ponga el galán, pero vale la pena. Nunca abran el paquetito de los condones con los dientes porque pueden perforar el condón y luego ni te das cuenta (si te sucede, no te preocupes: nueve meses después te enteras porque te enteras).
- Algunos hombres son alérgicos al látex y al espermicida. Es una de las mejores opciones porque se lo puede poner el hombre a la hora de la hora y te protege de ITS y embarazo al mismo tiempo. Una gran opción si lo usas bien.

Cómo se usan

- Se coloca en el pene erecto antes del coito. La punta del condón (la capuchita) debe apretarse con los dedos mientras lo desenrollas para evitar que se quede aire adentro y se rompa. Debe evitarse que el pene toque la vagina antes de tener el condón puesto ya que los fluidos masculinos contienen espermatozoides.

- La punta del condón debe separarse un centímetro del pene para que allí se concentre el semen. Después de que el hombre eyacule y antes de que la erección desaparezca se debe apretar la base del condón contra el pene, al mismo tiempo que se retira de la vagina, se quita, se anuda y se tira a la basura. Es importante saber que si una pareja, después del orgasmo se quedan abrazados sin sacar el condón de la vagina, el pene pierde rigidez por lo que es posible que se salga del condón, con lo que el riesgo de embarazo sigue latente, ya que el condón se convierte en una bolsita llena de espermatozoides deseosos de salir: ¡Ten mucho cuidado!

- Evita usar un condón con vaselina porque provoca reacción en el látex del condón y lo hace frágil; tampoco se recomienda colocar dos condones al mismo tiempo pues se rozan entre ellos y se rompen. Ten cuidado con las uñas, no lo vayas a romper.

óvulos, espermicidas y jaleas

Son sustancias químicas conocidas cómo espermicidas que se insertan hasta el fondo de la vagina antes de la relación sexual, que matan o inmovilizan a los espermatozoides sin dañar los órganos sexuales. La mayoría se introduce con los dedos o con un aplicador quince minutos antes del coito. Siempre encontrarás las instrucciones en el empaque. Después de una hora de su introducción pierden efectividad. Si se usan solos su protección es de 79 por ciento, pero aumenta si se acompaña de otros métodos como el condón o el diafragma. Una combinación muy buena seria un óvulo y un condón.

Coitus unterruptus

Significa que en el momento de la eyaculación el hombre retira el pene de la vagina para que el semen no quede dentro. Su efectividad es muy muy baja ya que durante el coito hay pre eyaculaciones que contienen esperma. Además, no evita el contagio de enfermedades de transmisión sexual. ¡Aguas! Muchísimas niñas quedan embarazadas así, por flojera o porque no tienen un condón a la mano.

El condón preservativo femenino

Es una membrana de látex con forma de tubo con un anillo en cada extremo que se introduce en la vagina (viene lubricado para facilitar su colocación). Sirve para evitar que el semen pase al cuello uterino y cubrir las paredes para evitar el contacto directo. Tú te lo pones y su efectividad se calcula en 90 por ciento. Quienes lo han usado dicen que se siente un poco raro pero es muy efectivo para evitar enfermedades porque cubre más superficie vaginal.

NOTA:
no es recomendable que la mujer lo utilice mientras el hombre usa también condón porque se pegan uno con otro.

implante chip anticonceptivo (implanon)

Algunas personas lo conocen como chip anticonceptivo. Es un implante con la forma de una varilla del tamaño de un cerillo, se pone debajo de la piel en la parte superior interna del brazo. No se puede ver pero sí se puede sentir. Pueden usarlo todas las mujeres en edad reproductiva que no estén muy bajas de peso.

Es altamente confiable para prevenir el embarazo (99.5% de efectividad) y dura de 3 a 5 años aproximadamente. Después de la inserción —un procedimiento sencillo que obviamente debe hacer un doctor— la varilla libera lentamente una hormona sintética llamada la hormona progestogénica etonogestrel, que es uno de los componentes de la mayoría de las pastillas anticonceptivas más modernas.

El implante es fácil, rápido de poner y de quitar. Se puede dejar de utilizar en cualquier momento y una vez que te lo quitan, la ovulación regresa en aproximadamente 5 días. Ojo: el uso del implante debe ser consultado con un médico profesional. Muchas clínicas públicas en México y otros países los colocan gratuitamente para ayudar a disminuir los embarazos no deseados.

Anillo intravaginal (Nuvaring)

Es un anillo de plástico blando como del tamaño del aro de un condón, que te da protección por un mes. Es fácil introducirlo en tu vagina por ti misma, y una vez adentro puede mantenerse puesto en su lugar durante 3 semanas. Durante este tiempo libera ciertos componentes cada 24 horas, para inhibir la ovulación. Estas hormonas entran en el organismo a través de la pared vaginal.

Despues de tres semanas puedes quitarte el anillo fácilmente. Durante la semana siguiente, ya sin el anillo, muchas mujeres tienen un sangrado. Una semana después (exactamente) se debe poner un anillo nuevo. Tiene un nivel de efectividad del 99%. Debes de consultar su uso con un médico profesional.

El parche

Es un parche que te pegas en la piel y funciona como pastilla anticonceptiva, nada más que las hormonas se liberan a través de la piel y llegan hasta la sangre. Tiene menos efectos secundarios que las pastillas y se usa con base en el calendario del ciclo menstrual. Las hormonas están en el pegamento así que no se te ocurra jugar con él.

El método natural

- Se trata de tener relaciones sólo durante los días infértiles (cuando la mujer no ovula). Para conocer tus días fértiles puedes hacer lo siguiente:
- Tomarte la temperatura. Hazlo antes de levantarte de la cama. Lo normal es que no supere los 37°C, pero justo después de la ovulación puede aumentar alrededor de 0.5°C. Así que tu periodo de fertilidad es tres días antes y después de la ovulación.
- Observa el flujo vaginal. En los días fértiles, el flujo cambia, se hace transparente y gelatinoso como clara de huevo.
- Ritmo. Esto significa no tener relaciones en los días fértiles: en un ciclo de 28 días, el día 13 y 14 serían los de más alto riesgo. Pero los días fértiles son del 10 al 17. Para que sea efectivo hay que llevar un control muy estricto. Su efectividad es muy baja. Además tienes que ser súper regular para que funcione.

Inyecciones hormonales

Es una inyección que contiene una hormona que previene el embarazo, pues impide que los ovarios de la mujer liberen óvulos. Su duración es de 1 a 3 meses y tienen una efectividad del 99%. Es necesaria la prescripción de un médico.

Anticonceptivos de emergencia

Si a pesar de que te cuidaste tienes una situación inesperada, como el hecho de que el preservativo esté roto o que él no haya sacado el pene a tiempo, tu doctor te puede recetar la "píldora de emergencia". Esta pastilla contiene cierta cantidad de hormonas que alteran el endometrio (las paredes del útero) para que el óvulo no se instale; así, el embarazo no se produce y baja la menstruación.

Para que la píldora funcione, es muy importante tomarla dentro de las 72 horas siguientes al coito. Es un recurso extremo que sólo tu ginecólogo puede recomendar.

CENTROS DE APOYO

GRUPO EDUCATIVO INTERDISCIPLINARIO EN SEXUALIDAD HUMANA Y ATENCIÓN A LA DISCAPACIDAD (GEISHAD)
11-14-05-40, 65-95-15-31
(044) 55 38-79-02-61

PLANIFICATEL
(01 800) 624-64-64
www.planificanet.gob.mx

DE JOVEN A JOVEN
(01 55) 56-58-11-11

Como pudiste ver, el universo de la sexualidad tiene de todo. Está en tus manos, y sólo en tus manos, hacer que sea maravilloso o que se convierta en una pesadilla. Como siempre: ¡tú decides!

Capítulo 5
Quiúbole con...
mi MENTE
COMER O NO COMER
CUTTING
LAS EMOCIONES
LAS DROGAS
LA DEPRESIÓN
EL SUICIDIO
EL CHUPE

Si crees que los cambios en tu cuerpo son muchos, no creerás en los cambios que puedes tener en la mente. Seguro eres consciente de algunos: los de humor o los del estado de ánimo, los de la sensación de "pérdida de ti misma", que surge cuando no sabes quién eres, quién eras, a dónde vas y, mucho menos, de dónde vienes. En fin, un rollo donde las inseguridades, las dudas y las confusiones te llevan a descubrir que tienes muchos "yo" que desconocías (lo que NO significa que tus "yo" diferentes puedan tener varios novios o frees distintos).

Problemas emocionales

Las dudas existenciales se las han planteado los seres humanos desde la era de los cavernícolas, es decir SIEMPRE. Así que no te claves ni te sientas mal; de hecho, la mayoría de los adultos todavía no logran encontrar las respuestas. ¿Te pasa a veces que, cuando estás sola eres de una manera, y al estar en un grupo o con alguien más eres de otra forma? Digamos que, más que doble cara, de plano ite sientes triple cara! ¿Te pasa que un día eres tímida, otros te vale, eres cariñosa o de plano indiferente? ¿Una semana te vistes de una manera y a la siguiente te pones lo que antes odiabas? ¿Ya sabes? Relájate, ¡todo eso es ser tú misma! Es de lo más normal. Tómalo con calma, piensa que pronto pasará y ponte en modo "fluir".

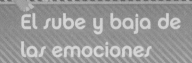

El sube y baja de las emociones

Hay muchas emociones padres, divertidas y disfrutables como las que surjen del amor, la satisfacción, la alegría y muchas más; pero hay otras que duelen y son más difíciles de manejar. Cada quien las vive y las maneja a su manera.

Las emociones son sentimientos, no acciones. Es cierto: muchas veces no puedes controlar lo que sientes (si te cuesta trabajo controlar a tus tortuguitas japonesas, imagínate esto). Lo que sí puedes controlar es lo que haces al respecto. Si llegas a sentir que es imposible manejar alguna emoción negativa y que te encuentras haciendo cosas que son destructivas para ti o los demás, pide ayuda.

me siento como dedo

Emociones que no nos gustan

Me siento sola

¿Te ha pasado que aunque estés con mucha gente te sientes como dedo? De hecho, puedes estar en tu mismísima fiesta de cumpleaños y sentir que no te mueve la cola ni el perro. No te preocupes, si has tenido este sentimiento de soledad, has llorado horas en tu cama o simplemente sientes que nadie te quiere, es importante que sepas que puede ser normal. Todos lo hemos sentido alguna vez.

Siento ansiedad y angustia

¿Has sentido un hoyo en el estómago que no es por hambre ni por un piercing en el ombligo? La ansiedad y la angustia son un estado como de inquietud y miedo a situaciones por venir donde no sabes qué va a pasar. Puede ser temor a algo específico o a algo que desconoces.

Si sientes angustia y ansiedad puedes tratar de distraerte con tus amigas, tomar clases de algo (nada más no se te ocurra tomar el curso: depresión 1 y depresión 2), hacer deporte o besuquearte con tu novio; de hecho, éste es uno de los pasatiempos más divertidos.

Por otro lado, si la angustia y la ansiedad afectan lo que haces todos los días lo mejor es que busques ayuda con un psicólogo o psiquiatra, cosa que no te debe asustar porque a mucha gente le pasa, es algo frecuente y con una pequeña terapia o medicamento es muy posible que pronto superes el problema.

Tengo depresión

Estar deprimida es terrible, sin embargo a mucha gente le sucede. Puedes sentirte así porque cortaste con tu novio, por broncas en tu casa, por exceso de buenas calificaciones, porque cortaste con tu novio (no, no nos equivocamos, lo que pasa es que es la quinta vez que cortan y regresan) o por algo que no logras ubicar, pero te pasa.

La mejor manera de aliviarte es enfrentar la depresión y ubicar qué es lo que te tiene en el hoyo. Hay veces que con sólo abrirte de verdad y platicar lo que sientes con alguien querido, te puedes animar y salir adelante. Sin embargo, hay otras en las que de plano no puedes sola y necesitas la ayuda de un experto.

PRECAUCIÓN
LA VIDA EN EL HOYO

SI LA DEPRESIÓN DURA MÁS DE DOS SEMANAS Y...

▶ lloras casi todos los días,
▶ te sientes cansada, culpable o desesperanzada,
▶ te alejas de los demás,
▶ deja de emocionarte lo que antes te gustaba,
▶ estás más irritable y molesta (y no es sólo porque tengas el síndrome "ch"),
▶ adoptas conductas autodestructivas,
▶ hasta has pensado en el suicidio...

...es probable que tengas una depresión seria y lo mejor que puedes hacer es buscar terapia con un psicólogo o un psiquiatra. A veces, la terapia es suficiente; si no, la combinan con medicina. Existen casos especiales para los que hay tratamientos específicos.

Una conducta autodestructiva es cuando te pones física o psicológicamente en peligro; es como querer lanzarte del bungee, pero sin cuerda. Esto puede pasar por diferentes factores, como una situación dolorosa en tu vida, para huir de un dolor o un riesgo futuro que te da miedo enfrentar o que no sabes cómo resolver.

Una conducta autodestructiva puede expresarse de un buen de maneras, desde dejar de esforzarte en conseguir algo, hasta lastimarte a propósito (esto sí es bajonearte en serio). Algunas conductas autodestructivas son peores que otras.

CUTTING (cortarse)

Esto, la verdad, no está nada padre pero lamentablemente pasa, algunos adolescentes hoy día se cortan con navajas, cutters o cualquier cosa filosa las muñecas o los brazos (esperamos que tú no seas una de ellos, pero si lo eres no dejes de leer esta parte del libro porque te va a interesar).

El cutting o self injury no sólo se queda en cortarse, también hay muchas niñas y niños que se queman, se arañan o se muerden haciéndose daño y luego usan blusas gigantes, pulseras anchas, mangas largas, muñequeras, sudaderas o lo que se inventen para esconderlas.

Muchos adultos piensan que lo hacen por llamar la atención, manipular, asustar, se aterran porque piensan que se quieren quitar la vida y la verdad es que sí suena súper lógico ¿no?, pero en realidad lo hacen por liberar ansiedad.

La mayoría de las niñas que hacen esto no se quieren quitar la vida, lo que quieren es provocarse un sufrimiento físico para sentir un "alivio" del dolor psicológico o el relajo emocional que traen, la bronca es que este "placer" momentáneo después se convierte en un problema más grande del que traían al principio.

Muchas veces lo haces porque sientes que de esta forma alivianas un trauma psicológico o algo que te duele muchísimo, por ejemplo, si nunca le has gustado a ningún niño, si tus papás se están divorciando, si alguno de ellos te abandonó, si sufriste abuso sexual o físico, si tu novio te cortó, si en la escuela te hacen bullying, si tuviste una pérdida, en fin, pueden ser mil cosas.

Algunos adolescentes al cortarse sienten euforia, terror, liberación, relajación, emoción y hasta miedo pero después de hacerlo viven una supuesta calma que es lo que buscan; la realidad es que esa calma es artificial y momentánea porque el problema que tienen obvio no desaparece y sus emociones se vuelven más complicadas.

Si estás viviendo algo así, una gran opción es pensar ¿qué es lo que te está lastimando?, ¿qué es lo que te genera tristeza?, y una vez que tengas eso en la cabeza platícalo con tus papás o con un adulto de confianza que te ayude, una tía, una maestra que adoras, una amiga de tu mamá (sabemos que esta parte suena difícil pero si realmente quieres sentirte mejor esta es la opción; no tienes que decirle todo si no quieres, sólo que te estás lastimando y que necesitas ayuda, y obvio después de eso te ayudarán a buscar ayuda profesional).

Aunque no lo creas, un psicólogo o un terapeuta se puede convertir en tu mejor amigo, le puedes platicar intimidades que sólo quedaran entre tú y él/ella y conocen mucho de estas situaciones por lo que tendrás a alguien que te entienda EN SERIO. Además sabe perfectamente cómo ayudarte a elevar tu autoestima, que es lo que muchas veces más duele.

Mientras estás en el proceso puedes:

Hacer ejercicio —correr, spinning, zumba, crossfit, gimnasia, nadar, soccer, boxear, escalar o lo que sea que a ti te guste y que te ayude a dejar de sentir esa ansiedad—, platicar con alguna amiga sobre los problemas que traes (hablar te libera más de lo que te imaginas), poner las canciones que más te gustan y bailar como loca hasta que estés cansadísima, respirar y exhalar muy profundo cuando te sientas ansiosa o aprender a meditar (te vas a impresionar cómo funciona, busca un tutorial en internet), escribir en una hoja todos tus sentimientos negativos y luego romperla, dibujar o pintar.

Incluso funciona mucho dejar de cortarte y empezar únicamente a pintarte rayas en esos lugares con una pluma roja para que tu cerebro se vaya acostumbrando poco a poco.

Lo más importante es que ubiques lo que te duele y pidas ayuda de un profesional, cuando menos te imagines te morirás de ganas de ir a platicar con ese "extraño" que te entiende mejor que nadie.

Desórdenes alimenticios

Estos problemas casi siempre se relacionan con una enfermedad de las emociones. En la mayoría de los casos la persona tiene problemas que no sabe cómo identificar, manejar o resolver. Como esto les pega durísimo, poco a poco dejan de comer o comen en exceso y vomitan o se dan atracones para sentir algún tipo de control.

Paso frente al espejo y me doy cuenta de que estoy hecha una gorda. Miro a mis amigas y todas son flacas. No me gusto. Ahora sí, hoy empiezo mi dieta. Mi mamá insiste en que adelgace ¡y la alucino! Un comentario del novio de mi amiga refiriéndose a mí me llegó como puñalada: "A ella no le interesa tener novio, por eso está gorda". Pienso que si adelgazo seré atractiva y popular. Empiezo a hacer dietas y tomo laxantes porque me enteré de que sirven para enflacar.

Me gusta adelgazar. Si por la mañana la báscula marca 100 gramos menos me siento feliz.

No sé cómo empiezo a tener broncas con mi forma de comer. La comida me da asco y para mí es como veneno. Mi cabeza se está volviendo loca, capto lo bueno como malo y lo malo como bueno: si como es malo, si no como es bueno. Si no me laxo muy malo, si consigo anfetaminas es muy padre porque me quitan el hambre y me dan fuerza. Ése es mi gran secreto.

Mi obsesión es bajar de peso y ser perfecta en todo lo que hago. Por dentro escucho una voz que me dice: "Cumple, da más, párate derecha, sé mejor". Me siento culpable por no lograrlo. Siento que no merezco que nadie me quiera.

En mi casa formo parte de la "familia ideal". Por supuesto que hay broncas, pero no se las cuento a nadie. Estoy cansada. Me pierdo en todo esto. Escucho a mi papá decir cosas como: "Así de flaca ya no te quiero". Su amor condicionado me duele en el alma. Si me dice: "Sube de peso", yo lo interpreto como un "ya no te quiero". Ay, papá, necesito que me digas que me amas con palabras que entienda. Necesito que me abraces y me aceptes como soy y como estoy. Me siento rechazada, por eso insisto en bajar de peso.

Estoy débil. A escondidas aumento la dosis de las anfetaminas que me dan vida. Me lastimo el paladar para no comer. Me purgo con 30 pastillas laxantes cada día. Sé que me hacen daño y no me importa. Peso 32 kilos. Toco fondo. Vivo en el cumplimiento. Cumplo y digo mentiras. Por dentro tengo un gran dolor, un enorme vacío lleno de culpa y miedo.

Lo reconozco: soy anoréxica. Pido ayuda

Escuchamos a nuestra querida amiga Ana y pensamos en los dos millones de personas, la mayoría jóvenes y niñas de secundaria, preparatoria y universidad, que sufren trastornos alimenticios en nuestro país.

Rollos que pueden acercarte a los desórdenes alimenticios

- No aceptarte como eres.
- Miedo a no ser aceptada por los demás.
- Baja autoestima.
- Ser perfeccionista.
- Exigirte demasiado.
- Preocuparte por lo que los demás piensan de ti.
- Sentir que no tienes control sobre la vida.
- Tener algún familiar obeso al que no te quieres parecer.
- Tener un familiar obsesionado con el peso o la imagen personal, que todo el día hable sobre tu peso.
- Sentirte poco hábil para socializar.

- Tener una mamá sobreprotectora.
- Que la familia tenga demasiadas expectativas en ti.
- Haber sufrido malos tratos o abuso sexual de pequeña.
- Tener depresión y ansiedad.
- Haber vivido fracasos, conflictos, tener una pésima idea de ti misma, truenes gruesos con tu novio, cambios corporales o problemas escolares.

Anorexia

Tristemente, esta enfermedad está cada vez más densa. Algunos estudios demuestran que este padecimiento afecta a dos de cada 10 adolescentes. ¡Imagínate! Además, las estadísticas van en aumento.

Lo peor es que creemos que la conocemos; pensamos que con subir un poco de peso, la persona va a ser lo que era antes. Para nada. Esta frase es durísima pero real: "Una persona no tiene anorexia: la anorexia la tiene a ella." Las mujeres padecen más y se sienten indefensas ante ella; aprenden demasiado tarde que las ganas no son suficientes para librarse de la enfermedad.

¿Qué es exactamente la anorexia?

Es una enfermedad súper peligrosa que cada vez afecta a más personas; se caracteriza por el terror a subir de peso o engordar. Las personas con anorexia tienen una idea súper distorsionada de su peso, tamaño y la forma de su cuerpo. Esto las hace restringir sus comidas al punto de que casi no pueden moverse por falta de fuerza. Puede presentarse a partir de los nueve o 10 años.

¿no la ves un poquito flaca?

Las personas anoréxicas llegan a estar hasta 20 por ciento debajo de su peso normal y verse y sentirse como vacas, qué grueso, ¿no? Las anoréxicas sufren mucho y por lo general oscilan entre la hiperactividad y la depresión; buscan la perfección, se fijan metas súper altas y sienten que tienen que demostrar su nivel de competencia. Ellas piensan que si no pueden controlar lo que pasa a su alrededor, por lo menos su peso sí.

Mucho tiene que ver la imagen de la modelo súper delgada y sin curvas que sale en revistas y demás medios de comunicación, así como la presión social que tontamente empuja a las niñas a imitarlas. Se ha propuesto una ley en diferentes paises sobre prohibir la talla cero, para eliminar esas influencias, lo cual nos parece muy acertado, porque la curvas de una mujer son de lo más femenino y atractivo de su físico. De hecho le preguntamos a muchos hombres sobre esto y 90% prefieren a las mujeres no tan delgadas. La realidad es que todavía en ningún lugar la han aprobado y, aunque algunos desfiles de moda y marcas ya lo sugieren (y hay mucha polémica sobre esto), la mayoría de los diseñadores se niegan y siguen usándola.

¿Cómo identificarla?

Al principio es difícil descubrir la enfermedad ya que empieza con una dieta inocente. Conforme pasa el tiempo es difícil que alguien la detecte porque la persona anoréxica usa ropa súper holgada, tipo sudaderas y blusotas. Aun las anoréxicas en extremo delgadas siguen sintiéndose gordas y feas, y por eso buscan esconder su cuerpo. Siempre están a dieta.

Una persona anoréxica trata de evitar situaciones que incluyan comida. Si puede, por lo general juega con la comida y se hace tonta en lugar de comerla o de plano la tira a la basura o al escusado.

Comer o no comer de manera obsesiva no tiene nada que ver con sentir hambre. Puede ser una manera de sentirse en control, de llamar la atención o de castigar a los papás. También, la persona puede creer equivocadamente que su peso ayuda o afecta su popularidad. Cualquiera que sea la razón, los desórdenes alimenticios como anorexia, bulimia o comer compulsivamente son conductas súper peligrosas que al final sólo provocan mucho dolor y muchísimas veces, más de las que te imaginas, pueden causar la muerte.

¿Cómo se comporta la gente que tiene anorexia?

(Puede ser uno, varios o todos los puntos.)

- Obsesión con la comida y con el cuerpo.
- Necesidad de perfección y de control.
- Cambios brusquísimos de estado de ánimo.
- Ansiedad.
- Tendencias suicidas.
- Somnolencia.
- Insomnio.
- Depresión.
- Juzga lo que comen los demás porque comen mucho.
- Uso diario de laxantes o diuréticos para bajar de peso.
- Horario estricto para hacer ejercicio obsesivo, aunque lo padezca.
- Hábitos súper estrictos para comer a una hora exacta, masticar "x" número de veces cada bocado, rechazo absoluto de azúcar y carbohidratos.
- Procura comer a solas.
- Dice mentiras, manipula y engaña.

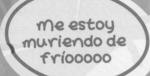

¿Qué le pasa a tu cuerpo cuando tienes anorexia?

Me estoy muriendo de fríooooo

(Puede ser uno, varios o todos los puntos)

- Se cae el cabello.
- Crece vello delgado y suave en la cara, espalda, brazos (el cuerpo necesita esta capa de vello para calentarse).
- Te sientes constipada.
- Dolor en las coyunturas.
- Poca resistencia al frío.
- Se suspende la menstruación o hay períodos irregulares. Sin comida, los niveles hormonales disminuyen para avisarle al cuerpo que no es capaz de resguardar un bebé.
- Los reflejos son lentos por el bajo ritmo cardiaco y la función tiroidea.
- Taquicardia.
- Pérdida prematura de la densidad de los huesos.
- Calambres.
- Piel y uñas resecas, piel grisácea o amarillenta.
- Somnolencia permanente.
- Problemas hepáticos y cardiacos.
- Entre el 10 y 20 por ciento de los casos de anorexia o bulimia causan la muerte de quien la padece.

Tratamientos

Muchas de las anoréxicas son personas que, por lo general, son muy intensas, niegan su enfermedad y se resisten a que las ayuden. Un buen comienzo es comprenderlas, darles mucho amor, informarse sobre la enfermedad, pedir ayuda profesional, tener terapia individual, de familia o de grupo; y si el problema continúa, es conveniente internar al paciente en una clínica especializada.

Los primeros seis meses son los más difíciles para todos; para el paciente, los familiares, terapeutas y médicos. Hay que ubicar que su comportamiento, autodestrucción o agresividad hacia los que más quiere está fuera de su control, es involuntario.

Entre más rápido se actúe, mejor. Es común que los doctores incluyan en el tratamiento algún antidepresivo para sacar a la persona adelante. Es súper importante que toda la familia participe en la terapia de recuperación, que es lenta y en la que suele haber recaídas.

Quien padece este tipo de enfermedades requiere comprensión y paciencia, cero críticas, mucho cariño, nada de regaños o vigilancia y un buen apoyo. Hay que ser conscientes de que todo esto, tan necesario, no suele pedirlo quien padece esta enfermedad; así que ojo con las muy flacas.

Bulimia

¿Qué es exactamente la bulimia?

Es un trastorno alimenticio que consiste en comer como loca, por lo general sola, para después vomitar, usar laxantes, tomar diuréticos o hacer dietas súper drásticas. Un atracón de comida tiene un significado distinto para cada persona; por ejemplo, para una niña, un atracón puede ser comer entre 1000 y 1500 calorías y para otra, comer una galleta. Estos episodios de atascarte de comida para luego vomitar, se hacen generalmente en secreto. Las personas bulímicas rara vez están pasadas de peso, aunque se sienten gordas.

Quien padece esta enfermedad es inseguro, no se valora a sí mismo y hace las cosas para complacer a los demás. Piensa que la comida es un placer que se merece y come de más. Esto provoca un buen de sentimientos: angustia, asco, culpa, vergüenza y falta de control personal. Por eso, purgarse o vomitar los aliviana un poco, los hace sentir en control y da la sensación de compensar, como ellos piensan, su "asquerosa" conducta.

¿Cómo identificarla?

Como los bulímicos se atascan y después se purgan o vomitan en secreto, mantienen su peso normal o arriba de lo normal y es más fácil esconder su problema por mucho tiempo. Los bulímicos van mucho al baño después de comer para vomitar, además, pueden tomar muchos laxantes y diuréticos en exceso; y generalmente tienen la cara hinchada, los ojos rojos y mal aliento.

Mientras comen, los bulímicos se sienten fuera de control y pueden tener cambios de humor pues sienten culpa o depresión después de sus atascones y purgas. Algunos pueden aliviar estos sentimientos robando, mediante la promiscuidad, con el abuso de alcohol, drogas o en algunos casos metiéndole durísimo a las tarjetas de crédito.

¿Cómo se comporta la gente que tiene bulimia?

(Puede ser uno, varios o todos los puntos)

- Episodios de atracón y purga.
- Uso diario de laxantes y diuréticos para controlar el peso.
- Obsesión con el cuerpo y la comida.
- Tendencia a la perfección.
- Cambios de humor radicales.
- Ansiedad.

- Letargo (como dormida).
- Depresión.
- Insomnio.
- Horarios rígidos y obsesivos de ejercicio.
- Esconde la comida a su alrededor.
- Come rápido y bocados grandes.
- Suele tener otro tipo de obsesiones como drogas, alcohol, velocidad o compras.

¿Qué le pasa a tu cuerpo cuando tienes bulimia?

(Puede ser uno, varios o todos los puntos)

- Cambios de peso súper notorios en poco tiempo.
- Suspensión de la menstruación por más de tres meses.
- Estreñimiento.
- Acidez y/o inflamación.
- Daño y decoloración de los dientes; los ácidos del estómago acaban con el esmalte dental.
- Daño e irritación en los pulmones por las partículas de comida que, al vomitar, se van por las vías respiratorias.
- Debilidad.
- Irregularidad en el ritmo cardiaco.
- Daños en el riñón por la pérdida crónica de líquidos.
- Crecimiento de las glándulas salivales, como si tuvieran paperas.
- Ojos y cara hinchados.
- Ojos rojos y llorosos por vomitar.
- Llagas o callos en la parte de atrás de la mano, donde los dientes raspan al provocarse el vómito.
- Deshidratación y pérdida de minerales.
- Desequilibrio hormonal.
- Dolor de garganta crónico.
- Mal aliento.
- Al igual que la anorexia, la bulimia puede matar.

Voy al salón a cortarme el pelo. Al ver el resultado, no lo puedo creer: ¡está horrible! Me deprimo. Cuando mi mamá pasa por mí le digo: "¡Vamos a emborracharnos con churros y chocolate!" Ella se ríe mucho porque no se imagina que lo digo en serio.

Siempre que tengo un problema busco qué comer. Cuando me siento estresada, sola, dolida, triste, enojada o hasta feliz, voy a la despensa o al refrigerador para ver qué encuentro. Puedo empezar con un chocolate y no paro hasta terminarme la caja. Poco a poco los atracones se vuelven cosa de todos los días. A escondidas me puedo acabar una bolsa de papas, de pan o lo que sea, aunque no me guste. ¡Pero claro!, borro todas las huellas que me puedan delatar. Como hasta en el baño, lo que me hace sentir muy culpable.

Poco a poco empiezo a engordar. De 58 kilos subo a 85. Mis hermanos son muy delgados. "No entiendo cómo no puedes dejar de comer", dicen a cada rato. Me siento fea, me enojo por todo y estoy muy deprimida.

Hago dietas, he tomado todo tipo de tés, chochos homeopáticos, he ido con la nutrióloga, pero trago como loca y nada sirve.

Mi autoestima está por el suelo. Además, todas las niñas de mi grupito tienen cuerpazos y me siento una cerda. Cuando me visto para salir veo que todas se ven divinas, y yo, digamos que no me visto, más bien busco tapar mis lonjas. Siento vergüenza de mi cuerpo.

"¿Por qué estás tan gorda? ¿Por qué tienes esa panzota?", me dicen mis sobrinos. Me quiero morir. Siento que me arrastro por la vida.

El día que se murió mi abuelita no lloré, sólo pasé al súper y me comí 18 alfajores. Me doy cuenta de que no sé cómo conectarme con la vida, con las emociones ni con el dolor. He pensado hasta en suicidarme. ¡Carajo! ¡Para qué estoy viviendo si me la paso sentada frente a la tele! Estoy muerta en vida. Toco fondo y así seguiría, pero una amiga me invita a un grupo de autoayuda y encuentro mi salvación.

Verónica

A muchos nos pasa

Todos hemos experimentado alguna vez ese sentimiento de llenar un hueco afectivo, emocional o espiritual con lo que se te ocurra, llámese alcohol, cigarro, chocolates o comida. ¿Quién puede decir que tiene una voluntad que nunca le falla? ¿Quién no se ha pasado una o varias veces en el consumo de algo? ¿Quién no se ha dado permiso de vez en cuando, aun sabiendo que le hace daño? Sin embargo, para quienes comen compulsivamente, como Verónica, comer es una especie de adicción con la que, de manera inconsciente, se bloquean las emociones y los sentimientos en forma permanente y exagerada.

Atragantarte puede ser una forma de distraerte, de calmar la ansiedad, de evitar hacer algo en lo que piensas que vas a fracasar o una manera de sustituir alguna o muchas cosas que sientes que te faltan.

Aunque los que comen compulsivamente por lo general padecen sobrepeso, no todas las personas gorditas tienen este problema.

¿Cómo identificar si comes compulsivamente?

Si crees que puedes tener este problema, pregúntate lo siguiente:

EL CUESTIONARIO

INDICACIONES:
Responde sí o no dentro del cuadrito correspondiente.

(POR FAVOR HAZLO SIN SALIRTE DEL CUADRITO CON PLUMÓN MORADO)

1.- ¿Comes todo el día y te estresa pensar en situaciones en las que no puedas comer?

Sí ☐   NO ☐

2.- ¿Te da calor sin importar el clima?

Sí ☐   NO ☐

3.- Después de que te das un atracón, ¿sientes remordimiento?

Sí ☐   NO ☐

4.- ¿Planeas con anticipación y gusto una comida que harás sola?

Sí ☐   NO ☐

5.- ¿Comes para escapar de tus broncas y problemas?

Sí ☐   NO ☐

6.- ¿Te da por comer demasiado sin razón?

Sí ☐   NO ☐

7.- ¿Haces mucho ejercicio sólo para quemar las calorías que después te vas comer?

Sí ☐   NO ☐

8.- ¿Te pesas en la báscula más de una vez por semana?

Sí ☐   NO ☐

Si contestaste "sí" a por lo menos cuatro preguntas, es posible que tengas esta enfermedad. Piensa que cuando tienes esta bronca en realidad no comes alimentos, te comes los problemas.

(Puede ser uno, algunos o todos los puntos)

- Tiene letargo (es como estar somnolienta, torpe, como dormida).
- Siente que no vale nada.
- Muestra falta de orgullo por sí misma.
- Tiene una actitud negativa.
- Le echa la culpa a los demás.
- Tiene sentimientos de culpa, enojo o depresión después de comer.
- Siempre pospone las cosas por hacer.
- Sabe que su forma de comer es exagerada.

Tu enfermedad tiene cura

Aunque en este problema hay niveles, la sociedad no le ha dado la importancia que merece. Como comedora compulsiva muchas veces te puedes sentir súper agobiada por médicos y familiares que te recomiendan hacer mil dietas, pero es necesario saber que sin apoyo psicológico que te ayude, el tratamiento no funciona ni de broma. Seguro no lo logras y esto te puede frustrar y provocar sentimientos de culpa. Lamentablemente los intentos fallidos sólo logran que te hundas más en el mismo rollo.

Rara vez es necesario internar a una persona con este desorden. Por lo general, eliminan los azúcares y carbohidratos de su dieta; y es súper importante que vayan a un grupo de apoyo o terapia individual para empezar a resolver el problema. Algunas veces los doctores recetan medicamentos que generan un balance químico de serotonina en el cerebro que ayuda a controlar los impulsos que te llevan a comer en exceso. Si es tu caso, no necesitas enfrentarlo sola. Pide ayuda.

CENTROS DE APOYO

CENTROS DE SALUD DEL DISTRITO FEDERAL
(01 55) 51-32-09-00, (55) 51-32-12-50
medicina.distancia@salud.df.gob.mx

INSTITUTO NACIONAL DE CIENCIAS MÉDICAS Y NUTRICIÓN "SALVADOR ZUBIRÁN"
(01 55) 54-87-09-00
innsz@quetzal.innsz.mx
Vasco de Quiroga 15, Col. Sección XVI,
14000, México, D.F.

INSTITUTO NACIONAL DE PSIQUIATRÍA "RAMÓN DE LA FUENTE"
(01 55) 56-55-28-11
www.impedsm.edu.mx
Calzada México-Xochimilco 101, Col. San Lorenzo,
Huipulco, 14370, México, D.F.

TRIA CENTRO DE TRATAMIENTO E INVESTIGACIÓN DE ANOREXIA, BULIMIA Y OBESIDAD
(01 55) 56-58-35-15
www.triacentro.com
contacto@triacentro.com

FUNDACIÓN COMENZAR DE NUEVO A.C.
(01 81) 81-04-17-77, 81-04-17-17
81-29-46-83, 81-29-46-68
info@comenzardenuevo.org

COMEDORES COMPULSIVOS ANÓNIMOS
(55) 53-65-06-38
Eje Satelite Tlalnepantla 102, int 1. Col. Viveros de la
Loma, Tlalnepantla, Estado de México, C.P. 54080

**INTEGRUPAL MÉXICO
DE COMEDORES COMPULSIVOS**
(01 55) 52-73-24-97
comedorescompulsivos@prodigy.net.mx

**CENTRO DE ATENCIÓN Y PREVENCIÓN
DE TRANSTORNOS ALIMENTARIOS**
(01 55) 56-63-50-57

**CENTRO ESPECIALIZADO PARA
EL TRATAMIENTO DE LOS TRANSTORNOS
DE LA ANSIEDAD**
(01 55) 52-54-58-45
(01 55) 52-54-74-10

CASA MAR
(01 6669) 81-20-20
casa_mar@hotmail.com

Suicidio

Aunque es difícil descubrirlo, existe un importante número de jóvenes que piensan en él y lamentablemente algunos lo realizan.

El suicidio es una de las cosas más difíciles que existen en este mundo. Cuando alguien se suicida no sólo se lastima a sí mismo, sino que provoca sufrimiento en toda la gente a su alrededor, dejándole sentimientos de culpabilidad, rabia, tristeza, impotencia y depresión.

Muchas veces puedes creer que sería imposible que tu vida esté peor, que tus problemas no tienen solución y que no vale la pena continuar. No es cierto, todos, absolutamente todos (aunque de momento pienses que en tu caso no es así), pueden resolver sus problemas o mejorar, desde:

➤ Jamás haber tenido novio, y que no le intereses a nadie.
➤ Tener un accidente y no moverte por el resto de tu vida.
➤ La muerte de alguien muy querido, inclusive de toda tu familia.
➤ Un divorcio.
➤ Tener una dependencia total a las drogas.
➤ Cortar con el único hombre que has amado y sentir un dolor imposible de explicar.
➤ Tener problemas serios con tus papás, al grado de no querer que esos padres sean tuyos.
➤ Tener una deuda impagable y recibir amenazas.
➤ Sentirte la persona menos importante de este planeta y con serios problemas de autoestima.
➤ Hasta el gran gran gran problema que estés viviendo en este momento y sientes que te rebasa.

Recuerda sólo una cosa: TODO PASA. Después del agobio y los momentos difíciles, las cosas SIEMPRE cambian y los sentimientos pasan. Aun los más negativos e intensos.

Aunque efectivamente algunos problemas son irremediables, lo mejor es aceptarlos y ver qué puedes aprender de la situación. Descubrir que creces mentalmente cuando los enfrentas, que maduras, y que a pesar del dolor y las terribles experiencias puedes volver a disfrutar tu vida.

Lo fuerte no es lo complicado del problema, sino que la persona se niegue a salir de él, y definitivamente un paso tan duro como buscar la muerte, no es la solución.

Si alguna vez pensaste en el suicidio como solución a tus problemas, es importantísimo que se lo cuentes a una amiga o adulto en quien confíes, a un médico, psicólogo o maestro que te caiga bien; también puedes llamar a una línea de ayuda telefónica.

Si has escuchado a una amiga o amigo hablar de suicidio, tómalo en serio, habla neto con él o ella y de inmediato busquen ayuda. Si de plano se rehúsa a ser ayudado, coméntalo urgentemente con algún adulto y llama tú misma a una línea de apoyo para saber qué puedes hacer en esta situación.

Mitos acerca del suicidio

m = mito
R = Realidad

Cuatro de cada cinco personas que se suicidan, antes de hacerse daño, se lo comunican a alguien. Si te lo dicen a ti, no dejes de ayudarlo.

m. El índice de suicidios entre jóvenes ha disminuido.
R. En México, en los últimos años, ha aumentado el 275% en adolescentes

m. Sólo ciertas personas se suicidan.
R. Cualquier persona, sin distinción, hombres o mujeres; ricos y pobres; jóvenes y adultos; gente del campo, de la ciudad y de cualquier religión, se puede suicidar.

m. Cuando una persona hable sobre suicidio, cambia el tema y trata de quitárselo de la mente.

R. Al contrario, tómalo en serio. Escucha lo que dice. Dale la oportunidad de decir qué siente y hazle saber que te preocupa. Pide ayuda de volada.

m. La mayoría de las personas que se quieren suicidar, en verdad se quieren morir.

R. La mayoría de los que se quieren quitar la vida están confundidos. No saben si quieren morir o no. Casi siempre, el suicidio es un grito de alguien que pide ayuda.

LOS FOCOS ROJOS QUE INDICAN QUE ALGUIEN PUEDE LLEGAR A SUICIDARSE

- Habla constantemene sobre la muerte.
- Se olvida de sus cosas de valor o las regala.
- Tiene un plan para quitarse la vida.
- Guarda pastillas, una pistola u otra arma.
- Se ha lastimado.
- Sin explicación, ves a la persona súper tranquila después de haber pasado una depresión muy fuerte.
- Deja de ver a sus amigos, de estudiar y pierde interés en arreglarse.
- Se aisla de todo el mundo, o permanece con un grupo de amigos súper cerrado que siempre parecen misteriosos y nadie sabe nada de ellos.

CENTRO DE APOYO

SAPTEL

(01 55) 52−59−81−21
(01 800) 110−10−10
saptel.crylc@gmail.com

Las drogas

¿Qué son las drogas?

Churro, tacha, cristal, toque, LSD, piedra, ácido, coca o base; como quieras llamarlas, el asunto es el mismo.

Las drogas son sustancias naturales o sintéticas que causan efectos en tu cuerpo y mente. Dichos efectos pueden ser permanentes y provocar cambios en tu comportamiento y sentimientos.

¿Por qué la gente se mete drogas la primera vez?

Por curiosidad, "sólo por probar"; esto le pasa a muchos por la cabeza y lamentablemente también por la nariz, la boca y hasta las venas. La idea de "sólo por probar" es más peligrosa de lo que te imaginas, es muy fácil caer en la adicción. ¿Sabías que 7 de cada 10 personas que prueban cualquier tipo de droga después la siguen consumiendo? Este dato es súper cañón. Lo que empieza como curiosidad puede terminar en un problema terrible para tu vida.

A veces alguna de nuestras emociones está enferma y no lo sabemos porque se ubica en el inconsciente y sólo espera un pretexto para salir.

Por ejemplo, crees sentirte bien y no te das cuenta de que realmente estás triste porque tus papás se separaron o se divorciaron; que van varios novios con los que cortas rápido y no sabes por qué o en el fondo te sientes menos que otras personas. Este tipo de momentos se vuelven el escenario ideal para que las drogas entren en acción. Por eso, por más que estés prendida, divertida o quedando bien con un niño que te guste, si llegas al punto en que debes decidir entre probar o no probar, de verdad no pienses: "YOLO, no pasa nada", ¡porque sí pasa!

LAS NIÑAS CONSUMEN DROGAS...

- ...por experimentar, para saber qué se siente.
- ...por presión, para que sus amigos no la saquen del grupo y por miedo a sus burlas.
- ...por presión del galán que "supuestamente" las ama.
- ...por imitar a alguien y sentirse aceptada.
- ...para alejarse de su realidad y escapar de los problemas.
- ...y piensan que no pasa nada. "Tengo un grupo de amigas que llevan dos años metiéndose coca y están perfectas, no les pasa nada." Aunque cada organismo es distinto, las drogas conducen, tarde o temprano, al mismo punto. Algunas personas que se meten drogas en meses enfrentan problemas muy cañones, y otras se tardan más.

Si tuvieras rayos X en los ojos comprobarías cómo esas amigas o amigos cada día tienen más daños en el organismo y que su adicción crece diariamente. Muchas personas que "se ponen" con drogas hacen toda una carrera (por llamarlo de algún modo) de cinco a 10 años, o hasta menos, y finalmente, terminan en una clínica, reclusorio o muriéndose.

¿Las drogas te alivianan los problemas?

Cuando te ofrecen drogas generalmente se dicen cosas como:

Güey, te vas a pasar la mejor fiesta de tu vida.

Vas a escuchar la música como nunca.

No te la vas a acabar.

Deja de preocuparte, métete esto y bye a todas tus broncas.

Nunca sentirás tan rico al hacer el amor, ¡pruébalo!

¿Es cierto? En la mayoría de los casos… SÍ.

- Puedes pasarte la mejor fiesta de tu vida, olvidarte de tus problemas y relajarte como nunca… el problema es: ¿por cuánto tiempo?
- Son el gancho perfecto. Cuando crees que no pasa nada sucede todo. Al principio (en la mayoría de los casos) funciona como te dijeron, pero en menos de lo que te imaginas los problemas que te quitaste regresan 100 veces más densos.
- La tranquilidad se transforma en ansiedad, angustia, miedo y soledad (además de que en tu primera vez te puede agarrar un mal viaje en el que te quieres morir).
- Dependiendo del tipo de droga, al principio con poca te alivianas; conforme la adicción crece necesitas dosis más altas. Te puedes meter droga todo el día y sentir tranquilidad sólo cinco minutos de cada hora; los otros 55 minutos vives un infierno. Así que ahora tienes dos problemas, el que tenías antes y la ansiedad, la angustia

y la soledad que te dan las drogas (bueno en realidad son muchos más, pues ahora por consumir tienes problemas extras con tus papás, tu novio, los amigos, la escuela, etcétera, y hasta broncas de lana para pagarlas).

- Así es el truco de la droga, es como un anzuelo para pescar. Primero se ve la carnada, que para el pez, obvio, es rica, pero en el momento en que la muerdes te enganchas, y lo peor de todo es que cuando quieres salir, el anzuelo tiene también un gancho por atrás que te atrapa y no te deja salir.

- Recuerda qué es la tolerancia: tu cuerpo se acostumbra a "x" sustancia y cada vez exige más para obtener el mismo efecto. Cuando menos te das cuenta ya estás consumiendo muchísimo y por si fuera poco, algunas personas hasta lo presumen, pues creen que "aguantan un buen"; lo que no tienen ni idea, es que su cuerpo adquiere una adicción que es para toda la vida.

- En pocas palabras buscas salir de tus problemas y lo único que logras es hundirte más profundo. Por eso, cuando la gente está ya muy dañada, dice: "No sabía en lo que me estaba metiendo".

- Al principio tus amigos te dicen: "Métete algo, no te la vas a acabar" y efectivamente, si le entras a las drogas, ¡no te la vas a acabar!

Una noticia buena y una mala

La mala es que mucha gente tiene problemas de adicción; la buena es que existen tratamientos para enfrentar las adicciones.

Ser adicto es estar enfermo. Así como algunas personas viven con "x" enfermedad, por alguna razón otros tienen la de la adicción.

¿Es fácil? No, no lo es. ¿Tiene solución? Claro que la tiene. Se necesita mucho esfuerzo, valor y constancia para salir; la bronca no es tener la adicción sino negarte a enfrentarla.

El primer paso es aceptar que tienes el problema. Si es así, ni modo, acéptalo y empieza a trabajar de volada. No dejes que pase ni un segundo más. Aplícate y recuerda que en las drogas, entre más lejos vas, más difícil es el regreso.

Si de plano no puedes dejarlo entonces necesitas asistir a un grupo de ayuda o clínica especializada. Pero recuerda: recuperarte de un rollo de drogas es un proceso largo y difícil, pero siempre es posible.

Drogas legales

LA NICOTINA

Qué atractivo es lo prohibido, ¿no? Como encerrarte con una amiga en el baño a los 12 años a fumar y averiguar qué onda con el cigarro; al principio no sabes ni cómo se agarra, casi casi lo prendes del lado equivocado. Y esto de fumar lo haces porque quieres saber a qué sabe, qué sensación produce. Es algo que la mayoría hicimos. Aunque hoy, ya en pocos lugares públicos se permite, quizá quieres fumar con tus amigas para sentirte interesante, aceptada y sexy, para mostrarte más segura frente a los hombres, como signo de independencia y rebeldía o simplemente por llamar la atención. Para algunos adultos, echarse un cigarrito es muy rico mientras que otros lo detestan.

A lo mejor, como ves que nadie se muere al instante por fumarse unos cigarritos, te preguntas qué tiene de malo, ¿no? El cigarro es peor de lo que te imaginas. Si no lo has probado, ¡perfecto!, mejor evítalo, ya vas de gane. Si fumas, mejor sigue leyendo para que descubras por qué vale la pena dejarlo. Sólo déjanos contarte algunas cosas sobre el cigarro para que, informada, decidas qué vas a contestar cuando te pregunten: "¿Fumas?"

CIGARRO

Se elabora con la planta del tabaco, originaria de América, y antiguamente se usaba con fines curativos y ceremoniales. Contiene nicotina y alquitrán.

NICOTINA

Es una droga adictiva de las más rápidas que se conocen; además, es un estimulante que da sabor al cigarro. Lo denso es que para llegar al cerebro tarda sólo siete segundos.

ALQUITRÁN

Deteriora poco a poco los alveolos que usa el pulmón para extraer el oxígeno del aire, y está compuesto por más de tres mil químicos, de los cuales doscientos son venenos conocidos y sesenta cancerígenos.

EFECTOS

La nicotina estimula el corazón y la circulación; puede generar la sensación de alivianarte la ansiedad y el estrés.

RIESGOS

Fumar es una de las principales causas de muerte en todo el mundo. Puede causar enfermedades del corazón, enfisema pulmonar, epoc, cáncer de garganta, boca, esófago, páncreas, cervical y, por supuesto, pulmonar. También disminuye el sentido del gusto y el olfato y te pinta los dientes de amarillo. En promedio, la gente que fuma muere de cinco a ocho años antes de los que no lo hacen.

CUIDADO
¡EN LAS MUJERES EL EFECTO ES PEOR!

> La intoxicación de la sangre por el humo del tabaco favorece la celulitis.
> Complica la libre circulación de la sangre y ayuda a que salgan las várices.
> Empeora las molestias premenstruales.
> Los óvulos pierden calidad; es como si los fumigaras con veneno. Por eso las mujeres que fuman pueden tener más bronca para embarazarse.
> Aumenta la posibilidad de un embarazo extrauterino y triplica el número de abortos espontáneos.
> Puede causar daños súper serios y permanentes a un feto. Si crees que estás embarazada, ¡no fumes!
> ¿Sabías que tres de cada cuatro fumadores intentan dejar el cigarro alguna vez en su vida, y sólo 15 por ciento lo logra antes de los 60 años?
> El cigarro es malísimo, no importa cómo lo fumes, a menos que de plano sea de chocolate.

EN RESUMEN

Lo que el cigarro hace es envenenarte poco a poco. Te engancha sin que te des cuenta y la adicción es tan fuerte como la que genera la heroína, la cocaína, la marihuana o el alcohol.

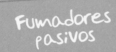

Fumadores pasivos

En un estudio realizado por la Agencia de Protección del Medio Ambiente de California, se llegó a la conclusión de que los fumadores pasivos (los que no fuman pero están cerca de alguien que sí lo hace) están expuestos a la mayoría de los riesgos de los fumadores. Esta información, con los riesgos directos de fumar, ha hecho que más de 50 países en el mundo tengan leyes antitabaco, que se eliminen los anuncios de cigarros en los medios masivos (televisión, radio, etcétera), y que todas las cajetillas deban traer una leyenda del fabricante donde se afirme que "fumar es nocivo para la salud y puede producir cancer, además de fotos súper heavys sobre la situación".

En México, la ley antitabaco que consiste en la prohibición de fumar en espacios cerrados de acceso público, entró en vigor el 1 de julio de 2009.

CENTRO DE APOYO

INSTITUTO NACIONAL DE
ENFERMEDADES RESPIRATORIAS
Calzada de Tlalpan, 4052, Col. Sección xul,
14080 México D.F.
(01 55) 55-54-87-17-00

LA CAFEÍNA

También recuerda que el café, aunque parezca inofensivo, puede ser peligroso si se consume en grandes cantidades. Si una persona se avienta entre 15 y 20 tazas diarias, tendrá un daño comparable al que provocan estimulantes como la cocaína. Está fuerte, ¿no? Según varios estudios, tomar entre dos y siete tazas diarias de café puede provocar ansiedad, mareo, náusea, dolor de cabeza, tensión muscular, trastornos del sueño y arritmia cardiaca. Tomar más de siete tazas diarias puede causar además una reacción parecida a un ataque de pánico (incluyendo síntomas como delirio), así como sueño, zumbido en los oídos, diarrea, vómito, dificultad al respirar y, en caso de sobredosis, convulsiones.

Provoca tolerancia si se consumen cuatro tazas diarias durante cuatro días consecutivos. Ten mucho cuidado con la cantidad de café que tomas porque las broncas de salud que puede ocasionar son serias. ¡No te confíes! Aunque parezca frase de abuelita, más vale ser moderada o mejor tomar los descafeinados.

EL ALCOHOL

Cuando estás en la adolescencia tienes curiosidad por saber qué se siente ponerte happy con unos chupes. Quizá has bebido algunos drinks a escondidas; o tus papás te dan permiso de tomar en ocasiones importantes, o tal vez has ido más allá y el alcohol es tu gasolina para estar en la fiesta.

El asunto es que tomar es un arma de doble filo; si lo haces con responsabilidad puedes disfrutarlo y no tener ningún problema; sin embargo, si lo haces a lo loco puedes buscarte muchas broncas y hasta convertirte en adicta más rápido de lo que te imaginas.

Por eso, mejor échale un ojo a este capítulo antes de que te lleves mejor con las micheladas que con tus amigas.

Las niñas y el alcohol

"No manches, ¡qué peda me puse anoche! Ja, ja, ja. ¿Viste a fulanita vomitando en el baño? Estaba ahogada. ¡Pásame una chela que estoy súper cruda! Todavía sigo mareada."

Al tomar el sol en una playa de la Riviera Maya, mientras trato de concentrarme en el libro que leo, no puedo dejar de escuchar las frases anteriores que vienen de un grupito como de cinco niñas con bikinis muy modernos que, poniéndose bronceador, se instalan junto a nosotros. Volteo a verlas y no pasan de 15 o 16 años. Se ven bonitas y con clase, como si fueran educadas en un buen colegio; de no verlas, dudaría que los comentarios los hicieron ellas.

Antes, tomar unos drinks al grado de ponerse jarrísima era algo que por lo general veías entre los hombres. Ahora, cada día es más común que las niñas beban igual o más que los niños. Por eso decidimos incluir este capítulo, pues si estás informada tomarás una decisión responsable. GABY

Nuevas sensaciones

Parte del asunto de crecer es enfrentarnos a la inevitable presencia del cigarro, el alcohol, las drogas y otras sustancias que alteran nuestra mente y nuestro estado de ánimo (las fiestas y los antros más bien parecen buffets de todo esto; los chefs serían los cantineros de la barra o los dealers).

Cuando eres adolescente experimentas un poco de libertad fuera de la casa y si estás lejos del cuidado de tus papás, quieres probar y probarte. La mayoría tomamos cerveza, le damos el golpe a un cigarro, ignoramos una orden o descubrimos el faje, un beso o el sexo. Experimentar nuevas y maravillosas sensaciones nos llama la atención. A muchos, que hoy somos adultos, también nos pasó y lo comprendemos. ¡Es lo más natural!

Algunos efectos del chupe

¡GRACIAS MÉXICO!

- A muchos, tomar un chupe los hace sentir a gusto, los estimula y les da confianza en sí mismos. (¿Quién no ha visto al típico borracho que se siente el artista famoso y baila hasta los pasos del cantante que le gusta?)
- En 5 o 10 minutos el alcohol pasa de tu intestino al torrente sanguíneo. Su efecto puede durar varias horas dependiendo de la cantidad, de lo rápido que lo ingieres y de tu tamaño corporal. Con frecuencia, sientes que te mareas y tus reacciones se entorpecen mientras el alcohol sale de tu cuerpo.
- Al día siguiente te levantas con dolor de cabeza, resaca, cruda o como le quieras decir; el asunto es que no te la acabas. De hecho, si no supieras que se trata de la cruda, le pedirías a tus papás que te llevaran ¡al hospital!

COSAS QUE HACEN QUE SE TE SUBÁ MAS

- Estómago vacio.
- Estar en tus días.
- Estar muy estresada o cansada.
- Tomar muy rápido (con popote es pésimo).
- Estar muy contenta o muy triste.
- Y por supuesto, que tu deporte favorito sea jugar a los "shots".

¿CUÁNTO ALCOHOL TIENE LO QUE ME ESTOY TOMANDO?

Una cerveza	5%
Vino de mesa	12%
Tequila, whisky, vodka, ron y ginebra	40%
Frutsis, chaparritas, pau pau y boing	0%

RIESGOS

- Cuando tomas alcohol hasta perderte, además de que todo mundo te va a traer de bajada (incluyendo a los mismos que te dieron los shots) y que puedes terminar cantando "Oaxaca" en el baño, puedes ponerte en peligro. Esto sucede cuando consumes un buen y muy rápido.
- Si alguna vez te toca ver que un amigo o amiga está inconsciente por haberse intoxicado con alcohol y no lo pueden despertar o tiene dificultad para respirar, pide ayuda de inmediato y acuéstalo de lado. Una persona inconsciente puede ahogarse con su propio vómito.

- Tomar en exceso traiciona la memoria (aguas, no le vayas a decir a tu novio el nombre de tu ex), la atención, la capacidad de solucionar problemas, la concentración, la coordinación y el equilibrio. Así que ni de broma se te ocurra manejar. Si eres de las que les da miedo el alcoholímetro que en algunas ciudades opera, espérate a que te digamos algo que te va a dar mucho más miedo: en México, la causa número uno de muerte en adolescentes, es por manejar en estado de ebriedad. ¡Imagínate lo cañón del asunto!, para que te des una idea, de cuatro a seis chupes en una adolescente promedio, aumenta 50 veces el riesgo de un accidente en el coche. Así que háblale a tus papás, pide un taxi, un Uber, que te lleve un amigo conocido, o quédate a dormir en casa de una amiga, pero ni de broma manejes ebria.

- También tomar en exceso puede causar falta de apetito (a menos que sean los jochos a la salida del antro), falta de vitaminas, problemas estomacales y de la piel, impotencia sexual, daño al hígado, al páncreas, al corazón y al sistema nervioso central.

- Además, piensa: ¿quién va a querer algo en serio con una niña borracha?

EN LA MUJER

- El alcohol se le sube más rápido a las mujeres que a los hombres; después de tomar la misma cantidad (por más que bailes más que ellos, ése no es pretexto), tu nivel de alcohol puede ser de 25 a 30 por ciento más alto, así que ni intentes competir o seguirles el paso a esas bestias. Esto sucede, en parte, porque las mujeres son más pequeñas y producen menos enzimas de las que metabolizan el alcohol.

- Las mujeres son más vulnerables a los efectos negativos del alcohol en el corto y largo plazo. Después de tomar la misma cantidad de alcohol que un hombre, la habilidad de ella para determinar el riesgo de una situación como "¿Puedo manejar?", "¿Me debo ir a la cama con él?", "¿Debe usar condón?", también baja, y un buen.

- Piensa que entre más alcohol consume una mujer, lamentablemente aumentan más las posibilidades de que sea violentada sexualmente.

- ¿Sabías que tomar puede causar daños serios y permanentes en un bebé que aún no nace? Si sospechas que estás embarazada, ino tomes ni de broma!

EN LA ADOLESCENCIA

- Como tu cerebro no acaba de desarrollarse sino hasta los 20 años, iaguas!, éste puede ser más vulnerable a los daños del alcohol que un cerebro bien formado.

RIESGOS GENÉTICOS

- Si tienes un papá o una mamá alcohólica, el riesgo de caer en el alcoholismo es mayor que el de alguien que no tiene ese problema en su familia. Si tienes un pariente cercano alcohólico es muy importante que tomes decisiones inteligentes respecto al alcohol, por más que hagas como que no lo conoces.

- Aunque no lo creas, en el fondo todos respetan a una persona que se atreve a ser ella misma y no sigue como borrego lo que los demás hacen.

- Toma buenas decisiones, no dejes que tus amigas o amigos te presionen para que tomes. Cuando tomas no pareces más grande, más sexy ni más madura: al contrario; dejar de tomar cuando tú crees adecuado, demuestra que eres una mujer inteligente. Y de eso nunca te arrepentirás.

- Si tienes broncas más serias con el alcohol o conoces a alguien con este problema y quieres ayudarlo, consulta las secciones "Una noticia buena y una mala" y "Mi amigo es adicto, ¿qué hago?"

Drogas ilegales

"Necesito 20 tachas de las más fuertes que tengas, porfis, porque me voy a Vallarta con mis amigos", le digo al dealer cuando voy a verlo a su casa.

Son las 10 de la noche y estamos cinco amigos y yo, cada uno con su tacha en la mano, listos para meternoslas y echarnos a la alberca. Me meto la tacha a la boca y la trago con un vodka. Pasa media hora y no me hace efecto. Después supe que era por el alcohol. Yo fui quien las compró así que tengo el control y, sin que los demás se den cuenta, me tomo otra a ver si así ya me hace algo porque ellos están "puestos" y yo no; la neta, me da coraje.

¡Uf! Ahora sí ya me está pegando, veo como si estuvieran cayendo estrellas del cielo, mis ojos se mueven a mil por hora, las luces se ven súper brillantes y chiquitas. De pronto, me invade una sensación de completo bienestar.

Todo es tan lento y armónico. Qué a gusto me siento, ¡no lo puedo creer! Amo el universo, se esfumaron los pedos, las preocupaciones y las deudas. No quiero que esto termine nunca.

Necesito otra, ya pasó hora y media y el efecto también; ahora me voy a tomar dos para lograr un efecto doble. Sólo pienso en eso, en el efecto, no me importa lo que me pueda pasar; dicen que las tachas fríen el cerebro pero estoy de vacaciones con mis amigos, ¿qué puede suceder? Nada, a mí nunca me pasa nada.

Las cuatro de la mañana, llevo seis tachas y dos churros, me duele horrible la cabeza y tengo miedo de salirme de la alberca, estoy angustiada, paranoica, veo sombras que caminan, mis amigos ya se quieren ir a dormir y yo sólo pienso en tomarme otras dos o tres tachas para ver si así se me quita el miedo; sin embargo, sé que el miedo será mayor. De todas maneras me las tomo.

La cruda es de terror, tiemblo, me da una depresión horrible, ataques de pánico, convulsiones, paranoia y hasta pienso en el suicidio.

LAURA

Laura está ahora en rehabilitación y tiene 27 años. Desde los 16 años se hizo adicta a todo tipo de drogas. Con una honestidad que agradecemos, ofrece su testimonio para prevenir a otros jóvenes de caer en esa promesa de paraíso transformada en una gran pesadilla, y que puede desembocar en la muerte.

LAS TACHAS

¿QUÉ SON?

También conocidas como éxtasis; son pastillas de una sustancia llamada metilenedioximetanfetamina, pero como no es trabalenguas, mejor MDMA. Pueden encontrarse en forma de cápsula o polvo. Se distribuyen en las fiestas, raves, festivales de música, antros, o donde sea que vaya un dealer a buscar clientes. Pueden tener nombres de marcas, películas, automóviles, etcétera. Los dealers suelen adulterarlas o mezclarlas con otras sustancias, haciéndolas más peligrosas.

EFECTOS

Puede pasar entre 30 minutos y dos horas antes de que empiece el efecto. El "viaje" dura entre dos y seis horas; te quita la pena y todo lo ves como que no hay bronca. Como provocan la apertura de los sentidos, aumentan la capacidad de recepción de manifestaciones artísticas como la música (o sea que vas a oir cada sonidito de una canción como si fueran campanadas de la catedral). A veces produce temblores, movimientos involuntarios de los ojos (así como si uno de ellos se fuera de vacaciones), pérdida de apetito, náusea y vómito.

RiESGOS

A la experiencia del "viaje" sigue el "bajón", una caída súper fuerte del estado de ánimo. Como el regreso a la realidad puede parecer muy duro, los consumidores quieren repetir el "viaje" lo antes posible. Los síntomas del "bajón" pueden durar días y hasta semanas. Meterle mucho o constantemente a las tachas ocasiona ataques de ansiedad y vértigo.

EXTRAS

Muchas veces, los dealers te regalan la primera tacha para que te enganches. Ni siquiera ellos saben lo que contienen; en algunas se ha encontrado hasta raticida. Si después de leer todo esto usas tachas, ahora sí que "tache".

LA MARIHUANA

¿QUÉ ES?

Es una planta conocida también como Cannabis (índica o sativa). Sus flores pueden fumarse o comerse (¡hay hasta pasteles, chocolates y brownies de marihuana!). Su primo hermano es el hachís, que también se fuma.

EFECTOS

Quienes la consumen se sienten relajados, olvidan sus problemas y sufren cambios en la percepción. Parece que el tiempo pasa más rápido o más lento según su estado de ánimo. En dosis altas puede alterar el sentido de la vista y producir alucinaciones.

RIESGOS

Baja la capacidad de concentración y memorización. Puede detonar enfermedades cardiacas y mentales en personas propensas. Ten mucho cuidado porque su consumo durante el embarazo aumenta el riesgo de dar a luz bebés de bajo peso.

EXTRAS

Hay quienes defienden a la marihuana más que a su mamá: "Es menos dañina que el alcohol", "Está comprobado que no es tan adictiva", "Es verde y el verde es vida". En fin, quien la consume va a decir cualquier cosa con tal de seguir haciéndolo. Pero aguas: un estudio sobre farmacodependencia realizado en México reveló que 36.4 por ciento de las personas que consumen drogas empezó con marihuana. Independientemente del asunto de la legalización, es una droga que, legal o ilegal, causa adicción y los expertos la consideran la principal entrada a las drogas.

LA COCAÍNA

¿QUÉ ES?

Es un polvo blanco extraído de la planta de coca. Habitualmente se inhala, aunque se puede inyectar o fumar. En este último caso se utiliza un derivado de la coca llamado crack o pasta base.

EFECTOS

El "viaje" es muy breve: dura entre 20 y 40 minutos, y si se fuma, alrededor de 15 minutos. Por eso, muchos consumidores quieren de volada otro "pericazo". Las sensaciones que produce son bienestar, falta de apetito, excitación sexual y euforia.

RiESGOS

Uno de los principales es que es súper adictiva. Los que usan cocaína tienen muchos problemas para abandonarla. La que se vende en la calle suele ser impura y más peligrosa: si se inyecta puede causar la muerte. Su inhalación ocasiona padecimientos nasales, mientras que fumar crack origina problemas de respiración. Puede provocar aceleración del ritmo cardiaco, ansiedad, mareo, paranoia y náuseas, así como conductas violentas (o sea que te pones medio loco) y hasta males psiquiátricos irreversibles.

EXTRAS

Los estudios revelan que inhalar cocaína durante el embarazo aumenta el riesgo de aborto y de nacimiento prematuro. También que sus efectos pueden transmitirse al bebé durante la lactancia, lo que le provoca irritabilidad y falta de apetito.

LAS ANFETAMINAS

¿QUÉ SON?

Son estimulantes físicos y mentales que se utilizan en tratamientos médicos pero pueden conseguirse de manera ilegal. Suelen encontrarse en forma de tabletas y cápsulas, aunque líquidas pueden inyectarse (si ves a alguien tratando de inyectarse una tableta, ¡es porque trae muy mal viaje!).

A las anfetaminas, metanfetaminas y otros estimulantes de estructura química parecida se les conoce también como speed.

EFECTOS

Las anfetaminas son de las drogas más peligrosas. Te sientes bien por momentos, se te quita el hambre y el sueño, sientes reseca la garganta, se te dilatan las pupilas y pierdes coordinación. Otras reacciones negativas son: paranoia, dolor de cabeza, taquicardia, diarrea, vértigo, mareos, temblores, impotencia sexual. En dosis altas pueden provocar convulsiones.

RIESGOS

Su consumo frecuente puede provocar malnutrición severa y daños cerebrales irreparables que afectan la capacidad de hablar y pensar. Quienes la consumen necesitan poco a poco dosis más altas para obtener los efectos deseados.

EXTRAS

Es posible que los hijos de mamás que consumen anfetaminas nazcan con defectos cardiacos, paladar hendido y otros problemas. La sobredosis puede provocar estado de coma o muerte.

LAS METANFETAMINAS

¿QUÉ SON?

Son estimulantes sintéticos también conocidos como speed, cristal, etcétera. Al igual que las anfetaminas, se recetan para uso médico pero se consumen ilegalmente. Se encuentran en forma de polvo blanco de sabor amargo, en pastillas, cápsulas o "cristales". Habitualmente se inhalan, aunque a veces se comen, fuman o inyectan.

EFECTOS

El "viaje" de metanfetaminas es del tipo de las anfetaminas. Generan un estado de alerta y euforia, y a veces tienen efecto relajante. Incrementan la presión sanguínea y la
temperatura de tu cuerpo, además provocan taquicardia.

RiESGOS

El consumo frecuente puede producir lo que se le conoce
como "psicosis anfetamínica", o sea que puedes sufrir paranoia, alucinaciones visuales y auditivas, irritabilidad, falta
de sueño y comportamiento errático y agresivo. Las metanfetaminas causan habituación psicológica y tolerancia;
son súper peligrosas, ya que sus consumidores pueden tener ataques de ansiedad por falta de la droga y, al mismo
tiempo, necesitar dosis más altas.

EXTRAS

Pueden afectar gruesísimo a personas con problemas cardiacos como hipertensión. Si se consumen durante el embarazo, el bebé puede nacer con problemas del corazón.

LSD

¿QUÉ ES?

Conocido como ácido o trippy, es un derivado de un hongo
que crece en el centeno. Se presenta en forma de pastillas
(microdots), en papelitos (blotters) o en líquido.

EFECTOS

Incremento del ritmo cardiaco y la presión arterial, respiración irregular, distorsión de los sentidos, alucinaciones,
cambio en la percepción de la realidad y confusión en el
tiempo y espacio.

RiESGOS

Desarrollo de rápida tolerancia, recurrencia de las alucinaciones días o semanas después, aún sin usar la droga; mal viajes donde la alucinación puede llevarte a niveles altísimos de angustia y accidentes.

Otras sustancias, primas de éstas y con las que también tienes que tener mucho cuidado porque alteran la percepción y la sensación de la realidad, son los **hongos** (derrumbes, pajaritos, san isidro), **peyote, ayahuasca y salvia**.

OTRAS DROGAS

Otras sustancias con las que debes tener cuidado son los opiáceos, derivados de la amapola. A diferencia de las anteriores, éstas son analgésicos y depresores del sistema nervioso. Entre ellas están la heroína y la morfina.

Nunca va a faltar gente que te ofrezca drogas ni oportunidades para tomarlas. La mejor forma de cuidarte es ponerte súper atenta: el mejor escudo contra las drogas eres tú.

Mi amigo es adicto, ¿qué hago?

Hacer que un amigo/a acepte su adicción es uno de los pasos más importantes y difíciles (sobre todo si es mega necio). Muchas veces no están preparados para aceptarlo. Tristemente, deben tocar fondo y darse cuenta por sí mismos.

En este caso, lo mejor es que le hagas saber que estás súper consciente de su adicción. Lo más probable es que no quiera saber de ti, al grado de que hasta quiera borrarte de sus contactos; no te preocupes, es normal.

Algo que parece horrible pero tienes que hacer, es comentarle a su familia sobre su adicción. La familia tendrá que trabajar el problema y buscar ayuda.

Ayúdalo al no ayudarlo

En caso de que tu amiga o amigo no reconozca su adicción, la mejor ayuda que pueden darle tú y su familia es dejarlo vivir las consecuencias de sus actos sin intentar salvarlo con acciones que lo perjudican, como prestarle dinero, sacarlo de problemas legales, encubrirlo, permitir que duerma en tu casa cuando se encuentra mal o tiene problemas familiares y cosas por el estilo. Aunque esto no significa que te valga lo que hace.

Una vez que toque fondo y reconozca su enfermedad, probablemente aceptará su adicción. Éste será el momento perfecto para buscar apoyo en una clínica, grupo de ayuda mutua u organización especializada.

Muchas veces los familiares o amigos son coodependientes del adicto, o sea "adictos al adicto", lo que significa que por lástima o amor, inconscientemente, lo ayudan a que no enfrente sus problemas y siga en drogas. En este caso es importante que la familia asista a un grupo de ayuda para resolver este problema.

Por otro lado, muchas personas no enfrentan la enfermedad de sus amigos, por miedo a perderlos. Al contrario, tienes una oportunidad de oro, porque cuando tu amiga o amigo se recupere, va a saber que de todos los que consideraba sus amigos, tú eras la única verdadera, la que realmente lo ayudó y eso los unirá para siempre.

Recuerda que sacarle la vuelta a una bronca como ésta es lo más sencillo; aplicarse y ayudar a alguien que tenga este problema sólo lo hace una verdadera amiga.

CENTROS DE APOYO

MONTE FÉNIX
(01 55) 56-81-30-11
info@montefénix.org.mx

CLÍNICAS CLAIDER
(01 55) 56-82-45-00
contabilidad@claider.org.mx

LA QUINTA SANTA MARÍA
(01 779) 79-60-506
quintasantamariacrea@
prodigy.net.mx

**CENTROS DE INTEGRACIÓN
JUVENIL**
(01 55) 52-12-12-12
cij@cij.gob.mx
www.cij.gob.mx

HACIENDA DEL LAGO
(01 800) 713-7144
www.haciendadellago.com.mx

FUNDACIÓN SAN JUAN
(01 55) 57-49-95-60
sanjuan@fundacionsanjuan.com

DROGADICTOS ANÓNIMOS
(01 55) 55-30-46-15
55-19-80-37
oficinacentral@drogadictosanonimos.org
secretarianacional@drogadictosanonimos.org

**CENTRO DE ATENCIÓN ESPECIALIZADO
EN DROGODEPENDENCIA**
(01 55) 56-74-91-12
caedro_ac@hotmail.com

CONCLUSIONES

Después de tantos *Quiúbole con...* tanto a ti como a nosotros nos queda súper claro que ser joven es muy divertido, pero no es tan fácil como mucha gente cree; son miles de cosas las que debes saber, decidir y enfrentar.

Esperamos que a lo largo de estas páginas te hayas reído, ligado a un galán (o mejor a varios), sentido más segura de ti, cortado al niño que no te late y que el descubrimiento de tu sexualidad haya sido una feliz y divertida experiencia.

Nuestro propósito es que *Quiúbole con...* sea un libro útil que te invite a analizar y discutir tus cambios físicos y emocionales. Sobre todo, debe ser tu cómplice, tu gran amigo que puedes consultar cuando lo necesites (este amigo siempre va a estar ahí).

Posiblemente no querías saber todo lo que leíste. Sin embargo, recuerda que un amigo que te quiere siempre te dice la verdad.

Lo que más deseamos es que con esta información disfrutes increíblemente esta etapa, que pasa más rápido de lo que crees y no se repetirá jamás en tu vida. Nadie más que tú puede decidir cómo será...

Así que, ¡goza, cuídate y disfruta al mil por ciento la vida!

Gaby y
Yordi

DEDICATORIA
GABY

Para Diego, Pablo, Toño, Emilio, Nicolás, Pablito, Valentina y Mateo: gracias por enseñarme a vivir y a disfrutar el instante...

Gaby

DEDICATORIA
YORDI

Quiero dedicarte este libro a ti, Rebeca, mi esposa, mi mejor amiga y mi cómplice en cada momento. Eres mi motivación. Te amo todo.

A ti, Reginita, que eres mi vida. Deseo con todo mi corazón que este libro te ayude a resolver algunos de tus problemas; y si las respuestas no están aquí, no te preocupes, me tendrás siempre a tu lado.

A ti, papá, por confiar siempre en mí y enseñarme tantas cosas.

A ti, hermana Heidi, por cuidarme siempre y darme tanto amor.

A ti, mami, porque tu forma de enfrentar la vida se convirtió en mi más grande ejemplo, y porque a pesar de que ahora ya no estamos juntos nunca me has soltado la mano... ¡Arriba y adelante!

Y, por supuesto, a Dios que me dio la gran oportunidad de vivir.

Yordi

GRACIAS
GRACIAS
GRACIAS A
NUESTRO EXCELENTE EQUIPO EDITORIAL:

Roberto Banchik
Ricardo Cayuela
Fernando Esteves
Patricia Mazón
César Ramos
Andrea Salcedo
David García
Diana Barreiro
Juan Carlos Valdivia
Adriana Beltrán
Orfa Alarcón
Dení Rico
Christian Michel
Infección Visual
Pilar Gordoa
Andrea Hernández
María de la Garza
Natalia Soto
Laura Aguilar
Eduardo Flores
Maru Lucero
Jesús Guedea
Alberto McLean y su equipo de redacción
Jesús Grajeda y su equipo
de ventas

No tenemos palabras para agradecerles todo su empeño, pasión y trabajo. Un millón de gracias por convertir lo que ya era GRANDE en algo GIGANTE.

A los expertos, por compartir sus conocimientos con nosotros:

Dr. Francisco R. de la Peña Olvera
Dr. Ramón Castro
Dr. Alfonso Castro
Dra. Julia Borbolla
Dr. Martín Tellich Vidal
Dra. María Esther Martínez Eroza
Dr. Luis Alfonso Reyes
Psic. Pilar del Olmo
Dr. Miguel Ortíz Monasterio
Dr. Gustavo Reyes Terán
Lic. Federico Cabrera
Dra. Adriana López García
Dr. Marco Antonio Pérez Cisneros
Dr. Manuel Sánchez Carmona
Dra. Kayros Vega
Dra. Connie Moreno
Dra. Laura Elliot R.
Dra. Guillermina Mejía
Francisco Ramos
Sra. Irma Miriam Jelinek de Anhalt
Luis Perelman
Lic. Alice Sutton
Psic. Pedro Sánchez
Luis Manuel Arellano
Gabriela Cámara
Patricia Moctezuma
Dra. Natalia Aguilar
Dr. Ramón Castro Vilchis
Dra. María Enriqueta Gómez
Dra. Atala Medina
Lic. Carlos M. Ochoa Sánchez
Dra. Marcela Ruelas
Dra. Perla Tavachnick
Lic. Irene Torices
Dr. Jorge Villavicencio
Andrea Vargas
Monte Fénix
FISAC
Eating Disorders México
Avalón

A nuestros amigos y colaboradores por sus ideas, críticas y aportaciones:

Armando Álvarez	Astrid Pieza
Cristian Álvarez	Belén Puente
César Arístides	Vicky Ramírez
Rocio Arocha	Adal Ramones
Josué Barredo	Cynthia Ramos
Adriana Beltrán	Alejandro Reséndiz
José Luís Caballero	Martha Reta
Tania Castillo	Roberto Ricalde
Armando Collazos	Jorge Rivas
Zara Campeán	Montserrat Rivera
Laura Carrisales	Rebeca Rodríguez
Rodrigo De Icaza	Heidi Rosado
Miriam Dueñas	Rebeca Rosado
Isabel Elorza	Elizabeth Rosales
Leonardo Ferrera	Jesús Sánchez
Manolo Fernández	Pedro Sánchez Paz
Jessica Galicia	Tatiana Schoeder
Laura García	Erika Schoeder
Guadalupe Gavaldón	Karina Simpson
Iliana Gómez	Raque Smeke
Mac-Kinney	Juan Soler
Raúl González	Eduardo Suárez
Pablo González Carbonell	Melva Solís Moreno Valle
Gabriela Gutiérrez	Raúl Solís Moreno Valle
Maggie Hegyi	Rocio Soubran
Vicente Herrasti	Ana Laura Suárez
Regina Kuri	Eduardo Suárez
Arnoldo Langner	Enrique Tadeo
Dolores Locken	Elena Trawitz
Maribel Martínez	Andrea Vargas
Denise Mendoza	Diego Vargas
Maki Moguilevsky	Ernesto Vargas
María Elena Páez de Almada	Jerónimo Vargas
María Padilla	Joaquín Vargas
Patricia Partida	Rodrigo Vargas
Eduardo Peniche	Florencia Zeivy
Verónica Perdomo	

Gracias también a todas las niñas que nos ayudaron a escribir este libro; es por eso que las consideramos "las otras autoras":

Layla Aguilar Delgado
Lourdes Aguilar Delgado
Linda Aguilar Delgado
Perla Alexander Enriquez
Mara Almada Páez
Mariel Almada Páez
Lucía Aznar
Andrea Berrondo
Pamela Berrondo
Regina Berrondo
Regina Blondón
Alejandra Bracho
Karla Breceda Elenes
Ana Julia Carbajal
Natalia Certuona
Catalina Coppel
Daniela Cordes
Marifer Ferrera
Denisse Ferrera
Sofía Díaz
Renata Flores Parra
Paola Gallo
Silvana Girón
Alejandra Gómez
Tete Gómez
Claudia Hidalgo Morando
Sandra Hijuelos Ortíz de la Peña
Becky Hinojosa
Katy Huttanus
Carmen Huttanus
Paulina Jackson
Jessica Jiméz Rico
Renata Juárez

Regina Karam
Regina Kuri
Andrea Ferrera
Valeria León Cavagna
Mariana López Ávila
Luz Maria Mier y Terán
Carlota Morales
Carolina Mosqueda Tapia
Fernanda Narro Canovas
Saraí Ojeda Sánchez
Verónica Pereyra
Marene Puente
Mónica Quiroz
Aline Ramírez
Paola Ramones
Melva Rangel Solís
Rebeca Rodríguez
Diana Rodríguez Martínez
Sandra Roldán
Alejandra Ruíz De Velazco
Erika Sada Beltrán
Erika Said
Regina Salazar
Itzel Santoyo Hernández
Frida Sayag
Rachel Sayag
Berenice Segovia García
Magüis Sosa
Michelle Torres Zetina
Angélica Valencia Rocha
Adriana Villaseñor
América Zepeda

Quiúbole con…mujeres de Gaby Vargas y Yordi Rosado
se terminó de imprimir en octubre de 2019
en los talleres de
Litográfica Ingramex S.A. de C.V.,
Centeno 162-1, Col. Granjas Esmeralda, C.P. 09810,
Ciudad de México.

a map of

Hope

a map of

Hope

women's writings
on human rights
—an international
literary anthology

edited by marjorie agosín

Rutgers University Press

New Brunswick, New Jersey, and London

Library of Congress Cataloging-in-Publication Data

A map of hope : women's writing on human rights : an international literary
  anthology / edited by Marjorie Agosín.
      p.   cm.
    ISBN 0-8135-2625-6 (cloth : alk. paper). — ISBN 0-8135-2626-4
  (pbk. : alk. paper)
    1. Human rights—Literary collections. 2. Women's rights—Literary
  collections. 3. Literature—Women authors. I. Agosin, Marjorie.
  PN6071.H784M37   1998
  808.8'0353—dc21   98-44985
                                                                          CIP

British Cataloguing-in-Publication data for this book is available from the British Library

contents

THREE: CHILDHOOD

FOUR: EXILES AND REFUGEES

Five: Domestic and Political Violence

Six: Resistance and Refusal

foreword

"... And only when the danger
was plain in the music could you know
their true measure of rejoicing in

finding a voice where they found a vision."

These lines from Eavan Boland's poem "The Singers" help us to understand the true value of this international literary anthology of women's writings on human rights. It holds the voices and visions of seventy-seven women
expressing with passion, courage and creativity their sense of human rights,
justice, and freedom. From the works of Nadine Gordimer, Marguerite Duras,
Barbara Kingsolver, Wislawa Szymborska, Aun San Su Kye and others, this
human geography of witness is a true map of hope for the twenty-first
century.

We need it!

The World Conference on Human Rights in 1993 set as a priority for governments and the United Nations the achievement of the full and equal en-
joyment by women of all human rights, the integration of human rights into
the United Nations system-wide action and the full participation of women as
both agents and beneficiaries of development. The Beijing Declaration and
Platform for Action reaffirmed that the human rights of women and girl children are an inalienable, integral, and indivisible part of universal human rights
and established a number of specific strategic objectives to ensure that women

enjoy their full human rights. It is clear that the practical realization of those objectives will present a very great challenge to all of us in the years ahead.

Women throughout the world have found that declarations and conventions are not enough to guarantee their human rights. Of the 1.3 billion people living in poverty 70 percent are women; the majority of the world's refugees are women; female illiteracy is invariably higher than male illiteracy; women and girl children are becoming commodities in cross-border prostitution rackets and the pornography industry. Women in every country are regular victims of domestic violence and every day women are targeted in armed conflicts. One of the starkest reflections of the low status accorded to women is the discrimination against them in the law. In many countries, women are not treated as equal to men—whether in property rights, rights of inheritance, laws related to marriage and divorce, or the rights to acquire nationality, manage property, or seek employment.

Fighting for women's human rights is a positive struggle which recognizes the quality of a woman's contribution to every aspect of the community. I am convinced that the best hope for realizing the human rights of women lies in the efforts of women themselves. On many occasions, I had the opportunity and the privilege to meet women living under difficult circumstances, committed to demonstrating that human rights principles belong to all and are compatible with diverse cultures and traditions. The solidarity of women with their sisters in other countries is a powerful force. It is the essence of this map of hope which I, for one, will bring with me on my travels and draw upon in my work. May it serve as an inspiration and source of strength to all human rights defenders.

Mary Robinson
United Nations High Commissioner for Human Rights

acknowledgments

I do not know how this book emerged, became a reality, and took shape in my hands and more so in my soul. Perhaps it happened in some distant past when my family and I prepared to leave Chile in a long and dark night of exile. I read the poems of Pablo Neruda, Gabriela Mistral, and Anna Akhmatova. I then understood that literature had the power to heal and to save. Perhaps at that particular moment I realized that literature was going to be my guide, my path as I left home. And it has come to be so. My years in the United States have allowed me to know more about the world because I live in this first world country and have access to, as well as knowledge of, all the abuses that take place in this land and others. *A Map of Hope* was born because of a passionate desire to bring to witness the atrocities faced by women since the beginning of the century—indeed, since the beginning of time. I also wanted to show through the voices of women throughout the world the power to heal through words as well as the power of resistance.

I am grateful to so many people who have supported me as I completed this anthology: my parents, who taught me about justice and consciousness; my children, who taught me about unconditional love; my colleagues at the Spanish department, who have allowed me to work and to nourish my creativity; and my students, who bring me into day-to-day contact with the tenacity of hope.

I want to especially thank Emi Kamura, my project assistant, who from the very beginning believed in this book and believed that we would be able to navigate through the convoluted world of permissions and inquiries about who owned what. Emi also gave me the calmness and the perspective to be able to finish this work.

I also want to thank all of the authors included in this anthology who so generously donated their work, who waived their fees, and to the publishing houses who also waived their fees. Special thanks go to the University of California Press, Curbstone Press, University of Georgia Press, University of Massachusetts Press, Harvard University Press, and the University Press of New England.

This book would not have been possible without the vision and inspiration of Leslie Mitchner, who read every work and discussed with me every single entry for this anthology. She had a tremendous belief in my work and in this anthology.

I must also thank Amnesty International for a grant that allowed me to pay the permission fees. My heartful thanks to Bill Schultz, Amnesty International, U.S.A.; and to Florinda Russo, deputy director of the Northeastern region, for their vision and hope, which has allowed this project to happen.

My thanks also go to Nancy Tierney for her careful suggestions of possible authors; to Carmen Larios for researching some of the biographies; to Joy Renjilian-Burgy for her help with the Middle Eastern contributors; to Joan Gillespie for her help in securing the permissions; and to Caroline Wright for her help with Indian writers.

Sites of horror can also be sites of hope. Auschwitz and Rwanda should be remembered for the possibility of goodness and truth amidst the horror. I am grateful to the sites of women's words and courage that have made this world into a true map of hope. I am also grateful for my family and my two children, who are my map of hope.

introduction

When I was a child, I would listen to certain stories told behind closed doors. They appeared to be barely whispers, low intonations of voices. My great-grandmother cried for her sisters, who perished in Auschwitz. At that time, Auschwitz was an unpronounceable word, yet it was very close to my history, my home, and my childhood. As time passed and my lucid yet turbulent childhood and adolescent years receded, I no longer feared the ghosts of my childhood, but I feared the voices of the grown-ups, when they approached the dangerous grounds of usurped memories, of lives violated and transplanted. We were Jews who had traveled from Nazi Europe to South America, a Catholic universe. The pervasive sense of being different, of being surrounded by other histories brought from various countries, was my first contact with literature. From the time I was young, I tried to write about those whispers and cries that lived behind the closed doors of our house. To write was to retake a past that did not belong to me but was mine nonetheless. If childhood left its mark on me as the granddaughter of those who survived the Holocaust, the decade of the 1970s also marked me as part of a generation of young Latin Americans who were exiled, who left the countries they had fought for in search of a more just domicile.

The Holocaust and my exile from Chile, the fact that I was once again a foreigner who did not speak the language —this time, in America—helped me become a writer, but it also helped me feel a great empathy for those with similar destinies, similar pasts replete with silences, doubts, and feelings of alienation. My activism in human rights was born from various conditions that came together: I was Jewish, female, and an exile.

This is how this anthology was born: I have carried inside me many of the voices that appear in *A Map of Hope*. In times of great emotional difficulty, of isolation, I would read the words of other women whose lives seemed like mine. I came to understand that all women share my history—due to abuse, solitude, political violence, sexual violence, and the terror that accompanies these experiences.

1998 marks more than fifty years gone by since the UN's Universal Declaration of Human Rights was declared as a general agreement among Western nations to take responsibility for the destiny of their citizens, especially in the wake of the atrocities of World War II and the Nazi genocide. Regardless of the fact that this declaration was ratified by most Western nations, these human rights have been violated systematically during this century in places like Eastern Europe, Africa, and Latin America. Citizens may wonder how meaningful this declaration is when countries do not respect these declarations and agreements, millions become exiles and refugees, and thousands are tortured. The universality of human rights is constantly undermined by governments that see human rights as secondary to economic and national security. This outlook poses fundamental concerns for women's rights and their relationship to the universality of human rights. Throughout history, women have had almost no chance to exercise their social and cultural rights.

In spite of the advances made in women's rights since 1993, when the UN World Conference on Women stated that the human rights of women and of girl children are inalienably and indivisibly a part of human rights, many world governments pay no attention to the severity of human rights violations that directly involve women, such as direct violence by the state, emotional and psychological violence in the nuclear family, sexual abuse and domestic violence, marital rape, and genital mutilation.

Domestic violence is undoubtedly the primary form of violence against women. In some countries, men have the legal right to beat their wives, and in many other countries domestic violence is not treated as a serious crime. Other forms of abuse are specifically abuses of women—for example, in India, dowry disputes or the ritual of *sati* (widow burning). According to Amnesty International, dowry deaths are also reported in Indian immigrant communities in other countries, and statistics show that the number of reported dowry deaths in 1997 was 4,785. As recently as 1993, 5,000 women were reported to have died in such circumstances.

Another important issue of gender and human rights is the practice of genital mutilation of girls, which now occurs in some twenty countries in Africa, Asia, and the Middle East, as well as in immigrant communities in Europe and the United States. Rape and emotional and psychological abuse have been part of systematic assaults on women. In addition, in both the public and private sectors, girls and women have been caught in the industry of sexual and domestic slavery.

Contrary to what I always thought, slave trade does not only involve Asian women. Some patterns of slave trade are due to economic insecurity. The market focuses on Moscow and Kiev, but it also runs east to Japan and Thailand, where thousands of women are enslaved. This terror reinforces the conditions that affect the human rights of women, who, out of economic desperation, are forced to attempt to survive by doing work that leads to prostitution and mental and physical abuse. According to some reports of the Israeli government, for example, many thousands of women who arrive in Israel from Ukraine disappear as soon as they disembark. A *New York Times* article opens with a chilling scene describing Irina who unknowingly responded to a classified ad in her town's newspaper that promised her financial prosperity.

> She was 21, self-assured and glad to be out of Ukraine. Israel offered her a new world and for a week or two everything seemed possible. Then one morning, she was driven to a brothel where her boss burned her passport before her eyes. "I own you," she recalled him saying. "You are my property and you will work until you earn your way out. Don't try to leave. You have no papers and you don't speak Hebrew. You will be arrested and deported. Then we will get you and bring you back." (*New York Times*, 14 June 1998, pp. 4–5)

This chilling account shows explicitly the relationship between human rights and the rights of women. It is just one piece of specific evidence of violations committed directly against women. Aside from the disappeared, the secretly imprisoned, and the mass-raped women of the world, our robust global economy is apparently up to a few tricks of its own. Trafficking in women is a kind of degradation of the relationship between gender and human rights, but another important variable concerns the relationship between gender and migration. In an important article entitled "The Transitions of Immigration," Carola Suárez Orozco points out that there has been little organized investigation into this situation, but that in general, women emigrate to accompany their husbands, who are escaping political persecution. Their emigration is linked to their affection for their partners, and thus, their other family ties are severed. Orozco concludes that:

> Gender is one of the many factors critical in understanding the immigration experience. However, much of the research on immigration has focused on economic, demographic and sociological factors of work. Very little has been written about the psychological and cultural aspects of immigration. The immigration literature has tended to take a male lens which focuses on the social role of the world of work. (David Rockefeller Center for Latin American Studies, Latin American Studies Newsletter, Harvard University, March 1997, pp. 10–12)

The extent of grave abuses against women throughout the world has prompted many nongovernmental organizations such as Amnesty International, as well as some grassroots movements, to seriously commit their efforts to ending all discrimination and violence against women and to consciousness-raising that will pressure governments and educate civilians on issues of gender and human rights.

This international anthology of women writers and human rights is, to my knowledge, the first to gather the creative, courageous, and committed efforts of women who, through their writing, have engaged in a profound affirmation of women's rights and, through their voices, have participated in the making and unmaking of histories of the world around them.

From the voice of Anna Akhmatova decrying the Stalinist terror to the writings of Nadine Gordimer, the verses of Adrienne Rich, and the diary of Anne Frank, this anthology explores the dimensions of terror and war, as well as the possibility of resistance and refusal amidst the darkness.

Central to the writings in this collection is the courageous effort of each author to create a literary and historical document that speaks of human beliefs, truths, and justice. Their work illuminates the visible as well as the invisible threads of women's histories. Their still small dissenting voices speak out against horror, and their eloquence and imagination speak about social justice through art. Their writing is thus not only an instrument of refusal, but a form of resistance to cultures of fear in which innocent victims—women—are regarded as nonbeings. They reject this status of non-beings and the act of writing becomes a ritual of grief, hope, and freedom.

Theodor Adorno wrote that it would be barbaric to write poetry after

Auschwitz and the damage that was done there to our sense of beauty. Then again, one can also ask: How can we *not* write and pronounce the anger we feel? It seems that, after all, literature grants us the ability to endure and encompass traumatic and horrifying events, to articulate them through writing and the evocative power of memory. While gathering these materials, I have found that writing evokes the universal possibility of surviving; that the voices of Anne Frank, Diana Der-Hovanessian, and Carolina María de Jesus speak to all readers. In the act of telling there is a spirit of survival.

Preparing the materials for *A Map of Hope* has been a surprisingly powerful experience for me. Voices, friendships, letters, and phone calls began to pour in from the most distant and the closest places. All of my correspondents wanted to collaborate, to help, and to tell me of writers I had not known about. This proved to me something I already knew: that literature really matters. It is a way of articulating the self, as well as the soul. A world without writers would be a world lingering in the shadows of silence. This is a collection of creative works into which are deeply woven the themes of human rights and the ways in which these rights—or their absence—affect the daily lives of women. Literature moves us, rescues us from oblivion, and makes us witnesses to our history, here written by the hands of women.

The six parts of *A Map of Hope* address specific issues linked to gender and human rights.

The first part, "War and Remembrance," discusses war as part of women's stories as well as the consequences of war's legacy—the destruction of the self, the dissolution of family and country, and the torture of entire families. Ferida Durakovic's poetry, for example, describes the total physical and spiritual devastation of countries at war.

Part two, "Imprisonment and Censorship," addresses the situation of women in prison, through the works of writers such as Nawal El Sa'adawi, who was arrested in Egypt for her feminist politics; Aung San Suu Kyi, the Nobel Peace Prize–winning activist under house arrest in Burma; and Charlotte Delbo, a French resistance fighter sent to Auschwitz.

Part three, "Childhood," addresses one of the most poignant issues of this anthology: the vulnerability of children, war's most innocent victims. We are carried to the horrific world of Auschwitz, where Nelly Sachs re-creates the voices of dead children, and to war-torn Greece, where Elsa Spartioti, as a child, attempted to understand political violence.

Part four, "Exiles and Refugees," explores the psychological impact on women on becoming refugees and living in exile. Almost 80 percent of all casualties of war involve civilian populations, mostly women and children. They suffer pain and loneliness, the loss of family and home, and the irreversible conditions of displacement, as they endure vulnerability and humiliation. The Japanese-American writers Hisaye Yamamoto and Mitsuye Yamada reveal what is seldom addressed in history books—the existence of internment camps within the United States during World War II. The difficulties of real, as well as invented, nostalgias are described through the voice of Bosnian writer Slavenka Drakulic; and the impossibility of return is portrayed by Alicia Nitecki of Poland. The central focus of the refugee experience is loss: separation, violence, the economic and political deprivation faced by women supporting entire families in nations that have collapsed; and life in territories controlled by soldiers who systematically rape defenseless women refugees.

Part five, "Domestic and Political Violence," addresses these key issues in detail. If displacement is an emblematic condition of women without homes, besieged by civil wars, grieving for family members who have disappeared, political violence is also a fundamental issue of gender and human rights. Domestic violence does not consist only of the physical abuse of women, but includes the voicelessness, due to poverty, to the economic disadvantages closely linked to the fact that they are female. Meena Alexander of India describes the violence felt by an outsider, a female immigrant; Maud Sulter of Ghana depicts her encounters with racial and gender violence; Carolyn Forché addresses this type of violence through the poignant and brutal image of a colonel who devours his own people; and Taslima Nassrin addresses the domestic violence of Islamic fundamentalism.

The mistreatment of women has made women activists attempt to redefine women's rights and their relationship to social and political rights in general, documenting as well as rethinking the particular dichotomies of the private and the public spheres. The concept of women's rights as human rights has allowed for the emergence of a new form of activism worldwide and a new culture of female political imagination and resistance within this theoretical framework that acknowledges the commonality of gender and human rights. This anthology attempts to contribute to this emerging dialogue.

The sixth and last part of this anthology, "Resistance and Refusal," exemplifies the courageous as well as tenacious pursuit of refusal and resistance, by which women say no to despair and fight through the nonviolent power of literature for a more peaceful and safer world for women and their children. It is precisely this resistance to despair that led Nadine Gordimer to fight against apartheid in her native South Africa; that inspired the Chilean Isabel Allende to write *The House of the Spirits*, defying the terror and horror of the Pinochet dictatorship; that led some to find solace, hope, and confidence in the healing and transcending power of literature, as portrayed in Agate Nesaule's "The Reciters." The constant intimidation of and accusations against women whose only crime has been the pursuit of justice and freedom are evoked throughout this book; they link political violence to our everyday lives.

Each poem in this anthology, as well as each memoir, fragment, or narrative, was born at a particular historical moment of exile, war, or imprisonment. All the writers included here have responded to what is essential to art: They create art despite trauma, no matter how heartbreaking. They constantly question the reality in which their texts were born, but above all, they make more beautiful, through words, the failure and pain of existence. These texts not only bear witness to human tragedy; they also present the human need for art—not only in order to survive, but as the only possibility for life. To quote Juan Gelman:

> Nothing human is alien to poetry. There are those who proclaim that poetry must be pure, that art must be pure, but that both must be able to talk about the misery of our humanity. These voices attempt to amputate the registry of poetic and artistic expression and consequently cut down the registry of human passion. Even if he wanted it to be that way, the poet or the artist cannot sustain his creation of reality. Like all the world he has been hurt by reality, from the outside, since his birth. The words have marked all of us forever and that wound will remain open until death. In essence, there is no reality without words, but there are words without reality even if they only exist to deny it. (From an unpublished paper, June 1996; reprinted by permission of the author.)

The writings in this anthology attempt to recover what has often been denied to us: life, love, affection, the possibility of living in our homeland, and freedom. Literature is then more than a witness to the passage of time and its shadows. It is a documentation of the experience of being human in times of adversity and resistance. From the prose of Matilde Mellibovsky, which describes the Plaza de Mayo, to the letters written by Ferida Durakovic in Bosnia during the war, to the fragments of Nuha Al Radi's diary in Iraq, literature binds the voices from the most diverse geographies, makes the experiences of women universal, and gives hope to future generations. Carolina María de Jesus's diary tells us about living in squalor in Brazil, and yet it speaks of hope; she knows she can find more paper to write on, and she writes, conscious of her legacy.

This anthology includes poems, diaries, fragments of novels, and testimonies of those who have resisted totalitarianism and fascism. They describe children for whom the idea of innocence does not exist; they give accounts of women living in exile, isolated from families and communities, empowered only by the language that brings them back home. This home is often a site that exists only in imagination, since their physical home has often been destroyed, and no belongings or tangible mementos remain. Writing, reciting, and speaking are ways to reinvent lost memories as well as the events that caused their destruction.

These writers put a face, an image, and a human dimension on dehumanization and give voice to the voiceless and visibility to what has always been invisible: torture and its sequelae of human rights violations. These women write not only to bear witness, they write to make the readers bear witness to this horror. They do not see writing as an aesthetic diversion; rather, their writing has a purpose: to create a literature of resistance and to bear witness. Such writing as Marguerite Duras's chronicle of the German occupation of Paris, as well as the physical abuse and mutilation of women in Bangladesh and India, described by Taslima Nassrin or Gītā Chattopādhyāy, lends new meaning to the term *resistance*.

This is a collection of voices that seek to acknowledge in literature the universal dimension of horror and its role in the lives of women. The organization of the individual parts focuses on specific goals rather than on specific countries.

The mosaic of voices in a global community of women writers presented here has created a literature of consciousness and of social justice. These voices are united by the universal dimensions of horror and deprivation, as well as a common struggle for social justice and solidarity. Every attempt has been made to include an array of women from a global scope, but this has not always been possible; for example, it has been very difficult to obtain the work of Algerian or African women. Nevertheless, this book goes beyond geographical and ethnic groups and tries to create a unified vision of the problems most relevant to women's struggle.

To my knowledge, this is the first anthology ever to be published that focuses on the way in which specifically women writers have spoken about human rights issues, in which the writers are themselves victims or survivors, or witnesses to their own cultural experience. Their testimony must be heard; it cannot be denied or silenced. From the profoundly moving *Diary of Anne Frank*, to the struggles of Carolina María de Jesus in the favelas of São Paulo, the reader will also become a witness to these acts of courage. The act of writing becomes an act of faith, survival, and transcendence.

This anthology presents the ways in which women writers have written with great lucidity and beauty about horrors they have experienced. Other writers have made an alliance with those witnesses, and they write without condescension or presumption, but out of solidarity and communal justice. This collection includes a myriad of writers who, through the symbolic power of words, have decided to make a difference, to weave poems, stories, letters, and memoirs that speak against tyranny, horror, and brutality.

The women writers who are gathered here speak for peace, justice, and social and political freedom. Each woman addresses fundamental aspects of human rights that have a particular relationship to women, and *A Map of Hope* is framed to address a variety of human rights issues that are linked to gender-based censorship.

The theme of exiles and refugees runs through these pages, but not as a separate category. It is rather a profound interconnection of voices and visions of women and children besieged by war, incarcerated, and living in labor camps. Agate Nesaule takes us into the life of a child in a labor camp, experiencing hunger, poverty, and the humiliations of war. Taslima Nassrin portrays domestic violence and links it to political violence. Slavenka Drakulic reminisces about the power of memory in the life of an exile.

The women in this anthology have woven a tapestry of images through the power of a pen and a scrap of paper. They resist authoritarianism, fascism, and censorship, and they engage the reader through the extraordinary power that literature and imagination have to create transcendent descriptions of fear, torture, disappearance, and despair—and ultimately love, hope, and renewal.

A Map of Hope is intended to reveal to the reader the powerful and global connection that has been an instrumental part of women's voices facing adversity, indifference, and political and domestic violence. These voices—from Baghdad to Amsterdam to Buenos Aires—bear witness to women's conditions, women's hopes, and the memories of these hopes. As Robin Morgan so clearly points out in *Sisterhood Is Global*, those who suffer most from the world's problems are women. "While women represent half the global population and one third of the labor force, they receive only one tenth of the world's income and own less than one percent of the world's property. They are also responsible for two thirds of all working hours" (Robin Morgan, Introduction, *Sisterhood Is Global* [The Feminist Press, 1996]). Two out of three of the world's illiterates are women; while the general level of literacy is increasing, the number of illiterate women is also increasing.

The pieces in this book acknowledge, describe, and celebrate the ways in which women have engaged in the aesthetic representation of gender and human rights: how they speak about evil, political truths, and untruths; how they represent their own vulnerability and subjectivity, and how they write about their own individual freedoms and social freedom. Many of the writers are constantly at risk, persecuted by family, state, government, or their imposed religion. For some of them, the language of poverty is a language of symbols and metaphors. Ultimately, all these writers search for a language that engages both themselves and the reader, as well as future generations. It is no coincidence that this anthology is being published in 1999, a year before the new century begins. In spite of all the horrors and devastation in so many countries, this is a book about hope. According to Nadine Gordimer, "This is a century where we are seeing an end to colonialism in South Africa and, to this I may add, the end of dictatorships in Latin America, but yet, there is Rwanda and the Balkans, wars and homelessness linked to domestic violence in the most wealthy nations of the world" (Nadine Gordimer, Introduction, *Writing and Being* [Harvard University Press, 1995]).

At times of great political repression, literature acquires a powerful function: It legitimizes artistic expression in a totalitarian society whose government prohibits this expression. Women writers, through their words and stories, manage to reaffirm what the greater society has denied. Paradoxically, if patriarchal societies have historically denied the presence of women writers, and also those who write about politics, the existence of extreme conditions due to political and civil violence has allowed these women writers to create and through their texts become visible. The Mothers of Plaza de Mayo, for example, took up public space that had been forbidden to them and gave it life through their search for their missing children. The woman's body has become a place of resistance but also a space that attempts to defy oblivion.

For the women whose writings are collected in these pages, literature alters life. Among the ruins of war or in concentration camps, people write. These writers are the voices that defy fear. As Aung San Suu Kyi says, "The acts of horrors are many times committed due to fear." To write under adversity is to actively resist pain and betrayal, but it is also a form of denying horror. In this anthology, some women have not suffered violations or exile, but they are women, and they are women with a conscience. The privilege of being white does not stop Nadine Gordimer from writing about colonial societies. The privilege of owning land and being educated does not stop Rosario Castellanos from meditating on the condition of the indigenous women of Chiapas. Each voice on this map is the voice of conscience.

A Map of Hope celebrates the UN Universal Declaration of Human Rights and joins the voices of women who for the past fifty years have spoken out in favor of justice, equality, and liberty and whose writings have given a conscience to all of us. *A Map of Hope* is a collection of extraordinary literary works—poems, essays, memoirs, and narratives—that speak of literary responsibility, as well as the vocation of writers who have themselves been victims of political and civil violence or who feel compelled to speak and write about it. The meaning of resistance here takes varied shapes and meanings. This book is intended above all to move, compel, and incite the reader into being there, into thinking: "This could happen to me." More than to convince or to reveal histories, ways of being and becoming, this collection seeks to stir the emotions through the vividness, beauty, and strength of these women's works. Their tenacity inspires us, in turn, to resist and to endure, and to write.

Universal Declaration of Human Rights

PREAMBLE

Whereas recognition of the inherent dignity and of the equal and inalienable rights of all members of the human family is the foundation of freedom, justice and peace in the world.

Whereas disregard and contempt for human rights have resulted in barbarous acts which have outraged the conscience of mankind, and the advent of a world in which human beings shall enjoy freedom of speech and belief and freedom from fear and want has been proclaimed as the highest aspiration of the common people.

Whereas it is essential, if man is not to be compelled to have recourse, as a last resort, to rebellion against tyranny and oppression, that human rights should be protected by the rule of law.

Whereas it is essential to promote the development of friendly relations between nations.

Whereas the peoples of the United Nations have in the Charter reaffirmed their faith in fundamental human rights, in the dignity and worth of the human person and in the equal rights of men and women and have determined to promote social progress and better standards of life in larger freedom.

Whereas Member States have pledged themselves to achieve, cooperation with the United Nations, the promotion of universal respect for and observance of human rights and fundamental freedoms.

Whereas a common understanding of these rights and freedoms is of the greatest importance for the full realization of this pledge.

Now, Therefore, The General Assembly proclaims THIS UNIVERSAL DECLARATION OF HUMAN RIGHTS as a common standard of achievement for all peoples and all nations, to the end that every individual and every organ of society, keeping this Declaration constantly in mind, shall strive by teaching and education to promote respect for these rights and freedoms and by progressive measures, national and international, to secure their universal and effective recognition and observance, both among the peoples of Member States themselves and among the peoples of territories under their jurisdiction.

Article 1. All human beings are born free and equal in dignity and rights. They are endowed with reason and conscience and should act towards one another in a spirit of brotherhood.

Article 2. Everyone is entitled to all the rights and freedoms set forth in this Declaration, without distinction of any kind, such as race, colour, sex, language, religion, political or other opinion, national or social origin, property, birth or other status. Furthermore, no distinction shall be made on the basis of the political, jurisdictional or international status of the country or territory to which a person belongs, whether it be independent, trust, non-self-governing or under any other limitation of sovereignty.

Article 3. Everyone has the right to life, liberty and security of person.

Article 4. No one shall be held in slavery of servitude; slavery and the slave trade shall be prohibited in all their forms.

Article 5. No one shall be subjected to torture or to cruel, inhuman or degrading treatment or punishment.

Article 6. Everyone has the right to recognition everywhere as a person before the law.

Article 7. All are equal before the law and are entitled without any discrimination to equal protection of the law. All are entitled to equal protection against any discrimination in violation of this Declaration and against any incitement to such discrimination.

Article 8. Everyone has the right to an effective remedy by the competent national tribunals for acts violating the fundamental rights granted him by the constitution or by law.

Article 9. No one shall be subjected to arbitrary arrest, detention or exile.

Article 10. Everyone is entitled in full equality to a fair and public hearing by an independent and impartial tribunal, in the determination of his rights and obligations and of any criminal charge against him.

Article 11. (1) Everyone charged with a penal offence has the right to be presumed innocent until proved guilty according to law in a public trial at which he has had all the guarantees necessary for his defence. (2) No one shall be held guilty of any penal offence of any act of omission which did not constitute a penal offence, under national or international law, at the time when it was committed. Nor shall a heavier penalty be imposed than the one that was applicable at the time the penal offence was committed.

Article 12. No one shall be subjected to arbitrary interference with his privacy, family, home or correspondence, nor to attacks upon his honour and reputation. Everyone has the right to the protection of the law against such interference or attacks.

Article 13. (1) Everyone has the right to freedom of movement and residence within the borders of each state. (2) Everyone has the right to leave any country, including his own, and to return to his country.

Article 14. (1) Everyone has the right to seek and to enjoy in other countries asylum from persecution. (2) This right may not be invoked in the case of prosecutions genuinely arising from non-political crimes or from acts contrary to the purposes and principles of the United Nations.

Article 15. (1) Everyone has the right to a nationality. (2) No one shall be arbitrarily deprived of his nationality nor denied the right to change his nationality.

Article 16. (1) Men and women of full age, without any limitation due to race, nationality or religion, have the right to marry and to found a family. They are entitled to equal rights as to marriage, during marriage, and at its dissolution. (2) Marriage shall be entered into only with the free and full consent of the intending spouses. (3) The family is the natural and fundamental group unit of society and is entitled to protection by society and the State.

Article 17. (1) Everyone has the right to own property alone as well as in association with others. (2) No one shall be arbitrarily deprived of his property.

Article 18. Everyone has the right to freedom of thought, conscience and religion; this right includes freedom to change his religion or belief, and freedom, either alone or in community with others and in public or private, to manifest his religion or belief in teaching, practice, worship and observance.

Article 19. Everyone has the right to freedom of opinion and expression; this right includes freedom to hold opinions without interference and to seek, receive and impart information and ideas through any media and regardless of frontiers.

Article 20. (1) Everyone has the right to freedom of peaceful assembly and association. (2) No one may be compelled to belong to an association.

Article 21. (1) Everyone has the right to take part in the government of his country, directly or through freely chosen representatives. (2) Everyone has the right of equal access to public service in his country. (3) The will of the people shall be the basis of the authority of the government; this will shall be expressed in periodic and genuine elections which shall be by universal and equal suffrage and shall be held by secret vote or by equivalent free voting procedures.

Article 22. Everyone, as a member of society, has the right to social security and is entitled to realization, through national effort and international co-operation and in accordance with the organization and resources of each State, of the economic, social and cultural rights indispensable for his dignity and the free development of his personality.

Article 23. (1) Everyone has the right to work, to free choice of employment, to just and favourable conditions of work and to protection against unemployment. (2) Everyone, without any discrimination, has the right to equal pay for equal work. (3) Everyone who works has the right to just and favourable remuneration ensuring for himself and his family an existence worthy of human dignity, and supplemented, if necessary, by other means of social protection. (4) Everyone has the right to form and to join trade unions for the protection of his interests.

Article 24. Everyone has the right to rest and leisure, including reasonable limitation of working hours and periodic holidays with pay.

Article 25. (1) Everyone has the right to a standard of living adequate for the health and well-being of himself and of his family, including food, clothing, housing and medical care and necessary social services, and the right to security in the event of unemployment, sickness, disability, widowhood, old age or other lack of livelihood in circumstances beyond his control. (2) Motherhood and childhood are entitled to special care and assistance. All children, whether born in or out of wedlock, shall enjoy the same social protection.

Article 26. (1) Everyone has the right to education. Education shall be free, at least in the elementary and fundamental stages. Elementary education shall be compulsory. Technical and professional education shall be made generally available and higher education shall be equally accessible to all on the basis of merit. (2) Education shall be directed to the full development of the human personality and to the strengthening of respect for human rights and fundamental freedoms. It shall promote understanding, tolerance, and friendship among all nations, racial or religious groups, and shall further the activities of the United Nations for the maintenance of peace. (3) Parents have a prior right to choose the kind of education that shall be given to their children.

Article 27. (1) Everyone has the right to freely participate in the cultural life of the community, to enjoy the arts and to share in scientific advancement and benefits. (2) Everyone has the right to protection of the moral and material interests resulting from any scientific, literary or artistic production of which he is the author.

Article 28. Everyone is entitled to a social and international order in which the rights and freedoms set forth in this Declaration can be fully realized.

Article 29. Everyone has duties to the community in which alone the free and full development of his personality is possible. (2) In the exercise of his rights and freedoms, everyone shall be subject only to such limitations as are determined by law solely for the purpose of securing due recognition and respect for the rights and freedoms of others and meeting the just requirements of morality, public order and the general welfare in a democratic society. (3) These rights and freedoms may in no case be exercised contrary to the purposes and principles of the United Nations.

Article 30. Nothing in this Declaration may be interpreted as implying for any State, group or person any right to engage in any activity or to perform any act aimed at the destruction of any of the rights and freedoms set forth herein.

a map of
Hope

War and Remembrance

Wind and Widow

Lê Thi Mây

Wind widow willowy
off the arms of dawn and grass
full-chested breath
after so much lovemaking in the night

patches of cloud-clothes discarded in the air
lipstick
sunrise
facial cream
aroma moon of the fourteenth day

wind widow after each makeup
backward glances to another time of sadness and laughter

grass
and dawn rises trembling
separated from wind after lovemaking
all night

                        . . .

wind elegiac-wind
strands of hair from women who died in the bombing
strands of hair from widows who raised orphaned children
the war after ten years have passed—

The Son of Man

Natalia Ginzburg

There has been a war and people have seen so many houses reduced to rubble that they no longer feel safe in their own homes which once seemed so quiet and secure. This is something that is incurable and will never be cured no matter how many years go by. True, we have a lamp on the table again, and a little vase of flowers, and pictures of our loved ones, but we can no longer trust any of these things because once, suddenly, we had to leave them behind, or because we have searched through the rubble for them in vain.

It is useless to believe that we could recover from twenty years like those we have been through. Those of us who have been fugitives will never be at peace. A ring at the door-bell in the middle of the night can only mean the word "police" to us. And it is useless for us to tell ourselves over and over again that behind the word "police" there are now friendly faces from whom we can ask for help and protection. This word always fills us with fear and suspicion. When I look at my sleeping children I think with relief that I will not have to wake them and run off into the night. But it is not a deep, lasting relief. It always seems to me that some day or other we shall once again have to get up and run off in the middle of the night, and leave everything—the quiet rooms, our letters, mementoes, clothes—behind us.

Once the experience of evil has been endured it is never forgotten. Someone who has seen a house collapse knows only too clearly what frail things little vases of flowers and pictures and white walls are. He knows only too well what a house is made of. A house is made of bricks and mortar and can collapse. A house is not particularly solid. It can collapse from one moment to the next. Behind the peaceful little vases of flowers, behind the teapots and carpets and waxed floors there is the other true face of a house—the hideous face of a house that has been reduced to rubble.

We shall not get over this war. It is useless to try. We shall never be people who go peacefully about their business, who think and study and manage their lives quietly. Something has happened to our houses. Something has happened to us. We shall never be at peace again.

We have seen reality's darkest face, and it no longer horrifies us. And there are still those who complain that writers use bitter, violent language, that they write about cruel, distressing things, that they present reality in the worst possible light.

We cannot lie in our books and we cannot lie in any of the things we do. And perhaps this is the one good thing that has come out of the war. Not to lie, and not to allow others to lie to us. Such is the nature of the young now, of our generation. Those who are older than us are still too fond of falsehoods, of the veils and masks with which they hide reality. Our language saddens and offends them. They do not understand our attitude to reality. We are close to the truth of things. This is the only good the war has given us, but it has given it only to the young. It has given nothing but fear and a sense of insecurity to the old. And we who are young are also afraid, we also feel insecure in our homes, but we are not made defenceless by this fear. We have a toughness and strength which those who are older than us have never known.

For some the war started only with the war, with houses reduced to rubble and with the Germans, but for others it started as long ago as the first years of Fascism, and consequently for them the feeling of insecurity and constant danger is far greater. Danger, the feeling that you must hide, the feeling that—without warning—you will have to leave the warmth of your bed and your house, for many of us all this started many years ago. It crept into our childish games, followed us to our desks at school and taught us to see enemies everywhere. This is how it was for many of us in Italy, and elsewhere, and we believed that one day we would be able to walk without anxiety down the streets of our own cities, but now that we can perhaps walk there without anxiety we realize that we shall never be cured of this sickness. And so we are constantly forced to seek out a new strength, a new toughness with which to face whatever reality may confront us. We have been driven to look for an inward peace which is not the product of carpets and little vases of flowers.

There is no peace for the son of man. The foxes and the wolves have their holes, but the son of man hath not where to lay his head. Our generation is a generation of men. It is not a generation of foxes and wolves. Each of us would dearly like to rest his head somewhere, to have a little warm, dry nest. But there is no peace for the son of man. Each of us at some time in his life has had the illusion that he could sleep somewhere safely, that he could take possession of some certainty, some faith, and there rest his limbs. But all the certainties of the past have been snatched away from us, and faith has never after all been a place for sleeping in.

And we are a people without tears. The things that moved our parents do not move us at all. Our parents and those older than us disapprove of the way we bring up our children. They would like us to lie to our children as they lied to us. They would like our children to play with woolly toys in pretty pink rooms with little trees and rabbits painted on the walls. They would like us to surround their infancy with veils and lies, and carefully hide the truth of things from them. But we cannot do this. We cannot do this to children whom we have woken in the middle of the night and tremblingly dressed in the darkness so that we could flee with them or hide them, or simply because the air-raid sirens were lacerating the skies. We cannot do this to children who have seen terror and horror in our faces. We cannot bring ourselves to tell these children that we found them under cabbages, or that when a person dies he goes on a long journey.

There is an unbridgeable abyss between us and the previous generation. The dangers they lived through were trivial and their houses were rarely reduced to rubble. Earthquakes and fires were not phenomena that happened constantly and to everyone. The women did their knitting and told the cook what to make for lunch and invited their friends to houses that did not collapse. Everyone thought and studied and managed his life quietly. It was a different time and probably very fine in its way. But we are tied to our suffering, and at heart we are glad of our destiny as men.

The War

Marguerite Duras

April 20

Today's the day when the first batch of political deportees arrives from Weimar. They phone me from the center in the morning. They say I can come, the deportees won't be there till the afternoon. I go for the morning. I'll stay all day. I don't know where to go to bear myself.

Orsay.[1] Outside the center, wives of prisoners of war congeal in a solid mass. White barriers separate them from the prisoners. "Do you have any news of so and so?" they shout. Every so often the soldiers stop; one or two answer. Some women are there at seven o'clock in the morning. Some stay till three in the morning and then come back again at seven. But there are some who stay right through the night, between three and seven. They're not allowed into the center. Lots of people who are not waiting for anyone come to the Gare d'Orsay, too, just to see the show, the arrival of the prisoners of war and how the women wait for them, and all the rest, to see what it's like; perhaps it will never happen again. You can tell the spectators from the others because they don't shout out, and they stand some way away from the crowds of women so as to see both the arrival of prisoners and the way the women greet them. The prisoners arrive in an orderly manner. At night they come in big American trucks from which they emerge into the light. The women shriek and clap their hands. The prisoners stop, dazzled and taken aback. During the day the women shout as soon as they see the trucks turning off the Solferino Bridge. At night they shout when they slow down just before the center. They shout the names of German towns: "Noyeswarda?"[2] "Kassel?" Or Stalag numbers: "VII A?" "III A Kommando?" The prisoners seem astonished. They've come straight from Le Bourget airport and Germany. Sometimes they answer, usually they don't quite understand what's expected of them, they smile, they turn and look at the Frenchwomen, the first they've seen since they got back.

I can't work properly;[3] of all the names I record none is ever his. Every five minutes I want to give it up, lay down the pencil, stop asking for news, leave the center for the rest of my life. At about two in the afternoon I go to ask what time the convoy from Weimar arrives. I leave the circuit and look for someone to ask. In a corner of the main hall I see about ten women sitting on the floor and being addressed by a colonel. I go over. The colonel is a tall woman in a navy blue suit with the cross of Lorraine in the lapel. Her white hair has been curled with tongs and blue-rinsed. The women look at her. They look harassed, but listen open-mouthed to what she says. The floor around them is littered with bundles and cases tied with string. A small child is sleeping on one of the bundles. The women are very dirty and their faces look tired and shocked. Two of them have enormous bellies. Another woman officer stands nearby, watching. I go over and ask her what's going on. She looks at me, lowers her eyes, and says delicately, "STO volunteers."[4] The colonel tells them to get up and follow her. They rise and follow her. The reason they look so frightened is that they've just been booed by the wives of the prisoners of war waiting outside the center. A few days ago I saw some other STO volunteers arrive. Men, this time. Like the other men they were smiling when they arrived, but gradually they realized and then their faces too looked shocked. The colonel points to the women and asks the young woman in uniform who's just told me who they are, "What are we supposed to do with them?" The other one says, "I don't know." The colonel must have told them they were scum. Some of them were crying. The pregnant ones stare into space. The colonel has told them to sit down again. They sit down. Most of them are factory workers, their hands blackened by the oil of German machinery. Two of them are probably prostitutes, their faces are made up and their hair dyed, but they also must have worked with machinery, they've got the same grimy hands as the others. A repatriation officer comes up. "What's all this?" "STO volunteers." The colonel's voice is shrill, she turns toward the volunteers and threatens, "Sit down and keep quiet . . . Do you hear? Don't think you're just going to be let go . . ." She shakes her fist at them. The repatriation officer goes over to the bunch of volunteers, looks at them, and there, right in front of them, asks the colonel, "Do you have any orders?" The colonel: "No, do you?" "Someone mentioned six months' detention." The colonel nods her beautiful curly head: "Serve them right . . ." The officer blows puffs of smoke—Camels—over the bunch of volunteers, who've been following the conversation with eyes wild with apprehension. "Right!" he says, and goes off, young, elegant, a born horseman, his Camel in his hand. The volunteers watch, looking for some indication of the fate awaiting them. There is none. I stop the colonel as she makes off. "Do you know when the convoy from Weimar arrives?" She gives me a searching look. "Three o'clock," she says. She goes on looking at me, weighing me up, and says with just a touch of irritation, "No point in cluttering up the place waiting. It'll only be generals and prefects. Go home." I wasn't expecting this. I think I insult her. I say, "What about the others?" She bridles. "I can't stand that kind of attitude! Go and complain somewhere else, my dear." She's so indignant she goes and tells a small group of other women in uniform, who listen, are also indignant, and look at me. I go up to one of them and say, "Isn't *she* waiting for anyone?" The woman looks at me, scandalized, and tries to calm me down. She says, "The poor thing's got so much to do, her nerves are in shreds." I go back to the Tracing Service at the end of the circuit. Soon afterward I go back to the main hall. D.'s⁵ waiting for me there with a forged pass.

About three o'clock there's a rumor: "They're here." I leave the circuit and station myself at the entrance to a little passage opposite the main hall. I wait. I know Robert L. won't be there. D. is beside me. His job is to go and question the deportees to find out if they know Robert L. He's pale. He doesn't pay any attention to me. There's a great commotion in the main hall. The women in uniform fuss around the volunteers and make them sit on the floor in a corner. The main hall is empty. There's a pause in the arrivals of prisoners of war. Repatriation officers go back and forth. The loudspeaker has stopped too. I hear people saying, "The minister," and see Frenay among the officers. I'm still standing at the entrance to the little corridor. I watch the entrance. I know Robert L. can't possibly be there. But perhaps D. will manage to find out something. I don't feel well. I'm trembling, cold. I lean against the wall. Suddenly, there's a hum of voices: "Here they are!" Outside, the women haven't shouted. They haven't applauded. Suddenly, two scouts emerge from the passage carrying a man. He has his arms around their necks. They've joined hands to support his legs. He's in civilian clothes, shaven, he appears to be in great pain. He's a strange color. He must be crying. You couldn't say he's thin, it's something else—there's so little of him left you wonder if he's really alive. But no, he is alive, his face is convulsed by a terrifying grimace. He doesn't look at anything. Not at the minister, not at the hall, not at the flags—nothing. The grimace may be a laugh. He's the first deportee from Weimar to arrive at the center. Without realizing it I've moved forward, I'm in the middle of the hall with my back to the loudspeaker. Two more scouts come in carrying another, an old man. Then another ten or eleven arrive. These appear to be in better condition, they can walk, with help. They're installed on garden benches that have been set out in the hall. The minister goes over to them. The second one to arrive, the old man, is weeping. You can't tell if he's as old as all that, he may be only twenty, you can't tell his age. The minister comes over, takes off his hat, goes up to the old man, holds out his hand. The old man takes it, but doesn't know it's the minister's. A woman in a blue uniform bawls at him: "It's the minister! He's come to meet you!" The old man goes on crying, he hasn't even looked up. Suddenly I see D. sitting down beside him. I'm very cold, my teeth are chattering. Someone comes up to me: "Don't stay here, there's no point, it's making you ill." I know him, he's a fellow from the center. I stay. D. has started to talk to the old man. I go over it all quickly in my head. There's one chance in ten thousand the old man might have met Robert L. In Paris they're beginning to say the army has lists of survivors from Buchenwald. Apart from the old man crying and the rheumatics, the others don't seem in too bad condition. The minister's sitting with them, as are the senior officers. D. talks to the old man at length. I don't look at anything but D.'s face. I feel this is taking a very long time. I move very slowly toward the bench, into D.'s field of vision. He notices, looks at me, and shakes his head to signify, "No, he doesn't know him." I move away. I'm very tired, I feel like lying down on the ground. Now the women in uniform are bringing the deportees mess tins. They eat, and as they eat they answer questions. What's so remarkable is that they don't seem interested in what's said to them. I'll find out next day from the papers that among these people, these old men, are General Challe; his son Hubert Challe, who had been a cadet at Saint-Cyr and who was to die that night, the night of his arrival; General Audibert; Ferrière, head of the state tobacco industry; Julien Cain, director of the Bibliothèque Nationale; General Heurteaux; Marcel Paul; Professor Suard of the faculty of medicine at Angers; Professor Richet; Claude Bourdet; the brother of Teitgen, the minister of information; Maurice Nègre; and others.

I leave the center at about five in the afternoon and go home along the river. The weather's fine, it's a lovely sunny day. I can't wait to get back, to shut myself up with the telephone, be back again in the black ditch. As soon as I leave the embankment and turn into the rue du Bac, the city is far away again and the Orsay center vanishes. Perhaps he will come back after all. I don't know any more. I'm very tired. I'm very dirty. I've been spending part of the night at the center, too. I must make up my mind to take a bath when I get in, it must be a week since I stopped washing. I feel the cold so badly in the spring, the idea of washing makes me shudder, I have a sort of permanent fever that doesn't seem to want to go away. This evening I think about myself. I've never met a woman more cowardly than I am. I go over in my mind other women who are waiting like me—no, none is as cowardly as that. I know some who are very brave. Extraordinary. My cowardice is such that it can't be described, except by D. My colleagues in the Tracing Service think I'm crazy. D. says, "No one has the right to destroy himself like that, ever." He often tells me, "You're sick. You're a madwoman. Look at yourself—you look like nothing on earth." I can't understand what people are trying to say to me. [Even now, transcribing these things from my youth, I can't understand the meanings of those expressions.] Not for a second do I see the need to be brave. Perhaps being brave is my form of cowardice. Suzy is brave for her little boy. The child we had, Robert L. and I, was born dead, he died in the war too: doctors didn't usually go out at night during the war, they hadn't enough gas. So I'm on my own. Why should I husband my strength? There's nothing for me to fight for. No one can know my struggle against visions of the black ditch. Sometimes the vision gets the upper hand and I cry out or leave the house and walk the streets of Paris. D. says, "When you think about it later on you'll be ashamed." People are out in the streets as usual, there are lines outside the shops; there are some cherries already, that's what the women are waiting for. I buy a paper. The Russians are in Strausberg, perhaps even farther, on the outskirts of Berlin. The women standing in line for cherries are waiting for the fall of Berlin. I'm waiting for it too. "Then they'll see, then they'll find out what's what," people say. The whole world is waiting for it. All the governments in the world are agreed. When the heart of Germany stops beating, say the papers, it will be all over. Zhukov has a ring of guns only a hundred yards apart pounding the city from a range of less than forty miles. Berlin is in flames. It will be burned right down to the roots. German blood will flow among its ruins. Sometimes you think you can smell the blood. See it. A prisoner who's a priest brought a German orphan back to the center. He held him by the hand, was proud of him, showed him off, explained how he'd found him and that it wasn't the poor child's fault.

The women looked askance at him. He was arrogating to himself the right to forgive, to absolve, already. He wasn't returning from any suffering, any waiting. He was taking the liberty of exercising the right to forgive and absolve there and then, right away, without any knowledge of the hatred that filled everyone, a hatred terrible yet pleasant, consoling, like a belief in God. So what was he talking about? Never has a priest seemed so incongruous. The women looked away, they spat upon the beaming smile of mercy and light. They ignored the child. A total split, with on the one side the solid, uncompromising front of the women, and on the other just the one man, who was right, but in a language the women didn't understand.

Notes

1. The railroad station, the Gare d'Orsay, was serving as a processing center for prisoners returning to France from Germany—ED.

2. The author's note at this point reads: "I haven't been able to find this name in the atlas. I've probably spelled it as it sounded to me."

3. Duras has been gathering information from returning prisoners about the location of others. She printed this information in a newsletter for deportees' families—ED.

4. STO: The Service du Travail Obligatoire (Forced Labor Service), introduced in February 1943, was an organized deportation of French workers. Some people actually volunteered to work in Germany—TRANS.

5. "D." is Duras's lover—ED.

A Life

Fadwa Tuqan

My life is tears
and a fond heart,
longing, a book of poetry and a lute

My life, my totally sorrowful life,
if its silhouette should vanish tomorrow,
an echo would remain on earth,
my voice repeating:
My life is tears
and a fond heart,
longing, a book of poetry and a lute.

On the sad nights
when silence endlessly deepens,
the phantoms of my loved ones pass
before me like wisps of dreams,
poking the fire alive beneath the ashes
and drenching my pillow with tears,
tears of longing
for ones who have died
and lie, folded in the darkness of the grave.

My orphan heart cries,
"Oh Father, look down on us,
from your immortal horizon
Your death has humiliated us!
We have lived trapped between viper and snake,
exhaled poisons
and defiant enemies
snagged on this world of ingratitude and denial."

At night a phantom appears
My father cleaves the curtain of the unknown,
his eyes shadowed by sorrow,
when my tears pour out,
he leans on me, we weep together
I beg him, "Come back
in your lingering absence—
who'll shelter us?"

On sleepless nights,
I dream of my brother,
that fountain of love,
the fuse for my eyes and heart
till the swirl of death
extinguished his torch
Alone
without his guiding light
I continue, bewildered.

And here's my youth
with all its failed dreams . . .
drenched by sorrow
whenever life embraces it with
thousands of braces and chains.
Pull it back,
that tortured alien youth
that prisoner,
stunted by captivity.

Now I bow my head, desolate.
A lost horizon thunders inside.
Poems alone are my refuge.
In them I describe
my longings
only then can this soul
find calm.

Plucking my lute
in time with my lonesome heart
the throbbing chords
dissolve my grief.
With melody and poetry,
I struggle with the grief of a martyred life.

And here's my song,
song of my life
leaving echoes behind me:
My life is tears
and a fond heart,
longing, a book of poetry and a lute.

An Estate of Memory

Ilona Karmel

(Chapter 7)

The silence must have startled her: the wheels rattled no longer; from the mass huddled against the wall no sound came. Then a bang—the iron bars were being removed, and the door opened on frosty air, on darkness glimmering with snow and on oily yellow light trailing above a row of motionless shapes.

"Do you see anything? SS men, dogs?" the women whispered. Tola began sneaking toward the door but Barbara was faster. "Don't be scared," she called, leaning out. "Ah, look at all this snow."

Timidly the women drew closer to the door, but just then the train moved on and behind it in the yellow light shapes stirred, became figures reaching out as if to beckon them back. They vanished. The train rolled on past glossy darkness, past snow-laden branches, motionless, like paws of white, placid beasts. A jerk. Again the train stopped.

And before the women had time to ask about the SS and dogs, dwarfish figures appeared on the snowy plain, each waving from afar, calling, "Hob nisht moyre, vir senen Yidden!"

"Don't be afraid; we're Jews," Tola was about to translate, when those coming explained themselves by reaching up, by helping the women to scramble out. The engine whistled, steam unfurled against the black sky, and the train moved on until only the last cars were still in view, only the SS men's car, a boot swinging through the open door. It slammed shut. Red sparks burst into the dark. And when they died out the last trace of the Cracow camp was gone—of its nights, its endless Appells, its fear.

Here all was different. No one drove them on, they were allowed to rest, to stretch out their numbed limbs. They walked on, not in a column but in a leisurely crowd, like tourists stopping at whatever delighted their eyes: the full moon shining upon the vast expanse of snow, the arcades of bent bushes; and farther away woods, the impenetrable wall parting at their approach, the white straight road inviting them to come on. The air was quiet except when at times—like a hostess who, guests gone, sets her home aright and then rests—

the breeze stirred, erased the footprints, restored the road to its damask smoothness, then ceased.

"Be glad. You've come to a good place," the dwarfish men—O.D. men they were—repeated. In answer the women smiled, then walked on in an almost festive silence. Throughout the years in ghettos and in camps, dirty slush was the only snow they had known, its purity bestowed only upon the world outside the wires. Now they gained equal rights to joy in winter, to the admiring "How nice, how quiet." "Nice?" Barbara boomed. "It's splendid, the most splendid snow I've ever seen. Ah, it was worth coming here, just for this."

"Don't say such things," Tola was about to warn. Around her shone faces freshened by the frosty air. Barbara laughed, blowing clouds of white breath, until with a sudden extravagance Tola reached up to a branch and shook a flurry of snow into their outstretched arms.

That after such a walk another camp awaited them—the wires, the towers, and a screeching gate—seemed startling at first. But swift to dispel any misapprehension, here was warmth—radiators lining the large hall, blankets on the bunks, and above all, soup. And what soup, hot, thick with parsnips; and the tongue if attentive enough could taste fine strands of meat, so at least Barbara claimed, adding that not even Marta, a jewel among cooks, could have made a better soup.

The women ate in three stages: first out of hunger; next out of prudence, to store supplies; then out of exuberance, out of sheer luxury, so that "I'm full," they could sigh, "I've had enough!"

With the satiated feeling the next day began, and with the sun awakening them instead of a bugle call. The women stretched themselves, looked at the sky, blue outside the windows, then strolled to the barrels of soup, which, though turned a bit sour, was not thick like a pudding.

This was breakfast. After breakfast, as befits a holiday, came guests, the O.D. men met last night. By daylight they appeared a trifle less good-natured, a trifle more shifty-eyed; and all of them, as if this were a requirement of their rank, bandy-legged, the purple collars of their navy blue uniform shining with grease. They brought news about the camp. It was located near the town of Skarzysko-Kamienna and this section of it at least—"Werk A," they called it—was really a good place. To be sure, one was not exactly overfed here; still, with a bit of sense in your head, and with God's help, you could always do some business with the goys in the plant. Of that other section, where dim figures had stood in yellow light, the O.D. men said little; yes, they admitted to some connection between Werk A and that place, but on the whole treated it like a poor relation of whom the less said, the better.

"Not good." They merely shrugged, and began to speak of work in their place, at the plant belonging to Hasag—to Hugo Schneider Aktiengesellschaft. "After Hermann Goering Werke the biggest ammunition plant in Germany," they added, not without a touch of proprietary pride.

"What, ammunition!" Barbara, who until now had been nodding approvingly, jumped up. "Tola, did you hear that?"

"Yes, I heard it."

"But this is terrible, just terrible!"

"You're absolutely right." A greasy blond head popped up from the lower bunk. Another "Absolutely!" and the woman with the gold teeth stood before them. Her long hooked nose too large for her face, her square torso too heavy for her wobbly legs, she looked put together from some odds and ends. "Aurelia Katz," she introduced herself briskly. "And this," she pointed to the freckled girl standing morosely on the side, "this is Alinka—my daughter."

First Tola, then Barbara mumbled something.

"I'm delighted to meet you." Mrs. Katz beamed. "And as I was saying, you are right, eminently so." She reached out, as though to offer Barbara this choice morsel of her vocabulary.

"I won't make ammunition. I'll work like a snail. I'll refuse," Barbara muttered and, brushing Mrs. Katz aside, went off.

Here and there sat the outsiders to the general gaiety, those who had left someone behind. To them Barbara tried to administer comfort, in kind and dosage always the same—an embrace, a fumbling "Oh my dear," then an equally fumbling question to find out what sorrow exactly she was trying to soothe. "Ah, you left a sister in Cracow. A daughter? Oh, my God! But things must be changing for the better, this place shows it. And the war too—it won't last much longer. Soon, in a few months, you'll be together again." Those she comforted gazed at her with half-grateful, half-compassionate looks that Tola, watching on the side, found painful.

At noon barrels of fresh soup were rolled in; and now a feast took place— an orgy of hope. Only a short line formed in front of the barrels, each woman in the line, having been commissioned by others to fetch their soup, juggling a whole cluster of cans. For the majority would not even bother to get down.

They requested "Room service!" They lolled and sprawled on their bunks. Their cheerleader was Seidmanka, an inveterate optimist constantly croaking prophecies of disaster in self-defense against the assault of hope. Now faith took over—in the stomach full forever, in this "find" of a camp, in survival. It shone in her eyes; it lent high adolescent notes to her voice.

"Waiter," she piped. "Waiter, what, soup again? I ordered chicken with mushrooms in wine; and for dessert—"

"Cream puffs. Napoleons!" Barbara clapped her hands. And at last Tola too joined them with her soft, somewhat uneasy laugh.

A new idea struck Seidmanka. To extol the present she would pit it against the past.

"Someone must stand six." In mock fear she rolled her eyes. "Tola, you go."

Tired by her efforts to keep in step with Barbara, Tola stood in the narrow corridor, her cheek leaning against the cool windowpane. Laughter came from the hall. "Let's send a postcard to the Lagerkommandant," someone called. Then steps . . .

A squat, burly man stood before her, his O.D. man's jacket dotted with patches the color of the mud that caked his boots, copper-streaked hair falling upon a face so fleshy that the eyes were almost hidden by the thick folds.

"Tell me," the man gripped her arm, "are they all like you?"

"In what way?" Tola asked.

"Skinny. Flat-chested and skinny. A woman is worth as much as she weighs, Goldberg says. Goldberg, that's me." He pounded his chest, then "Ouch," he winced as she hit his hand still clutching her arm. "Ouch, when they get skinny they get proud."

"It's the other way around. Nowadays when they're proud they get skinny." Guffawing, the man walked into the hall, but soon came back, bringing Barbara along.

"Can you imagine it, Mr. Goldberg says he knows me." Though all smiles Barbara was every inch the lady speaking of her inferior. "He used to deliver something or other to our place."

"Coal, Dziedziczka—twice a year. Yes, it's a small world! If you don't meet someone in Auschwitz you meet them here. If not here then up there." He pointed to the clouds outside the window, and went with Barbara back to the hall.

Tola stayed in the corridor. Outside a group of O.D. men were walking by the wires. Then far off, where gray slush merged with the gray afternoon sky, a tall figure appeared. It was a German, his brown military cloak blown by the wind.

"Six," Tola said coming into the hall.

"Six? What is it? Yes, sure." Barbara laughed.

"It's not a joke. I saw a German coming here."

O.D. men came in and ordered the women to form a column. The tall German who followed them looked almost pitiful—so shyly he stood in the door, so apologetically his faded blue eyes glanced around. Slouching, as though to shrink himself, he approached Goldberg, who addressed him without any excessive deference as Meister Grube.

"Ah, stop whining," Barbara flared up at Mrs. Katz, who with her daughter stood in their four, then leaning backward whispered to Tola that this Kraut looked as if he couldn't count to three.

"Hush," Tola silenced her. Nothing seemed to have changed. Yet she felt something like a chill, then like a presence, as if a courier from the Cracow camp had brought a piece of forgotten luggage—the old familiar fear.

From the door this fear came. There a pimply O.D. man stood, next to him two women: the elder hunched up as though freezing; the other—the bosomy blonde who had whistled during the "ovation"—was slipping something to the O.D. man. Money. The blonde had ransomed herself. Why, those at the column's head must have already found out, for they grew still.

"Tola, wait, we'll go together," Barbara whispered.

"No, stay here!"

Hiding behind the column Tola stole on, then ducked. Light flashed: startled by the glare she looked to the corner where the O.D. men stood. They saw her all the time, yet nobody had bothered to stop her. And she felt afraid of this place where none of the familiar rules held: "six" taken as a joke—she, always the first to warn others, now the last to be warned, and by the Orphan.

"It's bad." The Orphan licked her livid mouth.

"What's happening?"

"We're going to that bad place."

"Everyone?"

"Some will always wriggle out. Rouge, hurry up!" The Orphan nudged the woman next to her.

"Rouge—give rouge" rose from everywhere.

"Yellow" was what Mrs. Katz whimpered.

"Keep quiet," Tola snapped at her. In answer Mrs. Katz smiled. "You'll be sorry you didn't listen to me," this smile said.

"Well, what is it?" asked Barbara.

"Yellow," Mrs. Katz repeated, "the hair turns yellow there, the face, the eyes . . ." And she pointed at her chest, as if in the bad place even the heart turned yellow. It was the lungs she meant. "The lungs just disintegrate," she added softly, like an afterthought.

Barbara opened her mouth, but said nothing. Now everyone was silent, now the familiar rules were being restored by this silence, by the old women clinging to the young, as if their vigor could be borrowed and put on like rouge, by the young shrinking away lest those old would drag them down to the bad place. And at the window Seidmanka was gnawing at the hem of her dress. She kept her money sewn in the hem, she would ransom herself as the blonde had.

Followed by Goldberg and the O.D. men, the Meister approached the column. The blonde stood at its head; the pimply O.D. man whispered with the Meister, who nodded, then ordered the blonde to the other side of the hall. His retinue right behind, he walked on, hastily bypassing those old or no longer too strong, and choosing only the husky young women for the good camp.

"Tolenka—I don't understand. The big wenches, they're going to the bad place?"

"No, they stay here." Tola looked from Barbara's powerful arms to her own, pale, very thin.

"But, Tolenka . . ."

"Mrs. Grünbaum," the Katz woman broke in, "help us, I beg you, not for my sake, but for this child. Criticizing, always criticizing!" She scowled at her daughter, turned back to Barbara, and again it was, "Mrs. Grünbaum, my dear Mrs. Grünbaum."

"For God's sake let me think." Tola shoved her aside. Barbara knows Goldberg, she thought, he may help me to stay, he must . . . But hardly had she glanced at him, when he shook his head.

"Barbara," her mouth could barely move, "stay here, I'll be right back." And this time Barbara did not say "We go together." This time she pressed her fist to her lips.

With a moist "Pst!" and "Here!" Seidmanka was signaling to the pimply

O.D. man. Then, since he still would not respond, she pointed to the money clutched in her hand.

"Seidmanka," Tola began. Only a very few could buy their way into the good camp; she must hurry or she would lose her chance. But she was no good at begging help. "Help me," she cried. "I'll pay every copper back, I'll do anything for you. I—" Tola stopped. Her shaking voice sounded exactly like the Katz woman's whine.

"I beg you," Rubinfeldova took over. "I beg you, listen to Tola." Seidmanka looked at Rubinfeldova, at Tola, then at the crumpled notes.

"Help me—I beg you—I cannot be alone anymore."

"Somehow," Rubinfeldova whispered.

"How? How would we manage? Should we starve for her? Why? What has she ever done for us?"

Discreetly the O.D. man stole toward them; he shoved Seidmanka's money into his boot, then was off.

Tola too walked away. "Ruhe," the Meister shrieked. "Quiet!" the O.D. men echoed, though everyone was quiet, though only eyes dared to beg the Meister for one moment of attention, one glance. But he, turning aside, hurried on to those fit for the good camp.

"Oh, if only you had used your pull and asked Goldberg again to help us." The Katz woman was clutching at Barbara as Tola came back. Barbara raised her fist; she would have struck had Mrs. Katz not moved away. Barbara, for all her courage, was afraid of going to the bad place; Tola saw this fear crumple Barbara's face.

"Stop worrying so much." Tola's calm changed to a bitter delight because she, always the accused, could now accuse in turn. But what for? She would rather make it easy for Barbara to stay in the good camp. "Everything is working out for the best," it seemed as if she were reciting a prepared speech, "really, Barbara."

"Really?"

"Of course. Now, don't tell me you wanted to come along with me."

"I . . ."

"You must stay here, Barbara, because—"

"Connections, Mrs. Grünbaum, you've got such connections," the Katz woman whispered. "Because you'll soon form connections," Tola went on. "You'll help me to transfer back here."

"Really?"

"Of course. Don't look so downcast, Barbara."

"I— When you were gone, I asked that Goldberg for help. 'She can't stay here,' he said. Why not? I don't understand anything."

"The Mae West type is in demand here." So completely did this stale joke drain Tola's strength that she couldn't wait for Barbara to be gone. And soon she was gone. Goldberg, to bring her closer to the Meister, led her away to the center of the column, and behind them Mrs. Katz dragged her daughter along.

So, it was over; now Tola must find herself another four. "Go away, we're already four," she heard wherever she went until, alone again, she stood at the column's end. She didn't mind being alone, only she had to talk to herself, all the time: about Barbara who had learned her lesson amazingly fast, and who would soon join—yes, the "elect"; then about the pimply O.D. man smirking at Rubinfeldova and Seidmanka, like a salesman assuring his customers that they had got their money's worth. Which those two did. "My long-lost relatives," the O.D. man had assured the Meister. He protested, he swore, until they were allowed to join those chosen to stay. Should she go and congratulate them? Not now; later, she decided, and watched the Meister, who was shrinking away—as though anyone would dare to touch a member of the Master Race.

"Aus Deutschland, wir sind aus Deutschland!" the Yekies tried to assert their membership in this race, then, "Zusammen!" they shrieked, clinging to each other, as if there was any reason to separate them—one the spitting image of the other. They drew aside. Leaning forward, the Meister was looking at someone in the second row.

"Zu—zusammen!" Barbara was shouting, was running along the column. As someone pointed toward Tola she stopped, then ran on, all the time shouting "Schwestern! Zusammen!" and looking from Tola to the Meister, who was following her with Goldberg. And behind them trotted Mrs. Katz, pulling her daughter along.

"Zusammen, Schwestern, we're sisters!" Barbara smiled the smile of the simple-minded so delighted by their cunning that they gave themselves away at once. Never before had Tola longed so much to stay together with Barbara, and never before had she wanted so much to be left alone. She could not stand being compared. The Meister and Goldberg were comparing them. They looked at Barbara, and "She deserves the good place," this look said; but her it brushed off.

"Zusammen. Tolenka, I can't speak German. You tell them."

"Yes, I will." And in her excellent German, Tola softly began. First Goldberg, then the Meister drew away from Barbara and closer to her. They listened. Only Barbara, who understood nothing, kept breaking in. "Ja," she muttered. "So! Ja!"

"Herr Meister, as I told you, we're not sisters. We barely know each other. I ask you to use your whole authority to make this woman stay here."

"Ja, so. Ja."

Goldberg strode toward Barbara. It looked as though he would strike, but he laid his hand gently on her neck, and so step by step shoved her on. "Tola!" Barbara stopped suddenly. "Why isn't she coming? Tola, what did you tell them?"

As though to warn her, Goldberg looked at Tola.

"The truth," she spoke, avoiding his stare. "Just the truth."

"Did you hear what she said, did you? Such a slip of a girl, and she came to me, she helped me, and now she is doing everything to make me stay here. Ah, do you think I'd leave her alone? Herr Meister, ich—I—I want to go with her. Goldberg, you tell him. Do you hear me? Goldberg!"

Shrugging, Goldberg said something to the Meister, who looked at Barbara, then gave a slow nod.

"So I can stay with her, can I?" Barbara turned and dashed back so blindly that she collided with Mrs. Katz, who, standing in front of the column, was holding her daughter in front like a buffer.

"This Goldberg," Barbara cried, "he stands up for me, for a woman, like a stove, and here he lets a child go to that dreadful place!" And she stepped aside so that all could see who must go there—a girl of thirteen or so, the long skirt and spiked heels worn to appear more grown-up only making her look like a child dressed up for a masquaerade.

"You, look."

The Meister bent over the girl. "Das Mädel bleibt," he ordered.

"The girls stays," Goldberg translated.

The girl staggered forward; she drew back. And next to her, like a ragdoll loosened at the seams, Mrs. Katz was falling apart, her arms jerking to and from her neck, her head. "No!" Her black arm raked the girl closer. "Together. Mutter, Tochter zusammen!"

The Meister mumbled something and walked on.

"You, what have you done to your daughter?" Barbara gasped.

"I . . . I . . . you're noble, but I . . ." Mrs. Katz sniveled. Then, supported by the girl, she tottered back to her bunk.

Soon afterwards it was over. About fifty women had been chosen to stay, while all the others were to go to the bad place, though when, no one knew. Like an adolescent relieved when the party is over, the Meister stole away. Goldberg and the O.D. men followed, but before leaving one of them had passed the word that not all work in the bad camp made you turn yellow. Was this the truth, or just a comforting lie? If the truth, how many could escape the yellow work, and in what way?

The lights went out. Barbara fell asleep at once, but Tola lay wide awake, while around her the whispers stopped, and only a bunk would squeak as someone tossed in sleep. At last she sat up. "Barbara," she whispered.

"Oh, can't you sleep?" Barbara murmured, barely awake. She herself had slept "wonderfully just like a marmot. But I'm glad you woke up, because I must explain everything."

"Quiet! Let us sleep!" someone muttered.

"I'm terribly sorry. Listen, Tolenka, when this Katz said 'Yellow—'"

"Quiet!"

"If you're tired you can sleep anyhow," Barbara snapped back. "Now where was I? Yes, 'Yellow,' this Katz said; I must admit my heart didn't go out to her at first, and even now I'm not sure; anyhow, she said it, and I . . . I could see myself yellow, all shriveled up, like a lemon gone to rot. And a fear came over me, such fear—" She was silent for a minute, then went on briskly, "Yellow, red, green—no matter what color we turn, we'll just scrub it off when the war is over. Listen," Barbara drew closer, "have you ever imagined—but really, so that you could see it—the end—the end of the war?"

"Yes. Once, I thought . . . I dreamt about it." In the Cracow camp, lying sick with influenza she had dreamed of the end; a sense of welcome had pervaded the dream as though wherever she went she was expected by the sunlit air, the pale green trees, and by the quiet—deep, yet holding the promise of voices just waiting for her call to answer.

"How was it, Tola, how did you imagine it?"

"I was in the park." Barbara's expectant tone made it harder to speak. "There was no one with me, yet I didn't feel lonely."

"And—"

"The trees were in bud, and I felt so free, somehow."

"And then?"

"That's all, Barbara. My dreams are modest."

"No, come on; that was beautiful, just beautiful. Now let me tell you how it will be."

"When the war is over," Barbara began dreamily, like a child whispering "Once upon a time." Tola listened, with the adult's envy of such faith in the world of wonders, yet soon with a twinge of disappointment, for even those wonders were secondhand, each borrowed from some other tale: the rejoicing in the streets, the Germans scurrying around like chickens—this was the Armistice of 1918; Barbara and she herself now in a ramshackle cart, now on foot, going back to the manor—transferred from the beginning of this war to its end. But what came next was new. "And there at home," Barbara said, "there, we'll go down on our knees."

"What?" Tola asked. Then, still casting around for some explanation of Barbara's fearlessness, "Are you a believer?"

"The odd thoughts you can get. To scrub, that's why we'll get down on our knees, so no trace of the Krauts will be left when he comes home, Stefan, my husband." Barbara stopped. Why, Tola did not quite dare to ask.

Yellow, red, green—all will wash off once the war is over, Barbara repeated to herself, like an incantation. The incantation failed. She saw Stefan: he was sitting at the empty table, slouched, his face buried in his hands, a tip of mustache showing through his fingers. He was crying for her, who would never come back. And a shudder passed through her as if only in his grief lay the reality of her death.

A War Letter

Ferida Durakovic

(About the letter from before the war)

The Universe sent darkness to our humble home,
which is gone now. The letter, and every single
                    book,
and dear things: they all burned like Rome.
But it is just an image! Have a look:

We aren't gone! And manuscripts never burn,
they say. It means that I'll read anew
that precious letter, whenever you turn,
whenever only those few syllables

change our agony into an endlessly dull
winter afternoon. In those hours everything's
so simple that I suffer (same old song),
I don't love anyone, and the fear devours

me that passion, which brings back the first day
of love, the re-creation, is finally gone
like the heart grown in a poplar tree! And may
only this flourishing pain stop! May everyone
                    alone

leave for good, to wherever they want: to
water, air, or fire. And us? What fireside
awaits us in the times to come? Here is our home,
where mother can never tire of planting

My War in Four Episodes

Susan Rubin Suleiman

A few summers ago, I returned to Hungary after a thirty-five-year absence. I had left as a child with my parents, crossing on foot into Czechoslovakia (the Communist government had stopped granting exit visas) in August, 1949. I returned with my two sons, age fourteen and seven, as a tourist, in August, 1984. I was spending that summer in Paris, doing research at the Bibliothèque Nationale and working on various writing projects. The trip to Hungary, planned for a while, came as a welcome interruption. My children, who were in the countryside with their father, took the train to Paris and the next day we flew to Budapest. As we got off the plane after an ordinary two-hour flight, I realized with a shock that the journey it had taken me thirty-five years to embark on was shorter in actual time than one of my frequent flights from Boston to Miami, which I had been making for years to visit my mother.

A few months earlier it was my mother who had come to visit us, flying north to consult a specialist at Mass. General Hospital. She was suffering from an old-age disease, temporal arteritis, for which the only effective medication was cortisone. But the drug was killing her, psychologically if not physically. Her fine, beautiful face had become coarse and bloated, her hair had started falling out, soon her skin would become so thin that the slightest bruise would draw blood and create ugly scabs over her arms and legs. She had always been proud of her good looks; she looked on these changes in her body not as a disease to be coped with, but as a death sentence.

The only thing that still cheered her up (later, even that would go) was being around her grandchildren. On that visit in particular, they had a grand time. My older son, in an elated mood, got her to teach him some dirty words in Hungarian, and he and his brother went around the house singing them with glee, mispronouncing all the words. "Csirkeszar, csirkeszar, edd meg csirkeszar." "Chicken shit, chicken shit, go eat chicken shit." My mother, a thing rare for her now, laughed and laughed.

Watching her play Rummi-Kub one night with the boys (she loved the game, it was a version of the gin rummy she and my father had played with friends during the summer evenings in Hungary), I suddenly saw, as clearly as if projected on a screen, my mother as a young woman, holding my hand as we walked down a boulevard in winter, setting our faces against the wind and playing the Multiplication Game. What's eight times seven, what's seven times four, what's three times nine? The questions came faster and faster, until we were both tripping over our tongues and laughing. How I had loved her, my beautiful mother who knew how to play!

I decided before the end of my mother's visit that I had to take my children to the place where I had known that young woman. I told myself that I expected no great revelations from Budapest, but I desired to see again and to let my sons see the city of my childhood, which had suddenly become for me, now that she was dying, also the city of my mother's youth.

To a large degree, my desire was satisfied. We spent several days out of a two-week stay (some of it outside Budapest) roaming the city, visiting the house and neighborhood where I had lived, taking many rolls of photographs. My sons shot pictures of me in the large cobblestone courtyard where I had played as a child—quite shabby now, surrounded by pockmarked walls, with tufts of grass growing between the cobblestones; they snapped me on the fourth floor, leaning over the wrought-iron banister in front of the apartment where I had lived with my parents and grandmother; they took snapshots of me on the steps of the chupah, *the wedding canopy, in the courtyard of the synagogue where my parents were married (the synagogue itself was closed and boarded up). That same courtyard had been the recreation yard of my old religious school, now empty of children (now it was a kosher canteen for the elderly). In a curious way, I felt as if I had occupied all those places of my childhood so that I could return many years later and be photographed there by my children. I became, for a few days, a tour guide of my own life.*

I told my sons about some of the memories stirred up by those stones and streets: the long Sunday walks with my mother and friends in the hills of Buda, the scurrying to ballet lessons along crowded avenues in Pest during weekdays, accompanied by the Viennese lady I called Madame *who taught me French, the visits to the pastry shop where they sold sugar cones filled with whipped chestnut cream in winter, thick and sweet and so smooth to the tongue. My sons listened, mildly interested; but I realized that for them this was a vacation, not a nostalgia trip. I had better not indulge too much in reminiscences.*

One thing I didn't tell them about were my memories, which presented themselves to me chiefly as a series of images, of the last year of the Second World War. I didn't consciously remain silent on that score; simply, it did not occur to me to talk about that year of my life, far back in early childhood, while we were in Budapest. It was only after returning to Paris, emptied of Parisians in the late August heat (my children too had returned to the country), that I decided to write down the episodes I still carried with me from that year, fragmentary, incomplete, but possessing a vividness that surprised me. The experience of seeing again the places of my childhood had restored the sharpness of those images, as well as revealed the desire, long suppressed, to put them into words.

1.

Running

They began rounding up the Jews in Budapest quite late in the war. Spring, 1944, I was four-and-a-half years old.

We lived in an apartment building in a busy part of the city, not far from the Opera House. On the corner of our street stood a large yellow church; a few streets further, the orthodox synagogue and the Jewish Community Bureau, where my father worked as an administrator. In their courtyard, on an upper story, was the elementary school for girls in which I started first grade after the war. The word for "school," ISKOLA, was proudly chiselled into the stone wall. It never occurred to me that one day the school might cease to exist, that one day there might not be enough Jewish girls in Budapest to fill it.

Our apartment building had four stories, with a large inner courtyard bordered on each floor by a gallery with wrought-iron railing. I would run up and down the gallery on our floor, and whenever I stopped and looked down into the courtyard, I felt dizzy. I held on to the wrought iron, my heart pounding with excitement and fear, knowing all the while that I was safe. Then my grandmother would call me in for a snack of buttered bread, thickly sliced rye with a heavy crust, topped by a piece of salted green pepper. ("Oh, gross!" say my children—but they love green pepper, it must be in the blood.)

To the left as you entered the building was the staircase, of noble proportions, with its own wrought-iron railings of complex design. The steps were of smooth whitish stone, worn down in the middle. We lived three flights up, in an apartment with tall windows and a stone balcony overlooking the street. The main room was the dining room: huge square table in the middle, flanked on one side by two shiny pot-bellied buffets; on the other side, a grand piano under which I liked to sit and play. On the same side as the piano, but near the opposite corner, stood a ceramic stove with light green tiles, used for heating, not cooking; facing each other on opposite walls, two double doors opened onto my parents' bedroom on the right, my grandmother's room on the left. At that time, I still slept in my parents' room. After the war, when my grandmother flew off to join my uncle in New York, I inherited her room.

The night the Nazis came, around three or four in the morning, my mother woke me up and dressed me. She and my father and grandmother spoke in whispers, hurrying. After I was dressed, still half asleep, my mother took me by the hand and ran down the stairs with me. Or maybe she picked me up and ran, carrying me. She had torn the yellow star off her coat. At the bottom of the stairs, we slowed down. There were soldiers on both sides of the street door, the concierge standing next to them—a plump, youngish woman, dressed in a heavy coat and felt slippers. It appeared that her job was to identify the Jewish tenants so that none would leave the building on their own.

My mother and I walked past the concierge and the soldiers, out into the street where day was dawning. She held me tightly. We walked up the street toward the church, keeping a steady pace. *Don't look as if you didn't belong here.* After we had turned the corner, we started to run. A mad, panicked dash to the next corner, then a stop, out of breath. Saved.

I have never understood why the concierge let us go. Was she moved by the sight of the woman and child, or had my parents paid her off? Probably they had, for my father succeeded in skipping out a few minutes later. My grandmother stayed behind and was put into a place they called the ghetto, where she lived until the war was over. Later, when I told this story to my friends (everyone in first grade had a story, recounted with melodramatic flourishes on the way home from school), I found it miraculous that she was not taken to Auschwitz, or lined up and shot into the Danube like the people another girl told about. It was at that time, I believe, that I began to conceive of history as a form of luck.

The next scene takes place a few weeks after our escape from the house, on a farm far from Budapest. My parents had decided to leave me with the Christian farmers for my safety, as many other Jewish families were doing. My mother probably explained this to me, although I have no recollection of it. Nor do I remember actually arriving at the farm. I remember being there, scared.

The kitchen of the farmhouse had an earthen floor, a long wooden table in the middle; in one corner stood a massive butter churn. I am standing next to the table with my mother and the farmer's wife. My mother has dressed me in a frilly dress and white leather shoes, like the ones I wear on afternoon visits in town. She kisses me and says it won't be for long. Then she leaves. I cry.

Now I am running across a large dust-covered yard, chased by geese. They are immense, honking furiously, wings aflutter. They're on my heels, stretch-

ing their necks to bite me. I run into the kitchen, screaming. The farmer's children laugh and call me a city girl. I can't stop crying, and feel as if I will burn
up with shame. As the tears stream down and smear my face, I make a promise to myself: they won't see me cry again.

How long did I stay on the farm? I don't know. It felt like a long time. Since
it was summer, I must have turned five while I was there. Meanwhile, back in
Budapest, my father managed to get false papers for all three of us. He and my
mother decided to take me back, danger or not.

By the time they came for me, I was used to the farm. My mother found
me crouching in the dust with the other children, dressed only in a pair of
panties, barefooted, busy playing with some broken bits of pottery. I hardly
looked up when she ran to me and hugged me.

2.

Snow

Thanks to our false papers, my parents found a job as caretakers on an estate
in Buda. The owner of the estate was an old noblewoman, a sculptress. I have
no visual memory of her, but I imagine her as a tall, thin, kindly lady with white
hair—like the Old Lady in the story of Babar, which I read a few years later.
According to my mother, the old lady became very fond of me, even invited my
mother to give me an occasional bath in her bathtub. On most days, my mother
washed me while I stood in a small enamelled basin on the floor next to the
stove in our room. The room was so small that I would bump into the stove
and burn myself if I wasn't careful. We had to make fires in the stove by then;
it was autumn, turning cold.

My name was Mary. My mother whispered to me every morning not to forget it, never to say my real name, no matter who asked. I told her not to worry,
I wouldn't tell. I felt grown-up and superior, carrying a secret like that.

Besides the old lady and us, four other people lived in the house: the lady's
young nephew, recently married, with his wife, and an older couple who were
also caretakers of some kind. They had been with the lady for many years, and
were suspicious of us. One day they asked me what my mother's maiden name
was. I said I didn't know, and told my mother. She told them not to ask questions like that: Couldn't they see I was just a baby? Her maiden name was Stern,
a Jewish name. I knew that name, it was my grandmother's. Luckily for us, I
didn't know what "maiden name" meant.

When winter came, more people arrived, relatives of the old lady. We all lived in one wing of the house to save heat. During the day, the warmest place was the kitchen or the glass-enclosed veranda that received a great deal of sun. The lady's nephew and his wife spent all day on the veranda in wicker armchairs, reading or playing cards. I liked to watch them. The young man especially had a languid, almost petulant air that fascinated me. I recall him as tall and handsome. My mother said he was an "aristocrat," which I understood from her intonation to mean something like "beautiful but weak." Watching him turn the pages of a book or run his fingers through his long wavy hair, I felt totally infatuated with him; at the same time, perhaps because of my mother's intonation as she said the word "aristocrat," his gracefulness filled me with a kind of scorn.

For Christmas, we decorated a tree. I sang "Holy Night" and received presents. My mother had taught me the song during the whole month of December. There was a Christ-child in a cradle beneath the tree. I was fascinated by the lifelike figure of the holy baby and by his mother's golden hair, but most of all I loved the shining colored globes and the streams of glittering silver on the tree. Sometimes I felt sorry that we weren't really Christians—we could have had a tree like that every year.

In January, it turned bitter and cold and snow fell. There were air raids at night, and we all started sleeping on cots in the basement. It soon became clear that my father was the man of the house. He made sure that we all gathered in the basement during air raids, even during the day. He listened to the shortwave radio and told us when the Germans began retreating. When the pipes froze and we had no water, he organized our nocturnal expeditions to gather snow.

How can I describe those winter nights? For years they remained in my memory as an emblem of the war, of the immense adventure that, with hindsight and retelling, the war became for me. Picture a dozen shadows covered by white sheets, flitting across a snow-covered landscape. The sheets prevented us from being seen from the air, blended with the white ground and trees. Mounds of soft snow, darkness and silence—and with all that hushed beauty, a tingling sense of conspiracy. We carried pots and pans, scooping the cleanest snow into them with a spoon. When a pot was full, we took it inside, emptied it into a kettle on the stove, then went back to gather more. Three kettlefuls, my father said, would give us enough water for two days.

I don't know how many times we gathered snow, in fact. Maybe only twice, or once. No matter. I see myself, triumphant, smug, impatient for the boiled snow to cool so that I can drink it. As I bring the glass to my lips, I meet my father's eyes. We exchange a look of pleasure.

I am five years old and I am drinking snow. Outside, bombs are falling. Here in the steamy kitchen, nothing can hurt me.

3.

Liberation

The Russians arrived in Spring. But first, we had German guests. A detachment in retreat invaded the house and set up radio equipment in our kitchen. They were distant, polite, ordinary. I had imagined monsters, like Hitler. (Hitler had horns, he was a giant.) My mother prepared meals for them, listening to their talk—they had no idea that she understood them. She would report their conversations to my father, but there was nothing new. Defeated or not, to us they were still a menace. After a few days, they left. I felt extremely pleased with us, clever Davids outwitting Goliath.

A few nights later, a bomb fell in our backyard. It made a terrific noise, and for a moment we thought it was the end. But when it turned out to have missed the house, we became quite jovial. As soon as there was enough daylight, we trooped out to inspect it. Whose bomb it was, we did not know; but there it sat, less than fifty meters from the house, in the middle of a crater it had made in landing, round and dark green like a watermelon. Somehow it all seemed like a joke, even though we kept repeating how lucky we were, how tragically ironic and ironically tragic it would have been to get killed when the war was almost over.

The Russians arrived huge and smiling, wrapped in large coats with fur on their heads. They were our Liberators, we welcomed them. When they saw my father's gold watch, they laughed delightedly and asked him for it. We didn't understand their words, but their gestures were clear. My father took off the watch and gave it to them. Then they asked my mother to go to their camp and cook for them. They put their arms around her, laughing. She pointed to me, laughing back and shaking her head. Who would take care of the little girl? They insisted, but she held fast. I felt frightened. Finally they let her go.

After that, everything becomes a blur. How much longer did we stay in the house? Did we ever tell the old lady who we were? She was sick, according to my mother's story, and died during the last days of the war. But I have no memory of that.

4.

Home

In 1945, sometime between March and May, we walked back to our house, crossing the Danube on a bridge that had survived the bombings. Walking between my parents, holding each one's hand, I felt madly lucky and absolutely victorious, as if our survival had been wholly our own doing and at the same time due entirely to chance. I was not aware of the paradox then, or if I was aware of it, could certainly not have expressed it. But as I grow older, it occurs to me that I have often felt that way about my life: seeing it, for better or worse, as my own creation, and at the same time, contradictorily, as the product of blind luck.

That day, I mostly stared and tried to register everything—storing it for future use, though I knew not exactly what. I saw a dead horse lying on its side in the street, its legs stretched out; someone had cut a square hole in its flank for meat. From time to time, a bombed-out wall showed where a house had been. We passed empty stores, their doors wide open—looted, said my mother. Inside one, on the floor in front of the counter, a white-haired woman lay dead. I could not take my eyes from her, despite my mother's pulling me away. Who had killed her? Did they do it for money? What did her skin feel like, now that she was dead? Was it cold and leathery? After a while, I stopped thinking and even looking. I concentrated on putting one foot in front of the other.

On our street, all the houses were intact. We walked into ours, through the downstairs door where the soldiers had stood a year before. The courtyard was covered with debris, and there were holes that looked like bullet holes in the walls; otherwise it looked the same. Up the stairs to the third landing: the lock on our apartment door was broken. Inside, the windows were all shattered. Dust lay over everything, stirred occasionally by a breeze. The sky through the glassless window frames looked so near you could almost touch it. I was no longer Mary, but for a moment I could not remember my name.

Conversation with a Stone

Wislawa Szymborska

I knock at the stone's front door.
"It's only me, let me come in.
I want to enter your insides,
have a look round,
breathe my fill of you."

"Go away," says the stone.
"I'm shut tight.
Even if you break me to pieces,
we'll all still be closed.
You can grind us to sand,
we still won't let you in."

I knock at the stone's front door.
"It's only me, let me come in.
I've come out of pure curiosity.
Only life can quench it.
I mean to stroll through your palace,
then go calling on a leaf, a drop of water.
I don't have much time.
My mortality should touch you."

"I'm made of stone," says the stone,
"and must therefore keep a straight face.
Go away.
I don't have the muscles to laugh."

I knock at the stone's front door.
"It's only me, let me come in.

I hear you have great empty halls inside you,
unseen, their beauty in vain,
soundless, not echoing anyone's steps.
Admit you don't know them well yourself."

"Great and empty, true enough," says the stone,
"but there isn't any room.
Beautiful, perhaps, but not to the taste
of your poor senses.
You may get to know me, but you'll never know me
    through.
My whole surface is turned toward you,
all my insides turned away."

I knock at the stone's front door.
"It's only me, let me come in.
I don't seek refuge for eternity.
I'm not unhappy.
I'm not homeless.
My world is worth returning to.
I'll enter and exit empty-handed.

And my proof I was there
will be only words,
which no one will believe.

"You shall not enter," says the stone.
"You lack the sense of taking part.
No other sense can make up for your missing sense of
    taking part.
Even sight heightened to become all-seeing
will do you no good without a sense of taking part.
You shall not enter, you have only a sense of what that
    sense should be,
only its seed, imagination."

I knock at the stone's front door.
"It's only me, let me come in.
I haven't got two thousand centuries,
so let me come under your roof."

"If you don't believe me," says the stone,
"just ask the leaf, it will tell you the same.
Ask a drop of water, it will say what the leaf has said.
And, finally, ask a hair from your own head.
I am bursting with laughter, yes, laughter, vast laughter,
although I don't know how to laugh."

I knock at the stone's front door.
"It's only me, let me come in."

"I don't have a door," says the stone.

Liberation Day

Christa Wolf

I've forgotten what my grandmother was wearing the time that nasty word "Asia" got her back on her feet. The bomber squadrons, which now passed overhead in broad daylight on their way to Berlin, were greatly out of earshot. Someone had pushed open the door of the air-raid shelter, and in the bright triangle of sunlight at the entrance stood a pair of knee-high black military boots, and in them an SS officer, whose blond brain had registered every single word my grandmother had uttered during the long air-raid alarm: "No, no, I'm not budging from here, I don't care if they kill me, one old woman more or less won't matter."

"What?" said the SS officer. "Tired of living? You'd rather fall into the hands of those Asian hordes? Don't you know that the Russians lop women's breasts off?"

That brought my grandmother wheezing to her feet. "Oh, God," she said, "what has humanity done to deserve this?"

"Are you starting up again!" bellowed my grandfather. Now I can see them clearly, walking into the courtyard and taking up their positions alongside our handcart: Grandmother in her fine black coat; on her head the brown striped kerchief which my children still wear when they have a sore throat; Grandfather, wearing a cap with ear flaps and a herring-bone jacket. Time is short, the night is drawing near, closing in along with the enemy, although from a different direction: night from the west and the enemy from the east. In the south, flames rage against the sky. We imagine we can decipher the fiery script. The writing on the sky seems clear and spells out: Go west.

We tried to follow the country road but strayed from it in the darkness, groping about on side paths until we finally came upon a tree-lined drive leading towards a gate and a secluded estate. There was a crooked, slightly shaky man who was limping to the stables in the middle of the night—Kalle, he was called. He was not given to wondering at anything and so addressed the desperate, exhausted little troop in his particular, indifferent manner: Well, folks,

Sodom and Gomorrah? Never mind. There's always room in the smallest cabin for a happy, loving couple.

The man is not so bright, my mother said uneasily, as we followed Kalle across the courtyard, and my grandfather, who never said much, declared with satisfaction, He is pretty crazy in his head. And so he was. Kalle called my grandfather boss, he who had held no higher rank in his lifetime than that of private in the Kaiser's infantry regiment, cobbler's apprentice under Herr Lebüse in Bromberg, and signalman for the German Reich in the administrative district of Frankfurt (Oder). Boss, said Kalle, it's best if you take that cubbyhole back there in the corner. He then disappeared, whistling, "One More Drop for the Road."

Kalle woke us at daybreak and asked my uncle if he knew how to drive a horse and buggy. The owner, Herr Volk, was moving out and needed someone to drive a cart loaded with feed bags.

Herr Volk showed up in person a little later. He was wearing a hunting hat, a loden coat and knickerbockers. And Frau Volk came to bestow a kind and cultured word on the women. I didn't like her because she called me by my first name without asking and allowed her dachshund bitch, Suzie, to sniff at our legs. Then the shooting began right behind us and we headed off at a quick pace. God takes care of his own, said my grandmother.

This is supposed to be a report on *liberation*, the hour of liberation, and I thought nothing could be easier. That hour has been clearly focused in my mind all these years; it has lain ready and waiting, fully completed in my memory. I need only say the word and the machine will start running, and everything will appear on the paper as if of its own accord—a series of accurate, highly defined pictures. But do they add up to anything?

I saw my first corpse at the age of sixteen; rather late for those years. (I don't count the infant I handed in a still bundle from a truck to a refugee woman; I didn't see him, I only heard his mother scream and run away.) Chance had it that Herr Volk's foreman, Wilhelm Grund, was lying dead instead of me, for pure chance alone had kept my uncle with a sick horse in the barn that morning, so that we weren't heading towards the country road alongside Grund's ox cart as usual. We could hear the gunfire from the barn, and the fifteen stabled horses were wild with fear. I have been afraid of horses ever since. But what I have feared more since that moment are the faces of people forced to see what no person should have to see. Wilhelm Grund's son, the young farmhand Gerhard Grund, had such a face as he burst through the barn door, managed a few steps and then collapsed: Herr Volk, what have they done to my father!

Gerhard was my age. His father lay in the dust at the side of the road next to his oxen, eyes staring upwards. Nothing would lower that gaze, not his wife's wailing or the whining of his three other children. This time around, they forgot to tell us that this was not a sight for us children.

"Quick," said Herr Volk. "We've got to get out of here." They grabbed the corpse by the shoulders and legs and dragged him to the edge of the woods and wrapped him in the tarpaulins from the granary of the estate—just as they would have wrapped any of us, myself included. I, too, would have gone to the grave without words and without song—only their wailing—just like Wilhelm Grund the farmhand, and then they would have pushed on. For a long time they would have said nothing, just as we remained silent, and then would have had to ask what they needed to do now to stay alive. They would have torn off large birch branches, just as we did now, to cover the handcarts, as if the foreign pilots would be fooled by this little wandering birch grove. Everything, everything would be like now, only I would no longer be one of them. And the difference, which was everything to me, meant hardly anything to most of the others here. Gerhard Grund was already sitting in his father's seat, driving the oxen forward with his very whip, and Herr Volk nodded to him: "Good boy. Your father died a soldier's death."

I didn't really believe this. It wasn't the way a soldier's death had been described in the textbooks and newspapers, and I told that authority with whom I was continuously in touch and whom I labelled with the name of God— though against my own scruples and reservations—that, in my opinion, a man and father of four children did not deserve an end such as this.

I happened to be on guard at the time. It was my job to signal the next attacks by whistling. There were two American fighters. The birch grove came to a halt. Just as I had figured, it was clearly visible from afar and easy prey on the desolate country road. Everything that had legs jumped out of the handcarts and threw itself in the ditch, myself included. This time I did not bury my head in the sand but lay on my back and continued eating my sandwich. I did not want to die and I certainly was not up to defying death but I did want to see the one who dared shoot at me. First I saw the white stars under the wings, and then the helmet-covered heads of the pilots and, finally, the naked white

spots of their faces. I had seen prisoners before, but this was the attacking enemy—face to face. I knew that I was supposed to hate him and it seemed un-
natural that I found myself wondering for the space of a second if they were
having fun.

When we got back to the wagons, one of our oxen sank to its knees. Blood
spurted from its throat. My uncle and grandfather unharnessed it. My grandfather, who had stood alongside the dead Wilhelm Grund without uttering a
word, now hurled curses from his toothless mouth. "The innocent creature,"
he said hoarsely. "Those damned bastards." I was afraid he might begin to cry
and hoped he would get everything off his chest by cursing. I forced myself to
look at the animal for an entire minute. It couldn't be reproach that I detected
in its gaze, so why did I feel guilty? Herr Volk handed his hunting rifle to my
uncle and pointed to a spot behind the ox's ear. We were sent away. At the
sound of the shot, I looked back. The ox dropped heavily on to its side.

All evening the women were busy cooking the meat. By the time we sat in
the straw, sipping broth, it was already dark. Kalle, who had bitterly complained
about being hungry, greedily slurped from his bowl, wiped his mouth on his
sleeve and began to sing croakingly with contentment, "All dogs bite, all dogs
bite, but only hot dogs get bitten . . ."

"To hell with you, you crazy fellow," my grandfather went at him furiously.
Kalle fell on to the straw and stuck his head under his jacket.

One need not be afraid when everyone else is afraid. To know this is certainly
liberating, but liberation was still to come, and I want to record what today's
memory is prepared to yield on the subject. It was the morning of the 5th May,
a beautiful day, and once more panic broke out when we heard that we were
encircled by Soviet armoured tank troops. Then word came that we should
march to Schwerin, where the Americans were. Anyone still capable of asking
a question would have found it strange, that surge forward towards the enemy
who had been trying to kill us for days now. But no one did. The world stub-
bornly refused to end and we were not prepared to cope with a world that refused to end. I remember the horrific words uttered by one woman when told
that the miracle weapon longed for by the Führer could only exterminate everyone, both the enemy and the Germans. Let them go ahead and use it, she said.

We moved past the last houses of a village along a sandy road. A soldier was
washing up at a pump next to a red Mecklenburg farmhouse. He stood there,

legs apart, with the sleeves of his white undershirt rolled up, and called out to us, "The Führer is dead," the same way one says, "Nice weather today." I was stunned more at his tone than at the realization that the man was speaking the truth.

I trudged on alongside our cart, heard the coachmen's hoarse shouts, the groaning of the exhausted horses, saw the small fires by the side of the road where the papers of the officers of the Wehrmacht smouldered. There were heaps of guns and anti-tank grenade-launchers sprouting from the ditches, along with typewriters, suitcases, radios and all manner of precious war equipment senselessly lining our way.

Then came the paper. The road was suddenly flooded with paper; they were still throwing it out of the Wehrmacht vehicles in wild anger—forms, induction orders, files, proceedings, documents from the headquarters of a military district, banal routine letters as well as military secrets and the statistics of the dead. As if there were something repulsive about the paper trash, I did not stoop to pick up a page, which I regretted later. I did, however, catch the canned food which a truck driver threw to me. The swing of his arm reminded me of the movement, often performed, with which, in the summer of '39, I had thrown cigarette packs on to the dusty convoys which rolled eastward past our house, day and night. In the six-year interim I had stopped being a child; summer was coming again, but I had no idea how I would spend it.

The supply convoy of a Wehrmacht unit had been abandoned by its escort on a side road. All those who passed by took as much as they could carry. The order of the column dissolved. Many were beside themselves, no longer with fear but with greed. Only Kalle laughed, dragging a large block of butter to our cart, clapping his hands and shouting happily, "Well, I'll be damned! Look at them getting all worked up!"

Then, out of nowhere, we saw the prisoners from the concentration camp nearby. They stood at the edge of the forest and gazed at us. We could have given them a sign that the air was clear, but nobody did. Cautiously, they approached the road. They looked different from all the people I had seen up to then, and I wasn't surprised that we automatically shrank back from them. But it betrayed us, this shrinking back; it showed that, in spite of what we protested to each other and ourselves, we knew. All we unhappy ones who had been driven away from all our possessions, from our farms and our manors, from our shops and musty bedrooms and brightly polished parlours with the pic-

ture of the Führer on the wall—we knew. These people, who had been declared animals and who were slowly coming towards us to take revenge—we
had abandoned them. Now the ragged would put on our clothes and stick their
bloody feet in our shoes, now the starved would seize hold of the flour and the
sausage that we had snatched. And to my horror I felt that it was just, and I
was horrified to feel that it was just, and knew for a fraction of a second that
we were guilty. I forgot it again.

The prisoners pounced not on the bread but on the guns by the side of the
road. They loaded up on ammunition, crossed the road without paying any attention to us, struggled up the opposite slope and mounted sentry there. They
looked down at us. I couldn't bear looking at them. Why don't they scream, I
thought, or shoot into the air, or shoot at us, goddamnit! But they stood there
peacefully. Some of them were reeling and could barely bring themselves to
hold their guns and stand up. Perhaps they had been praying for this moment.
Everything about them was completely foreign to me.

There came a call from the front that everybody except the drivers should
dismount. This was an order. A deep breath went through the convoy, for this
could mean only one thing: the final steps towards freedom lay ahead. Before
we could move on, the Polish drivers jumped off, coiled the reins around the
stanchion of the wagon, formed a small squad and set about going back, eastward. Herr Volk, immediately turning a bluish-red colour, blocked their way.
At first he spoke quietly to them, but soon he began to scream. Conspiracy,
foul play, refusal to work, he shouted. A Polish migrant worker then pushed
Herr Volk aside.

The world had truly turned topsy-turvy, only Herr Volk hadn't noticed yet;
he reached for his whip, but it was stopped in mid-air; someone was holding
his arm. The whip dropped to the ground, and the Poles walked on. His hand
pressed against his heart, Herr Volk leaned heavily against the cart and let himself be comforted by his thin-lipped wife, while Kalle railed at him from above,
shouting, Bastard, bastard. The French people, who stayed with us, called out
farewells to the departing Poles, who understood those farewells no more than
I did, but understood their sound. It hurt being so strictly excluded from their
shouting, waving and the tossing of their caps, from their joy and their language. But it had to be that way. The world consisted of the victors and the van-
quished. The former were free to express their emotions. We had to lock ours
inside us. The enemy should not see us weak.

There he was. I would have preferred a fire-breathing dragon to this light Jeep with its gum-chewing driver and three casual officers. I tried to make an expressionless face and look right through them, and told myself that their unconstrained laughter, their clean uniforms, their indifferent glances, the whole damned victor's pose had probably been planned for our special humiliation.

The people around me began to hide watches and rings. I, too, took my watch off my wrist and carelessly put it in my coat pocket. The guard at the end of the line, a lanky, hulking man, showed the few people carrying arms where to throw their weapons, while he frisked us civilians with a few firm, routine police motions. Petrified with indignation but secretly proud that they believed me capable of carrying a weapon, I let myself be searched, and my overworked sentry routinely asked, "Your watch?"

So he wanted my watch, the victor, but I told him that the other one, "your comrade," his brother officer, had already pocketed it.

It was then that my heightened sense of hearing signalled the rising sound of an airplane engine.

I kept an eye on its approach route out of habit and threw myself to the ground as it swooped down; once more the horrid dark shadow flitting quickly across grass and trees, once more the atrocious sound of bullets pounding into soil. Still? I thought to myself in astonishment, realizing that one can get used to the feeling of being out of danger in a second.

I should be capable of saying how it felt when it became quiet. I stayed put behind the tree. I believe the thought did not occur to me that, from now on, no bomb would be dropped on me again. I wasn't curious about what would happen next. I didn't know how the horned Siegfried is supposed to act if the dragon asks him for his watch rather than gobbling him up, hair and hide. I didn't feel like watching how Herr Siegfried and Herr Dragon would get along as private citizens. I didn't feel like going to the Americans in the occupied mansion for every bucket of water or having a fight with black-haired Lieutenant Davidson from Ohio.

And I felt less up to the talk with the concentration-camp prisoner who sat with us by the fire at night, wearing a pair of bent wire-frame spectacles and mentioning the word "Communism" as if it were a permitted, household word such as "hatred" or "war" or "extermination." No. And least of all did I feel like knowing about the sadness and the dismay which were in his voice when he asked us, "Where, then, have you lived all these years?"

I didn't feel up to liberation. I was lying under my tree; all was quiet. I was lost and wanted to make a note of the branches against that very beautiful May sky, when my lanky, off-duty sergeant came up the slope, a squealing German girl hanging on each arm. All three moved in the direction of the occupied mansion, and finally I had a reason to turn away a little and cry.

War and Memory

June Jordan
Dedicated to Jane Creighton

I

Daddy at the stove or sink. Large
knife nearby or artfully
suspended by his clean hand handsome
even in its menace
slamming the silverware drawer
open and shut/the spoons
suddenly loud as the yelling
at my mother
no (she would say) no
Granville no
about: would he
be late/had she
hidden away the Chinese laundry shirts
again/did she think
it right that he (a man in his own house)
should serve himself a cup of tea a plate
of food/perhaps she thought that he
should cook the cabbage and the pot roast
for himself
as well?
It sure did seem she wanted him to lose
his job because she could not find
the keys
he could not find
and no (she would attempt to disagree)
no Granville no
but was he
trying to destroy her with his mouth

"My mouth?!" my Daddy hunkered down
incredulous and burly now
with anger, "What you mean, 'My mouth'?! You, woman!
Who
you talk to in that way?
I am master of this castle!" Here
he'd gesture with a kitchen fork
around the sagging clutter
laugh and choke the rage tears
watering his eyes: "You no speak to me
like that: You hear?
You damn Black woman!"
And my mother
backing up or hunching smaller
than frail bones should easily allow
began to munch on saltine
crackers
let the flat crumbs scatter on her full lips
and the oilcoth
on the table

"You answer me!" he'd scream, at last:
"I speak to you. You answer me!"
And she might struggle then
to swallow
or to mumble finally out loud:
"And who are you supposed to be? The Queen
of England? Or the King?"
And he
berserk with fury lifted
chair or frying pan
and I'd attack
in her defense: "No
Daddy! No!" rushing for his knees
and begging, "Please
don't, Daddy, please!"

He'd come down hard: My head
break into daylight pain
or rip me spinning crookedly across the floor.
I'd match him fast
for madness
lineage in wild display
age six
my pigtails long enough to hang me
from the ceiling
I would race about for weaponry
another chair a knife
a flowered glass
the radio
"You stop it, Daddy! Stop it!"
brandishing my arsenal
my mother silently
beside the point.
He'd seize me or he'd duck the glass
"You devil child!"
You damn Black devil child!"
"And what are you supposed to be?"
My mother might inquire
from the doorway:
"White? Are you supposed to be a white man
Granville?"
"Not white, but right!" And I would have to bite and kick
or race way
sometimes out the house and racing
still for blocks
my daddy chasing
after me

II

Daddy at the table reading
all about the Fiji Islanders or childhood
in Brazil

his favorite National Geographic research
into life beyond our
neighborhood
my mother looking into
the refrigerator
"Momma!" I cried, after staring at the front page
photo of The Daily News.
"What's this a picture of?"
It was Black and White,
But nothing else. No people
and no houses anywhere. My mother
came and took a look above my shoulder.
"It's about the Jews": she said.
"The Jews?"
"It's not! It's more about those Nazis!" Daddy
interjected.
"No, Granville, no!
It's about the Jews. In the war going on,"
my mother amplified, "the German soldiers
take away Jewish families and they make
them march through snow until they die!"
"What kind of ignorant
woman are you?" Daddy shouted out, "It's
not the snow. It's Nazi camps: the concentration
camps!"
"The camps?" I asked them, eagerly: "The Nazis?"
I was quite confused, "But in this picture,
Daddy, I can't see nobody."
"Anybody," he corrected me: "You can't see
anybody!" "Yes, but what," I persevered, "what is this a
picture of?"
"That's the trail of blood left by the Jewish girls
and women on the snow because the Germans
make them march so long."
"Does the snow make feet bleed, Momma?
Where does the bleeding come from?"

My mother told me I should put away
the papers and not continue to upset myself
about these things I could not understand
and I remember
wondering if my family was a war
going on
and if
there would soon be blood
someplace in the house
and where
the blood of my family would come from

                          III
The Spanish Civil War:
I think I read about that one.

                          IV
Joan DeFreitas/2 doors up
she latched onto a soldier
fat cat bulging at the belt
and he didn't look like Hollywood
said he should
so I couldn't picture him defending
me or anyone
but then I couldn't picture war on North
Korea
at that time

                          V
There was tv
There were buses down to Washington, D.C.
You could go and meet your friends
from everywhere.
It was very exciting.
The tear gas burned like crazy.
The President kept lying to us.

Crowd counts at the rallies.
Body counts on the news.
Ketchup on the steps of universities.
Blood on the bandages around the head of the Vietnamese
women shot between the eyes.
Big guys.

Aerial spray missions.
Little people
Shot at close range
"Hell no! We won't go!"
"Hell no! We won't go!"
Make love
Kill anything that moves.
Kent State.
American artillery unlimited at Jackson State
Who raised these devil children?
Who invented these Americans with pony
tails and Afros and tee shirts and statistical
arguments against the mining of the harbors
of a country far away?

And I remember turning from the footage of the tat-tat-tat-
tat-tat-tat
helicopters
and I wondered how democracy would travel from the graves
at Kent State
to the hidden trenches
of Hanoi

VI

Plump during The War on Poverty
I remember making pretty good
money (6 bucks an hour)
as a city planner and my former
husband married my best

friend and I was never positive
about the next month's rent but
once I left my son sitting
on his lunchbox in the early rain
waiting for a day-care pickup and I went
to redesign low-income housing for the Lower
East Side of Manhattan and three hours after that
I got a phone call from my neighbors
that the pickup never came
that Christopher was waiting
on the sidewalk
in his yellow slicker
on his lunchbox
in the rain.

VII

I used to sometimes call the government
to tell them how my parents
ate real butter or stole sugar
from The Victory Rations
we received

I sometimes called the Operator
asking for Police
to beat my father up for beating me
so bad
but no one listened to
a tattletale
like me:

I think I felt relieved
because the government didn't send a rescue
face or voice to my imagination
and I hated the police
but what else could you do?
Peace never meant a thing to me.

I wanted everyone to mold
the plastic bag for margarine
save stamps
plant carrots
and
(imitating Joe "Brown Bomber" Louis)
fight hard
fight fair
And from the freedom days
that blazed outside my mind
I fell in love
I fell in love with Black men White
men Black
women White women
and I
dared myself to say The Palestinians
and I
worried about unilateral words like Lesbian or Nationalist
and I
tried to speak Spanish when I travelled to Managua
and I
dreamed about The Fourteenth Amendment
and I
defied the hatred of the hateful everywhere
as best I could
I mean
I took long nightly walks to emulate the Chinese
Revolutionaries
and I
always wore one sweater less than absolutely necessary to
keep warm

and I wrote everything I knew how to write against apartheid
and I
thought I was a warrior growing up
and I

buried my father with all of the ceremony all of the music
I could piece together
and I
lust for justice
and I
make that quest arthritic/pigeon-toed/however
and I
invent the mother of the courage I require not to quit

Baghdad Diary

Nuha Al Radi

Last week I went to the Rashid Hotel to pick up a letter which Bob Simpson had brought from Cyprus. He also sent me some packets of seeds for Italian vegetables, a tiny leak in the embargo: useful, if we ever get any water. His room was full of hacks waiting for the big moment. I told him very authoritatively that there would be no war. He said he wished he could believe me. I'm not sure why I was so positive. I should have known better; after all, I witnessed three revolutions in Iraq, the Suez War in Egypt and most of the Lebanese civil war.

DAY ONE.   I woke up at three A.M. to exploding bombs and Salvador Dali, my dog, frantically chasing around the house, barking furiously. I went out on the balcony. Salvador was already there, staring up at a sky lit by the most extraordinary firework display. The noise was beyond description. I couldn't get an answer from Ma and Needles's phone so tried Suha who answered in a hushed voice and said, Put out your lights. Suha was sitting in a shelter she had prepared under the stairs, already stashed with provisions. She'd taped up her windows and doors against nuclear fall-out.

I ventured outside with Salvador to put out the garage light—we were both very nervous. Almost immediately we lost all electricity, so I need not have bothered. The phones also went dead. We are done for, I think: a modern nation cannot fight without electricity and communications. Thank heavens for our ration of Pakistani matches.

With the first bomb, Ma and Needles's windows shattered, those facing the river, and one of poor Bingo's pups was killed in the garden by flying glass—our first war casualty.

DAY TWO.   Amal and Munir also lost their windows, so they've moved in here. Ma and Suha will stay here at night. Needles prefers to stay with Menth. M.A.W. only joins us for dinner. Said came by and picked us up to have lunch with Taha—kebabs and beer, delicious. Said has a good supply of petrol (which he's not prepared to share). There were no air raids, and everything seemed normal. Today, all over Baghdad, bread was thrown from government trucks to thronging crowds.

DAY THREE.   Suha and I spent the day merrily painting while the war was going on full blast outside. I wonder how we manage to feel so detached. This afternoon we saw a SAM missile explode in the sky. I caught Mundher Baig on his grandson's tricycle, his legs scrunched up under his chin, pedalling round and round his garage. He is convinced he will not see his grandchildren again.

At night there was a fire in the orchard, which I thought was from a bomb but in fact had been started by Flayih. He had been burning some dry wood near the dead core of a palm tree, trying to produce coal. It took the whole water supply from Dood's house and mine, plus the fire extinguisher from the car, to put out the fire. Now we have no water. Flayih still has no coal.

DAY FOUR.   I woke to an air raid at five and went round to Zaid's house. He was there with his two aunts, both about 110 years old. One was bent double over the stove; the other never stopped chattering. Because of the constant air raids they are afraid to go upstairs to their bedrooms so they sleep in their clothes in the sitting-room. They seem oblivious to the enormity of what's happening around them and concentrate only on the immediate things; that's why, though they are so old and frail, they're so alive and entertaining. Zaid's phone still works so I tried to call Asia and Suha: no answer. Their house is on the river, directly opposite Dora refinery. There is a huge black cloud hanging over that part of Baghdad.

Mundher Baig has made a generator for his house using precious petrol. Ten of us stood gaping in wonder at this machine and the noise it made. Only four days have passed since the start of the war but already any mechanical thing seems totally alien.

Suha is experimenting with a recipe for basturma. The meat in our freezers is thawing so it's a good thing the weather is cold.

In the evening, we cook potatoes in the fireplace. M.A.W. says you can almost taste the potato through the charcoal; admittedly they are burnt. I make a dynamite punch with Aquavit, vodka and fresh orange juice.

DAY FIVE.   Munir gave me a calendar today; it's the twenty-first of January. My painting of Mundher Baig and family is nearly finished. I got my bicycle fixed. Although it's new we've been unable to inflate the tyres for days. They both turn out to have punctures. I told the guy mending it that it was new, and he said they always come like this. He thought someone punctures them before they leave the factory. The bike is called Baghdad. At least it's not called Ishtar, the name of our goddess of war that already honours fridges, freezers, soap, matches, heaters and hotels.

We are all now going to the loo in the orchard, fertilizing it and saving water. Janette, who now comes by every day, says that everyone else has gone off to the countryside because it's the best place to be during a war. Then she added that our house is like being in the country anyway. She is looking for someone to share her bed today, quite crazed; I said it wasn't uppermost in my mind right now.

Apparently people take off for the countryside with their freezers loaded on their pick-up trucks and barbecue the food as it defrosts. Only Iraqis would escape from a war carrying freezers full of goodies. We've always been hoarders. Now we have to eat our hoard.

Basil is cooking up all the food from his freezer and feeding it to his cats.

DAY SIX.   Got up for the regular five o'clock air raid, which finished an hour later. We went to queue for our petrol ration—twenty litres. Amal, who never remembers to wear her glasses, backed into a wall. The entire country has collapsed and disintegrated in a few days. They say that outside Baghdad everything goes on as normal. I wonder how long we can survive this kind of bombardment. Perhaps we will get water tomorrow.

DAY SEVEN.   The worst has happened: we have to drink warm beer. I cleaned out the freezer and removed a ton of different kinds of bread. All I ever had in my freezer was bread, ice and bones for Salvador. Asam had so much chicken in hers that she gave away some and grilled the rest; now Nofa goes around chewing on chicken rather than her usual chocolate bars. She is saving those for harder times, she says. We have to eat everything that will spoil. This means we all shit so much more, all in the garden. If we use the bathroom they say the sewage will back up on us—I have only now discovered an electric pump takes it to the sewage plant. One takes so much for granted. I wonder whether the Allies thought of these things when they planned the bombing. I fear it will be a long time until we have electricity.

Ma began making her own basturma following Suha's recipe. She stuffed the meat and spices into nylon stockings—there are no animal intestines to hand—and hung them in Dood's empty house, in posh marble surrounds. We started burning the rubbish today, clearing the orchard of dead matter. Amal insisted on wearing her high heels, even for collecting brambles.

Rumour had it that there was a difficult night ahead, the seventh, but it clouded over, so maybe God was on our side. I like the idea that some of our Scuds are decoys, probably crafty Russian training. I'd rather we didn't hit civilians but I suppose accuracy is asking too much.

We got some water today, although there wasn't enough pressure to push it up to the roof tank. Still I'm not complaining.

I finished Mundher's painting and we had a little party to celebrate its unveiling. We opened a bottle of champagne and ate *meloukhia* and a million other things. I wish that our stock of food would finish so we could eat a little less. M.A.W.'s sister and brother-in-law fled their house in Fahama and have come to live with him: two more for dinner. His sister left dressed in a green suit, which is all she has now. She is sweet, but hardly says a word; the brother never stops talking and is deaf as a post. He is probably the last surviving communist in the country. In his youth he was well-known for singing old Iraqi songs. He lulled us to sleep with his pleasant voice—dozing heads lolling in different directions.

DAY EIGHT.   Silence. It's six in the morning and there's no air raid. I ate so much last night that I couldn't sleep. Depression has hit me with the realization that the whole world hates us. It is not a comforting thought. We have bitten off more than we can chew. Ma's theory is that the world now is ruled by the two smallest powers: Kuwait with its money and oil, and Israel with its power and intellect. It's an unfair world. Other countries do wrong: look what Russia did in Afghanistan, or Turkey invading Cyprus, or Israel taking over Palestine and Lebanon. Nobody bombed them senseless. They were not even punished. Perhaps we have too much history. At least Baghdad is now on the map: I will no longer have to explain where I come from.

I had a recurrent dream before the start of the war: Americans in battle fatigues jogging down Haifa Street, lining up in the alley, kissing each other.

They were led by a girl dressed in red. Then suddenly I was on my own and everything was dry as dust, and all I could see was bare earth. What bothered me was the loneliness of the dream. Am I going to be the only survivor?

DAY NINE.   Since the war began I have been unable to read a word, not even a thriller. Ma, who usually never stops knitting, can't knit; while Suha and Amal, who have no talent for knitting, have now started. Fastidious Asam, who normally changes her clothes twice a day, now sleeps in the same clothes for two days running. She has hidden all the scissors in her house in case someone breaks in and attacks her with them. She has also wrapped her jewellery in plastic bags, boxed them, and buried them in the garden—hoping that she will remember the exact spot.

I'm trying to get M.A.W. to use his time constructively. I gave him my wall clock to repair. He complained endlessly, then started to fiddle with it and got it to work. He's excellent at mending things, having an endless supply of patience for machines but almost none for life and people. He says if we defeat Israel he'll eat a spoonful of shit—sometimes it's a plateful depending on how good or bad the news. Today he says if we retain Kuwait he'll eat ten platefuls.

Basil came by and I told him to put his mind to basic agriculture. Now that we are back in the Dark Ages we have to figure out a way to haul water up from the river. People have taken to doing their washing in the Tigris, but the river is fast flowing and dangerous. The water situation is bad.

They captured an island in the Gulf that appeared suddenly at low tide: we did not even know its name.

DAY TEN.   "Read my Lips," today is the tenth day of the war and we are still here. Where is your three-to-ten-days-swift-and-clean kill? Mind you, we are ruined. I don't think I could set foot in the West again. Maybe I'll go to India: they have a high tolerance level and will not shun us Iraqis.

Suha mended her bike today. Hers was also new and its tyres were also punctured. We rode out together and caused a sensation in the streets. All very friendly. One guy on a bike sidled by and said he had a Mercedes at home. "Are we in Paris?" said another. One sour man shouted: "We don't like girls that ride bikes," and we yelled at him, "More fool you," and rode away. Nofa says I look like ET because I'm wrapped in a hundred scarves and they fly behind me; more like a witch, I'd say. Tomorrow I'll be fifty years old. I feel very depressed. Who the hell ever wanted Kuwait anyway?

M.A.W. says we can get electricity in one minute if we attach ourselves to Turkey or Jordan, because we have a connected circuit. Yesterday we heard we may be getting it from Iran. But what can they connect it to if they bombed the stations?

Everyone talks endlessly about food. While eating lunch the conversation is about what we are having for dinner. We have cooked up all the meat we had. The basturmas we hung in Dood's house are beginning to stink—the whole house reeks.

Hala says she will give me a bucket of water as my birthday present.

DAY ELEVEN.   I had great hopes for my birthday. Lots of people were invited, and they all came and more. Drinks flowed in buckets. Someone peed on my bathroom floor (I'm sure it was that horrid Mazin who came uninvited). Fuzzle stayed the night. She said to Yasoub, "Take me out to pee," and they went out into the garden arm in arm, so romantic after all these years of marriage. There was a lovely full moon. Fuzzle later entertained us with stories about her air-raid shelter. She goes there every night with Mary, her Indian maid, from six in the evening till seven the next morning. There are three tiers of bunks; the lower one is the most coveted. Fuzzle gets very nervous when the bombing starts, and being diabetic her blood count shoots up. It was a particularly bad night and we had to take her mind off the noisy bombing outside— she was used to the quiet of the shelter and the soldiers singing to Mary. We must all have the hides of rhinos here in this house; no one seems afraid.

DAY TWELVE.   We got water from the taps today. Drew endless buckets up to the tank on the roof. I filled them up below and Munir pulled them up with a rope, eighty buckets in all. Very hard work, and I got soaked in the process.

DAY THIRTEEN.   I'm typing by candlelight and can see very little: maybe this won't be legible tomorrow. Ma and Suha went to the souk today to buy more lanterns, and an air raid started. No one bothered to shelter or go home, but just went on with their usual business. In fact there was such a crush that Ma and Suha managed to lose each other. They were bombing the bridge at Southgate. The shock caused all the doors of the buildings in the vicinity to blow open, and all the windows went—broken glass everywhere. Amal's shop, which is right beside the bridge, also got blown up. So now both her house and shop are destroyed. She never complains.

It was Suhub's birthday so we all met there for lunch. Driving across the Adhamiya Bridge we could see black columns of smoke rising in all directions. They are burning tyres to confuse the enemy. Some confusion. Samih said that an unexploded rocket had fallen in the garden of the Rashid Hotel, and there was a mad scrabble for mementoes before the security forces sealed it off.

Are we in for a nuclear war? I must say I don't feel there is a risk of death, at least not for myself—I know that I will survive. Twenty-seven thousand bombing raids so far. Is the world mad? Do they not realize what they are doing? I think Bush is a criminal. This country is totally ruined. Who gives the Americans the licence to bomb at will? I can understand Kuwait wanting to destroy us, but not the rest of the world.

The peasant's life that we now lead is very hard, and the work never stops. I get up, come downstairs, collect firewood, clean the grate and make up the evening fire. I clean the kitchen and boil water for coffee. Suha and Amal cook the meals; Ma makes the bread and cakes. I do the soups and salads. I grow all the raw materials for it, lettuce, radishes, celery, parsley and rocca in the orchard. Lunch is a simple snack; dinner—our one meal—is eaten between seven and eight, sometimes accompanied by bombing, other times not.

I have learned to do a lot of things in the dark, except sleep through the night. In fact, we all sleep very little; adrenalin keeps us going.

Salvador has got a new girlfriend. She is horrible. He bit Said yesterday. Salvador is not a dog you can stroke.

DAY FOURTEEN.   Mundher Baig died in his sleep. He had a bad heart and yesterday chased up nine floors to check the damage to our building. But he really died of sorrow: he could not comprehend why the world wanted to destroy us. He kept asking Ma yesterday why they were doing it. Somehow I knew while painting his portrait that it would never hang in his house. That was why I finished it in such a hurry, unveiling it before the paint was dry. He was not made for death, so lively and full of energy, good for laughter and for fights. We are going to miss him.

We each chose a section of Baghdad and drove around to inform friends and relatives of the funeral. I went to Mansur, crossing the Adhamiya Bridge during a full-scale air raid. Sirens were going off, rockets and bombs were falling, I was unmoved. Lubna says she saw a plane come down in Karrada; it turned out to be a cruise missile.

DAY FIFTEEN.   All the water that Munir and I hauled up to the roof-tank yesterday disappeared through a leak in the downstairs toilet. A tragedy. I have lived in this house for three years and have had to change that loo twice already. It must be jinxed.

I went to help Amal clean up her shop, a mess of broken glass. The holes in Jumhuriya Bridge were neat and precise, with a lot of metal hanging underneath. The bridge was packed with people looking down through the holes. A siren was sounding but nobody moved.

Object Permanence

Dzvinia Orlowsky

Even a grave can be bulldozed
to give up what it hides.

For years Grandmother saved her money.
Yet when her brother's remains

arrived, she may for all she knew
have been crying

into the bones of a large dog.

. . .

Father may seem dead
but it's you that's changed.

That sheet placed over his body—
his stillness,

were all just to fool you.
You're the child again,

and the game is to test you,
to see how well you remember.

You lift the sheet, cry out.
Each time his face is locked

into another.
Each time he shows you how

he never left.

Blind Chinese Soldiers

Taiko Hirabayashi

On March 9, 1945, a day when by coincidence one of the biggest air raids took place, the sky over Gumma Prefecture was clear. An airplane, which might have taken off from Ota, flew along with the north wind.

Taking the road from Nashiki in the morning, I (a certain intellectual-turned-farmer) came down from Mount Akagi, where the snow in the valleys of the mountain was as hard as ice. From Kamikambara I took the Ashino-line train to Kiryu, transferred to the Ryoge-line, and got off at Takasaki. I was to transfer again to the Shingo-line to go to Ueno.

It was around four-thirty in the afternoon. Although the sky was still so light as to appear white, the dusty roofs of this machinery-producing town and the spaces among the leaves of the evergreen trees were getting dark. The waiting room on the platform was dark and crowded with people who had large bamboo trunks or packages of vegetables on their shoulders or beside them on the floor. It reverberated with noise and commotion.

After taking a look at the large clock hanging in front of me, I was about to leave the waiting room. Just at that moment, a group of policemen with straps around their chins crossed a bridge of the station and came down to the platform. Among them were the police chief and his subordinate, carrying iron helmets on their backs and wearing white gloves. The subordinate was talking about something with the station clerk who accompanied them, but it seemed that the word of the police chief, who interrupted their talk, decided the matter. The clerk crossed the bridge and then returned from the office with a piece of white chalk in his hand. Pushing people aside, he started drawing a white line on the platform.

I was standing in front of the stairway with one leg bent; I had sprained it when someone dropped a bag of nails in the crowded Ryoge-line train. The clerk came up to me, pushed me back aggressively, and drew a white line. As was usual in those days, the train was delayed considerably. The passengers, quite used to the arrogance of the clerks, stepped aside without much resistance and, to pass the time, watched what was happening with curiosity.

Shortly, a dirty, snow-topped train arrived. Before I noticed it, the policemen, who had been gathered together in a black mass, separated into two groups. They stood at the two entrances of the car that I was planning to board. The white lines had been drawn right there.

The car seemed quite empty, but when I tried to enter I found myself forcibly prevented by a policeman. I then realized that in the center of the car there was a young, gentle-looking officer sitting and facing another young officer who was obviously his attendant. With his characteristic nose, he was immediately recognizable as Prince Takamatsu.

With the strange, deep emotion that one might experience upon recognizing an existence hitherto believed to be fictitious, I gazed at this beautiful young man. My natural urge was to shout and tell everyone out loud, "The Prince is in there. He's real!" Yet it was not the time, either for myself or for the other passengers, for such an outburst. Unless one managed to get into one of the cars—at the risk of life and limb—one would have to wait additional long hours; how long, no one knew.

I rushed to one of the middle cars immediately. Yet my motion was slowed by the wasteful mental vacuum that the shock of seeing the Prince had created. I stood at the very end of the line of passengers, looking into the center of the car and trying to see whether there was some way I could get in.

After glimpsing the pleasant and elegant atmosphere in the well-cleaned car with blue cushions, I found myself reacting with a particularly strong feeling of disgust to the dirtiness and confusion of this car. Shattered window glass, the door with a rough board nailed to it instead of glass, a crying child, an old woman sitting on her baggage, a chest of drawers wrapped in a large *furoshiki* cloth, an unwrapped broom—a military policeman appeared, shouting that there was still more space left in the middle of the car, but no one responded to his urging.

I gave up trying to get into this car and ran to the last car. There were no passengers standing there. A soldier, possibly a lower-ranking officer, was counting with slight movements of his head the number of the plain soldiers in white clothes who were coming out of the car. An unbearable smell arose from the line of the soldiers who, carrying blankets across their shoulders, had layers of filth on their skin—filth which one could easily have scraped off.

I was looking up at the doorway wondering what this could mean; then my legs began trembling with horror and disgust.

Looking at them carefully, I could see that all of these soldiers were blind; each one stretched a trembling hand forward to touch the back of the soldier ahead. They looked extremely tired and pale; from their blinking eyes tears were falling and their hair had grown long. It was hard to tell how old they were, but I thought they must be between thirty-five and fifty years old. On further examination, I observed that there was one normal person for every five blind men. The normal ones wore military uniforms which, although of the same color as Japanese uniforms, were slightly different from them. They held sticks in their hands.

Judging from the way they scolded the blind soldiers or watched how the line was moving, I guessed they must be caretakers or managers of the blind soldiers.

"*Kuai kuaide! Kuai kuaide!*" [Quickly, quickly] a soldier with a stick shouted, poking the soldier in front of him. I realized then that all the soldiers in this group were Chinese. I understood why, even aside from the feeling evoked by their extreme dirtiness, they looked strange and different.

All the soldiers who were led out of the car were left standing on the platform. There were about five hundred of them. I doubted my own eyes and looked at them again carefully. All of them half-closed their eyes as if it were too bright, and tears were dripping from every eye. It was certain that every one of them was blind.

The supervising soldiers who were not blind saluted suddenly, and a Japanese officer with a saber at his waist appeared from one of the cars.

"What about the others?" he asked, passing by a soldier who was busy counting the number of blind soldiers.

"They will come later, sir, on such and such a train," the lower officer answered.

"What on earth is this all about?" the sympathetic yet suspicious expressions of the passengers seemed to ask. A middle-aged woman even started crying, holding her hand-towel to her eyes. It was obvious that both the commander and the lower officer wanted to hide the blind soldiers from the passengers, but it took a long time to get the rest off the train, and the number of onlookers gathering behind the fence gradually increased.

At last those at the head of the line began climbing up the stairs of the station, while the train started moving slowly. I was standing on the steps of the car in front of the one which had just been emptied and was holding on with all my might. I could see the policemen who were guarding the soldiers whispering to each other.

"I guess they were used for a poison gas experiment or they are the victims of some sort of explosion," said a man with an iron helmet on his back, standing four or five persons ahead of me.

"They don't have to carry out poison gas experiments in the motherland," a man who appeared to be his companion objected. Following up the companion's comment, I asked a woman of about forty who was standing next to me,

"When did those soldiers get on the train?"

"Let's see, I think at around Shinonoi."

"Then they must have come from around the Nagoya area," I said to myself, although it did not give me a clue to understand anything.

Soon the passengers forgot about it and began to converse.

"I came from Echigo. I am on my way to Chiba with my daughter." The woman whom I had just come to know started talking in a friendly manner. She told me that she was bringing her daughter to report for duty in the women's volunteer army and that her departure had been delayed for a week because her daughter had had an ugly growth on her neck. Since they could not get through tickets to Chiba, they would go as far as they could, then stay in the place they had reached, standing in line until they could buy tickets to continue their journey. They had come this far, she said, but the hardships they had been through were beyond description.

I had been offended a moment ago by the unconcerned way in which this woman had answered my question about the Chinese soldiers, but I now thought I could understand it. The Japanese were too involved in their own affairs to be moved by such an incident.

When the train left a station some time later, I went into the car which had been occupied by the Chinese soldiers, hoping to sit down and rest. I returned soon, however, because the smell there was intolerable.

The conductor came from the end of the train, announcing "Jimbobara next, Jimbobara next," as he passed among the passengers. By that time, the windows on the west side were burning with the rays of the setting sun, and the huge red sun was setting with the sanctity of the apocalypse. I realized that the car occupied by the Chinese had been taken away and that my car had become the last of the train.

Yes, there was the Prince, still in the car ahead of us, I remembered. But I was too tired to tell anyone.

After the war was over, I asked the merchants who had their shops in front of the Takasaki station whether they had seen the group of Chinese soldiers boarding the train again. They all said they had never seen them again. Perhaps they never returned from that place.

Deadline

Barbara Kingsolver

January 15, 1991

The night before the war begins, and you are still here.
You can stand in a breathless cold
ocean of candles, a thousand issues of your same face
rubbed white from below by clear waxed light.
A vigil. You are wondering what it is
you can hold a candle to.

You have a daughter. Her cheeks curve
like aspects of the Mohammed's perfect pear.
She is three. Too young for candles but
you are here, this is war.
Flames cover the gold-sparked ends of her hair,
her nylon parka laughing in color,
inflammable. It has taken your whole self
to bring her undamaged to this moment,
and waiting in the desert at this moment
is a bomb that flings gasoline in a liquid sheet,
a laundress's snap overhead, wide as the ancient Tigris,
and ignites as it descends.

The polls have sung their opera of assent: the land
wants war. But here is another America,
candle-throated, sure as tide.
Whoever you are, you are also this granite anger.
In history you will be the vigilant dead
who stood in front of every war with old hearts
in your pockets, stood on the carcass of hope
listening for the thunder of its feathers.

The desert is diamond ice and only stars above us here
and elsewhere, a thousand issues of a clear waxed star,
a holocaust of heaven
and somewhere, a way out.

two

Imprisonment
and Censorship

Dedication

Anna Akhmatova

The mountains bow before this anguish,
The great river does not flow.
In mortal sadness the convicts languish;
The bolts stay frozen. There's someone who
Still feels the sunset's glow,
Someone who can still distinguish
Day from night, for whom the fresh
Wind blows. But we don't know it, we're obsessive,
We only hear the tramp of boots, abrasive
Keys scraping against our flesh.
Rising as though for early mass,
Through the capital of beasts we'd thread.
Met, more breathless than the dead,
Mistier Neva, lower sun. Ahead,
Hope was still singing, endlessly evasive.
The sentence! and now at last tears flood.
She'd thought the months before were loneliness!
She's thrown down like a rock.
The heart gives up its blood.
Yet goes . . . swaying . . . she can still walk.
My friends of those two years I stood
In hell—oh all my chance friends lost
Beyond the circle of the moon, I cry
Into the blizzards of the permafrost:
Goodbye. Goodbye.

Prologue

Anna Akhmatova

In those years only the dead smiled,
Glad to be at rest:
And Leningrad city swayed like
A needless appendix to its prisons.
It was then that the railway-yards
Were asylums of the mad;
Short were the locomotives'
Farewell songs.
Stars of death stood
Above us, and innocent Russia
Writhed under bloodstained boots, and
Under the tyres of Black Marias.

1

They took you away at daybreak. Half wak-
ing, as though at a wake, I followed.
In the dark chamber children were crying,
In the image-case, candlelight guttered.
At your lips, the chill of an ikon,
A deathly sweat at your brow.
I shall go creep to our wailing wall,
Crawl to the Kremlin towers.

2

Gently flows the gentle Don,
Yellow moonlight leaps the sill,

Leaps the sill and stops astonished as it sees the shade

Of a woman lying ill,
Of a woman stretched alone.

Son in irons and husband clay.
Pray. Pray.

3

No, it is not I, it is someone else who is suffering.
I could not have borne it. And this thing which has
    happened,
Let them cover it with black cloths,
And take away the lanterns . . .

                              Night.

4

Someone should have shown you—little jester,
Little teaser, blue-veined charm-
er, laughing-eyed, lionised, sylvan-princessly
Sinner—to what point you would come:
How, the three hundredth in a queue,
You'd stand at the prison gate
And with your hot tears
Burn through the New-Year ice.
How many lives are ending there! Yet it's
Mute, even the prison-poplar's
Tongue's in its cheek as it's swaying.

5

For seventeen months I've called you
To come home, I've pleaded
—O my son, my terror!—grovelled
At the hangman's feet.
All is confused eternally—
So much, I can't say who's
Man, who's beast any more, nor even
How long till execution.
Simply the flowers of dust,
Censers ringing, tracks from a far
Settlement to nowhere's ice.

And everywhere the glad
Eye of a huge star's
Still tightening vice.

6

Lightly the weeks are flying,
What has happened, I can't take in.
Just as, my dearest, the white
Nights first watched you in prison,
So they again gaze down
With their warm aquiline eyes and
Of your cross transcendent
And of death I hear them speak.

7

The Sentence

Then fell the word of stone on
My still existing, still heaving breast.
Never mind, I was not unprepared, and
Shall manage to adjust to it somehow.

Thank God, I've many things to do today—I
Need to kill and kill again
My memory, turn my heart to stone, as
Well as practise skills gone rusty, such

As to live, for instance . . . Then there's always
Summer, calling out my Black Sea dress!
Yes, long ago I knew this day:
This radiant day, and this empty house.

8

To Death

You will come in any case, so why not now?
Life is very hard: I'm waiting for you.
I have turned off the lights and thrown the door wide open
For you, so simple and so marvellous.

Take on any form you like.
Why not burst in like a poisoned shell,
Or steal in like a bandit with his knuckleduster,
Or like a typhus-germ?
Or like a fairy-tale of your own invention—
Stolen from you and loathsomely repeated,
Where I can see, behind you in the doorway,
The police-cap and the white-faced concierge?
I don't care how. The Yenisei is swirling,
The Pole Star glittering. And eyes
I love are closing on the final horror.

9

Already madness trails its wing
Decisively across my mind;
I drink its fiery wine and sink
Into the valley of the blind.

I yield to it the victory:
There is no time, there is no room
Except to sue for peace with my
—However strange—delirium.

I fall upon my knees, I pray
For mercy. It makes no concession.
Clearly I must take away
With me not one of my possessions—

Not the stone face, hollow blanks
Of eyes, my son's, through pain's exquisite
Chisel; not the dead's closed ranks
In the hour of prison visits;

Not the dear coolness of his hands;
Nor, dimmed in distance's elision,
Like limetrees' shady turbulence,
His parting words of consolation.

Freedom from Fear

Aung San Suu Kyi

It is not power that corrupts but fear. Fear of losing power corrupts those who wield it and fear of the scourge of power corrupts those who are subject to it. Most Burmese are familiar with the four *a-gati*, the four kinds of corruption. *Chanda-gati*, corruption induced by desire, is deviation from the right path in pursuit of bribes or for the sake of those one loves. *Dosa-gati* is taking the wrong path to spite those against whom one bears ill will, and *moga-gati* is aberration due to ignorance. But perhaps the worst of the four is *bhaya-gati*, for not only does *bhaya*, fear, stifle and slowly destroy all sense of right and wrong, it so often lies at the root of the other three kinds of corruption.

Just as *chanda-gati*, when not the result of sheer avarice, can be caused by fear of want or fear of losing the goodwill of those one loves, so fear of being surpassed, humiliated or injured in some way can provide the impetus for ill will. And it would be difficult to dispel ignorance unless there is freedom to pursue the truth unfettered by fear. With so close a relationship between fear and corruption it is little wonder that in any society where fear is rife corruption in all forms becomes deeply entrenched.

Public dissatisfaction with economic hardships has been seen as the chief cause of the movement for democracy in Burma, sparked off by the student demonstrations of 1988. It is true that years of incoherent policies, inept official measures, burgeoning inflation and falling real income had turned the country into an economic shambles. But it was more than the difficulties of eking out a barely acceptable standard of living that had eroded the patience of a traditionally good-natured, quiescent people—it was also the humiliation of a way of life disfigured by corruption and fear. The students were protesting not just against the death of their comrades but against the denial of their right to life by a totalitarian regime which deprived the present of meaningfulness and held out no hope for the future. And because the students' protests articulated the frustrations of the people at large, the demonstrations quickly grew into a nationwide movement. Some of its keenest supporters were businessmen who had developed the skills and the contacts necessary not only to survive but to prosper within the system. But their affluence offered them no genuine sense of security or fulfilment, and they could not but see that if they and their fellow citizens, regardless of economic status, were to achieve a worth-while existence, an accountable administration was at least a necessary if not a sufficient condition. The people of Burma had wearied of a precarious state of passive apprehension where they were "as water in the cupped hands" of the powers that be.

> Emerald cool we may be
> As water in cupped hands
> But oh that we might be
> As splinters of glass
> In cupped hands.

Glass splinters, the smallest with its sharp, glinting power to defend itself against hands that try to crush, could be seen as a vivid symbol of the spark of courage that is an essential attribute of those who would free themselves from the grip of oppression. Bogyoke Aung San regarded himself as a revolutionary and searched tirelessly for answers to the problems that beset Burma during her times of trial. He exhorted the people to develop courage: "Don't just depend on the courage and intrepidity of others. Each and every one of you must make sacrifices to become a hero possessed of courage and intrepidity. Then only shall we all be able to enjoy true freedom."

The effort necessary to remain uncorrupted in an environment where fear is an integral part of everyday existence is not immediately apparent to those fortunate enough to live in states governed by the rule of law. Just laws do not merely prevent corruption by meting out impartial punishment to offenders They also help to create a society in which people can fulfil the basic require-ments necessary for the preservation of human dignity without recourse to corrupt practices. Where there are no such laws, the burden of upholding the principles of justice and common decency falls on the ordinary people. It is the cumulative effect on their sustained effort and steady endurance which will change a nation where reason and conscience are warped by fear into one where legal rules exist to promote man's desire for harmony and justice while re-straining the less desirable destructive traits in his nature.

In an age when immense technological advances have created lethal weapons which could be, and are, used by the powerful and the unprincipled to dominate the weak and the helpless, there is a compelling need for a closer relationship between politics and ethics at both the national and international levels. The Universal Declaration of Human Rights of the United Nations proclaims that "every individual and every organ of society" should strive to promote the basic rights and freedoms to which all human beings regardless of race, nationality or religion are entitled. But as long as there are governments whose authority is founded on coercion rather than on the mandate of the people, and interest groups which place short-term profits above long-term peace and prosperity, concerted international action to protect and promote human rights will remain at best a partially realized struggle. There will continue to be arenas of struggle where victims of oppression have to draw on their own inner resources to defend their inalienable rights as members of the human family.

The quintessential revolution is that of the spirit, born of an intellectual conviction of the need for change in those mental attitudes and values which shape the course of a nation's development. A revolution which aims merely at changing official policies and institutions with a view to an improvement in material conditions has little chance of genuine success. Without a revolution of the spirit, the forces which produced the iniquities of the old order would continue to be operative, posing a constant threat to the process of reform and regeneration. It is not enough merely to call for freedom, democracy and human rights. There has to be a united determination to persevere in the struggle, to make sacrifices in the name of enduring truths, to resist the corrupting influences of desire, ill will, ignorance and fear.

Saints, it has been said, are the sinners who go on trying. So free men are the oppressed who go on trying and who in the process make themselves fit to bear the responsibilities and to uphold the disciplines which will maintain a free society. Among the basic freedoms to which men aspire that their lives might be full and uncramped, freedom from fear stands out as both a means and an end. A people who would build a nation in which strong, democratic institutions are firmly established as a guarantee against state-induced power must first learn to liberate their own minds from apathy and fear.

Always one to practise what he preached, Aung San himself constantly demonstrated courage—not just the physical sort but the kind that enabled him to speak the truth, to stand by his word, to accept criticism, to admit his faults, to correct his mistakes, to respect the opposition, to parley with the enemy and to let people be the judge of his worthiness as a leader. It is for such moral courage that he will always be loved and respected in Burma—not merely as a warrior hero but as the inspiration and conscience of the nation. The words used by Jawaharlal Nehru to describe Mahatma Gandhi could well be applied to Aung San: "The essence of his teaching was fearlessness and truth, and action allied to these, always keeping the welfare of the masses in view."

Gandhi, that great apostle of non-violence, and Aung San, the founder of a national army, were very different personalities, but as there is an inevitable sameness about the challenges of authoritarian rule anywhere at any time, so there is a similarity in the intrinsic qualities of those who rise up to meet the challenge. Nehru, who considered the instillation of courage in the people of India one of Gandhi's greatest achievements, was a political modernist, but as he assessed the needs for a twentieth-century movement for independence, he found himself looking back to the philosophy of ancient India: "The greatest gift for an individual or a nation . . . was *abhaya*, fearlessness, not merely bodily courage but absence of fear from the mind."

Fearlessness may be a gift but perhaps more precious is the courage acquired through endeavour, courage that comes from cultivating the habit of refusing to let fear dictate one's actions, courage that could be described as "grace under pressure"—grace which is renewed repeatedly in the face of harsh, unremitting pressure.

Within a system which denies the existence of basic human rights, fear tends to be the order of the day. Fear of imprisonment, fear of torture, fear of death, fear of losing friends, family, property or means of livelihood, fear of poverty, fear of isolation, fear of failure. A most insidious form of fear is that which masquerades as common sense or even wisdom, condemning as foolish, reckless, insignificant or futile the small, daily acts of courage which help to preserve man's self-respect and inherent human dignity. It is not easy for a people conditioned by fear under the iron rule of the principle that might is right to free themselves from the enervating miasma of fear. Yet even under the most crushing state machinery courage rises up again and again, for fear is not the natural state of civilized man.

The wellspring of courage and endurance in the face of unbridled power is generally a firm belief in the sanctity of ethical principles combined with a historical sense that despite all setbacks the condition of man is set on an ultimate course for both spiritual and material advancement. It is his capacity for self-improvement and self-redemption which most distinguishes man from the mere brute. At the root of human responsibility is the concept of perfection, the urge to achieve it, the intelligence to find a path towards it, and the will to follow that path if not to the end at least the distance needed to rise above individual limitations and environmental impediments. It is man's vision of a world fit for rational, civilized humanity which leads him to dare and to suffer to build societies free from want and fear. Concepts such as truth, justice and compassion cannot be dismissed as trite when these are often the only bulwarks which stand against ruthless power.

The Border Patrol State

Leslie Marmon Silko

I used to travel the highways of New Mexico and Arizona with a wonderful sensation of absolute freedom as I cruised down the open road and across the vast desert plateaus. On the Laguna Pueblo reservation, where I was raised, the people were patriotic despite the way the U.S. government had treated Native Americans. As proud citizens, we grew up believing the freedom to travel was our inalienable right, a right that some Native Americans had been denied in the early twentieth century. Our cousin old Bill Pratt used to ride his horse three hundred miles overland from Laguna, New Mexico, to Prescott, Arizona, every summer to work as a fire lookout.

In school in the 1950s, we were taught that our right to travel from state to state without special papers or threat of detainment was a right that citizens under Communist and totalitarian governments did not possess. That wide open highway told us we were U.S. citizens; we were free . . .

Not so long ago, my companion Gus and I were driving south from Albuquerque, returning to Tucson after a book promotion for the paperback edition of my novel *Almanac of the Dead*. I had settled back and gone to sleep while Gus drove, but I was awakened when I felt the car slowing to a stop. It was nearly midnight on New Mexico State Road 26, a dark, lonely stretch of two-lane highway between Hatch and Deming. When I sat up, I saw the headlights and emergency flashers of six vehicles—Border Patrol cars and a van were blocking both lanes of the highway. Gus stopped the car and rolled down the window to ask what was wrong. But the closest Border Patrolman and his companion did not reply; instead, the first agent ordered us to "step out of the car." Gus asked why, but his question seemed to set them off. Two more Border Patrol agents immediately approached our car, and one of them snapped, "Are you looking for trouble?" as if he would relish it.

I will never forget that night beside the highway. There was an awful feeling of menace and violence straining to break loose. It was clear that the uniformed men would be only too happy to drag us out of the car if we did not speedily comply with their request (asking a question is tantamount to resistance, it seems). So we stepped out of the car and they motioned for us to stand on the shoulder of the road. The night was very dark, and no other traffic had come down the road since we had been stopped. All I could think about was a book I had read—*Nunca Más*—the official report of a human rights commission that investigated and certified more than twelve thousand "disappearances" during Argentina's "dirty war" in the late 1970s.

The weird anger of these Border Patrolmen made me think about descriptions in the report of Argentine police and military officers who became addicted to interrogation, torture, and the murder that followed. When the military and police ran out of political suspects to torture and kill, they resorted to the random abduction of citizens off the streets. I thought how easy it would be for the Border Patrol to shoot us and leave our bodies and car beside the highway, like so many bodies found in these parts and ascribed to drug runners.

Two other Border Patrolmen stood by the white van. The one who had asked if we were looking for trouble ordered his partner to "get the dog," and from the back of the van another patrolman brought a small female German shepherd on a leash. The dog apparently did not heel well enough to suit him, and the handler jerked the leash. They opened the doors of our car and pulled the dog's head into it, but I saw immediately from the expression in her eyes that the dog hated them and that she would not serve them. When she showed no interest in the inside of our car, they brought her around back to the trunk, near where we were standing. They half-dragged her up into the trunk, but still she did not indicate any stowed-away human beings or illegal drugs.

Their mood got uglier; the officers seemed outraged that the dog could not find any contraband, and they dragged her over to us and commanded her to sniff our legs and feet. To my relief, the strange violence the Border Patrol agents had focused on us now seemed shifted to the dog. I no longer felt so strongly that we would be murdered. We exchanged looks—the dog and I. She was afraid of what they might do, just as I was. The dog's handler jerked the leash sharply as she sniffed us, as if to make her perform better, but the dog refused to accuse us; she had an innate dignity that did not permit her to serve the murderous impulses of those men. I can't forget the expression in the dog's eyes; it was as if she were embarrassed to be associated with them. I had a small amount of medicinal marijuana in my purse that night, but she refused to expose me. I am not partial to dogs, but I will always remember the small German shepherd that night.

Unfortunately, what happened to me is an everyday occurrence here now. Since the 1980s, on top of greatly expanding border checkpoints, the Immigration and Naturalization Service and the Border Patrol have implemented policies that interfere with the rights of U.S. citizens to travel freely within our borders. INS agents now patrol all interstate highways and roads that lead to or from the U.S.-Mexico border in Texas, New Mexico, Arizona, and California. Now, when you drive east from Tucson on Interstate 10 toward El Paso, you encounter an INS check station outside Las Cruces, New Mexico. When you drive north from Las Cruces up Interstate 25, two miles north of the town of Truth or Consequences, the highway is blocked with orange emergency barriers, and all traffic is diverted into a two-lane Border Patrol checkpoint—ninety-five miles north of the U.S.-Mexico border.

I was detained once at Truth or Consequences, despite my and my companion's Arizona driver's licenses. Two men, both Chicanos, were detained at the same time, despite the fact that they too presented ID and spoke English without the thick Texas accents of the Border Patrol agents. While we were stopped, we watched as other vehicles—whose occupants were white—were waved through the checkpoint. White people traveling with brown people, however, can expect to be stopped on suspicion they work with the sanctuary movement, which shelters refugees. White people who appear to be clergy, those who wear ethnic clothing or jewelry, and women with very long hair or very short hair (they could be nuns) are also frequently detained; white men with beards or men with long hair are likely to be detained, too, because Border Patrol agents have profiles of "those sorts" of white people who may help political refugees. (Most of the political refugees from Guatemala and El Salvador are Native American or mestizo because the indigenous people of the Americas have continued to resist efforts by invaders to displace them from their ancestral lands.) Alleged increases in illegal immigration by people of Asian ancestry mean that the Border Patrol now routinely detains anyone who appears to be Asian or part Asian, as well.

Once your car is diverted from the interstate highway into the checkpoint area, you are under the control of the Border Patrol, which in practical terms exercises a power that no highway patrol or city patrolman possesses: they are willing to detain anyone, for no apparent reason. Other law-enforcement officers need a shred of probable cause in order to detain someone. On the books, so does the Border Patrol; but on the road, it's another matter. They'll order you to stop your car and step out; then they'll ask you to open the trunk. If you ask why or request a search warrant, you'll be told that they'll have to have a dog sniff the car before they can request a search warrant, and the dog might not get there for two or three hours. The search warrant might require an hour or two past that. They make it clear that if you force them to obtain a search warrant for the car, they will make you submit to a strip search as well.

Traveling in the open, though, the sense of violation can be even worse. Never mind high-profile cases like that of former Border Patrol agent Michael Elmer, acquitted of murder by claiming self-defense, despite admitting that as an officer he shot an illegal immigrant in the back and then hid the body, which remained undiscovered until another Border Patrolman reported the event. (Last month, Elmer was convicted of reckless endangerment in a separate incident, for shooting at least ten rounds from his M-16 too close to a group of immigrants as they were crossing illegally into Nogales in March 1992.) Never mind that in El Paso, a high school football coach driving a vanload of his players in full uniform was pulled over on the freeway and a Border Patrol agent put a cocked revolver to his head. (The football coach was Mexican-American, as were most of the players in his van; the incident eventually caused a federal judge to issue a restraining order against the Border Patrol.) We've a mountain of personal experiences like that that never make the newspapers. A history professor at UCLA told me she had been traveling by train from Los Angeles to Albuquerque twice a month doing research. On each of her trips, she had noticed that the Border Patrol agents were at the station in Albuquerque scrutinizing the passengers. Since she is six feet tall and of Irish and German ancestry, she was not particularly concerned. Then one day when she stepped off the train in Albuquerque, two Border Patrolmen accosted her, wanting to know what she was doing, and why she was traveling between Los Angeles and Albuquerque twice a month. She presented identification and an explanation deemed suitable by the agents and was allowed to go about her business.

Just the other day, I mentioned to a friend that I was writing this article and he told me about his seventy-three-year-old father, who is half Chinese and had set out alone by car from Tucson to Albuquerque the week before. His father had become confused by road construction and missed a turnoff from Interstate 10 to Interstate 25; when he turned around and circled back, he missed the turnoff a second time. But when he looped back for yet another try, Border Patrol agents stopped him and forced him to open his trunk. After they satisfied themselves that he was not smuggling Chinese immigrants, they sent him on his way. He was so rattled by the event that he had to be driven home by his daughter.

This is the police state that has developed in the southwestern United States since the 1980s. No person, no citizen, is free to travel without the scrutiny of the Border Patrol. In the city of South Tucson, where 80 percent of the respondents were Chicano or Mexicano, a joint research project by the University of Wisconsin and the University of Arizona recently concluded that one out of every five people there had been detained, mistreated verbally or nonverbally, or questioned by INS agents in the past two years.

Manifest Destiny may lack its old grandeur of theft and blood—"lock the door" is what it means now, with racism a trump card to be played again and again, shamelessly, by both major political parties. "Immigration," like "street crime" and "welfare fraud," is a political euphemism that refers to people of color. Politicians and media people talk about "illegal aliens" to dehumanize and demonize undocumented immigrants, who are for the most part people of color. Even in the days of Spanish and Mexican rule, no attempts were made to interfere with the flow of people and goods from south to north and north to south. It is the U.S. government that has continually attempted to sever contact between the tribal people north of the border and those to the south.

Now that the "Iron Curtain" is gone, it is ironic that the U.S. government and its Border Patrol are constructing a steel wall ten feet high to span sections of the border with Mexico. While politicians and multinational corporations extol the virtues of NAFTA and free trade (in goods, not flesh), the ominous curtain is already up in a six-mile section at the border crossing at Mexicali; two miles are being erected but are not yet finished at Naco; and at Nogales, sixty miles south of Tucson, the steel wall has been all rubber-stamped and awaits construction, likely to begin in March. Like the pathetic multimillion-dollar antidrug border surveillance balloons that were continually deflated by high winds and made only a couple of meager interceptions before they blew away, the fence along the border is a theatrical prop, a bit of pork for contractors. Border entrepreneurs have already used blowtorches to cut passageways through the fence to collect "tolls" and are doing a brisk business. Back in Washington, the INS announces a $300 million computer contract to modernize its record keeping and Congress passes a crime bill that shunts $255 million to the INS for 1995, $181 million earmarked for border control, which is to include seven hundred new partners for the men who stopped Gus and me in our travels, and the history professor, and my friend's father, and as many as they could from South Tucson.

It is no use; borders haven't worked, and they won't work, not now, as the indigenous people of the Americas reassert their kinship and solidarity with one another. A mass migration is already under way; its roots are not simply economic. The Uto-Aztecan languages are spoken as far north as Taos Pueblo near the Colorado border, all the way south to Mexico City. Before the arrival of the Europeans, the indigenous communities throughout this region not only conducted commerce; the people shared cosmologies, and oral narratives about the Maize Mother, the Twin Brothers, and their grandmother, Spider Woman, as well as Quetzalcoatl, the benevolent snake. The great human migration within the Americas cannot be stopped; human beings are natural forces of the earth, just as rivers and winds are natural forces.

Deep down the issue is simple: the so-called Indian Wars from the days of Sitting Bull and Red Cloud have never really ended in the Americas. The Indian people of southern Mexico, of Guatemala, and those left in El Salvador, too, are still fighting for their lives and for their land against the cavalry patrols sent out by the governments of those lands. The Americas are Indian country, and the "Indian problem" is not about to go away.

One evening at sundown, we were stopped in traffic at a railroad crossing in downtown Tucson while a freight train passed us, slowly gaining speed as it headed north to Phoenix. In the twilight I saw the most amazing sight: dozens of human beings, mostly young men, were riding the train; everywhere, on flatcars, inside open boxcars, perched on top of boxcars, hanging off ladders on tank cars and between boxcars. I couldn't count fast enough, but I saw fifty or sixty people headed north. They were dark young men, Indian and mestizo; they were smiling and a few of them waved at us in our cars. I was reminded of the ancient story of Aztlán, told by the Aztecs but known in other Uto-Aztecan communities as well. Aztlán is the beautiful land to the north, the origin place of the Aztec people. I don't remember how or why the people left Aztlán to journey farther south, but the old story says that one day, they will return.

Auschwitz

Charlotte Delbo

This city we were passing through
was a strange city.
Women wore hats
perched on curly hair.
They also wore shoes and stockings
as is done in town.
None of the inhabitants of this city
had a face
and in order to hide this
all turned away as we passed
even a child who was carrying in his hand
a milk can as tall as his legs
made of violet enamel
and who fled when he saw us.
We were looking at these faceless beings
and it was we who were amazed.
We were disappointed as well
hoping to see fruits and vegetables in the shops.
Indeed, there were no shops
only display windows
wherein I would have liked to recognize myself
amid the ranks sliding over the glass panes.
I raised an arm
but all the women wished to recognize themselves
all raised an arm
and not one found out which one she was.
The face of the station clock registered the time
we were happy to look at it
it was the real time

and relieved to arrive at the beet silos
where we were taken to work
on the other side of the town
we had walked through like a wave of morning sickness.

The Legend of Miss Sasagawara

Hisaye Yamamoto

Even in that unlikely place of wind, sand, and heat, it was easy to imagine Miss Sasagawara a decorative ingredient of some ballet. Her daily costume, brief and fitting closely to her trifling waist, generously billowing below, and bringing together arrestingly rich colors like mustard yellow and forest green, appeared to have been cut from a coarse-textured homespun; her shining hair was so long it wound twice about her head to form a coronet; her face was delicate and pale, with a fine nose, pouting bright mouth, and glittering eyes; and her measured walk said, "Look, I'm *walking!*" as though walking were not a common but a rather special thing to be doing. I first saw her so one evening after mess, as she was coming out of the women's latrine going toward her barracks, and after I thought she was out of hearing, I imitated the young men of the Block (No. 33), and gasped, "Wow! How much does *she* weigh?"

"Oh, haven't you heard?" said my friend Elsie Kubo, knowing very well I had not. "That's Miss Sasagawara."

It turned out Elsie knew all about Miss Sasagawara, who with her father was new to Block 33. Where had she accumulated all her items? Probably a morsel here and a morsel there, and, anyway, I forgot to ask her sources, because the picture she painted was so distracting: Miss Sasagawara's father was a Buddhist minister, and the two had gotten permission to come to this Japanese evacuation camp in Arizona from one further north, after the death there of Mrs. Sasagawara. They had come here to join the Rev. Sasagawara's brother's family, who lived in a neighboring Block, but there had been some trouble between them, and just this week the immigrant pair had gotten leave to move over to Block 33. They were occupying one end of the Block's lone empty barracks, which had not been chopped up yet into the customary four apartments. The other end had been taken over by a young couple, also newcomers to the Block, who had moved in the same day.

"And do you know what, Kiku?" Elsie continued. "Oooh, that gal is really temperamental. I guess it's because she was a ballet dancer before she got stuck in camp, I hear people like that are temperamental. Anyway, the Sasakis, the new couple at the other end of the barracks, think she's crazy. The day they all moved in, the barracks was really dirty, all covered with dust from the dust storms and everything, so Mr. Sasaki was going to wash the whole barracks down with a hose, and he thought he'd be nice and do the Sasagawaras' side first. You know, do them a favor. But do you know what? Mr. Sasaki got the hose attached to the faucet outside and started to go in the door, and he said all the Sasagawaras' suitcases and things were on top of the Army cots and Miss Sasagawara was trying to clean the place out with a pail of water and a broom. He said, 'Here let me flush the place out with a hose for you; it'll be faster.' And she turned right around and screamed at him, 'What are you trying to do? Spy on me? Get out of here or I'll throw this water on you!' He said he was so surprised he couldn't move for a minute, and before he knew it, Miss Sasagawara just up and threw that water at him, pail and all. Oh, he said he got out of that place fast, but fast. Madwoman, he called her."

But Elsie had already met Miss Sasagawara, too, over at the apartment of the Murakamis, where Miss Sasagawara was borrowing Mrs. Murakami's Singer, and had found her quite amiable. "She said she was thirty-nine years old—imagine, thirty-nine, she looks so young, more like twenty-five; but she said she wasn't sorry she never got married, because she's had her fun. She said she got to go all over the country a couple of times, dancing in the ballet."

And after we emerged from the latrine, Elsie and I, slapping mosquitoes in the warm, gathering dusk, sat on the stoop of her apartment and talked awhile, jealously of the scintillating life Miss Sasagawara had led until now and nostalgically of the few ballets we had seen in the world outside. (How faraway Los Angeles seemed!) But we ended up as we always did, agreeing that our mission in life, pushing twenty as we were, was first to finish college somewhere when and if the war ever ended and we were free again, and then to find good jobs and two nice, clean young men, preferably handsome, preferably rich, who would cherish us forever and a day.

My introduction, less spectacular, to the Rev. Sasagawara came later, as I noticed him, a slight and fragile-looking old man, in the Block mess hall (where I worked as a waitress, and Elsie, too) or in the laundry room or going to and from the latrine. Sometimes he would be farther out, perhaps going to the post office or canteen or to visit friends in another Block or on some business to the Administration buildings, but wherever he was headed, however doubtless his destination, he always seemed to be wandering lostly. This may have been because he walked so slowly, with such negligible steps, or because he wore perpetually an air of bemusement, never talking directly to a person, as though, being what he was, he could not stop for an instant his meditation on the higher life.

I noticed, too, that Miss Sasagawara never came to the mess hall herself. Her father ate at the tables reserved for the occupants, mostly elderly, of the end barracks known as the bachelors' dormitory. After each meal, he came up to the counter and carried away a plate of food, protected with one of the pink-ish apple wrappers we waitresses made as wrinkleless as possible and put out for napkins, and a mug of tea or coffee. Sometimes Miss Sasagawara could be seen rinsing out her empties at the one double-tub in the laundry that was re-served for private dishwashing.

If any one in the Block or in the entire camp of 15,000 or so people had talked at any length with Miss Sasagawara (everyone happening to speak of her called her that, although her first name, Mari, was simple enough and rather pretty) after her first and only visit to use Mrs. Murakami's sewing ma-chine, I never heard of it. Nor did she ever willingly use the shower room, just off the latrine, when anyone else was there. Once, when I was up past mid-night writing letters and went for my shower, I came upon her under the full needling force of a steamy spray, but she turned her back to me and did not an-swer my surprised hello. I hoped my body would be as smooth and spare and well-turned when I was thirty-nine. Another time Elsie and I passed in front of the Sasagawara apartment, which was really only a cubicle because the once-empty barracks had soon been partitioned off into six units for families of two, and we saw her there on the wooden steps, sitting with her wide, wide skirt spread splendidly about her. She was intent on peeling a grapefruit, which her father had probably brought to her from the mess hall that morning, and Elsie called out, "Hello there!" Miss Sasagawara looked up and stared, without recog-nition. We were almost out of earshot when I heard her call, "Do I know you?" and I could have almost sworn that she sounded hopeful, if not downright wist-ful, but Elsie, already miffed at having expended friendliness so unprofitably, seemed not to have heard, and that was that.

Well, if Miss Sasagawara was not one to speak to, she was certainly one to speak of, and she came up quite often as topic for the endless conversations which helped along the monotonous days. My mother said she had met the late Mrs. Sasagawara once, many years before the war, and to hear her tell it, a sweeter, kindlier woman there never was. "I suppose," said my mother, "that I'll never meet anyone like her again; she was a lady in every sense of the word." Then she reminded me that I had seen the Rev. Sasagawara before. Didn't I remember him as one of the three bhikshus who had read the sutras at Grandfather's funeral?

I could not say that I did. I barely remembered Grandfather, my mother's father. The only thing that came back with clarity was my nausea at the wake and the funeral, the first and only ones I had ever had occasion to attend, because it had been reproduced several times since—each time, in fact, that I had crossed again the actual scent or suspicion of burning incense. Dimly I recalled the inside of the Buddhist temple in Los Angeles, an immense, murky auditorium whose high and huge platform had held, centered in the background, a great golden shrine touched with black and white. Below this platform, Grandfather, veiled by gauze, had slept in a long grey box which just fitted him. There had been flowers, oh, such flowers, everywhere. And right in front of Grandfather's box had been the incense stand, upon which squatted two small bowls, one with a cluster of straw-thin sticks sending up white tendrils of smoke, the other containing a heap of coarse, grey powder. Each mourner in turn had gone up to the stand, bowing once, his palms touching in prayer before he reached it; had bent in prayer over the stand; had taken then a pinch of incense from the bowl of crumbs and, bowing over it reverently, cast it into the other, the active bowl; had bowed, the hands praying again; had retreated a few steps and bowed one last time, the hands still joined, before returning to his seat. (I knew the ceremony well from having been severely coached in it on the evening of the wake.) There had been tears and tears and here and there a sudden sob.

And all this while, three men in black robes had been on the platform, one standing in front of the shining altar, the others sitting on either side, and the entire trio incessantly chanting a strange, mellifluous language in unison. From time to time there had reverberated through the enormous room, above the singsong, above the weeping, above the fragrance, the sharp, startling whang of the gong.

So, one of those men had been Miss Sasagawara's father. . . . This information brought him closer to me, and I listened with interest later when it was told that he kept here in his apartment a small shrine, much more intricately constructed than that kept by the usual Buddhist household, before which, at regular hours of the day, he offered incense and chanted, tinkling (in lieu of the gong) a small bell. What did Miss Sasagawara do at these prayer periods, I wondered; did she participate, did she let it go in one ear and out the other, or did she abruptly go out on the steps, perhaps to eat a grapefruit?

Elsie and I tired one day of working in the mess hall. And this desire for greener fields came almost together with the Administration annoucement that henceforth the wages of residents doing truly vital labor, such as in the hospital or on the garbage trucks that went from mess hall to mess hall, would be upped to nineteen dollars a month instead of the common sixteen.

"Oh, I've always wanted to be a nurse!" Elsie confided, as the Block manager sat down to his breakfast after reading out the day's bulletin in English and Japanese.

"What's stopped you?" I asked.

"Mom," Elsie said. "She thinks it's dirty work. And she's afraid I'll catch something. But I'll remind her of the extra three dollars."

"It's never appealed to me much, either," I confessed. "Why don't we go over to garbage? It's the same pay."

Elsie would not even consider it. "Very funny. Well, you don't have to be a nurse's aide, Kiku. The hospital's short all kinds of help. Dental assistants, receptionists. . . . Let's go apply after we finish this here."

So, willy-nilly, while Elsie plunged gleefully into the pleasure of wearing a trim blue-and-white striped seersucker, into the duties of taking temperatures and carrying bedpans, and into the fringe of medical jargon (she spoke very casually now of catheters, enemas, primiparas, multiparas), I became a relief receptionist at the hospital's front desk, taking my hours as they were assigned. And it was on one of my midnight-to-morning shifts that I spoke to Miss Sasagawara for the first time.

The cooler in the corridor window was still whining away (for that desert heat in summer had a way of lingering intact through the night to merge with the warmth of the morning sun), but she entered bundled in an extraordinarily long black coat, her face made petulant, not unprettily, by lines of pain.

"I think I've got appendicitis," she said breathlessly, without preliminary.

"May I have your name and address?" I asked, unscrewing my pen.

Annoyance seemed to outbalance agony for a moment, but she answered soon enough, in a cold rush, "Mari Sasagawara, Thirty-three-seven C."

It was necessary also to learn her symptoms, and I wrote down that she had chills and a dull aching at the back of her head, as well as these excruciating flashes in her lower right abdomen.

"I'll have to go wake up the doctor. Here's a blanket, why don't you lie down over there on the bench until he comes?" I suggested.

She did not answer, so I tossed the Army blanket on the bench, and when I returned from the doctors' dormitory, after having tapped and tapped on the door of young Dr. Moritomo, who was on night duty, she was still standing where I had left her, immobile and holding onto the wooden railing shielding the desk.

"Dr. Moritomo's coming right away," I said. "Why don't you sit down at least?"

Miss Sasagawara said, "Yes," but did not move.

"Did you walk all the way?" I asked incredulously, for Block 33 was a good mile off, across the canal.

She nodded, as if that were not important, also as if to thank me kindly to mind my own business.

Dr. Moritomo (technically, the title was premature; evacuation had caught him with a few months to go on his degree), wearing a maroon bathrobe, shuffled in sleepily and asked her to come into the emergency room for an examination. A short while later, he guided her past my desk into the laboratory, saying he was going to take her blood count.

When they came out, she went over to the electric fountain for a drink of water, and Dr. Moritomo said reflectively, "Her count's all right. Not appendicitis. We should keep her for observation, but the general ward is pretty full, isn't it? Hm, well, I'll give her something to take. Will you tell one of the boys to take her home?"

This I did, but when I came back from arousing George, one of the ambulance boys, Miss Sasagawara was gone, and Dr. Moritomo was coming out of the laboratory where he had gone to push out the lights. "Here's George, but that girl must have walked home," I reported helplessly.

"She's in no condition to do that. George, better catch up with her and take her home," Dr. Moritomo ordered.

Shrugging, George strode down the hall; the doctor shuffled back to bed; and soon there was the shattering sound of one of the old Army ambulances backing out of the hospital drive.

George returned in no time at all to say that Miss Sasagawara had refused to get on the ambulance.

"She wouldn't even listen to me. She just kept walking and I drove along-side and told her it was Dr. Moritomo's orders, but she wouldn't even listen to me."

"She wouldn't?"

"I hope Doc didn't expect me to drag her into the ambulance."

"Oh, well," I said. "I guess she'll get home all right. She walked all the way up here."

"Cripes, what a dame!" George complained, shaking his head as he started back to the ambulance room. "I never heard of such a thing. She wouldn't even listen to me."

Miss Sasagawara came back to the hospital about a month later. Elsie was the one who rushed up to the desk where I was on day duty to whisper, "Miss Sasagawara just tried to escape from the hospital!"

"Escape? What do you mean, escape?" I said.

"Well, she came in last night, and they didn't know what was wrong with her, so they kept her for observation. And this morning, just now, she ran out of the ward in just a hospital nightgown and the orderlies chased after her and caught her and brought her back. Oh, she was just fighting them. But once they got her back to bed, she calmed down right away, and Miss Morris asked her what was the big idea, you know, and do you know what she said? She said she didn't want any more of those doctors pawing her. *Pawing* her, imagine!"

After an instant's struggle with self-mockery, my curiosity led me down the entrance corridor after Elsie into the longer, wider corridor admitting to the general ward. The whole hospital staff appeared to have gathered in the room to get a look at Miss Sasagawara, and the other patients, or those of them that could, were sitting up attentively in their high, white, and narrow beds. Miss Sasagawara had the corner bed to the left as we entered and, covered only by a brief hospital apron, she was sitting on the edge with her legs dangling over the side. With her head slightly bent, she was staring at a certain place on the floor, and I knew she must be aware of that concentrated gaze, of trembling old Dr. Kawamoto (he had retired several years before the war, but he had been drafted here), of Miss Morris, the head nurse, of Miss Bowman, the nurse in charge of the general ward during the day, of the other patients, of the nurse's aides, of the orderlies, and of everyone else who tripped in and out abashedly on some pretext or other in order to pass by her bed. I knew this by her smile, for as she continued to look at that same piece of the floor, she continued, unexpectedly, to seem wryly amused with the entire proceedings. I peered at her wonderingly through the triangular peephole created by someone's hand on hip, while Dr. Kawamoto, Miss Morris, and Miss Bowman tried to persuade her to lie down and relax. She was as smilingly immune to tactful suggestions as she was to tactless gawking.

There was no future to watching such a war of nerves as this; and besides, I was supposed to be at the front desk, so I hurried back in time to greet a frantic young mother and father, the latter carrying their small son who had had a hemorrhage this morning after a tonsillectomy yesterday in the out-patient clinic.

A couple of weeks later on the late shift I found George, the ambulance driver, in high spirits. This time he had been the one selected to drive a patient to Phoenix, where special cases were occasionally sent under escort, and he was looking forward to the moment when, for a few hours, the escort would permit him to go shopping around the city and perhaps take in a new movie. He showed me the list of things his friends had asked him to bring back for them, and we laughed together over the request of one plumpish nurse's aide for the biggest, richest chocolate cake he could find.

"You ought to have seen Mabel's eyes while she was describing the kind of cake she wanted," he said. "Man, she looked like she was eating it already!"

Just then one of the other drivers, Bobo Kunitomi, came up and nudged George, and they withdrew a few steps from my desk.

"Oh, I ain't particularly interested in that," I heard George saying.

There was some murmuring from Bobo, of which I caught the words, "Well, hell, you might as well, just as long as you're getting to go out there."

George shrugged, then nodded, and Bobo came over to the desk and asked for pencil and paper. "This is a good place. . . ." he said, handing George what he had written.

Was it my imagination, or did George emerge from his chat with Bobo a little ruddier than usual? "Well, I guess I better go get ready," he said, taking leave. "Oh, anything you want, Kiku? Just say the word."

"Thanks, not this time," I said. "Well, enjoy yourself."

"Don't worry," he said. "I will!"

He had started down the hall when I remembered to ask, "Who are you taking, anyway?"

George turned around. "Miss Sa-sa-ga-wa-ra," he said, accenting every syllable. "Remember that dame? The one who wouldn't let me take her home?"

"Yes," I said. "What's the matter with her?"

George, saying not a word, pointed at his head and made several circles in the air with his first finger.

"Really?" I asked.

Still mum, George nodded in emphasis and pity before he turned to go.

How long was she away? It must have been several months, and when, towards late autumn, she returned at last from the sanitarium in Phoenix, everyone in Block 33 was amazed at the change. She said hello and how are you as often and easily as the next person, although many of those she greeted were surprised and suspicious, remembering the earlier rebuffs. There were some who never did get used to Miss Sasagawara as a friendly being.

One evening when I was going toward the latrine for my shower, my youngest sister, ten-year-old Michi, almost collided with me and said excitedly, "You going for your shower now, Kiku?"

"You want to fight about it?" I said, making fists.

"Don't go now, don't go now! Miss Sasagawara's in there," she whispered wickedly.

"Well," I demanded. "What's wrong with that, honey?"

"She's scary. Us kids were in there and she came in and we finished, so we got out, and she said, 'Don't be afraid of me. I won't hurt you.' Gee, we weren't even afraid of her, but when she said that, gee!"

"Oh, go home and go to bed," I said.

Miss Sasagawara was indeed in the shower and she welcomed me with a smile. "Aren't you the girl who plays the violin?"

I giggled and explained. Elsie and I, after hearing Menuhin on the radio, had in a fit of madness sent to Sears and Roebuck for beginners' violins that cost five dollars each. We had received free instruction booklets, too, but unable to make heads or tails from them, we contented ourselves with occasionally taking the violins out of their paper bags and sawing every which way away.

Miss Sasagawara laughed aloud—a lovely sound. "Well, you're just about as good as I am. I sent for a Spanish guitar. I studied it about a year once, but that was so long ago I don't remember the first thing and I'm having to start all over again. We'd make a fine orchestra."

That was the only time we really exchanged words and some weeks later I understood she had organized a dancing class from among the younger girls in the Block. My sister Michi, becoming one of her pupils, got very attached to her and spoke of her frequently at home. So I knew that Miss Sasagawara and her father had decorated their apartment to look oh, so pretty, that Miss Sasagawara had a whole big suitcase full of dancing costumes, and that Miss Sasagawara had just lots and lots of books to read.

The fruits of Miss Sasagawara's patient labor were put on show at the Block Christmas party, the second such observance in camp. Again, it was a gay, if odd, celebration. The mess hall was hung with red and green crepe paper streamers and the grayish mistletoe that grew abundantly on the ancient mesquite surrounding the camp. There were even electric decorations on the token Christmas tree. The oldest occupant of the bachelors' dormitory gave a tremulous monologue in an exaggerated Hiroshima dialect; one of the young boys wore a bow-tie and whispered a popular song while the girls shrieked and pretended to be growing faint; my mother sang an old Japanese song; four of the girls wore similar blue dresses and harmonized on a sweet tune; a little girl in a grass skirt and superfluous brassiere did a hula; and the chief cook came out with an ample saucepan and, assisted by the waitresses, performed the familiar *dojosukui*, the comic dance about a man who is merely trying to scoop up a few loaches from an uncooperative lake. Then Miss Sasagawara shooed her eight little girls, including Michi, in front, and while they formed a stiff pattern and waited, self-conscious in the rustly crepe paper dresses they had made themselves, she set up a portable phonograph on the floor and vigorously turned the crank.

Something was past its prime, either the machine or the record or the needle, for what came out was a feeble rasp but distantly related to the Mozart minuet it was supposed to be. After a bit I recognized the melody; I had learned it as a child to the words,

When dames wore hoops and powdered hair,
And very strict was e-ti-quette,
When men were brave and ladies fair,
They danced the min-u-et. . . .

And the little girls, who might have curtsied and stepped gracefully about under Miss Sasagawara's eyes alone, were all elbows and knees as they felt the Block's one-hundred-fifty or more pairs of eyes on them. Although there was sustained applause after their number, what we were benevolently approving was the great effort, for the achievement had been undeniably small. Then Santa came with a pillow for a stomach, his hands each dragging a bulging burlap bag. Church people outside had kindly sent these gifts, Santa announced, and every recipient must write and thank the person whose name he would find on an enclosed slip. So saying, he called by name each Block child under twelve and ceremoniously presented each eleemosynary package, and a couple of the youngest children screamed in fright at this new experience of a red and white man with a booming voice.

At the last, Santa called, "Miss Mari Sasagawara!" and when she came forward in surprise, he explained to the gathering that she was being rewarded for her help with the Block's younger generation. Everyone clapped and Miss Sasagawara, smiling graciously, opened her package then and there. She held up her gift, a peach-colored bath towel, so that it could be fully seen, and everyone clapped again.

Suddenly I put this desert scene behind me. The notice I had long awaited, of permission to relocate to Philadelphia to attend college, finally came, and there was a prodigious amount of packing to do, leave papers to sign, and goodbyes to say. And once the wearying, sooty train trip was over, I found myself in an intoxicating new world of daily classes, afternoon teas, and evening concerts, from which I dutifully emerged now and then to answer the letters from home. When the beautiful semester was over, I returned to Arizona, to that glowing heat, to the camp, to the family; for although the war was still on, it had been decided to close down the camps, and I had been asked to go back and spread the good word about higher education among the young people who might be dispersed in this way.

Elsie was still working in the hospital, although she had applied for entrance into the cadet nurse corps and was expecting acceptance any day, and the long conversations we held were mostly about the good old days, the good old days when we had worked in the mess hall together, the good old days when we had worked in the hospital together.

"What ever became of Miss Sasagawara?" I asked one day, seeing the Rev. Sasagawara go abstractedly by. "Did she relocate somewhere?"

"I didn't write you about her, did I?" Elsie said meaningfully. "Yes, she's relocated all right. Haven't seen her around, have you?"

"Where did she go?

Elsie answered offhandedly. "California."

"California?" I exclaimed. "We can't go back to California. What's she doing in California?"

So Elsie told me: Miss Sasagawara had been sent back there to a state institution, oh, not so very long after I had left for school. She had begun slipping back into her aloof ways almost immediately after Christmas, giving up the dancing class and not speaking to people. Then Elsie had heard a couple of very strange, yes, very strange things about her. One thing had been told by young Mrs. Sasaki, that next-door neighbor of the Sasagawaras.

Mrs. Sasaki said she had once come upon Miss Sasagawara sitting, as was her habit, on the porch. Mrs. Sasaki had been shocked to the core to see that the face of this thirty-nine-year-old woman (or was she forty now?) wore a beatific expression as she watched the activity going on in the doorway of her neighbors across the way, the Yoshinagas. This activity had been the joking and loud laughter of Joe and Frank, the young Yoshinaga boys, and three or four of their friends. Mrs. Sasaki would have let the matter go, were it not for the fact that Miss Sasagawara was so absorbed a spectator of this horseplay that her head was bent to one side and she actually had one finger in her mouth as she gazed, in the manner of a shy child confronted with a marvel. "What's the matter with you, watching the boys like that?" Mrs. Sasaki had cried. "You're old enough to be their mother!" Startled, Miss Sasagawara had jumped up and dashed back into her apartment. And when Mrs. Sasaki had gone into hers, adjoining the Sasagawaras', she had been terrified to hear Miss Sasagawara begin to bang on the wooden walls with something heavy like a hammer. The banging, which sounded as though Miss Sasagawara were using all her strength on each blow, had continued wildly for at least five minutes. Then all had been still.

The other thing had been told by Joe Yoshinaga who lived across the way from Miss Sasagawara. Joe and his brother slept on two Army cots pushed together on one side of the room, while their parents had a similar arrangement on the other side. Joe had standing by his bed an apple crate for a shelf, and he was in the habit of reading his sports and western magazines in bed and throwing them on top of the crate before he went to sleep. But one morning he had noticed his magazines all neatly stacked inside the crate, when he was sure he had carelessly thrown some on top the night before, as usual. This happened several times, and he finally asked his family whether one of them had been putting his magazines away after he fell asleep. They had said no and laughed, telling him he must be getting absent-minded. But the mystery had been solved late one night, when Joe gradually awoke in his cot with the feeling that he was being watched. Warily he had opened one eye slightly and had been thoroughly awakened and chilled in the bargain by what he saw. For what he saw was Miss Sasagawara sitting there on his apple crate, her long hair all undone and flowing about her. She was dressed in a white nightgown and her hands were clasped on her lap. And all she was doing was sitting there watching him, Joe Yoshinaga. He could not help it, he had sat up and screamed. His mother, a light sleeper, came running to see what had happened, just as Miss Sasagawara was running out the door, the door they had always left unlatched or even wide open in summer. In the morning Mrs. Yoshinaga had gone straight to the Rev. Sasagawara and asked him to do something about his daughter. The Rev. Sasagawara, sympathizing with her indignation in his benign but vague manner, had said he would have a talk with Mari.

And, concluded Elsie, Miss Sasagawara had gone away not long after. I was impressed, although Elsie's sources were not what I would ordinarily pay much attention to, Mrs. Sasaki, that plump and giggling young woman who always felt called upon to explain that she was childless by choice, and Joe Yoshinaga, who had a knack of blowing up, in his drawling voice, any incident in which he personally played even a small part (I could imagine the field day he had had with this one). Elsie puzzled aloud over the cause of Miss Sasagawara's derangement and I, who had so newly had some contact with the recorded explorations into the virgin territory of the human mind, sagely explained that Miss Sasagawara had no doubt looked upon Joe Yoshinaga as the image of either the lost lover or the lost son. But my words made me uneasy by their glibness, and I began to wonder seriously about Miss Sasagawara for the first time.

Then there was this last word from Miss Sasagawara herself, making her strange legend as complete as I, at any rate, would probably ever know it. This came some time after I had gone back to Philadelphia and the family had joined me there, when I was neck deep in research for my final paper. I happened one day to be looking through the last issue of a small poetry magazine that had suspended publication midway through the war. I felt a thrill of recognition at the name, Mari Sasagawara, signed to a long poem, introduced as "... the first published poem of a Japanese-American woman who is, at present, an evacuee from the West Coast making her home in a War Relocation center in Arizona."

It was a *tour de force*, erratically brilliant and, through the first readings, tantalizingly obscure. It appeared to be about a man whose lifelong aim had been to achieve Nirvana, that saintly state of moral purity and universal wisdom. This man had in his way certain handicaps, all stemming from his having acquired, when young and unaware, a family for which he must provide. The day came at last, however, when his wife died and other circumstances made it unnecessary for him to earn a competitive living. These circumstances were considered by those about him as sheer imprisonment, but he had felt free for the first time in his long life. It became possible for him to extinguish within himself all unworthy desire and consequently all evil, to concentrate on that serene, eight-fold path of highest understanding, highest mindedness, highest speech, highest action, highest livelihood, highest recollectedness, highest endeavor, and highest meditation.

This man was certainly noble, the poet wrote, this man was beyond censure. The world was doubtless enriched by his presence. But say that someone else, someone sensitive, someone admiring, someone who had not achieved this sublime condition and who did not wish to, were somehow called to companion such a man. Was it not likely that the saint, blissfully bent on cleansing from his already radiant soul the last imperceptible blemishes (for, being perfect, would he not humbly suspect his own flawlessness?) would be deaf and blind to the human passions rising, subsiding, and again rising, perhaps in anguished silence, within the selfsame room? The poet could not speak for others, of course; she could only speak for herself. But she would describe this man's devotion as a sort of madness, the monstrous sort which, pure of itself, might possibly bring troublous, scented scenes to recur in the other's sleep.

The Censors

Luisa Valenzuela

Poor Juan! One day they caught him with his guard down before he could even realize that what he had taken to be a stroke of luck was really one of fate's dirty tricks. These things happen the minute you're careless, as one often is. Juancito let happiness—a feeling you can't trust—get the better of him when he received from a confidential source Mariana's new address in Paris and knew that she hadn't forgotten him. Without thinking twice, he sat down at his table and wrote her a letter. The letter. The same one that now keeps his mind off his job during the day and won't let him sleep at night (what had he scrawled, what had he put on that sheet of paper he sent to Mariana?).

Juan knows there won't be a problem with the letter's contents, that it's irreproachable, harmless. But what about the rest? He knows that they examine, sniff, feel, and read between the lines of each and every letter, and check its tiniest comma and most accidental stain. He knows that all letters pass from hand to hand and go through all sorts of tests in the huge censorship offices and that, in the end, very few continue on their way. Usually it takes months, even years, if there aren't any snags; all this time the freedom, maybe even the life, of both sender and receiver is in jeopardy. And that's why Juan's so troubled: thinking that something might happen to Mariana because of his letter. Of all people, Mariana, who must finally feel safe there where she always dreamt about living. But he knows that the *Censor's Secret Command* operates all over the world and cashes in on the discount in air fares; there's nothing to stop them from going as far as that obscure Paris neighborhood, kidnapping Mariana, and returning to their cozy homes, certain of having fulfilled their noble mission.

Well, you've got to beat them to the punch, do what every one tries to do: sabotage the machinery, throw sand in its gears, that is to say get to the bottom of the problem to try to stop it.

This was Juan's sound plan when he, along with many others, applied for a censor's job—not because he had a calling like others or needed a job: no, he applied simply to intercept his own letter, an idea none too original but comforting. He was hired immediately, for each day more and more censors are needed and no one would bother to check on his references.

Ulterior motives couldn't be overlooked by the *Censorship Division*, but they needn't be too strict with those who applied. They knew how hard it would be for the poor guys to find the letter they wanted and even if they did, what's a letter or two compared to all the others that the new censor would snap up? That's how Juan managed to join the *Post Office's Censorship Division*, with a certain goal in mind.

The building had a festive air on the outside that contrasted with its inner staidness. Little by little, Juan was absorbed by his job, and he felt at peace since he was doing everything he could to retrieve his letter to Mariana. He didn't even worry when, in his first month, he was sent to *Section K* where envelopes are very carefully screened for explosives.

It's true that on the third day a fellow worker had his right hand blown off by a letter, but the division chief claimed it was sheer negligence on the victim's part. Juan and the other employees were allowed to go back to their work, though feeling less secure. After work, one of them tried to organize a strike to demand higher wages for unhealthy work, but Juan didn't join in; after thinking it over, he reported the man to his superiors and thus he got promoted.

You don't form a habit by doing something once, he told himself as he left his boss's office. And when he was transferred to *Section J*, where letters are carefully checked for poison dust, he felt he had climbed a rung in the ladder.

By working hard, he quickly reached *Section E* where the job became more interesting, for he could now read and analyze the letters' contents. Here he could even hope to get hold of his letter to Mariana, which, judging by the time that had elapsed, would have gone through the other sections and was probably floating around in this one.

Soon his work became so absorbing that his noble mission blurred in his mind. Day after day he crossed out whole paragraphs in red ink, pitilessly chucking many letters into the censored basket. These were horrible days when he was shocked by the subtle and conniving ways employed by people to pass on subversive messages; his instincts were so sharp that he found behind a simple "the weather's unsettled" or "prices continue to soar" the wavering hand of someone secretly scheming to overthrow the Government.

His zeal brought him swift promotion. We don't know if this made him happy. Very few letters reached him in *Section B*—only a handful passed the other hurdles—so he read them over and over again, passed them under a magnifying glass, searched for microdots with an electron microscope, and tuned his sense of smell so that he was beat by the time he made it home. He'd barely manage to warm up his soup, eat some fruit, and fall into bed, satisfied with having done his duty. Only his darling mother worried, but she couldn't get him back on the right track. She'd say, though it wasn't always true: Lola called, she's at the bar with the girls, they miss you, they're waiting for you. Or else she'd leave a bottle of red wine on the table. But Juan wouldn't indulge: any distraction could make him lose his edge and the perfect censor had to be alert, keen, attentive, and sharp to nab cheats. He had a truly patriotic task, both self-sacrificing and uplifting.

His basket for censored letters became the best fed as well as the most cunning in the whole *Censorship Division*. He was about to congratulate himself for having finally discovered his true mission, when his letter to Mariana reached his hands. Naturally, he censored it without regret. And just as naturally, he couldn't stop them from executing him the following morning, one more victim of his devotion to his work.

A Window on Soweto

Joyce Sikakane

Detention

I was detained on May 10, 1969 at about 2 A.M. We heard knocking and woke to the flashing of torches outside and shouts of "Police! Police! Open the door!" We all got up—my mother, myself and my two brothers—and the police came in. There were three white policemen, one white policewoman and an African policeman, all in plain clothes.

They demanded Joyce Sikakane and I said it was myself and they produced a warrant of arrest under Section 6 of the Terrorism Act. They said they wanted to search the house. They were all brandishing their guns about and so they searched the house and took away whatever documents and personal papers— all my letters for example—they wished. The policewoman was guarding me the whole time.

After about two hours they told me to get dressed, as I was still in my nightie; I did so and was escorted to the car. I was afraid to wake Nkosinathi who was still sleeping, so I left him without saying goodbye.

On the way out of Soweto the car dropped off the African policeman in Meadowlands. I remember him saying, "Thank you, my baas, you caught the terrorist. I hope you get the information you want out of her."

We drove off to John Vorster Square (Security Police HQ), where another policeman got out, and then on again. When I asked where we were going, the only reply was that I was being detained under the Terrorism Act. I was terrified: I didn't see myself as a terrorist and didn't know why I should be detained under the Terrorism Act.

I was taken to Pretoria Central Prison. They knocked on the big door, the guard looked out and then opened the gate and I was led in. First we went to the office; they spoke to the matron and papers were signed. My engagement ring was taken from me—I was upset about that. Then we crossed the prison yard to another part of the prison. In the yard were about a hundred African women, some with babies on their backs, some sitting on the ground, some with vegetable baskets full of onions, pumpkins and so on, whom I could see were vendors who had been arrested for illegally selling vegetables in the street. As I came into the yard, the policeman shouted to the women to shut their eyes. This was because I was a Terrorism Act detainee, to be held incommunicado, which meant no one should know who or where I was. I was taken past and up some stairs, where the two policemen escorting me greeted another man as Colonel Aucamp.

He told the matron to take me to a cell. And I heard her ask, "Is she a condemned woman?" as I was shown into a cell with a bright blinding light that made me see sparks.

Aucamp immediately said, "No, no, not that one, I made a mistake." So I was taken out and led along to the common shower room, where there were lots of women prisoners, some naked under the showers, some undressing, some waiting their turn. The matron told me to undress, which I did, and got under the cold shower. I could tell the other women knew there was something special about me, being under escort and alone and jumping the queue like that.

After the cold shower I picked up my paper bag of clothes—the matron told me not to dress—and I was led to a cell. It was narrow and high, situated in what I later discovered was the isolation wing. The outer steel door was opened and then the inner barred door; I went in and the matron locked first one and then the other.

So there I was, in this tall narrow empty cell, gazing around. There was a small high hole covered with mesh, for ventilation. And it was very cold: May is the beginning of winter in South Africa and we had already had some frost. Suddenly I heard women's voices coming from outside in the yard, talking. I was horrified to hear them talking about their love affairs inside prison—the experienced women telling the freshers what to expect, how some were chosen as husbands and some as wives, and generally describing the whole scene to them. It gave me a real fright, standing there naked. I at once got my paper bag and put my panties on!

When I looked around at the contents of the cell all I saw was a damp sisal mat, rolled up, and three grey blankets, also damp and smelling of urine. That was all. I just sat down on the mat and waited.

It wasn't until 7 o'clock that evening that the cell door opened. There was a white wardress and an African woman prisoner in prison uniform, who shoved a plate of food through the door, along the floor, together with a galvanized bucket. All the time the wardress stood between me and the prisoner, so I should not be seen. Then they left, locking the doors behind them. But I heard them open the next cell and then I knew I wasn't alone: if the next cell was occupied I wasn't the only woman detainee.

From then on the pattern of prison life was always the same. In the morning at about 7 A.M. the cell door was opened, the shit bucket and empty plate taken out and a plate of porridge and cup of coffee put in. There was a bucket of sometimes warm water too, to wash oneself and one's underclothes. Lunch was usually about noon, though it could be earlier—on Sundays it was about 10:30—and consisted of izinkobe or dry mealies—corn kernels—which had been boiled but were still dry and hard. There was a beverage too, some sort of drink, which the prisoners used to call puza'mandla—drink power! Then at about 2 P.M. came supper, which was soft maize porridge with one or two pieces of meat, possibly pork, in it. That was all until the next day.

For the first few days I didn't eat anything. I was frightened, angry, depressed, wondering why I had been detained, scared of what might happen, and crying most of the time. By the third day, I had cried all my tears out. At least, I think it was the third day. Two huge policemen, with layers and layers of chin, came for me. I asked where they were taking me and they said, to give an account of your sins.

I was driven in a big Cadillac, with a policeman on either side of me and two more in front. We went to the Compol building (police HQ) in Pretoria. Knock, knock again, the police escort identify themselves and we drive in.

Down corridors to an office. It looks like any other office except it has these wooden partitions. Right facing me is a stone sink; and then there's a desk and a few chairs. I can see it's a work room. All along the walls is this wooden partitioning, covering the windows but capable of being drawn back. It kind of encloses the room, insulates it from outside. And just off this room is a sort of gym closet with punch bags—and a huge African policeman with fierce red eyes standing there. While I was being interrogated policemen kept trooping in to practice boxing on the punch bags.

Interrogation

There was a constant stream of policemen, about fifteen or twenty, coming into the room, as if they were going on stage. They were brandishing guns, holding documents, smoking cigarettes, greeting me, some scowling at me.

They all looked different, some like bulldogs, some like Alsatians, some like timid cats. Some of them behaved with great politeness, like perfect gentlemen. I think this performance was just put on to confuse me, for the next thing was Major Swanepoel coming in. He is the most sadistic and most feared of all the police interrogators: several people have died as a result of his "questioning."

"Have you heard of Major Swanepoel?" he said. "I am Major Swanepoel." All the other policemen gave way to him, treating him very deferentially. Then interrogation began.

They fired questions and statements at me; all of a sudden they were all talking about me and my personal life—all my experiences, which they seemed to know better than I did! As they did so they incidentally revealed the extent of their informer network: I found they knew about all sorts of incidents in my career—the story about the Malawian air hostesses being allowed to stay in an all-white hotel, for instance, that I had been working on when I was detained. I also discovered, from things they said, who else had been questioned: Winnie Mandela, wife of ANC leader Nelson Mandela, and Rita Ndzanga, for instance. They had interrogated many other people I knew, and from what they knew I could see they had been tortured to extract the information.

From me they wanted confirmation: that certain things had been done, that I had knowingly participated, and whatever else I could add. From what they know one has to judge what to admit and what to hide and what one might not manage to hide—because it flashes into your mind what risk to others is involved, and also the possibility of being tortured yourself and whether the type of information you have is worth dying for. I knew that in our case what we had been doing was something that would not, in any other country, be considered "terroristic": we were involved with the welfare of political prisoners, helping to make arrangements for families of prisoners to visit their husbands or parents. And so why not admit it? Yes, I did that—so what? We hadn't been involved in anything connected with violence or arms—that would have called for other methods of interrogation. As far as I was concerned they were more interested in getting information about the underground communication network.

The interrogation lasted right through until the following day. They took turns, and took breaks. I was just standing there. I would be tired, I would squat down, I would jump about a bit. I was shown the bricks—the torture bricks on which the men detainees are made to stand. The questioning went on, without food, without anything, till the following morning. Then I was taken back to my cell.

It was about ten days before I was taken again for interrogation. This time it lasted for three whole days because this time they were concerned with taking a statement. Under the Terrorism Act a detainee may be held until a statement to the satisfaction of the Commissioner of Police has been given, and the purpose of the interrogation is to obtain such a statement which can then be used against you or someone else. They still ask questions: anything you admit goes down on the statement.

This time my interrogation took place on the third floor of Compol building, and the interrogators were Major Botha and Major Coetzee. They were trained and experienced political officers. Oh, they were courteous gentlemen, but I could sense hatred—they hated every bit of me. But they had to get what they wanted from me.

They put the proposal that I should be a state witness, giving evidence for the state against the others. I asked why should I do that? and they said, well, you're young, you're an intelligent girl, you have a fiancé outside the country. If you are afraid to give evidence because of what your organization will do to you, we can always give you another name and find a job in one of our embassies abroad—say in Malawi or London, where you can join your fiancé!

All the time, because of what they wanted out of me, they were at pains to explain that they were not against Africans or black people in general. They were only against communists. They argued that people like myself, young, intelligent, pretty, etc., were being misled by communists. They, on the other hand, were offering me a chance. I found this insulting. How could they sit there, admit that apartheid was a repressive system, which they did while maintaining that racism occurred all over the world. What hypocrites, I said inside me, to say communists had misled me into wanting to change the system. I didn't need any communists to tell me apartheid is evil. I know. Nor would I join the enemy camp for the sake of self-preservation.

So I told Major Botha and Major Coetzee I was not interested in their offer. They said in that case you are going to be here a long time. Others had given evidence, they said. If you refuse we have lots of other evidence we can use, the others are willing. . . .

. . . That same afternoon the cells were opened, first mine, and then four others, and we were taken out. I'll never forget the feelings of that moment, a kind of muted consternation, when we five women all saw each other. There was Winnie Mandela, Rita Ndzanga, Martha Dhlamini, Thokozile Mngoma—and of course we each half expected, as our interrogators had said, that the others had agreed to give evidence. But they hadn't. I remember we hugged each other hard: it was too good to be true. We felt this was a moment of victory and we were together. . . .

North American Time

Adrienne Rich

When my dreams showed signs
of becoming
politically correct
no unruly images
escaping beyond borders
when walking in the street I found my
themes cut out for me
knew what I would not report
for fear of enemies' usage
then I began to wonder

II

Everything we write
will be used against us
or against those we love.
These are the terms,
take them or leave them.
Poetry never stood a chance
of standing outside history.
One line typed twenty years ago
can be blazed on a wall in spraypaint
to glorify art as detachment
or torture of those we
did not love but also
did not want to kill

We move   but our words stand
become responsible
for more than we intended

and this is verbal privilege

III

Try sitting at a typewriter
one calm summer evening
at a table by a window
in the country, try pretending
your time does not exist
that you are simply you
that the imagination simply strays
like a great moth unintentional
try telling yourself
you are not accountable
to the life of your tribe
the breath of your planet

IV

It doesn't matter what you think.
Words are found responsible
all you can do is choose them
or choose
to remain silent.   Or, you never had a choice,
which is why the words that do stand
are responsible

and this is verbal privilege

V

Suppose you want to write
of a woman braiding
another woman's hair—
straight down, or with beads and shells
in three-strand plaits or corn-rows—
you had better know the thickness
the length   the pattern
why she decides to braid her hair
how it is done to her

what country it happens in
what else happens in that country

You have to know these things

VI

Poet, sister: words—
whether we like it or not—
stand in a time of their own.
No use protesting   *I wrote that*
before Kollontai was exiled
Rosa Luxemburg, Malcolm,
Anna Mae Aquash, murdered,
before Treblinka, Birkenau,
Hiroshima, before Sharpeville,
Biafra, Bangladesh, Boston,
Atlanta, Soweto, Beirut, Assam
—those faces, names of places
sheared from the almanac
of North American time

VII

I am thinking this in a country
where words are stolen out of mouths
as bread is stolen out of mouths
where poets don't go to jail
for being poets, but for being
dark-skinned, female, poor.
I am writing this in a time
when anything we write
can be used against those we love
where the context is never given
though we try to explain, over and over
For the sake of poetry at least
I need to know these things

VIII

Sometimes, gliding at night
in a plane over New York City
I have felt like some messenger
called to enter, called to engage
this field of light and darkness.
A grandiose idea, born of flying.
But underneath the grandiose idea
is the thought that what I must engage
after the plane has raged onto the tarmac
after climbing my old stairs, sitting down
at my old window
is meant to break my heart and reduce me to silence.

IX

In North America time stumbles on
without moving, only releasing
a certain North American pain.
Julia de Burgos wrote:
That my grandfather was a slave
is my grief;   had he been a master
that would have been my shame.
A poet's words, hung over a door
in North America, in the year
nineteen-eighty-three.
The almost-full moon rises
timelessly speaking of change
out of the Bronx, the Harlem River
the drowned towns of the Quabbin
the pilfered burial mounds
the toxic swamps, the testing-grounds

and I start to speak again

Piercing the Blockade

Nawal El Saadawi

As I stood behind the door, I could see dawn breaking through the covering of night. Pressing my nose between the thick black bars, I sniffed a breeze of fresh air. I remembered the sight of the imprisoned lion in the Cairo Zoo . . . thrusting his large head between the steel columns, then pacing round and round inside the bars without cease. I recalled, too, the sight of the wolf inside his steel cage and the tiger and all the other animals.

I look at my fingers, clutching the steel bars. My fingernails have grown and lengthened—they look like claws now. I haven't cut them since I came to prison. Scissors are among the prohibited items, since they are considered sharp implements. I contemplate my fingers in astonishment. I've never had such fingernails, ever! Are they my own fingernails or the claws of an animal?

My hair has grown, too; it touches my neck and shoulders by now. Thick, tousled hair like a lion's mane. I probe my face; under my hand, I feel my nose extending between the steel bars, as if it has lengthened to become like an elephant's trunk! I have forgotten the shape of my face; I haven't seen it in a mirror since I entered prison. Mirrors are among the prohibited items, since they are considered sharp implements.

I touch my arms and legs. The skin is dark brown, and across it run lines of red and blue, like fingernail marks. Do I scratch at night, while I'm asleep? Has scabies infection been transmitted to me?

I stretch my nose outside the bars . . . through it I escape far from the odour of burnt gas, the rotting garbage in the corners, and the dampness of the cement floor and tiles. I remain standing behind the bars; I sense the fatigue in my body due to standing for so long. I bend my body to sit upon the hard ground. I rest my body against the bars. I remain sealed, still like the wall. Time, too is like the wall.

I feel tired due to such a long period of sinking. I unroll my body and get to my feet. I stroll around the cell. All of my cellmates are asleep. Dawn prayer has not yet been announced. Boduur is still sleeping, her features given over to sadness. All the bodies have gone lax, faces pale and faded in a complete submission to a long, sad sleep.

My heart is heavy . . . how long will time stretch on for us in this grave? Time does not budge, like this mangy ceiling over my head from which dangles an electric light, flaming day and night like a bulging red eye, with a black rope wound round its neck on to which cling flies—sleeping or dead.

How long have I been in this steel cage? When was the first night? Since Sunday, 6 September, and what is today? I don't know the day of the week, or the date, or the hour. In prison one loses one's sense of the date, and of time itself.

I've been here for a long time . . . for a century . . . a thousand years . . . since I was born and since I became aware of something called time . . . Ever since they broke down the door by force and carried me off in the van on this unknown voyage through the darkness.

Since that day I've been here and no one has told me why. No one has directed any charges at me, and the only answer I have had to any of my questions is: "We are awaiting instructions from above. We are awaiting new orders."

What are the old orders, then? The Precautionary Detention Order! And what does "the Precautionary Detention Order" signify? It means imprisonment inside a cell, behind bars, without an investigation, without letters from home or visits, without newspapers or radio or going out into the prison courtyard. Complete, absolute imprisonment without human or legal rights. Absolute imprisonment which will end no one knows when, except one man, the one who issued the Precautionary Detention Order. And he is the sole person able to cancel or alter it.

For the first time, the meaning of "autocracy" is embodied before me. For the first time, dictatorship takes tangible form before my eyes. Previously, I had rejected it as an idea, a style, and a system of organization. But now I came to reject it with my entire being, with all the longing I feel for life and freedom, with my soul and body alike. Yet how does such a rejection begin to assume the form of positive action? How do I break through the blockade thrown up around my mind and body? I cannot pull my body out between the steel bars . . . but I can extract my mind.

The idea of breaking through the blockade began to take me captive. I whispered to Fathiyya-the-Murderess: "Fathiyya, I want to send a letter to my family . . . is that possible?"

"Everything is possible," she whispered.

"Inside prison?" I said out loud, in astonishment.

She laughed. "Inside prison is just like outside prison. Everything is possible . . . what's important is the determination to do it."

"I am determined!" I said.

"Your will is like mine," she said, laughing again. "When I decide to do something . . . Oh God . . ."

I spent an entire night writing a letter to my family—to my husband, son, and daughter. It was a long letter, into which I emptied all that was in my head.

The days and nights went by, and still I received no reply. My eyes would meet Fathiyya's gaze, and I would say nothing. The *shawisha's* eyes were always observant, and her ears were sharp. In her eyes was a look of suspicion and doubt . . . and Fathiyya avoided looking my way. Why was she afraid to look me in the eye? Had I put my confidence in the wrong place? Had Fathiyya given my letter to the *shawisha*, or to the administrators of the prison?

It is not my nature to harbour suspicions. As far as I am concerned, a person is innocent until proven guilty. Whenever I looked into Fathiyya's eyes, I felt that she was sincere; she was a woman of courage and decency. Were my perceptions deceptive? I've always trusted my subconscious perceptions, and I don't distinguish between intellect and feelings. Sound feelings mean a sound mind. Sometimes the intellect errs, knowing only numbers and the circumscribed logical thinking which we inherit and to which we become accustomed. But sound feelings represent the more profound mind—that which comprises human sentiment, emotional feelings, perception and discernment and the accumulation of knowledge and experience.

Day after day, though, the doubt was growing in my mind. Perhaps I had sketched features from my imagination to place over the real Fathiyya. Maybe, after all, she was a spy!

The blood rushed to my face. I felt sudden terror. I lost confidence in my ability to judge people and things.

I sensed myself falling, disintegrating, my heart pounding, my throat dry. My fingers were trembling. Fawqiyya smiled triumphantly and whispered in my ear: "I told you she was a spy. Everyone who comes into our cell here is a spy. Don't trust anyone."

The walls and steel bars were folding in on me from all sides. Doubt and burnt gas choked me. I did not see human faces, but only expanses of blackness, holes from which gazed eyes as red as those of devils. The face of Fathiyya came to resemble Satan's countenance. Murderess, daughter of a murderess, as the *shawisha* would say. For me, she'd injected poison into her honeyed words.

I tossed and turned upon the wooden board, unable to close an eyelid. I became aware that torture in prison does not take place by means of the bars, or the walls, or the stinging insects, or hunger or thirst or insults or beating.

Prison is doubt. And doubt is the most certain of tortures. It is doubt that kills the intellect and body—not doubt in others, but doubt in oneself . . . The teaming, crushing question for the mind: was I right or wrong? Had Fawqiyya been correct in her doubts? Had my judgement been in error?

I opened my eyes in the morning to the sound of the key turning three times in the door. I did not get out of bed; I did not carry out my daily exercises; I did not take a shower or drink tea. I stayed in bed, bitterness in my throat and a painful lump in my heart.

"How odd!" my astonished cellmates remarked. "Are you ill?"

"If the doctor has got sick," someone said, "this is the end."

"We've all been sick except you," another called out, "so your turn has come now!"

Not one of them really believed that I was ill. But no sooner did they glance at my face than silence fell. I did not know what my face looked like.

"Shall we call the doctor?" I heard a sympathetic voice ask. "Can I make a cup of tea?" inquired another voice, even gentler.

Even Boduur and Fawqiyya—I saw them at my side. For the first time, I saw a kind smile on Boduur's face, a smile like that of a mother to her child. I heard her say, "I'll give you a blanket of mine, you must have caught a cold."

And the deep furrow in Fawqiyya's forehead all but disappeared as she said gently, "I told you to keep up your health more carefully! It's that cold shower every day that has made you ill."

And *Shawisha* Nabawiyya placed her thin hand on my head. "Looks like we've put the evil eye on you, by God. I'll say the Verse of Yasin for you."

And I saw Fathiyya's face. I shut my eyes.

I don't want to see her.

But she drew near and whispered in my ear. "I have a letter for you."

I leapt out of bed.

The Prisoner

Angelina Muñiz-Huberman

My tears have been my meat
day and night, while they
continually say unto me,
Where is thy God?
Psalm 42:3

Here in the corner of the cell, my fingernails wrenched out and my body battered and bruised, I know that I have reached the limits of pain.

Pain bursts cells and twists nerves. In the beginning, it brings fear, then total oblivion. In the end, nothing matters anymore and courage is reborn. There is nothing to lose if everything has already been lost. There is no longer any fear of speaking, because words are empty. Only the constant pain remains, from one end of the body to the other.

When I feel my body disintegrating swiftly, pore by pore, in dreamed strokes of the whip, I become fully aware of it.

Time does not exist: an eye swollen shut by blows does not need to know if it is day or night; a broken leg does not take one anywhere; mutilated sex does not recognize the moment of pleasure.

I do not need anything now. Everything is superfluous. To think about going back is not to think. If, like a stroke of lightning, the light of her face appears to me, I am not surprised and do not recognize her.

Because if I recognized her, I would weep, and the salt of my tears would burn the places where my nails once were.

But I do recognize her, and the light of her face is there on the wall, where I no longer see the blood stains or the crushed insects. She smiles, and then I remember her.

Her eyes. Her hair. Her hand caressing me.

No, I do not want to remember. To remember is to smile, to pardon. I do not want to.

Better the stupor of delirium. The opaque eyes of the executioners. The languid mouths of the torturers. The sticks, the whips, the knives. Everything hard and sharp.

Not her face, or her smooth skin. Nothing. Do not remember her.

Do not even speak. Forget language altogether. Only screams. Return to the primitive, to the darkness of the cave, to the tenacious rock.

But here again is light, a kind of dawn which battles against thick and obstinate shadows. A confused, slow, almost unseeing light, as when I began to open my swollen eye.

It is not a light that marks time, not a light which clarifies. It is a luminous hole inside me, visceral, radiating out toward all the points of pain in my body. It is a light which calms me. It is the certainty that suffering touches bottom, that it can reach no deeper, that it is covered by sand and washed by the sea.

It is the light of goodness which gilds the space of the cell and denies the roots of evil.

My body, bathed in light, stops aching. I believe that I smile. I believe that I rest. I believe that I sleep. I believe that when I wake, I will recover my lost hope. I believe that then I will know how to tell where God is.

Gemütlich

Maria Banus

Gemütlich, the German word
translated, flickers and fades.
Pleasant? Familiar? Easy? Agreeable?
No. In German it has a different shade.

Gemütlich has cottage curtains, flowers,
napkins edged in lace.
The tick-tock of an old clock,
coffee klatsches in a cozy place.

Gemütlich after a brisk walk
through wind and fog
finds you at home in your
castle with your dog.

They gave you orders you obeyed.
Canary, dog, wife, are still.
You are the master here,
and you relax to pay your bills.

Gemütlich—the little graveyard
on the hill
with angels, and old willows
all sun-filled.

You listen to the ticking clock.
The nearby marketstalls
are being taken down.
Twilight falls.

I travel through one
German town and then the rest
and think of Germans lost
who sleep east and west

under strange skies, vanished,
crushed where they went.
Over their graves foreign winds
and bitter mint.

They sleep badly under cold clods
in an unsheltered place
with no canary nearby
no curtain made of lace.

They went to distant places.
They ordered. They obeyed.
They killed. And they sleep
in the bed they made.

Gemütlich—a kind of painting
on pottery cups and plates.
Light flickers on the pitchers,
on the window panes and grate.

A woman grinds the coffee.
The clock strikes. Tall
shadows pass in the white enamel,
bloodied shadows, one and all.

Block 4 Barrack 4 "Apt" C

Mitsuye Yamada

The barbed fence
protected us
from wildly twisted
sagebrush.
Some were taken
by old men with gnarled
hands.
These sinewed branches
were rubbed and polished
shiny with sweat and body oil.

They creeped on
under and around our coffee table
with apple crate stands.

Lives spilled over us
through plaster walls
came mixed voices.
Bared too
a pregnant wife
while her man played *go*
all day
she sobbed alone
and a barracksful
of ears shed tears.

Threads Drawn from the Heart

Sheila Cassidy

And what is it to work without love?
It is to weave the cloth with threads drawn from your
heart, even as if your beloved were to wear that
cloth.

Kahlil Gibran
The Prophet

Every night we were in bed by eleven for, glorying in the little power given to them, the wardresses were strict in their enforcement of the prison rules. Anyone found out of bed, or talking or smoking, was punished by the suspension of the visit of their family, or if they dared to protest, a day in the *calabozo*, a punishment cell.

As I lay in the dark on the first night and watched the glow of forbidden cigarettes, I tried to digest the experiences of the day and I was thankful that no one could see the tears of self-pity that flowed unbidden down my cheeks. After supper I had spoken at length to Francisca and when I had told her that I was certain that I would only be in the camp for a few days she had shaken her head and told me gently that it was the general opinion that I would be detained for two or three months. I stared at her unbelieving as she told me that they had come to the conclusion that the Chilean government would never risk setting me at liberty until the New Year hearings of the United Nations at Geneva were over. The last hearing, in which the Junta had been publicly condemned for the "flagrant disregard of human rights," had been given wide publicity in Chile, and my release, they thought, would therefore be delayed until after the next hearing.

Smiling, she told me that three months was a very short time, and that most of them would be in prison for a year or more. Finally, with the seriousness that characterized these youthful world-changers, she said that experience of life in the community would be very good for me as, like all of them, I had much to learn.

I began to experience that night a sense of conflict that was to torment me for the whole of my stay in Tres Alamos, and which even in England does not let me rest. Fêted and loved as the "*gringa*" who had suffered for their cause, and thus accepted as one of them, I longed to be as other-centred and self-disciplined as they, and yet I found myself naturally expecting the preferential treatment, love and respect that was accorded to me. To be told that I could benefit from a period of this spartan community life with the unspoken implication that I had to learn about the war with self-indulgence filled me with an anguish that shamed me because I knew that they were right.

In bed that night I fought the battle which always seems so absurdly difficult: the fight to be reasonable. I knew that I was incredibly lucky to be alive, and that the experience of living with and getting to know these girls was a privilege that money could not buy. I knew, too, that unless something very unexpected happened, I was safe, and that I would ultimately be released. I realized that, much as I liked to see myself as one of this brave band of women, mine was nothing more than a temporary and superficial participation in their situation, for I would return to my country and my loved ones and pick up the threads of my life. Not for me was the anguish of fears for a missing brother or sweetheart or the knowledge that my family was going hungry to keep me alive. For me release would signify permanent reunion with my family; for my companions it meant freedom but also heart-rending farewells to parents whom they would never see again, as they set off to rebuild their lives in whatever country would accept them. The knowledge of how lucky I was gave me small comfort that night and I could have lain on the ground and screamed like a spoilt child, "I want to go home."

Sleep magically reknit the ravell'd sleave of my care, and I rose in the morning resolved to learn all that I could from my new friends. We breakfasted at the long wooden tables which were ranged round the patio and the standard prison breakfast was greatly improved by the addition of Nescafé to the nondescript hot liquid sent from the kitchen and of margarine for the bread. I found myself sitting opposite the girl who had given me her hairclip. This was Lucinda, a girl of rare artistic ability whom I soon grew to love for her deep sensitivity, unfailing good humour and kindness.

Breakfast was served by a team of girls whose turn it was to work that day. There were six or eight of them and, under the direction of one of the older members of the community and the "economist," they prepared and served the meals and washed up afterwards. It was a good system for, although it meant a day of very hard work, it only came every eight or ten days as everyone took their turn according to the rota.

After breakfast there was quiet activity while beds were made and teeth cleaned then, promptly at nine o'clock, the "workshops" began. Three of the four long wooden tables were occupied, each by a group of girls doing a different type of craft work. At first I thought this was occupational therapy until it was explained to me that the goods made were sold and each worker was paid a wage after new materials had been purchased. Many of the girls were married and had small children; some of their husbands were unemployed, but a greater proportion of them were also in detention, and some of them had disappeared. The children therefore were cared for by the girls' parents or by their in-laws, and in many cases there was a real need for the small contributions they were able to make by selling their work.

There were five workshops which produced in turn sandals, fine leather goods, articles of crochet, soft toys and embroidered blouses. I learned much from the girls who ran these workshops because shortage of money and materials had taught them to improvise in a way that we, in our affluent society, have forgotten. Most important of all, however, I learned about working in a team. Always inordinately proud of my achievements I like to make things on my own, and "all me own work" has long been a saying in my family. It was therefore totally alien to me to finish off something begun by someone less skilled, unless, of course, *I* was bountifully assisting *them*. Likewise, I did not like to have someone else touch my work, for if their help was skilled I could not claim the finished article as my own, and if they were less skilled, then I feared that my handiwork would be spoiled.

This attitude was outside my friends' comprehension. Each of them worked happily, apparently uncomplicated by such emotions, doing that part of the work that they did best or which was allotted to them by the team supervisor. Thus in the embroidery workshop my friend Lucinda worked in the design section, inventing and modifying designs to be embroidered on the blouses, while a myriad of other workers painstakingly washed the material, ironed it, cut it out and made the blouses, and then traced the patterns on the fabric. All over the outside patio (for we were allowed outside at the discretion of the wardress) girls sat in groups meticulously embroidering the peasant-style blouses with fine brightly-coloured wools. Each Friday morning the finished garments were once more washed and ironed and given to the visiting families so that they could be sold among the tight circle of friends of the families of the detainees. In 1976 many of these blouses were exported and sold at exhibitions in support of the prisoners in different countries. They are a true example of the artistic work produced in bleak detention camps throughout the length of Chile, a flowering in the desert that bears witness to the unquenchable flame of the human spirit.

The urge to create something lovely burned like a fire in all the prisons. Underfed and lonely in the snows of Dawson Island the first political prisoners of the Junta, lawyers, doctors, professors and cabinet ministers produced engraved pendants of a haunting loveliness from the finely polished stones that they picked up from the ground under their feet. Later, the men of Chacabuco, the big concentration camp in the northern desert of Chile, produced copper rings made from the wire that had imprisoned them, and engraved pendants from worthless coins.

Perhaps the most fascinating and original of the prison arts was the work in bone. The Chilean national dish is *cazuela*, a beef stew in which a piece of meat is served on the bone in the stock in which it has been cooked, accompanied by a potato and a piece of pumpkin. The prisoners found that it was possible to work with the dried bones and thereafter families were commissioned to bring in the bones from the Sunday *cazuela* and they were carefully washed and dried in the sun and stored until they were needed. It was a skilled art, requiring much patience. The object to be "carved" was drawn on the bone and then cut out with a fine saw. This could take an hour or more, depending upon the hardness of the bone and the skill of the worker. It was then filed smooth and finally sandpapered and lastly polished with an abrasive paste made from zinc oxide powder or, if there was none available, toothpaste. Only certain prisoners found this work to their taste, but they produced the most lovely pendants of which the favourite designs were the dove of peace, or the clenched fist that signified the resistance of the Chilean people. I joined the bone carvers and made a number of crosses which I gave away to my friends. The last and most successful I could not bring myself to give away and when I was interviewed at the airport one of the newspapers reported that I was wearing two crosses, one gold and the other ivory!

The art of the detention camps was fired by two deep human needs: the desire to give to loved ones, and the need to express the multitude of feelings of sorrow and joy, anger, despair and an ever-flowering hope. Because of the constant repression there developed a highly symbolic art, and hidden away because of the intermittent raids were drawings and poetry in which the deepest emotions were allowed to cry out. So strict was the self-imposed emotional discipline to maintain morale that no tears were shed or loved ones publicly mourned, but hearts were poured out on paper and anger exhausted in carving symbols of the fight for freedom.

Many of the poems have been smuggled out and they are a poignant testimony of the anguish in which they were composed. The following poem was written in July 1974 in the public gaol in Santiago where men were herded into dark cells where it is hard not to succumb to bitterness and despair:

> There,
> where the light of the sun
> lost itself
> more than a century ago,
> where all gaiety
> is impossible
> and any smile
> is a grimace of irony,
> where the stone stench of darkness
> inhabits those corners
> even the spiders
> have abandoned as inhospitable,
> and where human pain eludes
> that which can be called human
> and enters the category
> of the unprintable . . .
> There, I am writing.

From the scorched, disused saltpetre mine of the desert camp of Chacabuco comes the cry of a coal miner, over a thousand miles from his wife and children in the green southern town of Lota near Concepción.

> I want my bread, I want the air beyond this wall of wire.
> I look out into the distance over the white roofs of earth
> and can just barely see
> cars crossing the nitrous pampa
> from north to south and from south to north,
> the frontier train on the small tracks
> like a child's toy on the hillside . . .

My hope!
I turn to look at everything:
the gay travelling couple,
the son encountering his mother
the father who is returning,
the blind one who is singing for money
and who never sees the combat planes
quickly devour space, soldiers of the air at war.
I want to return to my earth:
to drink in my hand
the water which has surrendered itself
to the tranquillity of raindrops,
to contemplate the forest,
to stretch out on the grasses
to listen to the trill of birds
to kiss the wheat,
to smell herbs freshly nibbled off branches
by the goat on the rocky crag,
to hear the barking of a dog
or the mooing of a cow.
Such joy!
The afternoon arrives whistling tranquil tunes
and singing songs of freedom.
Walking in the streets without concealing my face
I, miner of Lota, with joyous steps,
lift my sooty face
and with my breast warmed by the heat
extracted from the inner recesses of the earth
by my fist and my soul
reach my home
and joyfully encounter my wife waiting at the door
the children catching at her hem
her smile and her awaited kiss
without room for a tear.
May the darkness be not so dark
and may hatred not close our souls.

So much of this poetry is written in blood and tears for children, husbands and wives. This is a message to his children from a man who like so many was imprisoned because he taught that all men are created equal.

SPEAKING WITH THE CHILDREN

It so happens that I won't be home tomorrow either
and I'll continue beneath the night

that eclipses and erodes
the profiles of the world I know.

If it comes to pass
that I get lost during the night
and don't find the road back home,
I want you to know the reasons for my absence.

I have learned and I have taught that a person is free,
and now I awaken to the rattling of irons and bolts,
Because I loved culture
and humanity's inheritance
the flames have fed themselves with my books.

I did not stain my spirit with hatred,
but I have seen the anguish
of the epileptic terror
of naked men being electrocuted.
I returned to the roads the peasants used,
speaking of a life without miseries.
I explained that work brings dignity
that there is no bread at all
without a sheaf of wheat made noble
by the planting of a seed into the earth
by a simple hand.
For this, among other things,
it so happens,
that I won't be home again tomorrow either
but continue beneath the night.

Doctors, lawyers, teachers, and all the other professional people who had taught "that work brings dignity" now turned their hands and their hearts to manual labour, and almost overnight intellectuals became craftsmen. I was fascinated by the sandal workshop not only because the finished products were charming, but because of the improvisation with materials. The soles of the sandals were made from old car tyres, and the designs on the leather drawn with felt pens. Greek designs taken from some old book were adapted and tooled on to the leather and then the colours picked out in brilliant reds and greens. When the pens ran dry they were refuelled with cologne for the girls had found that the spirit was a solvent for the dye.

Although the majority of the prisoners worked, there was no obligation and some of those who had no need to earn money preferred to work on their own.

When I had settled in I was delighted at the wide range of crafts, for I have always loved to work with my hands. After years of being too busy either studying or working to be creative I threw myself into a multitude of activities. In the first few days I was severely frustrated by lack of materials, for though I was surrounded by a wealth of fabric, wool and leather, I quickly found that it was all spoken for, and when I pleaded for left-over scraps I found that in this economical society there were no leftovers. The instruments, too, were in great demand, and were jealously guarded by the workshop chiefs against careless or inexpert users. It wasn't until I had proved myself as an able worker in bone and various other materials that I was allowed to borrow the precious leather knives and punches to make miniscule Christmas gifts with the remnants that fell from the cobbler's last.

On my first day as I set up "house" in the small place alloted to me I made a bag in which to guard my various treasures. It was made in the style of old-fashioned shoe holders, and had several different sized pockets, in the depths of which I repeatedly lost small treasures such as hair grips or pencil stubs. With my name and a large flower brightly if irregularly appliquéd on it I nailed it firmly to the only bare piece of wall and christened it the *guardahuifa*, a name which is really only funny in Spanish, but means a repository for bits and pieces.

As I surveyed my new home I felt a great need for a crucifix. Not usually a devotee of religious objets d'art, perhaps I sensed that my life here would be so full that in my new happiness I risked neglecting the God to whom I had turned so instinctively in my pain.

I set out, therefore, to mark by bunk with the sign of the cross and eventually found two narrow strips of wood which I glued together and stained with dye purloined from the sandal makers; upon it I hung with fragments of red wool a copper Christ fashioned out of a piece of discarded telephone wire. I nailed it firmly to the bottom of the top bunk so that I faced it when lying in my bed.

You pray in your distress and in your need;
would that you might pray also in the fullness
of your joy and in your days of abundance.
                              Kahlil Gibran
                              The Prophet

three

Childhood

A Dead Child Speaks

Nelly Sachs

My mother held me by my hand.
Then someone raised the knife of parting:
So that it should not strike me,
My mother loosed her hand from mine.
But she lightly touched my thighs once more
And her hand was bleeding—

After that the knife of parting
Cut in two each bite I swallowed—
It rose before me with the sun at dawn
And began to sharpen itself in my eyes—
Wind and water ground in my ear
And every voice of comfort pierced my heart—

As I was led to death
I still felt in the last moment
The unsheathing of the great knife of parting.

Indian Mother

Rosario Castellanos

She always walks with a load on her shoulders: her baby and, then, her simple wares.

Wearily she crosses the mountains that imprison her and descends to the hostile city below.

Once her goods are sold (or pilfered or despoiled), the Indian mother seeks rest. From the streets she is expelled by the insolence of passersby and the profusion and speed of vehicles. She takes refuge instead in the trees—her ancient, trusted friends—in the park. There she remains, in silence. She speaks only with her gods in the church. Weeping, she utters her prayer of humble complaint, her sorrowful imploring and utmost submission.

When the Indian mother returns to her village, she can be seen shepherding her flock, weaving the coarse cloth that will protect her family from the cold, preparing their meager repast.

In her brief moments of repose, she holds her baby on her lap. She hovers over him with a solicitude as anxious as it is useless. She contemplates him with eyes filled with love and guilt. The shadowy depth of her gaze has a name: despair.

For the Indian mother knows that tomorrow's horizons will be the same as today's: misery, ignorance, humiliation. Her hands (hands that motherhood should have filled with gifts) are empty. They will never be fully able to stifle her child's hungry cries, nor pour oil on wounds made by the burdens he must bear. The sorrow of dignity offended will not be forgotten.

Behold, then, a pair of empty hands. Beggar's hands, victim's hands, stalk our consciences with the obsessive tenacity of remorse. No, there is no room for bewilderment. For if anyone has taken from these hands what is rightly theirs, it is we. And who, besides us, can make restitution and fill them once more?

Oh, may sleep elude our brows, may friendship pierce our hearts like thorns, and may songs offend our mouths, as long as the hands of this woman, this Indian mother, remain unable to give her child bread, light, and justice.

On the Road at Night There Stands the Man

Dahlia Ravikovitch

On the road at night there stands the man
Who once upon a time was my father.
And I must come to the place where he stands
Because I was his eldest daughter.

And night after night he stands there alone in his place
And I must go down to his place and be there.
And I want to ask the man how long will I have to,
And I know, even as I ask, I will always have to.

In the place where he stands there is a fear of danger
Like the day he was walking along and a car ran him over.
And that's how I knew him and I found ways to remember
That this was the man who once was my father.

And he doesn't tell me one word of love
Though once upon a time he was my father.
And even though I was his eldest daughter
He cannot tell me one word of love.

My City: A Hong Kong Story

Xi Xi

—and what did you see there

mother asks.

Mother is sitting in a rocking-chair. I tell her I saw cannons. I saw cannons lining the fortress wall. When the time comes for them to go off, I believe they will shake the whole city. I tell her that the cannons I saw were black in colour. Although it is summer, and it was noon, they were warm to the touch, like a sleeping volcano. Though there seemed to be boiling lava inside, the volcano was asleep.

The cannons mother had known were not warm, they were red hot. The cannons mother had known were not sleeping volcanos, they were wide awake. Those cannons blasted basin-shaped holes in the Olympic stadium; those cannons turned a whole plain of peach blossoms into scorching flames. At the railway station the whole floor was littered with single shoes. (If you had come from south station, you would know.)

A mother called out the name of a little girl. The girl was carrying her own little bag on her back, with her clothes and a few days' rations inside. Sewn to her clothes was a square of white cloth on which names were written in black ink. The child's name, and her parents' names. And also her date of birth, her native province, and an address as unpredictable as fate. (If you had come from south station, you would know.)

—did you see the sunrise

mother asks.

I did not. I did not go up the mountain to see the sun rise. That was because the sky had darkened. I can never predict my own fortune. When we left the ancient fortress, we said goodbye to the group of cannons and took a path that goes up another mountain. We walked on for four whole hours. It started to rain. It was a drizzle, like a wet net hanging over our heads. It was because of the rain that we did not go up to a higher peak to see the sunrise.

Looking at the sunrise is like searching for hope, mother says. Those who go to see the sunrise always get up at shortly after three in the morning. All around them is a blur of emptiness. They group together, flashlights in hand, and follow the leader on the trek up the mountain. Though they all have thick clothes on, they still say: Oh, it's so cold. And it is August, the height of summer.

Everyone waits on the peak. If it is a peak surrounded by mountain ranges, and the clouds in the distance brighten first, you would think that these are the colours of sunset. When all the clouds are aglow with bright colours, suddenly, there is the sun, floating in a mountain gorge.

No one can make out the shape of the sun, whether it is round or square; its brilliance is so dense and so blinding that no one can take a good look at it. All one has is a feeling of what the sun looks like. It is like a rapidly revolving, brilliant colour mixer.

Mother likes the sunrise on the ocean. A morning on the embankment, looking at the white sky, so white it was almost transparent. It was already dawn, around six in the morning. A white ball rose out of the distant sea. All of a sudden it shot up from the water as though it had kicked its way out, whipping up a considerable spray. Or perhaps it was like someone taking a dumpling out of a bowl of sweet soup. The white ball was not bright at all; it was rather like snow, or a lump of dough ready for the oven. The white ball was also like the moon rising slowly from the ocean: a series of stills run together. The white ball floating in the sky was so fragile, so pale, and then suddenly it shone forth with the utmost brilliance, and the eye could see it no more.

I did not see the sunrise. We camped on a sizable piece of flat land on the peak. That day we cooked some vegetables which we had picked from the fields we walked past. We also picked some papayas. It was drizzling, and we took a stroll. In the tea fields nearby, the tea shrubs stretched out many tiny twigs. The new tea leaves washed by the rain were like fresh green vegetables, but the old tea leaves were dark.

—what else did you see
asks mother.
Mother gently fans herself with a straw fan. I tell her I saw the convicts. They had on dark blue tops and shorts, and some were naked from the waist up. They were working on the road. I saw them planting trees—digging holes, and then putting the seedlings into the earth. I saw them paving the road, pushing a two-handled wheelbarrow.

When we came down the mountain we walked along the catchwater into a forestation area where there were no roads, and we almost got lost. There were so many trees. Their many leaves could have made up a thick specimen album.

I do not remember how we came out of the forestation area. It was a maze, but it was beautiful. If I had not been able to make my way out, I would have had no regrets. Yet we saw the path outside, charged towards it, and out we came. We walked past a prison, a no-security one. The convicts were working near the catchwater. As we watched them work, some of them asked: Got any cigarettes? Those who did offered them all their cigarettes, and they lit up at once. When they were given cigarettes, they said thank you to us.

Mother recalls two faces. When she walked out of a bakery, she was holding a long stick of bread. Before she had walked down to the end of the street, a black hand appeared before her eyes, grabbed the bread, and disappeared. She looked at the empty paper bag in her hand, dazed for a while. Then she began to look around for the hand that took the bread away. She saw a small, thin man standing next to a lamp post in front of her. He had on a cap which covered his messy hair and a good half of his face, and he stared hard at her with black eyes that seemed to be falling out.

That man, he did not run away, he just stood under the street lamp, rapidly stuffing bread into his mouth, and wolfing it down. The bread was so white, his eyes looked even blacker. Holding a small end of bread in his hand, the man stood under the street lamp, staring at her. (If you had come from south station, you would have known hunger.)

Another time there was a haggard man standing at a street corner. When she walked past him, alone, he said: Give me your purse. And Mother's hand that was holding onto the purse suddenly became empty. She asked: How am I to live then? The haggard man opened the purse and took all the money out. She looked at his face, which was like an old chopstick. It was a heavily lined face, his eyebrows and mouth looked liked straw baskets turned upside down.

How am I to live then? I'm hard up enough as it is, she said. He glanced at her, his sad face all wrinkled up. He took two of the banknotes, put the rest back into the purse, returned it to her, and left in a hurry. (If you had come from south station, you would have known poverty.)

If you had lived in Fisherman Harbour, you would have known violence. A young man, mouth full of chewing gum, said: Oh, so this miserable pittance is all you got? You'll get a taste of my knife then.

—did you see the temple
mother asked.

Mother had seen temples. There was this temple, she says, which had no beams. It was a strangely beautiful piece of architecture. The temple was made entirely of brick, from the ground to the roof. The roof was arched, like a bridge. There were no beams in the temple. When you looked up, you just saw the curves of the arches, one after another. If you stood in the middle of the main hall and looked up at the roof, you could see a skylight. It was just a hole.

There was a temple with a mountain cliff in front of it. A stream singing merrily in front of the mountain, and there were a large number of Buddha statues on the cliff. Some people said that this mountain had flown there from somewhere else. After just one night, there it was, with the statues of Buddha, and the stream at its foot. Those who came to see the mountain liked to go into the cave. They looked up at a small hole in the cave-roof where sunlight comes through from who knows where. They could see a bit of sky from the cave.

I saw the temple. When we woke up in the morning, it was still drizzling. We folded up our tents. We had some dry rations for breakfast. And then we went to see the temple. We saw smoke in the temple. Bunches of incense sticks were burning in the incense burner. There were many stalls around the temple, selling fragrant wood with healing powers, rosaries, and edible peas.

Silly said why don't we go and ask for a sign. He produced a bunch of incense sticks out of nowhere, stuck them into the incense burner, held onto the spill holder with both hands, and knelt down on a prayer mat. He shook the spill holder hard, *clack*, *clack*, and soon spills fell to the ground. The first time there were two. Silly picked them up, put them back into the holder, and shook again. This time he shook out one spill.

—what did you pray for
everyone asked.

—god bless my city
he said.

My Father Would Recall

Anna Swir

All his life my father
would recall the revolution
of Nineteen Five, how he carried
tracts with his comrades,
how he was on the Grzybow Square
when it all began, how the one
who stood to his right, pulled
from under his coat
a red banner and the one to his left
a revolver.

How he marched in a demonstration
in Marszalkowska Street and suddenly the charge
of Cossacks, above his head
horses' hooves, he was fleeing,
a Cossack cut off
his comrade's arm, it fell
on the pavement, another Cossack
cut off the head
of a woman, father was fleeing,
he had to flee
to America.

Father would sing till his death
songs from Nineteen Five.
Now
I sing them.

Child's Memory

Eleni Fourtouni

Every time I think of it
there's a peculiar trickle
on my throat
especially when I clean fish—
the fish my blond son brings me
proud of his catch—
and I must cut off the heads

my hand
holding the blade
hesitates
that peculiar trickle again
I set aside the knife
fleetingly I scratch my throat
I bring the knife
down
on the thick scaly neck—
not much of a neck really
just below the gills—
I hack at the slippery hulk of bass
my throat itches
my hands stink fish
they drip blood
my knife cuts through

the great head is off
I breathe

once again the old image comes
into focus

the proud, blond soldier
his shining black boots
his spotless green uniform

smiling
he lugs a sack
into the schoolyard

the children, curious, gather
he dips his ruddy hand inside the sack
the children hold their breath

what is it, what?
he must have been in our gardens again
looting the cabbage
the children think
their brown hands
fly to their eyes
No
we mustn't look
at it
it's too horrible

but we're full of curiosity
between our spread fingers
we see . . .

the soldier's laughter is gleefully loud
as he pulls out
the heads of two Greek partisans

quickly I rinse the blood off my knife

The Storm: A Poem in Five Parts

Meena Alexander

I. After the First House
Father's father tore it down
heaped rosewood in pits
as if it were a burial

bore bits of teak
and polished bronze
icons and ancient granary;

the rice grains clung
to each other
soldered in sorrow,

syllables
on grandmother's tongue
as she knelt.

She caught the stalks
in open palms
bleached ends
knotted in silk

cut from the walls
the stained
and whittled parts of fans

II. The Travellers
A child thrusts back a plastic seat
rubs her nose against glass,
stares hard as jets strike air,

the tiny men in their flying caps
with bright gold braid
invisible behind the silver nose.

Is there no almanac
for those who travel ceaselessly?
No map where the stars
inch on in their iron dance?

The gulls that swarm
on the sodden rocks
of the Red Sea, the Gulf of Aqaba
cry out to us in indecipherable tongues,
the rough music of their wings
torments us still.

Tears stream down the cheeks
of the child voyager,
from the hot tight eyes.
The mother combing out her hair
behind a bathroom door
tugging free a coiled hem,
cannot see her eldest daughter.

A mile or two away
in an ancient square
guns cough and stutter

Through acres of barbed wire
shutting off shops
and broken parlors
they bear the bodies of the dead

Pile them in lorries
and let the mothers
in their blackened veils approach.

Some collapse
on the steep slope of grief
crawl on hands and knees,
piteous supplication of the damned.

Others race to tear
the bloodstained cloth
gaze at the stiffened brow
and shattered jaw
parts without price
precious sediments of love.

In Baghdad's market places
in the side streets of Teheran,
in Beirut and Jerusalem
in Khartoum and Cairo,
in Colombo and New Delhi,
Jaffna, Ahmedabad and Meerut
on the highways of Haryana
in poorly lit cafes
to the blare of transistors
in shaded courtyards
where children lisp
we mourn our dead

Heaping leaves and flowers
that blossom only in memory
and the red earth
of this mother country
with its wells and watering places
onto countless graves.

* * * *

I sometimes think that in this generation
there is no more violence than there ever was,
no more cruelty, no greater damnation.

We have hung up white flags
in refugee camps, on clothes lines
strung through tenements,
on the terraces of high walled houses.

Peering through my window at dawn
I see the bleached exhausted faces,
men and women knee deep in mud in the paddy beds,
others squatting by the main road to the sea
break granite with blunt hammers

Sickles are stacked
by the growing pile of flint,
the hammers draw blood.

Children scrabble in the dirt
by the hovels of the poor.
In monsoon rain they scrawl
mud on their thighs,
their lips are filled with rain.

I see movie theaters built with black
money from the Gulf,
air-conditioned nightmares
bought for a rupee or two,
the sweaty faces of the rich
the unkempt faces of the struggling middle class.

Next door in a restaurant
food is served on white cloth
and the remnant flung to the crows.

Let me sing my song
even the crude parts of it,
the decrepit seethe of war,
cruelty inflicted in clear thought,
thought allied to brutal profiteering
the infant's eyes still filled with sores.

* * * *

Consider us crawling forward
in thunder and rain,
possessions strewn through airports
in dusty capitals,
small stoppages in unknown places
where the soul sleeps:

Bahrain, Dubai, London, New York,
names thicken and crack
as fate is cut and chopped
into boarding passes.

German shepherds sniff our clothes
for the blind hazard of bombs,
plastique knotted into bras,
grenades stuffed into a child's undershirt.

Our eyes dilate
in the grey light of cities
that hold no common speech for us,
no bread, no bowl, no leavening.

At day's close we cluster
amidst the nylon and acrylic
in a wilderness of canned goods,

aisles of piped music
where the soul sweats blood:

Migrant workers stripped
of mop and dirty bucket,
young mothers who scrub kitchen floors
in high windowed houses
with immaculate carpets,

Pharmaceutical salesmen in shiny suits
night nurses raising their dowry
dollar by slow dollar
tired chowkidars eking their pennies out
in a cold country

Students, aging scholars,
doctors wedded to insurance slips,
lawyers shoveling their guilt
behind satin wallpaper.

Who can spell out
the supreme ceremony
of tea tins
wedged
under the frozen food counter?

Racks of cheap magazines
at the line's end
packed with stars

Predict our common birth
yet leave us empty handed
shuffling damp bills.

* * * *

A child stirs in her seat
loosens her knees,
her sides shift
in the lap of sleep

the realm of dream
repairs

as if a woman
glimpsed through a doorway
whose name is never voiced

took green silk
in her palms

threaded it
to a sharp needle,
drew the pleats together:

a simple motion
filled with grace,
rhythmic repetition
in a time of torment.

In the child's dream
the mother seated
in her misty chair
high above water,
rocks her to sleep
then fades away.

The burning air
repeats her song,
gulls spin and thrash
against a stormy rock

rifts of water
picket light,
a fisherman stumbles
upright

in his catamaran.

The Break

May Opitz

The day I was born, a lot of stories of my life came into the world. Each one carries its truth and wisdom. Those who were around me through my experiences would probably offer an entirely different story of my childhood than I would. I can only tell my story as it made its impression on me, and if the negative events remain clearer in my memory than the positive ones, no apology is necessary. That's just the way it is. I'm going to expose some of myself here. Without accusation or pardon, without claim to reality, in experiencing truth. And in the certainty that everyone who reads my story will understand it differently.

When I was born I was neither black nor white. "Half-breed child" was the first name I got. It is hard to surround a child with love when her mother's grandparents say that the child is out of place. It is hard if the child doesn't fit into the mother's plans and when there's no money. And it all becomes even harder when her white mother doesn't want her child to be taken away to a Black world. The laws don't even allow the African father to take his little German daughter to an African mother.

It's not easy to put a child into an orphanage. She stays there a year and six months.

On the radio a couple somewhere heard about children like me: about those who can't find parents because they are "GI children," because they are handicapped or not blond enough or were born in prison. I became the dream child of a white German family and forgot the months in the orphanage. From that period only my foster parents' stories remain: "You couldn't even stand up. Because of the unbalanced diet you had rickets. Your upper body was fat and overfed, your little legs so crooked that every doctor thought you would never halfway straighten up."

There aren't any "adorable" baby pictures from that period. I'm always mindful of my foster parents' repeated warning: "Be careful! If you were fat as a baby you'll be fat later on, too. Always take care not to eat too much!" From that period I had a constant fear of getting old and fat, later emphasized by the stereotype of the "fat black mammy," that was pointed out to me in many TV films as a frightful warning.

Childhood is when a child wonders a lot, and the words a child speaks aren't understood. Childhood is when a child wets the bed and the parents react with beatings. Childishness is a child doing everything wrong, misbehaving, not understanding anything, being too slow, and making the same mistake over and over.

Childhood is when a child continues to wet the bed and no one understands that the child doesn't do it to punish its parents. Childhood is living in fear of beatings and not being able to get over it. Childhood is getting bronchitis every year and being sent repeatedly to a sanitarium. Years later a doctor says in response to my surprise over the sudden disappearance of my chronic bronchitis after I was fifteen: Didn't you know that that, like bedwetting, is a psychosomatic illness?

Fear that constricts the air passage? There certainly was enough fear. Probably fear of the outside world. Or fear of bursting open. Fear of breaking to pieces from beatings and scoldings and of not being able to find yourself again. Don't protest, swallow instead. Until it can't go any further and seeps out: in the bed or as a brutal coughing pain that drives any person with normal hearing to sleepless nights and fits of rage. That's how it is with oppression. As soon as you start swallowing it, you can be sure that the cup will fill up. When the limit is reached, the bottom will crack or some will overflow. Your own form of "self-defense" is unfortunately completely misunderstood or not understood at all. I can hear my mother complaining: "That darn coughing. It's enough to drive a person crazy!"

Childhood is laughing, too! Playing in the sandbox, roller skating, scooter riding, and learning to ride a bike. Snagging thousands of pairs of tights and taking the maternal anger as the price for a wonderful day. And love!

Love is when Mama cooks something delicious and when the child gets to go along downtown. When the child gets a lollipop at the church bazaar, Christmastime when everything's enchanted, and the child gets to go to the movies. Love is getting up very quietly in the morning and setting the table for Mama and Papa and thinking up nice presents. Love is when everybody goes on vacation in a happy mood.

Longing is the need to sense someone saying: "Hey, little one, are you feeling all right? You mean so much to us. Whether you're Black or white, fat or

skinny, dumb or smart, I love you! Come let me hold you." Longing is knowing what you want to hear and waiting in vain for it to be said. Sadness is when
a child thinks she's too Black and too ugly. Horror, when Mama won't wash the
child white. Why not? But everything would be much simpler. And the other
children wouldn't shout "Negro" or "Negro Kiss." The child would no longer
have to be ashamed or be especially proper or well-mannered. "Always behave
nice and proper. What people think of you they think of all people of your
color."

Life is too hard for me.

1. That damned fear of doing everything wrong. The crying all night if I lost
something at school.

"Please, God, don't let Mama and Papa beat me when I tell them."

The constant trembling for fear of doing something wrong and then from
such trembling breaking twice as many things as my other sisters and brothers. "No wonder nobody likes me."

2. The rotten grade school with the damn homework. Mama supervises
everything with the kitchen spoon, especially the arithmetic homework. When
the child doesn't figure fast enough she gets a smack on the head; when the
problems aren't written neatly enough, the page gets ripped out. Except for
recess and gym I don't especially like school. Why can't I ever invite or visit
anyone? "Dear God, make Mama and Papa die and let us get other parents.
Some that are only loving."

3. My parents say so often that I can't do anything, am nothing, and do
everything too slowly. I secretly take one of my father's razor blades and hide
it under my pillow. The fear and the longing for suicide—"The child plays
with razor blades in bed! You must be out of your mind. Don't you know how
dangerous that is? This child is driving me crazy!"

One time I decide to run away from home. I tell my little brother and say
good-bye to him. I'm about nine and he is five. Recognizing the seriousness of
the situation, he starts crying and tells my parents. They're a little nicer to
me—"Dear God make me go to sleep and never wake up again."

4. Who destroyed my dream? The dream of "whiteness" ruined because of
my parents' unwillingness and the weak cleaning power of soap. Even eating
soap had no effect at all. The dream of "blackness" ruined because of the real-
life appearance of my father. Before that, my secret: When I get big I'm going

to Africa. There everybody looks like me. When Mama, Papa, and my white sisters and brothers come to visit, people will point at them. I will console them and tell the people: "Don't do that!" And my parents will understand how it was for me in Germany.

Look! That's my father! He's really Black. "By comparison you're white."—"Does everybody in Africa look that black?"—"Well sure." You've all destroyed my dream.

One time when my father came to visit, all the kids ran away. But he had brought candy for all of us. Maybe we had played the game "Who's afraid of the Black man?" too often: "But what if he comes?"—"Then we run." Maybe the inoculations for black lies, black sins, and the black bogeyman had gone too deep. My brother and I would have liked to run away, but we knew we couldn't. Besides, there were nice presents.

My father was Uncle E. He was Uncle E because he was Uncle E for my white brother, and he was Uncle E because he was not my "father" to me. He remained Uncle E even in letters, when at some point I began writing, "Dear Father." My foster father wanted it like that. He thought that E would like that. Since I knew he was far away and would stay far away except for visits every few years, I did both of them the favor and wrote: "Dear Father." I wrote about my last vacation, my next vacation, my marks in school, and always about the weather. My foster father made sure that I did it right.

I never wondered whether I was supposed to be proud of him or hate him. From the few reports I got about him he seemed to be a positive, educated man, who for some reason had a child that he could not raise himself. I once asked for a story about the woman who brought me into the world. "A woman? She was a floozy." I never asked again.

In this feeling of exclusion I went around in circles. In particular, my foster parents' fear that I would end up on the "wrong track" kept me imprisoned. The fear that I would come home pregnant was the reason underlying every sanction against going out. Their worries and fears strangled me. Before I left home I spent one silent year in my family's home; that sealed the break.

In retrospect I know: my parents loved me. They took me into their care to sort of counteract the prejudice in this society. To give me the chance of a family life that I would never have had in the orphanage. Out of love, a sense of responsibility, and ignorance my parents reared me especially strictly, beat me,

and imprisoned me. Cognizant of the prejudices that exist in white German society, they unintentionally adapted their rearing to those prejudices. I grew up
with the feeling that they were committed to proving that a "half-breed," a
"Negro," an "orphan child" is an equal person. Beside that, there was scarcely
any time or space left to discover who I really was.

It took a long time until I became conscious of the fact that I have some
value. When I reached the point where I could say "yes" to myself, without
the secret wish to change, I was given the possibility to recognize the fissures
in myself and my surroundings, to work through them and learn from them.
I wasn't broken by my experiences; instead I gained strength and a certain kind
of knowledge from them. The situation of not being able to be integrated
forced me to the active struggle which I no longer regard as a burden, but
rather as a special challenge for honesty. Always having to examine and explain
my situation provided me with more clarity about myself and brought me to
the recognition that I don't owe anyone an explanation. I hold no grudge
against those people who subjected me to their power (and powerlessness) and
who from time to time subordinated me or made me subordinate myself. Often I allowed others to make something out of me; now it's up to me to change
that.

I've set out on the way.

I Won't Christen You

Elsa Spartioti

We hadn't met yet. I feared the mountains in darkness. I saw the same fear in everyone's face. Danger reddened my mother's eyes and blackened her clothes. There were also words that reached my ears, words bitten into as they were spoken. "Communists, bandits, butchers"

I asked around.

—you'll find out when you grow up,

instead I kept hearing . . . and hearing.

It was early in January 1949, at night, I was wakened by machine gun fire. My father was away.

I start up scared. Mother wraps her arms around me pressing her mouth into my hair and trying to soothe me.

—Don't be afraid, it will be daylight soon, the bandits strike in the dark to give themselves time to flee before airplanes can catch up with them.

Still, your artillery and your machine guns sounded nearer and nearer, and I coiled myself around her feet. When we had made it through, finally, she was telling everyone that if it were not for me she would now be dead which made me stick out my chest with pride. Up to that time I knew I owed her my life, and here she was owing me hers.

A stern woman, she concealed the softness of her heart. Often I pretended to be sick, and these were my happiest moments, she bent over my head, touched my forehead with her lips to see if I had a fever, that was her thermometer, which she did not trust much anyway, she sensed my trick, she let me hug her and that was luscious to me.

She said I saved her then because you all had not yet pulled out, rather you were firing mortars into houses and I hung, terrified, from her neck pulling her down to the floor at exactly the moment when the big window was blown in complete with its casement, heavy frame, glass panes and wall plaster. She wrapped herself around me as if she were the child and murmured, "if we were standing we would have been killed."

The whole house shook as you yelled to us to open so you could surprise the soldiers on the other side of the road, and she fooled you. She jumped out a rear window with me on her back, shells exploding on every side. Our sides touching, we crawled the distance to the hospital, the only safe place in town, turned into an army compound. We entered a large ward filled with people, she bundled me up in a bed sheet and hid me under a bed. There was a rumor you were approaching and you would gather the children and take them with you into the mountains.

She managed to find some bread for me, nothing for herself, and when she heard that the hospital would not hold out long, we left.

So this was the second night. We walked cautiously, down dark alleys, frightened by the sounds of our own footsteps. We had to find refuge in any house; yet, as the night got longer my mother feared even the sound of her hand on the wooden doors. We stopped, listened all around and then she made a cat-like scratch on the doors until, finally, someone heard us and let us in. She pulled me close to her as we were hurriedly taken in. After the first hugs they wanted to hear the latest news from us who were the new arrivals. The hours went by, and on the third morning nothing could be heard, no gun shots, no shouting, only a silence like sleep.

—What's happening? did they empty the town while we were hiding here?

—Give it time, we'll find out soon enough; give it time.

The silence dragged on when, around noon, someone stuck his head out to ask what was going on. Others from houses in the neighborhood did the same. All of a sudden everybody was repeating the same two sentences,

"retreated—they are gone, they have retreated—they are gone."

We ran out into the streets, we ran without stopping, we only stopped to search among the dead, to ask after friends, relatives, some were embracing and kissing, some screaming and throwing themselves on the bodies of the dead, houses burned, smoke covered the town like a cloud that brought a black rain, and I had clamped on the fingers of her left hand. She kept silence with me, and from time to time when her fingers loosened their grip I squeezed my head against her waist so she could feel me and so I wouldn't be lost. We went to our house, and although the sun was up it had gotten dark; it was burned out, gaping holes in it, three corpses dammed up the stream that ran through our garden, she stepped over them,

—wait right here, she said

and when she came out she was holding my father's engraved shell casing from a previous war, a water pot we always kept on the stove, and a tin cup,

"this is all we are left with," she stepped over the killed men once more and we went away.

We reached Thessaloniki by horse-drawn cart, in three days I forgot my terror, perched on her knees so she placed both her hands on my stomach.

My father and other people welcomed us with tears and with shouts, they had heard we had been killed and were mourning for us.

You I had not met yet, and Fanni, even though much older than me, was my friend. When she came back from the mountains we used to get together and talk for hours. It was shortly after the Christmas holidays that her troubles began. Rumor had it that about two thousand guerrillas were ready to capture Naoussa. She did not live in her house because it was too remote. On the night of the offensive she had gone together with other people to sleep at Lanara's mansion. Around nine P. M. they heard the first shots. They hid in the basement until the next day. Things got worse the following night. You had come very close to them and you were constantly firing artillery and mortar shells. You were within a hundred yards and you called out for them to surrender.

They escaped from you by sneaking out the back of the house and they barely got away just before you burned it down. They reached the Security police building where they found twice as many people hiding. But that was where all the gendarmes had gone and they were firing back at you from the roof. It was only a matter of time before they would be trapped in the rubble, and no sooner did the building catch fire than you captured them all. There were rumors that there were foreigners amongst you, Bulgarians, Albanians, but Fanni told me you were Greeks with the initial "D" (for Democratic Army) on your uniforms. You lined them up and trucked them to requisitioned homes. Naoussa looked like it had been entirely captured and nothing was heard except the single howitzer firing from the train station, in some fields about seven kilometers away.

You made straight for the mountains, Fanni had tried to escape in vain, the climb was hard, it was cold, and there were about two feet of snow on the ground. When you came to the first plateau, it was still dark, she could see Naoussa ablaze. You walked in the hours of darkness, and during the day hid under trees, in the snow, so the planes would not spot you.

You walked non-stop for days. You were used to it, but the exhaustion made the others talk crazy, one thought he was in a tavern and was ordering wine and a serving of sautéed chicken livers, someone else was lighting twigs and stuck them in the snow thinking they were wax candles, one woman kept laughing and saying over and over how many almond tarts her mother had baked and lots of similar blabber. Near Messovouni you heard the sound of planes and you had to walk even faster to find a place to hide before you were spotted and attacked. Their shoes were falling apart, they bandaged their feet in rags and head cloths, icicles formed on eyebrows and lashes, boils formed around their mouths, their feet bled. Eleven days later you were in the Florina region in a terrible state. You told them "you are now in Liberated Greece," you took care of them, you gave them meat, bread, marmalade and they recovered, rested for three days with those who suffered frostbite going to a sanitarium; in fact everybody's feet were swollen and purple.

On the fourth day you left for Platy of Prespa, you gave new clothing there, you armed them and began training and indoctrinating them. You treated them exceptionally and, in fact, Fanni told me that you were on good terms with each other also, you never quarreled. On their way to Mount Grammos you gave each an egg dyed red and so they realized it was Easter.

During the sweeping-up operations you kept retreating, getting ever closer to Albania and Fanni slipped away from you before you crossed the border. It was in the evening, she took refuge in the woods, and in the general confusion, rifle shots and mortar shells bursting everywhere, you did not notice her absence. Daylight came, by the grace of God, and she made her way back.

Stories like these nourished my days and nights before I came to meet you. Broken and broke we went to Athens. My father finally found work after many hardships and humiliations. Our name also changed. We now had two last names: "So-and-so—Guerrilla-victims."

Although our life was starting anew in Athens we went to back to Naoussa often. I was too old to feel and too young to understand. We used to stay with relatives and, after the destruction, we never went to our own house. I only sought it out once. I stood by the side of the yard facing the winter room and the library. The ground was gray, and neither snow nor rain could erase the traces of the three days and the three nights that so aged my twelve-year-old life.

That same day, around noon, I heard the grown ups say,

they brought her in, she tried to escape and they made dead meat out of her, they will display her under the big plane tree in the square.

I knew they were talking about you. I never learned your name. You were the "Hyena of Mount Vermion." In my thoughts you had a man's body and the head of an animal. I feared you and I hated you for the crack of the machine guns, the cinders smothering my yard, the stifling despair of my mother's black dresses, my father's bleary gaze. At night I often panicked, being sure you could go through doors and even walls in order to seize me.

I wanted to see you.

Indeed I did.

Without being seen I sneaked out. I mingled with groups of other people who had set out for the plane tree.

I could hear them: "finally, now that she too has been caught, we will be able to sleep in peace." There were those, too, who walked bowed, silent, sad.

When I got to the plane tree the bodies of the adults formed a solid wall in front of me blocking my view. Although I was a tall girl, I could not manage to see you, no matter how much I stretched on my tip toes. Whenever someone turned to the side, I elbowed my way toward the front. They had thrown you on your back under the tree of time. That is what we called it because that is where we counted our age, ten arms joined to embrace the trunk, then nine or eight; it meant we were growing up. Yet its lowest branches were still beyond my reach, its outspread shadow a second heaven.

Your eyes open, turned upward staring at the plane leaves, mouth half-closed and black, a good looking tanned face, the wind disheveling your thick, curly hair, blacker than night, jacket half unbuttoned to just reveal your breast, crossed bandolier tightly buckled on you separating and accentuating your breasts even more through the heavy material, your blood stiff on the khaki garments, your legs splayed where they had thrown you on the ground.

Young, beautiful, beside the roots of the plane tree.

I couldn't pull my eyes away from the bullet holes on your chest, the shadow of the plane tree lifted you above the heads of the people, above the heaven of the tree of time. I wanted to touch you, to button up your jacket, pull your legs together, untangle your hair, remove your bandolier so your breasts could spread. I was lost watching you until someone pushed me,

what are you doing here, this is no sight for a girl your age, go on to your mother.

I returned home. I was punished. They knew I had seen you. They did not ask. I did not say.

At first I preserved your image the way one stores and preserves important things. As I grew older, instead of fading, you have taken root and spread out to the point that I have not been able to distinguish if you were the woman of the plane tree, me, or both.

In all the forty-five years that have passed since the summer of 1950 I did not christen you. I want religion and myth to have no share in your name. You are pressing me against your belly and I can hear the sounds of the mountains, the silence of a cavern, the power of one morning. Your hair overspreads me, shelters me, it is love that persists.

I push it aside,
I say to you   "teach me"
you say to me   "what"
I say to you   "yourself"
you say to me   "go to the hills"
I say to you   "I am losing my way"
you say to me   "touch my foot track"
I say to you   "it's rough"
you say to me   "put it on!"
I say to you   "I am scared, it smells like blood"

you shake me off your belly angrily, you run away in your stiff battle fatigues and your voice comes . . .

I run after you, naked, soft, salty

"you're alive" I shout at you "because I love you like a breast wounded by the milk I sucked."

My Father and My Mother Went Out to Hunt

Yona Wallach

My father and my mother went out to hunt
and I am alone.
My father and mother are in wonderful hunting fields
and what do I do.
My father and mother are hunting now
My father and mother hunt serious beasts
They never hunt funny beasts
like badgers or rabbits. Haa.
My father and mother are in glorious hunting fields
and I am bored and lazy.
My father and mother are eternal hunters
and I am at home. What is a home.
All the past of my father and mother
is of no matter to them when they hunt
and I too am stored as a memento
of which there will always be one lovelier.

All But My Life

Gerda Weissman Klein

(Chapter I)

There is a watch lying on the green carpet of the living room of my childhood. The hands seem to stand motionless at 9:10, freezing time when it happened. There would be a past only, the future uncertain, time had stopped for the present. Morning—9:10. That is all I am able to grasp. The hands of the watch are cruel. Slowly they blur into its face.

I lift my eyes to the window. Everything looks unfamiliar, as in a dream. Several motorcycles roar down the street. The cyclists wear green-gray uniforms and I hear voices. First a few, and then many, shouting something that is impossible and unreal. "Heil Hitler! Heil Hitler!" And the watch says 9:10. I did not know then that an invisible curtain had parted and that I walked on an unseen stage to play a part in a tragedy that was to last six years.

It was September 3, 1939, Sunday morning. We had spent a sleepless night in the damp, chilly basement of our house while the shells and bombs fell. At one point in the evening when Papa, Mama, my brother Arthur, then nineteen, were huddled in bewildered silence, my cat Schmutzi began to meow outside in the garden and Arthur stepped outside to let her in. He had come back with a bullet hole in his trousers.

"A bullet?"

"There is shooting from the roofs, the Germans are coming!"

Then, in the early gray of the morning we heard the loud rumbling of enemy tanks. Our troops were retreating from the border to Krakow, where they would make their stand. Their faces were haggard, drawn, and unshaven, and in their eyes there was panic and defeat. They had seen the enemy, had tried and failed. It had all happened so fast. Two days before, on Friday morning, the first of September, the drone of a great many German planes had brought most of the people of our little town into the streets. The radio was blasting the news that the Germans had crossed our frontier at Cieszyn and that we were at war! Hastily, roadblocks had been erected. Hysteria swept over the people and large numbers left town that day.

I had never seen Bielitz, my home town, frightened. It had always been so safe and secure. Nestled at the foot of the Beskide mountain range, the high peaks had seemed to shelter the gay, sparkling little town from intruders. Bielitz was charming and not without reason was it called "Little Vienna." Having been part of the Austro-Hungarian Empire before 1919, it still retained the flavor of that era. Almost all of Bielitz' inhabitants were bilingual; Polish as well as German was spoken in the stores. In the center of the city, among carefully tended flower beds, stood its small but excellent theater, and next to it the Schloss, the castle of the Sulkowskys, the nobility closely linked to the Imperial Hapsburgs.

Nothing in my lifetime had ever disturbed the tranquility of Bielitz. Only now, when I saw people deserting it, did I realize how close, dangerously close we were to the Czechoslovakian frontier; only twenty-odd miles separated us from Cieszyn.

There had been talk of war for many weeks, of course, but since mid-August our family had been preoccupied with Papa's illness. Mama and I had been away in Krynica, a summer resort, from early June until the middle of August. Papa and Arthur had been unable to accompany us, and we returned when we received a telegram from Papa, suggesting we come home because of the gravity of the international situation. It had been somewhat of a shock to see how ill Papa looked when he met us at the station. His right arm was bothering him and Mama, alarmed, had called the doctor. The doctor diagnosed the illness as a mild heart attack and Papa was put to bed immediately.

The following day two specialists were summoned to Papa's bedside. That same day we received a cable from Mama's brother Leo, who was in Turkey. It read: "Poland's last hour has come. Dangerous for Jews to remain. Your visas waiting at Warsaw embassy. Urge you to come immediately."

Mama stuck the cable in her apron pocket, saying, "Papa is ill, that is our prime concern."

Papa was to be spared excitement and worry at all costs, and visitors were cautioned not to mention the possibility of war to him. Mama little realized the fate we all might have been spared had she not concealed the truth from Papa. Yet on Friday morning, September 1, when German planes roared through the sky, Papa, who had been ill for two weeks, came face to face with reality. It was a tense day. I spent most of it in my parents' bedroom and instinctively stayed close to Papa.

As that first day drew to a close, nobody touched supper, no one seemed to want to go to sleep. Mama sat in a chair near Papa's bed, Arthur and I watched from the window. Horses and wagons loaded with refugees continued to roll toward the East. Here and there a rocket, like blood spouting from the wounded earth, shot into the evening sky, bathing the valley in a grotesque red. I looked at my parents. Papa appeared strange, almost lifeless. The yellow flowers on Mama's black housecoat seemed to be burning. Outside, the mountain tops were ablaze for a moment, then they resounded with a thunderous blast that made the glass in the windows rattle like teeth in a skeleton's head. Everything was burning now. I looked at Mama again. Her soft, wavy, blue-black hair clung to her face. Her large, dark eyes seemed bottomless against her pale skin. Her mobile mouth was still and alien. The red glow was reflected in each of our faces. It made hers seem strange and unfamiliar. There was Mama, burning with the strange fire of destruction, and in the street the horses and wagons, the carts and bicycles were rolling toward the unknown. There was a man carrying a goat on his back, apparently the only possession he had. On the corner several mothers were clutching their infants to their breasts, and near them an old peasant woman crossed herself. It was as if the world had come to an end in that strange red light. Then, all of a sudden, Papa spoke to me.

"Go, call the family and find out what they are doing."

I went downstairs. I sat down next to the phone with a long list of numbers. I started at the top and worked to the bottom, but there were no answers. The telephones kept ringing and ringing. I pictured the homes that I knew so well, and with each ring a familiar object or piece of furniture seemed to tumble to the floor.

I became panicky. It seemed as though we were alone in a world of the dead. I went back upstairs. My parents and Arthur apparently had been talking. They stopped abruptly.

"Nobody answered, isn't that right?" Papa asked. I could not speak. I nodded. There was no longer any pretense. Papa motioned me to sit down on his bed. He embraced me with his left arm.

"Children," he said, "the time has come when I have to say what I hoped I would never have to say. I remember as if it were yesterday the cries of the wounded and the pale faces of the dead from the last war. I didn't think it possible that the world would come to this again. You believed I could always find a solution for everything. Yet I have failed you. I feel you children should go. Mama just told me that Mr. and Mrs. Ebersohn have asked to take you with them to look for refuge in the interior of Poland. I am sick when you most need my strength. I want you to go, children. I command you to go!" His voice had assumed a tone of authority that I had never heard before. I saw Arthur look up startled at the mention of his girl friend's parents. More than ever he looked like Mama, but somehow he reminded me of Papa as he stood there tall, erect, and determined.

Almost without hesitation, he said, "No! We are going to stay together."

My parents' eyes met. I had a feeling there was relief and pride in their faces.

"I hoped you would say that," Papa said brokenly, "not for my sake, but because I hate to cast out my children to complete uncertainty. I believe that God will keep us together and under the roof of our house."

He dropped back exhausted on his pillows. The effort had been too much for him, and sudden stillness fell over the room. Strangely, all sound ceased outside as well and we noted that the sky was no longer red.

When I awoke the next morning everything was as peaceful as ever. The sun shone so brightly in my room. The fall flowers in our garden were in full bloom. The trees were laden with fruit. In my room everything was as it had always been, and what's more, even Papa was out of bed. His arm was in a sling, but he was up, and it seemed so wonderful I was sure the night before had all been a nightmare. No, not quite, because in my parents' faces I could read something that hadn't been there yesterday.

When we met downstairs for breakfast everybody seemed cheerful. Papa was joking. Mama joined in this seemingly carefree banter. The maid had left to be with her relatives. Papa jokingly asked me whether I wanted the job. Nobody mentioned the war. I walked to the radio and turned it on. There was a sharp click, but no sound. I tried the phone, the lights, but all electricity was off. In a way that was good. There was no contact with the outside world. It was a wonderful, peaceful Saturday. But evening brought fury to the end of that last peaceful day. Sporadic shooting started from the rooftops, an attempt at delaying the enemy while our army retreated to Krakow. We looked for shelter in our cellar and sat there through the night. Toward morning the shooting stopped altogether and the vehicles of the Polish army ceased to roll. We came up from the cellar for a cup of tea in the living room. At I sat down on the couch near the window I could see the people outside in an obviously gay and festive mood, talking and laughing, carrying flowers, and everywhere the clicking of cameras.

"Mama, look," Arthur said. "Do you suppose—?" and he broke in the middle of the sentence, not daring to say what seemed impossible.

"No," Mama answered, and then Arthur pulled his watch out of his pocket, the roar of a motorcycle broke the stillness of our home, and his watch fell to the floor. It was 9:10 A.M.

I looked out again. A swastika was flying from the house across the street. My God! They seemed prepared. All but us, they knew.

A big truck filled with German soldiers was parked across the street. Our neighbors were serving them wine and cake, and screaming as though drunk with joy, "Heil Hitler! Long live the Führer! We thank thee for our liberation!"

I couldn't understand it. I didn't seem to be able to grasp the reality of what had happened. What are those people doing? The same people I had known all my life. They have betrayed us.

The breakfast tea turned cold on the table. Papa and Mama looked down at the floor. Their faces were blank. Papa seemed so old, so gray. He had changed so much.

I smelled something burning. A hot coal from the big green tile oven had fallen through the grill onto the carpet. I remembered a similar accident a year or two before and Mama had been terribly upset. Afterward she had turned the carpet so that the burned spot was under the couch. This time I wanted to shout a warning, but my throat froze when I saw my parents staring at that coal. They saw the carpet burn slowly, but they didn't seem to care. Finally, Papa got up and with his shoe carelessly shoved the coal back to the grill. Nobody spoke.

I looked out the window and there was Trude, a girl I had known since childhood. She and her grandmother lived rent-free in a two-room apartment in our basement in return for laundry service. Now I saw her carrying flowers from our garden, white roses of which we had been so proud because they bloomed out of season. She handed them to a soldier, breaking her tongue with the unfamiliar German, "Heil Hitler!" The soldier reached for the flowers, but somebody offered him some schnapps. He took the glass instead, the flowers tumbled to the dusty road, the boots of the soldiers trampled on them.

I started sobbing, crying, releasing all my emotions and anxieties in that outburst. Arthur jumped over to me, put his hand over my mouth. "Are you crazy? Do you want to give us away?" But I did not hear him. The tears felt so good. He finally slapped me. "Think of Papa's life. If they hear you crying—" I couldn't stop. He pulled me down from the couch, dragged me over the carpet, and up the stairs with Mama holding my mouth. They put me to bed, where I cried into the pillow until, exhausted, I fell asleep.

Early in the afternoon the drunken, jubilant mob was still celebrating its "liberation" and hoarsely shouting "Heil Hitler." Papa and Mama smiled. Their smiles seemed more painful to me than my screams and tears, and I learned at that moment that I must not always cry when I wanted. I realized that we were outsiders, strangers in our own home, at the mercy of those who until then had been our friends. Although I was only fifteen I had a strong feeling, more instinct than reason, that our lives were no longer our own, but lay in the hands of a deadly enemy.

The Child of the Enemy

Ursula Duba

my Greek friend comforted me
when she heard
that my father died
she knows how it feels
to be five thousand miles away
and not have anybody to cry with

she rushes to my house
with homemade bread
a chicken dish
flavored with rosemary and thyme
she puts her arms around me
and I cry into her shoulder

my Greek friend remembers
the occupation of her land
by my people
she remembers wounds and scars
of her people tortured by Nazis
men taken away
never to return
mass executions
in her native village
in the mountains of Greece

when Iraq is bombed
and I tell her
how enraged I am
at attacks at civilians
no matter what the reasons

because I remember how it feels
to be a child of six
and live in a city
hit by carpet bombing
surrounded by adults
half crazed with terror and hunger
and when I tell her
how it feels
to crawl out from under
after an air raid
to look down the street
and see whose house was hit
and how I cannot forget
adults whispering in horror
that phosphor bombs
missed the railroad station
and hit the slums instead
and people running through the streets
like living torches
screaming
until they jumped
into the river
to drown themselves

my voice chokes
and tears run down my face
my Greek friend does not comfort me
when she sees my tears of rage
at more suffering of civilians—
my Greek friend leans back
and I see in her eyes
that I am the child of her enemies
she remembers the atrocities
committed by my people
in her native village
in the mountains of Greece

A Little Arab Girl's First Day at School

Assia Djebar

A little Arab girl going to school for the first time one autumn morning, walking hand in hand with her father. A tall erect figure in a fez and a European suit carrying a bag of school books. He is a teacher at the French primary school. A little Arab girl in a village in the Algerian Sahel.

Towns or villages of narrow white alleyways and windowless houses. From the very first day that a little girl leaves her home to learn the ABC the neighbours adopt that knowing look of those who in ten or fifteen years' time will be able to say "I told you so!" while commiserating with the foolhardy father, the irresponsible brother. For misfortune will inevitably befall them. Any girl who has had some schooling will have learned to write and will without a doubt write that fatal letter. For her the time will come when there will be more danger in love that is committed to paper than love that languishes behind enclosing walls.

So wrap the nubile girl in veils. Make her invisible. Make her more unseeing than the sightless, destroy in her every memory of the world without. And what if she has learned to write? The jailer who guards a body that has no words—and written words can travel—may sleep in peace: it will suffice to brick up the windows, padlock the sole entrance door, and erect a blank wall rising up to heaven.

And what if the maiden does write? Her voice, albeit silenced, will circulate. A scrap of paper. A crumpled cloth. A servant-girl's hand in the dark. A child, let into the secret. The jailer must keep watch day and night. The written word will take flight from the patio, will be tossed from a terrace. The blue of heaven is suddenly limitless. The precautions have all been in vain.

At seventeen I am introduced to my first experience of love through a letter written by a boy, a stranger. Whether acting thoughtlessly or out of bravado, he writes quite openly. My father, in a fit of silent fury, tears up the letter before my eyes and throws it into the waste-paper basket without letting me read it.

As soon as term ends at my boarding school, I now spend the summer holidays back in the village, shut up in the flat overlooking the school playground. During the siesta hour, I piece together the letter which has aroused my father's fury. The mysterious correspondent says he remembers seeing me go up on to the platform during the prize-giving ceremony which took place two or three days previously, in the neighbouring town. I recall staring at him rather defiantly as I passed him in the corridors of the boys' high school. He writes very formally suggesting that we exchange friendly letters. In my father's eyes, such a request is not merely completely indecent, but this invitation is tantamount to setting the stage for rape.

Simply because my father wanted to destroy the letter, I interpreted the conventional French wording used by this student on holiday as the cryptic expression of some sudden, desperate passion.

During the months and years that followed, I became absorbed by this business of love, or rather by the prohibition laid on love; my father's condemnation only served to encourage the intrigue. In these early stages of my sentimental education, our secret correspondence is carried on in French: thus the language that my father had been at pains for me to learn, serves as a go-between, and from now a double, contradictory sign reigns over my initiation . . .

As with the heroine of a Western romance, youthful defiance helped me break out of the circle that whispering elders traced around me and within me . . . Then love came to be transformed in the tunnel of pleasure, soft clay to be moulded by matrimony.

Memory purges and purifies the sounds of childhood; we are cocooned by childhood until the discovery of sensuality, which washes over us and gradually bedazzles us . . . Voiceless, cut off from my mother's words by some trick of memory, I managed to pass through the dark waters of the corridor, miraculously inviolate, not even guessing at the enclosing walls. The shock of the first words blurted out: the truth emerging from a break in my stammering voice. From what nocturnal reef of pleasure did I manage to wrest this truth?

I blew the space within me to pieces, a space filled with desperate voiceless cries, frozen long ago in a prehistory of love. Once I had discovered the meaning of the words—those same words that are revealed to the unveiled body—I cut myself adrift.

I set off at dawn, with my little girl's hand in mine.

Dotty Noona

Salwa Bakr

Apart from her father and the officer, his wife and son, almost no one, when the question was asked at the office of the public attorney, knew Noona. The only exceptions were: Hasanein the seller of bread; Futeih the grocer; Salim the man who did the ironing; and the garbage man. The latter, on being questioned, said he had no idea at all about her features, because he was always concerned with looking at the rubbish bin when she used to hand it over to him for emptying into his basket each morning.

Everyone's statements conflicted on the question of her features, for while the officer was certain she was snub-nosed and that her upper jaw protruded slightly, his wife answered at the office of the public attorney, "Did she have any features?" then added, "She was a very dotty girl, very weird." As for her father, he contented himself by saying, as he dried his tears, "She would have been a lovely bride, a girl in a million"—and to prove to the government the truth of his statement, he produced from the inner pocket of his *galabia* a small golden earring with a blue bead, which was the total bridal gift presented by the future husband, whom she had never seen.

Even Noona herself didn't know her own features well. The most she knew was that the officer's son had beautiful black hair like his mother and a vast nose like that of his father, except that the latter's nose had small black specks scattered around on it. She had noticed them any number of times when he got excited and wrinkled it up as he exclaimed "Check" in a voice hoarse and strangled with laughter to his opponent at chess.

In any case, the girl Noona was not concerned about her looks, which she often saw reflected on the surface of mirrors, either in the bedroom of the officer and his wife, or in their son's room, when she would enter to clean and tidy—quickly lest time flew and the school hours came to an end. She would snatch hurried moments in which to search yet again for "the pupil of the eye," that being she never believed existed although the teacher had confirmed it over and over again. Each time, standing on tiptoe, she would crane forward with her short body and get as near as she could to the mirror, then would pull down her lower lids with her swollen fingers, which were covered with burn marks and small cuts, and in bewildered astonishment, get her eyes to bulge out, two black circles, while she peered around in search of two arms or two feet, or a nose or a neck, or any of the human parts of the body of that person, "the pupil of the eye." When, bored, tired and feeling that the tips of her feet had begun to ache because of her stance, she would lower herself, screw up her lips in rage, fill up her mouth with air, or put out her tongue and move it around in continuous circular movements, then go back quickly and start making the beds, hanging up the clothes and putting things in their proper places.

It is impossible to deny that the girl Noona had a secret desire to be pretty and charming, not like the officer's wife, who owned all sorts and kinds of clothes, something short and something long, and something with sleeves and something without sleeves, but pretty, like the teacher whom she used to imagine in the likeness of the fairy-tale princess whenever there came to her from beyond the window, while Noona stood in the kitchen, her beautiful voice asking the girls to repeat after her the hemistich, "Flanks of antelope, legs of ostrich."

"Flanks" used to puzzle Noona greatly, so when she began to repeat it with the girls and listen to the effect of her high-pitched solo voice declaiming "flanks of antelope," she would stop for a while scouring the dish she was washing in the sink, or stirring what was cooking in its saucepan on the stove, and would rest her right leg against her left for a time and start sucking her thumb with relish as she thought about the real meaning of this "flanks" and asking herself, Is it clover? Or candy with chick-peas? Or a young donkey?

The images burst forth in her imagination as she searched for the truth. When the questions defeated her and she discovered that water was beginning a trickle over the top of the sink, or that the cooking had boiled enough, she would apply herself again to her work, while rage and perplexity built up, a huge force within her body, and she would rub and scour the dishes till they were sparkling, or rearrange the spoons and forks in their places more neatly, while muttering the words "legs of ostrich" and looking out of the window enclosed by the iron bars through which she could see the school building opposite, and the open blue sky sheltering it. There travelled up to her the voices of the girls in one strong harmonious sound, and she would feel that she was on the brink of madness, and she would shout, along with them, with all the strength of her throat, "He lopes like a wolf, leaps like a fox."

She yearned to know the secrets of many other things, things she had heard from this magical world hidden from her behind the window, just as she longed to know the true meaning of "flanks," that word on which, through the girls' school, she had made raids from time to time, and which had made her learn by heart strange words she didn't understand and made her wish she would find someone to assuage her heart's fire and explain their meanings to her. She had in fact attempted to get to know the meaning of these words by asking Hasanein the bread-seller about "flanks," but he had just winked at her and raised his eyebrows obscenely and made a movement with his thumb that reminded her of the village women. Though she cursed him and reviled his father and his scoundrelly ancestors, she was frightened after that to make another attempt with Futeih the grocer. She would have made the decision to ask the officer's son, if it hadn't been for what occurred on the day of the square root, which caused her never to think of it again. Surprised one day by her mistress when stirring the onions and scrutinizing them in her search for hydrogen sulphate, which the teacher had said was to be found in them, Noona adamantly refused to tell her the truth of the matter when she asked her in surprise what she was doing. She contented herself by saying that she was looking for something strange in the onions, which caused the officer's wife to say in reference to this occasion—and numerous other occasions—that Noona was dotty and weird and that her behaviour wasn't natural, particularly when she saw her jumping around in the kitchen, raising her legs up high and extending them forwards, in exactly the same way she had seen the girls do when they wore their long black trousers in the spacious school courtyard.

The lady used to say this about Noona and would add, whenever she sat among her women friends of an evening in the gilt reception room the like of which Noona reckoned the headman of her village himself couldn't possibly have seen, that the girl was a real work-horse and had the strength to demolish a mountain, despite the fact she wasn't more than thirteen years of age. She said she'd never throw her out of the house, despite her being mad, specially as maids were very few and far between these days and hard to come by.

Although this opinion didn't please Noona at all, and although the lady once slapped her on the face because of her having sworn at her young son and called him an idiot, she didn't dislike the officer's wife, for she knew that the slap had been a spontaneous reaction, just as Noona's swearing had been.

The boy had been sitting in the living room with the teacher, with his mother seated opposite them knitting and making cracking noises with her chewing-gum, when Noona came in carrying the tea-tray just as the teacher was asking the boy about the square root of twenty-five and the good-for-nothing was picking his nose and looking at his mother stupidly and giving no answer. As Noona had heard a lot from the schoolmistress about square roots, she couldn't help herself, when suddenly the boy brazenly answered four, from shouting in excitement, just as the schoolmistress used to do, "Five, you idiot," which almost caused the tray to fall from her hands. The teacher guffawed in amazement, and the boy ran towards her trying to hit her. The mother, however, got there first, for she had been concerned about the crystal glasses breaking, and had slapped Noona: the one and only slap she had given her during the three years she had been in the house. And whereas the lady didn't lie when she said to the teacher that Noona had no doubt heard that from the schoolmistress, one window looking right on to the other, Noona learnt never to talk about such things with anyone in the house lest the lady might think of dismissing her, for she wished to remain forever where the schoolmistress and the girls were, that beautiful world whose sounds she heard every day through the kitchen window, a world she never saw.

Despite all this there was a fire of longing that burned night and day in her breast for her mother and her brothers and sisters, and a desire to run about with the children in the fields, to breathe in the odour of greenness and the dewy morning, to see the blazing sun when she went out each morning, to hear the voice of her mother calling to her, when she was angry and out of sorts, "Na'ima, Na'ouma, come along and eat, my darling, light of your mother's eyes."

She used to love her real name Na'ima, also her pet name Na'ouma, but found nothing nice about the name Noona which had been given to her by the lady and by which everyone called her from the time of her arrival at the house from the country up until the time she left it for ever on that day after which nothing more was known of Noona. Before that her life had been going along in its usual routine: she had woken as was her habit, had brought the bread, had made breakfast for the officer, his wife and son, had handed over the tin container to the garbage man and had entered the kitchen after they had all gone out. It wasn't until about four o'clock that her life began to change when there was a knock at the door and Abu Sarie, her father, put in an appearance in order to drop his bombshell. After saying hello and having lunch and tea, and assuring her about her mother, and about her brothers and sisters one by one, and chewing the cud with her for a while, her father had said, as he eyed her breasts and body and smiled happily so that his black teeth showed, that he had come to take her back because she was going to be married. He showed her the gold earring that had been bought for her by the husband-to-be, who had returned from the land of the Prophet bearing with him enough money to furnish the whole of a room in his mother's house, and more besides. At that moment Noona's heart had sunk down to her heels and she had been on the point of bursting into tears. Smiling as he saw the blood drain out of her face and her colour become like that of a white turnip, Abu Sarie told her not to be frightened, for this was something that happened to all girls and that there was no harm in it. He asked her to make herself ready because they would be going off together next morning. Then he decided to make her happy with the same news that had made him happy, so he informed her that the lady would give her an additional month's wages as a bonus, also two pieces of cloth untouched by scissors, and that her younger sister would take her place in the job, if God so willed it.

"And everything was normal that night"—so said the officer's wife at the public attorney's office. Her husband and son both agreed with her, and even Abu Sarie himself. Noona had prepared supper, had washed up the dishes, had given the boy tea while he was studying in his room—"and there was nothing about her to arouse one's suspicions," she added—and this was in fact so. What happened was that Noona spent the night in her bed in the kitchen without having a wink of sleep, staring up at the dark ceiling and from time gazing towards the window behind which stood towering the school building, with above it a piece of pure sky in which stars danced. She was in utter misery, for she did not want to return to the village and to live amidst dirt and fleas and mosquitoes; she also did not want to marry, to become—like her sisters—rooted in suffering. The tears flowed that night from her eyes in rivers, and she remained sleepless till dawn broke. She saw with her two eyes the white colour of the sky and the black iron of the window, but by the time the lady called out to her to get up and go to the market to buy the bread, sleep had overcome her. She dreamed of the schoolmistress and the girls, and of the officer's son who, in her dream, she was slapping hard because he didn't know the square root of twenty-five. She also saw "flanks," and it was something of extreme beauty; she didn't know whether it was a human or a *djinn*, for it seemed to be of a white colour, the white of teased cotton, with two wings in the beautiful colours of a rainbow. Noona seized hold of them and "flanks" flew with her far away, far from the kitchen and from the village and from people, until she was in the sky and she saw the golden stars close to, in fact she almost touched them.

Those who had seen Noona on the morning of that day mentioned that her face had borne a strange expression. Both the officer and his wife said so, confirming that the look in her eyes was not at all normal when she had handed her master his packet of cigarettes as he was about to go out and when her mistress had asked her to straighten her kerchief before going to buy the bread.

The officer's wife was heard to say, with many laughs, to her women friends, after having told them the story of Noona, as she sat with them in the large living room, "Didn't I tell you—she was crazy and altogether dotty? But as for her sister, I can't as yet make her out."

Diaspora

Diana Der-Hovanessian

"Children of massacre,
children of destruction,
children of dispersion,
oh, my diaspora . . ."
someone was calling
in my dream.
Someone was explaining
why Armenian children
are raised with so much
wonder, as if they
might disappear
at any moment.
"Tsak. Tsakoug."
Someone was explaining
why Armenian sons love
their mothers to excess,
why daughters-in-law are
cherished, why mothers-
in-law are treasured,
why everything
is slightly different
in an Armenian home,
stared at,
as if it might melt.
Someone was telling me
why Armenians love
earth and gardening so much
and why there is a hidden rage
in that love.
Someone was explaining

why I surround
myself with green plants
that do not flourish
in spite of great care.
"The slant of the sun is wrong."
Someone was gently chiding
for the strange angle of
my outside plants.
Someone was saying
I spoke English with a slight accent
even after three generations.
Someone was calling
in a forgotten language.

four

Exiles and Refugees

Song

Muriel Rukeyser

The world is full of loss; bring, wind, my love,
My home is where we make our meeting-place,
And love whatever I shall touch and read
Within that face.

Lift, wind, my exile from my eyes;
Peace to look, life to listen and confess,
Freedom to find to find to find
That nakedness.

The Aftermath

Agate Nesaule

My mother was taken away by the soldiers again, this time because a meal she had been ordered to supervise was unsatisfactory. The hungry women in the kitchen had eaten most of the meat, and the soldiers held my mother responsible. We were all taken outside again to be shot, but a different officer ordered us to be taken back inside. The violence and chaos in the basement continued.

But the story grows repetitious.

Gradually things changed. Fewer soldiers entered the basement, fewer stayed. There was nothing more for them to find. Finally one morning, about ten days after the soldiers had first arrived, only women and children remained. We had been taken outside earlier that morning to watch as three soldiers were shot for violating the order against killing civilians. They were evidently the same who had shot Heidi's mother, though they looked like all the rest. It was the last execution we were forced to witness.

Afterwards the soldiers drifted away. It took us a while to realize that no one was standing watch over us so that we would not leave the basement. No one was cursing or threatening us. We sat still in the desolate space for several hours before we surmised that evidently we were free to go.

We walked down the lake path in the direction of the village, then crossed the fields to an abandoned farm. The soldiers were probably still in the village, so that going there was dangerous. One of the women in the basement had come from the woods, where she had seen a strange signaling station, about a day's walk from Lobethal. She wished she could have stayed there forever. Behind the huge mirrors and searchlights were buildings full of food and supplies. She had eaten canned meat and thick sweetened milk and had carried some with her.

My mother and Aunt Hermine speculated about trying to find this place, but finally decided against it. It was too far away for us to walk. Ōmite was exhausted, Astrida was flushed and feverish, her skin gray from the ashes and dust with which she had tried to disguise herself, and I felt weak because of the pain in my chest. Even if we did get there, the station might be occupied or looted by the soldiers, or both. And my father and uncle and cousin would never find us if we went too far. If they were still alive and if they were released, they would look for us in Lobethal. If they could not find us, they might return to Latvia, and we would never see them again.

For several days we walked furtively from one abandoned farm to another. We made makeshift beds out of any old clothes we could find, so that we could all huddle together in the same space in the corner of a room furthest away from the doors and windows. We looked for food, but except for a few raw potatoes and beets, we did not find much.

Sleeping was hardest in these early days and for months afterwards. I would stretch out, close my eyes, count to a hundred and back, as my mother had told me to do, but I would still be awake when I finished. I could feel soldiers creeping toward us. When she asked me if I had said "Our Father," I nodded and counted to a hundred a second time instead. As I felt myself drifting off to sleep, I would jerk myself awake because I thought that with my eyes closed I would not hear the approaching soldiers. Or I would doze off, only to be startled wide awake, my heart pounding because I felt soldiers' hands fastening around my throat. Everyone else was usually awake too, listening in silence, praying that the far-distant trucks would continue on their way, past us. I would give up trying to sleep and watch the moonlight shining into uncurtained windows and over the bare floors, over my sister and mother and grandmother. Each was lying very still, pretending to sleep, in order not to disturb the others.

Finally there did not seem to be much point in wandering about the countryside like this, and we decided to go back to Lobethal. Food had been stored there, and my father and the others might be there, or at least we might get news of them. The soldiers might still be there too, but we had nowhere else to go.

The road from the gate was empty, but the ditches were littered with bleached and misshapen photographs, empty gasoline cans, ripped clothing, single shoes. The windows of the main building were smashed, the doors off their hinges, the locks broken. The sun was very bright; flies and insects buzzed on the littered veranda. It was all very familiar, unsurprising, even right somehow.

We moved slowly through the rooms, afraid of what we might see next.

Everything that could be smashed had been, but we found no corpses. The kitchen was empty, the floor littered with broken cups and bowls. Flour had been scattered in a fine film over everything. No one was there, but someone had wiped clean the top of one of the huge institutional stoves and lined up a few pots.

We made our way to the basement. We were anticipating the jellied meat and the sweet preserves, we were ravenously hungry. But when we opened the door to the main storage room, we saw that everything there had been smashed. The stench of rotting food mixed with excrement rose to meet us. We held our breaths, covering our nostrils and mouths with our hands. Shards of glass were embedded in the foul slippery mess, and we tried to avoid stepping into the deepest parts.

Except for the sauerkraut, the drunken soldiers had destroyed everything. The wooden barrels where the sauerkraut had been stored were licked clean. Nothing was left for us to eat.

The stairs creaked behind us and we froze in terror. It should not have made much difference when we were killed, but we were constantly afraid anyway. We stood still, looking guiltily at each other, breathing the foul air, our hearts pounding. The steps came closer.

When the door was pushed aside, it was only Frau Braun, the dead director's wife. Her face was haggard, her eyes red, her clothes hung loosely about her. She was wearing what looked like one of Pastor Braun's jackets over a shapeless summer dress. Her hair was limp, her dark eyes were enormous. She bore little resemblance to the fashionable woman she had been just a few weeks ago. Then, wearing strings of pearls and a smart suit with padded shoulders, an alligator bag held firmly in her hand, she had sat confidently next to her husband when they set off to see the officials in Berlin.

She shook her head, anticipating our questions. "There's nothing to eat here. But they have carrots, over behind the barns. They are boiling them now."

I turned to go, I was halfway up the stairs, running past Frau Braun.

"Would we be welcome?" my mother asked, and I stopped, afraid of what Frau Braun would say. She had always been cool towards my mother, perhaps because she disliked Pastor Braun's evident attraction to her.

Frau Braun hesitated, then said kindly, "Everyone is welcome. This is Lobethal, we welcome the homeless here."

Then she looked directly at my mother. "I am glad you have come back," she said, "it's much safer for you here."

"Thank you," my mother said, her voice trembling, "thank you for your great kindness."

"And we also need you here. You can help us clean all this up." Frau Braun gestured at the layer of rotting food and filth. It did not seem possible this basement could ever be immaculate and orderly again, let alone filled with food and supplies.

"Carrots," I said. I was worried that there would be none left if we waited. I also hoped that Frau Braun would come with us, so we would not be driven away by the people who had them. I knew they were not ours and we had no right to them.

"Come," Frau Braun said, "I'll show you where." She brushed past me, then took my hand. "It isn't very far."

Later that afternoon we walked what seemed like endless miles to the village hall. Here too the windows were shattered and most had been boarded up, but a few unshaven, tired men stared out through the cracks. More men looked out between the bars in the second-floor windows. A Russian soldier sat tilted back in a chair in the entrance, his gun resting on his knees. He stretched lazily and squinted at us in the afternoon sun, but he made no attempt to drive my mother and sister away.

My mother talked to a few of the men closest, then called up to those staring out of the second-story windows. After a commotion, a wait and another commotion, my father appeared in the window above us. My Uncle Gustavs and Cousin Guks were behind him. Thinner, with blue circles under their eyes, they looked tired past the point of exhaustion.

"Are you alive? Are you all right?" my mother called.

"It's been terrible," said my father.

"I'm sorry. Have you had anything to eat?" my mother asked.

"We are all right, Valda. We are still alive." My mother's brother interrupted whatever else my father was going to say. "Are you all right yourself? Where is Hermine? Is Astrida all right?"

My mother cupped her hands again. "Yes, we are all right. Hermine and Astrida too." Her voice was lifeless.

We stood silent, looking at each other, too far away to talk or to touch.

"They took my wedding ring." My father raised his hand and pointed to the bare finger where the ring had been. He seemed to have forgotten that we had all seen him struggling to remove the ring while the soldier laughed.

"Later a soldier ordered me outside, away from the others. I thought he was going to shoot me. But he only made me take off all my clothes in the lavatory and he took them. He took my boots too, I am barefoot." He gestured toward his feet, as if we could see them.

My mother reached her arms towards him to comfort him. I could see the white indentations on my mother's fingers and wrist. She did not say anything about her own missing gold wedding band and other rings, and he did not ask. Something much greater than possessions had been taken from them both.

"We will be released soon," said Uncle Gustavs, "maybe tomorrow. All they are waiting for is another list of Nazi officers to check us against, and there isn't anyone like that here." The men crowding around the windows were either old or they were very young boys who had somehow escaped the final conscriptions at the end of the war.

"Will you be all right?" my mother asked my father.

"Yes." His voice shook a little, and I was afraid he was going to cry, but he did not. "They wanted to shoot me earlier, but Pastor Braun intervened. He saved me. I am grateful to God and to Pastor Braun."

"Yes," my mother said, listlessly.

We stood about for a while longer, gazing up. There wasn't much else to say, and we were afraid to make the soldier angry by staying too long. We waved goodbye and started back to Lobethal.

I had been longing to see my father again, and when he came to the window, my heart leapt wildly with joy. Now, walking back to the Institution, nobody said anything. My mother's face was sad, and I did not ask her to smile. Rather than being happy as I had expected to be, I felt sad. A permanent gray film spread over everything.

My parents were reunited. We all worked very hard to clean up the chaos and filth. We carried buckets of foul-smelling garbage to the back of the house, swept up broken glass and picked up the litter that lined the roadsides. We watched the adults board up windows, boil whatever soiled clothing still looked usable, scald the surfaces in the kitchen and scour the few unbroken dishes. A huge fire blazed outside on which we piled everything that could not be salvaged. A few of the inmates were already sick with dysentery and typhoid, so the cleaning must have been part of a futile attempt to check the spread of the disease as well as a way to reestablish order.

One by one the rooms were cleared. Our family shared a single room, by choice rather than by necessity, since many rooms on either side stood bare and empty. Later, when Ōmite got sick with dysentery, she moved into one of these rooms because she feared infecting us. When we heard trucks or tanks at night, we listened together.

Everyone slept badly. People went about exhausted, ashen-faced, their eyes rimmed with red. But during the day, we worked. The only hope lay in trying to restore order.

Maybe my parents talked to my sister and me, maybe they talked to each other about what had happened, but I cannot remember them saying anything at all. I see them now, silent, working instead of speaking, my mother in a coarse gray dress, down on her hands and knees, scouring the floors with sharp sand in the absence of soap, my father dragging broken furniture and stained mattresses towards the pyre in the backyard. I stayed where I could watch my mother. But I was afraid to get too close to her.

I remember others talking, though; in fact, only the stories remain vivid from this period. People told them as we stood leaning on brooms and rakes around the pile of broken, excrement-smeared furniture and watched it burn. Or we sat in the sun on rough gray blankets or burlap, the ruins of the church and a wing of the bombed orphanage in the distance behind us. The stories seemed inordinately funny. Women lifted their aprons and wiped tears that had gathered from laughing too hard, the few men repeated the punchlines and burst into raucous laughter.

One story was about high-ranking Russian officers, including generals, giving a formal ball in one of the mansions they had commandeered in Berlin. Common soldiers and prostitutes—that is, the starving German women who followed them—were not even allowed into the ballroom; the dance was going to be much too elegant for them. The orchestra struck up a polonaise, the lights strung on trees glistened in the garden, the tables groaned with food. At first some beautiful German women arrived. They too were camp followers, but they were friends of the officers, not of the common soldiers. These women were well dressed and well fed. They wore evening gowns and light summer wraps, flowers and jewels adorned their hair, they talked charmingly of music and art. Only German women knew what real elegance was, only they had taste.

Next came the fat Russian women, wives of the officers. The Russian women were coarsely painted, their hair was tightly curled, but they were wearing satin and silk nightgowns—yes, nightgowns. They had been allowed to choose whatever they wanted from the warehouses full of finery that had been taken away from civilians and this is what they had chosen, nightgowns. No self-respecting German woman would be seen outside her bedroom in one of those. Weren't the Russian women stupid, fat, uneducated, inferior, dumb? "Charming, charming," a Russian general had murmured. In spite of his power and privilege, he was an ignorant bumpkin too. "Charming, charming," we squealed hysterically.

Another story was about a Russian soldier who had stopped an old woman on the street and had made her give up the man's overcoat she was wearing. Soldiers did this all the time; we had all seen them point to boots, coats, shoes, anything they wanted, now that no one had any jewelry left. The old woman cried that she was cold, she begged to be allowed to keep her coat, she would freeze to death without it. But the soldier was unmoved. The old woman got down on her knees and kissed the soldier's hand, then his foot. She begged him to remember his mother and at least to exchange coats. The soldier, drunk and impatient, took the old woman's coat, but in a sentimental gesture he flung his stinking, tattered army jacket on the ground for the old woman.

And guess what? The old woman was really very clever, she knew what she was doing. The sleeves and pockets of the filthy jacket were lined with hundred and hundreds of gold watches. The greedy soldier had been too drunk to remember his treasure. The watch would keep the woman well fed and warmly clothed; she could trade them one by one. She could eat whatever she wanted for the rest of her life, she could stay warm and snug in her house forever. But the cruel soldier would wake up with a terrible hangover the following morning and would he be sorry! He would search for the old woman but would never find her. Finally the soldier would have to report for duty, but he would have no army coat, so he would be punished. He would be shot, as he deserved. As he was waiting for the bullets to tear him apart, he would cry aloud and beg forgiveness for looting and robbing and raping and beating and killing.

The pleasure of this story was further enhanced by an incident that took place a few weeks later. The soldiers ordered us all into the dining hall at the

Institute to watch a film about the victory of the Russians over the Germans. A sheet was tacked onto a wall, and we sat on benches facing it, while my mother translated as an officer spoke about Russians liberating many countries, for which we should all be grateful. He told us that the Russians had been minimally assisted by the Allies in their great victory as we would see, but that we should get down and kiss the earth because we were now in Russian hands.

Finally they turned out the lights and the screen lit up. Tanks and trucks filled with American soldiers rolled down the streets, women and children offered flowers and waved flags. I had never seen a movie before, I thought it was magic. This was better than the tiny people who I had once believed lived inside radios. It was possible to sit here and see something that had happened earlier somewhere far away. I was entranced. The cameras shifted to a square filled with soldiers expecting the historic meeting of General Eisenhower and General Zhukov in Berlin. A stern voice spoke of the significance of this moment, the victorious Allied forces coming together in Berlin. Eisenhower walked towards Zhukov with a determined step; the military band played. Zhukov came towards him eagerly, his arms extended in welcome.

"*Ubri, Ubri,*"—watches, watches—someone shouted from the back of the dining room. The timing was exactly right, the mocking imitation of the Russian accent perfect. Zhukov was after Eisenhower's watch. The audience exploded with laughter.

The projectionist turned off the film and turned on the lights. Soldiers with guns pushed between the tables and benches looking for the culprit. In front of the blank screen, the officer stood scolding. We managed to stifle our laughter.

Finally the lights were turned off again and the film was shown from the beginning. The soldiers were lined up in the square again, flags waved, the band played the welcoming march. Zhukov stretched out his arms expectantly.

"*Ubri, Ubri,*" came a shout from a different part of the room.

"*Ubri, Ubri,*" a voice like the one that had spoken earlier replied.

We laughed and could not stop when the soldiers turned on the lights again. They dragged a few inmates to their feet. By slapping one of them, the soldiers finally succeeded in getting everyone in the audience to sit straight-faced.

They turned off the lights again. Shouts of "*Ubri, Ubri*" erupted as soon as the first Russian soldier appeared on the screen. This time they turned on the lights and did not try to show the film again. Over the shouts of the soldiers,

we filed out, snickering. The common laughter almost made up for not seeing the rest of the movie. For several days afterwards all anyone had to say was
"*Ubri, Ubri,*" and we would collapse with laughter.

Other stories had to do with food, especially with the difficulties and de-
ceptions in finding it. A man secretly traded his wife's wedding ring for two
cans of butter on the black market. He had been offered a taste of it from a
can he had been allowed to select himself. The butter was indescribably delicious—creamy, fresh, cool, sweet, glistening. But when he got home and
opened the can, it held gritty mashed potatoes. He opened the second can and
that too was filled with the same inedible mess. And for this he had given his
wife's wedding ring.

Another man was offered a pork roast, so he dug up all his family treasure
that he had buried earlier and took it to the railroad station where he was to
meet his contact, a man with dark skin and darker eyes. They exchanged suitcases surreptitiously, and the man started for home happy, his mouth watering
for the pork roast he would have for dinner. But when he set his suitcase down
on the next platform, a thin trickle of blood seeped out, as he had feared it
would. A Russian soldier noticed it and ordered him to open the suitcase. The
man begged and tried to bribe the Russian to split whatever the suitcase con-
tained, and the soldier finally agreed. But when they opened it, no roast or
ham greeted their eyes. Inside was the corpse of a small child, carved into
chunks, and the severed head, with the eyes wide open, staring at them.

I spent a lot of time thinking about these stories, inventing variants and new
endings. I would somehow get to Latvia and dig up the silver samovar and
spoons my father had buried next to the day lilies and irises at the Parsonage.
I would only stop to pick up another pair of boots for my father, which looked
like the ones I imagined my mother's Uncle Žanis wearing in the dark forests
of Russia. These boots would bring my father power and happiness. I would
hurry back to Germany and successfully trade all the treasure because I would
know not to accept anything sight unseen. Or I would walk into the woods
and find the signaling station filled with cans of meat and sweetened milk. I
would somehow convince a soldier to give back my mother's and father's wedding rings, and my parents would be happy again. All the uncles and aunts
would gather once more for a huge meal. Or I would meet the old woman who
had the soldier's coat, and if I was very good, she would give me some of the
watches and jewels. My mother would be overjoyed, she would kiss me and

say, "Thank you, precious." Everything would be the way it was in Latvia, only better.

These stories and my daydreams underlined what was happening in Lobethal and elsewhere. As the supply of carrots dwindled, people told fewer stories, they grew grimmer, we laughed less at our conquerors. Starvation began in earnest.

Hilda wandered around muttering, her already slender body now thin to transparency. She was pregnant. The fetus clamped onto her frame, his cruel Mongolian eyes narrowed even further, seemed visible under her clothes, sucking nourishment out of her, pulling her downwards, strangling her. Ōmite had tried to keep an eye on her, and my mother and Frau Braun took over when my grandmother got sick. But one night Hilda drowned herself in the lake, just as she had threatened to do.

I used to dream about her during the years I was married. I would see her thrashing about in the dark water, struggling not to be pulled under by the monstrous fetus that would not let her go. She tried to speak, to call for help, to explain herself, to scream, but no words would come. No one could hear her. I woke in terror at four each morning during those long years, but I tried to forget about it during the day. The war had not been so bad, no one in my family had been killed, as others had. I was a failure because I could not forget about it. During the long gray years I stayed married, I kept dreaming about Hilda because there was no one who had the courage to hear, no one I trusted enough to tell. There was no one with whom I could talk in bed.

Exile

Eva Hoffman

The worst losses come at night. As I lie down in a strange bed in a strange house—my mother is a sort of housekeeper here, to the aging Jewish man who had taken us in in return for her services—I wait for that spontaneous flow of inner language which used to be my nighttime talk with myself, my way of informing the ego where the id had been. Nothing comes. Polish, in a short time, has atrophied, shriveled from sheer uselessness. Its words don't apply to my new experiences; they're not coeval with any of the objects, or faces, or the very air I breathe in the daytime. In English, words have not penetrated to those layers of my psyche from which a private conversation could proceed. This interval before sleep used to be the time when my mind became both receptive and alert, when images and words rose up to consciousness, reiterating what had happened during the day, adding the day's experiences to those already stored there, spinning out the thread of my personal story.

Now, this picture-and-word show is gone; the thread has been snapped. I have no interior language, and without it, interior images—those images through which we assimilate the external world, through which we take it in, love it, make it our own—become blurred too. My mother and I met a Canadian family who live down the block today. They were working in their garden and engaged us in a conversation of the "Nice weather we're having, isn't it?" variety, which culminated in their inviting us into their house. They sat stiffly on their couch, smiled in the long pauses between the conversation, and seemed at a loss for what to ask. Now my mind gropes for some description of them, but nothing fits. They're a different species from anyone I've met in Poland, and Polish words slip off of them without sticking. English words don't hook on to anything. I try, deliberately, to come up with a few. Are these people pleasant or dull? Kindly or silly? The words float in an uncertain space. They come up from a part of my brain in which labels may be manufactured but which has no connection to my instincts, quick reactions, knowledge. Even the simplest adjectives sow confusion in my mind; English kindliness has a whole system of morality behind it, a system that makes "kindness" an entirely positive virtue. Polish kindness has the tiniest element of irony. Besides, I'm beginning to feel the tug of prohibition, in English, against uncharitable words. In Polish, you can call someone an idiot without particularly harsh feelings and with the zest of a strong judgment. Yes, in Polish these people might tend toward "silly" and "dull"—but I force myself toward "kindly" and "pleasant." The cultural unconscious is beginning to exercise its subliminal influence.

The verbal blur covers these people's faces, their gestures with a sort of fog. I can't translate them into my mind's eye. The small event, instead of being added to the mosaic of consciousness and memory, falls through some black hole, and I fall with it. What has happened to me in this new world? I don't know. I don't see what I've seen, don't comprehend what's in front of me. I'm not filled with language anymore, and I have only a memory of fullness to anguish me with the knowledge that, in this dark and empty state, I don't really exist.

Mrs. Lieberman, in the bathroom of her house, is shaving my armpits. She had taken me there at the end of her dinner party, and now, with a kind of decisiveness, she lifts my arms and performs this foreign ablution on the tufts of hair that have never been objectionable to anyone before. She hasn't asked me whether I would like her to do it; she has simply taken it upon herself to teach me how things are done here.

Mrs. Lieberman is among several Polish ladies who have been in Canada long enough to consider themselves well versed in native ways, and who seem to find me deficient in some quite fundamental respects. Since in Poland I was considered a pretty young girl, this requires a basic revision of my self-image. But there's no doubt about it; after the passage across the Atlantic, I've emerged as less attractive, less graceful, less desirable. In fact, I can see in these women's eyes that I'm somewhat of a pitiful specimen—pale, with thick eyebrows, and without any bounce in my hair, dressed in clothes that have nothing to do with the current fashion. And so they energetically set out to rectify these flaws. One of them spends a day with me, plucking my eyebrows and trying various shades of lipstick on my face. "If you were my daughter, you'd soon look like a princess," she says, thus implying an added deficiency in my mother. Another counselor takes me into her house for an evening, to initiate me into the mysteries of using shampoos and hair lotions, and putting my hair up in curlers; yet another outfits me with a crinoline and tells me that actually, I have a perfectly good figure—I just need to bring it out in the right ways. And several of them look at my breasts meaningfully, suggesting to my mother in an undertone that really, it's time I started wearing a bra. My mother obeys.

I obey too, passively, mulishly, but I feel less agile and self-confident with every transformation. I hold my head rigidly, so that my precarious bouffant doesn't fall down, and I smile often, the way I see other girls do, though I'm careful not to open my lips too wide or bite them, so my lipstick won't get smudged. I don't know how to move easily in the high-heeled shoes somebody gave me.

Inside its elaborate packaging, my body is stiff, sulky, wary. When I'm with my peers, who come by crinolines, lipstick, cars, and self-confidence naturally, my gestures show that I'm here provisionally, by their grace, that I don't rightfully belong. My shoulders stoop, I nod frantically to indicate my agreement with others, I smile sweetly at people to show I mean well, and my chest recedes inward so that I don't take up too much space—mannerisms of a marginal, off-centered person who wants both to be taken in and to fend off the threatening others.

About a year after our arrival in Vancouver, someone takes a photograph of my family in their backyard, and looking at it, I reject the image it gives of myself categorically. This clumsy looking creature, with legs oddly turned in their high-heeled pumps, shoulders bent with the strain of resentment and ingratiation, is not myself. Alienation is beginning to be inscribed in my flesh and face.

I'm sitting at the Steiners' kitchen table, surrounded by sounds of family jokes and laughter. I laugh along gamely, though half the time I don't understand what's going on.

Mrs. Steiner, who is Polish, has semiadopted me, and I spend whole days and weekends in her house, where I'm half exiled princess, half Cinderella. Half princess, because I'm musically talented and, who knows, I may become a famous pianist one day. Mrs. Steiner was an aspiring pianist herself in her youth, and she takes pleasure in supervising my musical progress: she has found a piano teacher for me, and often listens to me play. However, the Steiners are fabulously rich, and I am, at this point in my life, quite fabulously poor—and those basic facts condition everything; they are as palpable as a tilted beam that indicates the incline between us, never letting me forget the basic asymmetry of the relationship.

The Steiners' wealth is quite beyond the Rosenbergs', and quite beyond my conception of actual human lives. It exists on some step of the social ladder that jumps clear out of my head, and I can't domesticate its owners to ordinary personhood. Surely, the rich must be different. If I feel like a fairy-tale character near them, it's because they live in the realm of fable. Rosa Steiner is a stepmother with the power to change my destiny for good or evil. Mr. Steiner simply rules over his dominion, quietly, calmly, and remotely. I wouldn't dream of revealing myself to him, of making an imposition on his attention.

This is, of course, only one part of the story, though it is the part of which I am painfully conscious. Stefan Steiner accepts my presence in his domestic life graciously. And as for Rosa, she is, aside from everything else, a friend who understands where I come from—metaphorically and literally—better than anyone else I know in Vancouver. In turn, there is something in her I recognize and trust. She is a vivacious, energetic woman in her forties, beautiful in a high-cheekboned, Eastern European way, with a deep, hoarse voice and with a great certainty of her own opinions, judgments, and preferences. She reminds me of the authoritative women I knew in Poland, who did not seem as inhibited, as insistently "feminine" as the women I meet here. Her views are utterly commonsensical: she believes that people should try to get as much pleasure, approval, money, achievement, and good looks as they can. She has no use for eccentricity, ambivalence, or self-doubt. Her own task and destiny is carrying on the tradition of ordinary life—and she goes about it with great vigor and style. Except for the all-important disparate income, her inner world is not so different, after all, from my parents'. The disparity means that she's the fulfilled bourgeoise, while they've been relegated to aspiration and failure. It is her fulfillment, I suppose—yes, our feelings can be cruel—that reassures me. When I'm near her, I feel that satisfaction and contentment are surely possible—more, that they're everyone's inalienable right—possibly even mine.

Mrs. Steiner's snobberies are as resolute as everything else about her. She too believes there are "better people"—people who are successful, smart, and, most of all, cultured. She envisions her house as a kind of salon, to which she invites groups of Vancouver's elect; sometimes, on these occasions, I'm recruited to raise the tone of the proceedings and perhaps advance my own fortunes by playing some Beethoven or Chopin. The Steiners' house, which overlooks both the sea and the mountains of Vancouver's harbor, is surrounded by large expanses of grounds and garden; inside, there are contemporary paintings, grand pianos, and enormous pieces of Eskimo sculpture. I don't know whether I like any of this unfamiliar art, but I know that's quite beside the point.

Mrs. Steiner takes me to her house often, and I'm happiest there when I'm with her alone. Then we talk for hours on end, mostly about my problems and my life. I'm a little ashamed to reveal how hard things are for my family—how bitterly my parents quarrel, how much my mother cries, how frightened I am by our helplessness, and by the burden of feeling that it is my duty to take charge, to get us out of this quagmire. But I can't help myself, it's too much of a relief to talk to somebody who is curious and sensitive to my concerns. Although her sensitivity has its limits: she cannot always make the leap of empathy across our differences. My mother's voice on the telephone ("She always sounds as if there's something wrong. Sometimes she speaks so softly I have to tell her to speak up.") bothers her. And when my father quits his job at a lumber mill, Rosa is full of disapproval; he has a family to support, she tells me; isn't this a bit irresponsible? Suddenly, I feel the full bitterness of our situation. My father is no longer very young, I tell her; the job was the hardest at the mill. He had to lift heavy logs all day—and he has a bad back, the legacy of the war. He was in pain every day. Rosa is abashed by my sudden eruption, and she retreats. She didn't know all this, she says; of course, I may be right. But there is added irony in this exchange, which isn't lost on either of us: the Steiners own a lumber mill. In the Steiner kitchen, I've heard mention of the problems they've sometimes had with their workers.

Still, I can speak to Rosa frankly; we can hash this sort of thing out. But some of the ease of our exchange vanishes when other members of the family enter the scene. Mrs. Steiner is fiercely devoted to her daughters, and in her eyes they are princesses pure and simple. I believe her; what else can I do? I'm both too shy and too removed from their lives to check out what I think of them for myself. Elisabeth, the older one, has just started going to a small, elite college—a place of which I can only gather that there are extremely interesting young people there, most of them near geniuses, and that Elisabeth has occasionally taken to wearing odd garments, like Mexican skirts and black stockings. Elisabeth talks without fully opening her mouth and swallows the endings of her words—so that I can understand her even less than most people, and I find myself saying "I beg your pardon" so often, that finally it becomes more polite to pretend I know what she's saying than to keep repeating the question.

Laurie is only two years older than myself, and she tries to befriend me. She often comes to our house—I invariably fight embarrassment at its stripped-down bareness—to drive me to the Steiners', and on the way there she talks about herself. Much of the time, it takes an enormous effort on my part to follow her fast chatter and to keep saying yes and no in the right places, to attempt to respond. I try to cover up this virtual idiocy by looking as intelligent as I can. But I do gather from these conversations that Laurie has just been at some international camp in Austria, that she will travel in Europe the following summer, that her parents differ from others in giving her affection and care—she has many friends whose parents try to compensate with money for their basic indifference. Isn't that terrible? I try, at this point, to look properly sympathetic, but the scale of problems she describes is so vastly different from what I know, and our mutual incapacity to penetrate each other's experience is so evident to me, that I harden myself against her. If I were really to enter her world, if I were really to imagine its difficulties, I would be condemned to an envy so burning that it would turn to hate. My only defense against the indignity of such emotion is to avoid rigorously the thought of wanting what she has—to keep her at a long, safe distance.

In the evening, we sit down to a family dinner and its jokey banter—an American ritual meant to sharpen the young women's edges for their encounters with the world and to affirm their superiority in that world. The Steiners, led by Laurie, who is clever and quick, are teasing each other, each bit of witty attack a verbal glove challenging the others to up the ante. I feel miserably out of it, laughing too loud, but knowing that I can't enter the teasing circle. After all, Cinderella can't get snarky with her half sisters, can she? I can only approve; I can't even implicitly criticize—and this seems almost as basic a definition of my position as the lack of money. Razzing can only happen between equals or else it's a deliberate presumption, which brings attention to inferior status. But I'm too proud to engage in this latter kind.

I've had a nice day in the Steiner household; Rosa and I took a long, brisk walk, we ate an excellent lunch, I played the piano for her and she made some comments, and now I'm sitting at their kitchen table, to all appearances almost a family member. When I get home, I'm terribly depressed. There's a yellow light in the downstairs room where my mother is waiting for me; my father, I know, will have fallen asleep in a stupor of disorientation and fatigue. But when my mother asks me about my day with a curiosity that pains me— she almost never gets invited to the Steiners'—I only tell her what a wonderful time I had.

In later years, I'll come to sit at the Steiners' table often, and look back on the polite and rankled girl I was then and flinch a little at the narrowing sympathies I felt in my narrow straits. I'll come to know that Laurie might have been jealous of me, might have feared, even, that I would displace her in her mother's affections—but I could not imagine then that I could rouse jealousy in anyone. I'll see how much time and attention and goodwill the Steiners lavished on me, more than in our busy and overfilled lives people can give to each other nowadays. Really, they thought about me more seriously than I thought about myself. Who was I, after all? Eva's ghost, perhaps, a specter that tried not to occupy too much space. They were more generous toward me than I was toward them; but then, a sense of disadvantage and inferiority is not a position from which one can feel the largeheartedness of true generosity.

Packing My Bags

Claribel Alegría

"The barbarians are arriving today."
                    —*C. Cavafi*

It's time to think
about my baggage
the suitcase is tiny
my perfumes won't fit
nor my necklaces
much less my books.
What will I take with me
to the other side?
Naturally the first
lightning bolt
that kindled our love
I'll also take
the razor glance
of that child
it wasn't for me
nor for anyone
blindly it grazed me
and opened this wound
that will not close.
I must be selective
in my memories
carefully compressing
those I pack
and out of self-compassion
abandoning the rest.
I will take with me
of course

the afternoon in Cahill's Tavern.
I told you about Sandino
and Farabundo
and you didn't understand
but wanted to learn
and little by little
we wandered into
the Halls of Los
and you were William Walker
and I Rafaela Herrera
and what was I doing
amongst the barbarians of the north
who invaded us
invade us now
and will invade again?
What was I doing
far from Izalco
far from my homeland?
And the night kept falling
quietly
and we were there inside
penetrating ever more deeply
trapped by our pasts
by our futures
and your tongue is foreign
I barely understand you
what am I doing here?
But I look at you and know
that you will be my man
and you still don't know it
and I stifle a laugh
and don't say anything
I choke down words.
It's impossible, I think,
what am I doing here
so far from my country?

and a tremor seized me
when I crossed the threshold:
my first earthquake
erupting in my Jurassic strata
and I encountered the mother
the children
the brother
Persephone
and Kali
and Tlaloc
and the night kept falling
quietly
on the empty bottles
and the glasses
and the waiter told us
it was closing time
and I walked out squeezing your hand
it was the first tremor
the first tidal wave
of the blind throbbing
that never abandons me.
You were the fish
slapping the water
with your tail
engendering these concentric circles
that open
expand
disperse:
waves that break
on my farther shore.

Beauty Contest

Janice Mirikitani

After the war, the camps;
when we moved to Chicago

all I remember was the cold.

When they called me Jap and slant eyed girl,
laughed and disappeared.

Momma took in ironing for extra money.
Daddy left for his red lipped honey.

I'm glad we split from Chicago.

All I remember was the cold . . .

A Woman in Exile

Mahnaz Afkhami

I am an exile. I have been in exile for twenty years. I have been forced to stay out of my own country, Iran, because of my work for women's rights. I recognized no limits, ends, or framework in this work outside those set by women themselves in their capacity as independent human beings. The charges against me are "corruption on earth" and "warring with God." Being charged in the Islamic Republic of Iran is being convicted. There is no defense or appeal, although I would not have known how to defend myself against such a grand accusation as warring with God anyway. There has not been a trial, not even in absentia, and no formal conviction. Nevertheless, my home in Tehran has been ransacked and confiscated, my books, pictures, and mementos taken, my passport invalidated, and my life threatened repeatedly.

My life in exile began at dawn on November 27, 1978. I was awakened by the ringing of the telephone. My husband's voice sounded very near. It took me a while to remember he was calling from Tehran. He had just spoken with Queen Farah who had suggested I cancel my return trip from New York scheduled for the following day. The government was trying to appease the opposition by making scapegoats of its own high-ranking officials. Feminists were primary targets for the fundamentalist revolutionaries. I had recently lost my cabinet post as minister of state for women's affairs as the regime's gesture of appeasement to the mullahs. It was very likely, my husband was saying, that as the most visible feminist in the country I would be arrested on arrival at the airport.

I searched for my glasses on the table by the bed and turned on the light, still clutching the receiver. I looked out the window at the black asphalt, glistening under the street lights. It must have rained earlier, I thought as I listened to my husband's voice, tinged with despair, yet somehow aloof and impersonal, as if this had little to do with him. Two months later when I would call to discuss the deteriorating situation and the need for him to get away, I would sound the same to him. The ties between a person and her home are such that even those nearest fear to intervene directly.

When I said good-bye I was wide awake but not clear-headed. What will I do here, I wondered. During the past few weeks my days had been spent negotiating with the United Nations' lawyers the terms of an agreement between the government of Iran and the UN, setting up the International Research and Training Institute for the Advancement of Women (INSTRAW) in Tehran. Evenings had been spent in meetings with groups and individuals trying desperately to affect the outcome of events in Iran.

Now it was suddenly all over for me. I could not go back home. I was left with a temporary visa, less than $1,000 in cash, and no plans whatsoever. I crossed the small room and automatically turned on the television to the Reuter news channel. The moving lines of the news tape were a familiar sight. In the last few weeks I had spent many hours staring at the screen, following the latest news, waiting for the inevitable items on Iran. When I looked up, the sun was streaming through the room.

Where would I go, I wondered as I dressed. I remembered I had planned to buy a coat that day. "What sort of a coat?" I asked myself. What sort of life will I be leading and what kind of a coat will that life require? Who am I going to be now that I am no longer who I was a few hours ago? I smiled at my reflection in the mirror. Need there be such existential probing connected to the buying of a winter coat? Even though I was far from the realization of the dimensions and the meaning of what had happened to me, my identity was already becoming blurred. The "I" of me no longer had clear outlines, no longer cast a definite shadow.

For a decade I had defined myself by my place within the Iranian women's movement. The question "Who am I?" was answered not by indicating gender, religion, nationality, or family ties but by my position as the secretary general of the Women's Organization of Iran, a title that described my profession, indicated my cause, and defined the philosophic framework for my essence. On that November morning in 1978, I realized that an immediate and formal severance of my connection to WOI was absolutely necessary. In those days of turmoil, when the movement's very existence was threatened, WOI did not need a secretary general who had become persona non grata to the system and its opposition. I sat at the desk in my hotel room and began to write a letter of resignation.

During the next days I lived a refusal to believe, a denial of the event, an inability to mourn—a state of mind which for me continued for years to come.

A flurry of activity related to making arrangements concerning the death of a loved one is the surest means of keeping full realization of the fact of it at bay. So I plunged myself into a series of actions aimed at ensuring survival in the new setting. The first priority was obtaining permission to stay in the United States. You need this to get a job although sometimes you can't get it without having a job—one of the many vicious circles encountered in the life of exiles. Those who enter the country as exiles discover that what had been their natural birthright at home will now depend on the decision of an official who may, for any reason at all or none, deny permission. A process from which there is no recourse.

As soon as possible, I was told, one must get the necessary cards—a driver's license, social security, credit card. These are to help one to assure the community that one exists and will continue to exist for the foreseeable future and can be trusted to handle a car and pay a bill. There is a certain excitement involved in all this. Finding a place to live, learning new routines, looking for a job, establishing new relationships—all within a separate reality, outside the framework of one's customary existence. It is possible to once again ask, "What do I want to be?" I contemplated whole new careers, from real estate to law, from teaching to opening a small business. They all seemed equally possible yet uniformly improbable.

All of this activity buys one time to assimilate the fact of loss and time to prepare to face it. You are told often that you must distance yourself from the past, that you must start a new life. But as in the case of death of kin you don't want to move away, close his room, give away his clothes. You want to talk about him, look at pictures, exchange memories. You shun contact with all those healthy, normal natives who are going about their business as if the world is a safe, secure, and permanent place a piece of which belongs to them by birthright. You work frantically to retain the memory and to reconstruct the past.

When you mourn a loved one, you wish more than anything to be either alone or with others who share your sense of loss. I sought mostly the company of other exiled Iranians. Together we listened to Persian music, exchanged memories, recalled oft-repeated stories and anecdotes, and allowed ourselves inordinate sentimentality. We remembered tastes, smells, sounds. We knew that no fruit would ever have the pungent aroma and the luscious sweetness of the fruit in Iran, that the sun would never shine so bright, nor the moon shed such light as we experienced under the desert sky in Kerman. The green of the vegetation on the road to the Caspian has no equal, the jasmine elsewhere does not smell as sweet.

Like children who need to hear a story endless times, we repeated for each other scenes from our collective childhood experiences. We recalled the young street vendors sitting in front of round trays on which they had built a mosaic of quartets of fresh walnuts positioned neatly at one inch intervals. We recalled the crunchy, salty taste of the walnuts we carried with us in a small brown bag as we walked around Tajrish Square, taking in the sounds and sights of an early evening in summer. We recalled the smell of corn sizzling on makeshift grills on the sidewalk. We remembered our attempts to convince the ice cream vendor, a young boy not much older then ourselves, to give us five one-rial portions of the creamy stuff smelling of rose water, each of which he carefully placed between two thin wafers. We knew that any combination of sizes would get us more than the largest—the five-rial portion. But the vendor, in possession of the facts and in command of the situation, sometimes refused to serve more than one portion to each child. We remembered walking past families who were picnicking, sitting on small rugs spread by the narrow waterways at the edge of the avenue, laughing and clapping to the music which blared from their radios, oblivious to the traffic a few feet away. We laughed about our grandmothers or aunts who sat in front of the television enjoying images from faraway places, around which they constructed their own stories, independently of the original creator's intention.

During the early years I kept myself frantically busy with phone calls, lectures, and meetings. Slowly, the life I had fashioned for myself in the new surroundings began to take shape. I now had a home in a suburb of Washington, D.C. Artist friends helped me collect a small selection of the works of Iranian women painters. A growing library of my old favorite books of poetry and fiction found a place in my room. The Foundation for Iranian Studies, a cultural institution that I helped create and managed with the aid of former colleagues, began to expand its activities. My family survived the travails and threats against them and all gathered near each other around Washington. Iran as a physical entity grew dimmer in our memory and more distant. But we remained obsessed with the events and processes that had led to our exile. All conversations, social occasions, and readings centered around what happened to us and more often than not ended in assigning blame.

As I went about building a life for myself in America, I learned through many encounters to simplify the spelling of my name, to mispronounce it to make it more easily comprehensible for my new contacts. I made small changes in my walk, posture, way of dressing to approach the new environment's expectations. In the process I drifted farther away from my self. The woman exclaiming about the weather to the sales girl at Macy's, calling herself Menaaz was not me. The original word, *Mahnaz*, had a meaning—Mah, moon, Naz, grace. Translating myself into the new culture made me incomprehensible to myself. I barely recognized this altered version of my personality. Frost once said "poetry is what is lost in translation." I realized that whatever poetry exists in the nuances which give subtlety to one's personality is lost in the new culture. What remains is dull prose—a rougher version, sometimes a caricature of one's real self. This smiling, mushy person was not me. It was my interpretation of the simplicity and friendliness of American social conduct. I embarrassed myself with it.

In public places I acted as if I were alone. In Iran, even in places where I was unlikely to meet someone I knew, I always acted "socially"—as if the people I met were potentially people I might come to know, people I might see again. I conducted myself with a consciousness of this assumption of possible further acquaintance, of a reasonable continuity of events. In America I acted totally isolated and separate, as if there were no chance that someone on the street might ever relate to me in any other way than as a total stranger. I caught glimpses of my American friends in a neighborhood restaurant chatting with the owner, greeting friends at other tables, talking about their plans, their homes, their professions, discussing the variations in the menu with the waiter, amazed that life went on as if nothing much had happened. I longed for this elemental sense of connection with my environment.

I kept on searching for the effects of dislocation on my feelings and reactions and spent much of my time studying my own mental state. The preoccupation had come close to neurotic proportions. Fortunately, in my work with the Sisterhood Is Global Institute, an international feminist think tank, I had become acquainted with a number of women from various countries who, like myself, were in exile. Gradually, through our conversations, I began to see that the only way to understand myself was to stand back from my own experiences and focus on someone else, that the best way to see inside my mind was to concentrate on another as she looked inside hers. It was in talking with them that I began to reappropriate myself.

My conversations with twelve of these women led to the publications of

Women In Exile, a project that became a cathartic and healing experience for me. I learned through writing their stories that although my past was mine in the specifics of my experiences, I shared so much of its deeper meaning with other women in exile. Working with them I began to see the fine thread that wove through all our varied lives and backgrounds. The narratives all followed the same pattern.

Our stories begin with descriptions of a society's disingenuous ways of shaping the woman's personality to fit the patriarchal mold. Even those who are active participants in political movements are often outsiders without the power to influence the decision-making process in their society. Political events beyond our control lead to upheaval. We are vulnerable and as caretakers of families our lives are most affected by disruptive and cataclysmic events. There comes a time when our own safety or that of our children requires us to take charge of our lives and make the decision to escape. Many of us are forced to undertake journeys of turbulence and danger. Once in the United States we realize that the physical dangers we have endured are only the preliminary stages to a life of exile. Slowly we begin to absorb the full impact of what has happened to us. A period of bereavement is followed by attempts to adjust to the new environment. Along with the loss of our culture and home comes the loss of the traditional patriarchal structures that flouted our lives in our own land. Exile in its disruptiveness resembles a rebirth. The pain of breaking out of our cultural cocoon brings with it the possibility of an expanded universe and a freer, more independent self. Reevaluation and reinvention of our lives leads to a new self that combines traits evolved in the old society and characteristics acquired in the new environment. Our lives are enriched by what we have known and surpassed. We are all "damaged," but we repair ourselves into larger, deeper, more humane personalities. Indeed, the similarities between our lives as women and as women in exile supersede every other experience we have encountered as members of different countries, classes, cultures, professions, and religions.

We appreciate the United States as a safe haven, a place which welcomes us and allows us to find ourselves. We appreciate the relative freedom of women in this society. We are, however, conscious that the country is hospitable for the young and the strong. We fear the loneliness and fragility of the old and the weak in this country. We regret that we have lost the closer ties and more committed interpersonal relationships with the extended family we enjoyed at home. Yet we know that for women part of the price of having those close ties is loss of independence and freedom of action.

In the years since exile began, for some of us, conditions in our home countries have changed, allowing them to return. Those who returned home discovered the irreversible nature of the exile experience even when it became possible to return. They realized not only that their country had changed but that they themselves are no longer who they were before they left. They learned that once one looks at one's home from the outside, as a stranger, the past, whether in the self or in the land, cannot be recaptured.

We are aware that we have lost part of ourselves through the loss of our homeland. We find substitutes for our loss; for some work acts as a replacement, for others, language. We echo each other when we say the world is our home and repeat wistfully that it means we have no home. We talk of having gained identification with a more universal cause.

We have learned first hand that nothing is worth the suffering, death, and destruction brought about by ideologies that in their fervor uproot so much and destroy so many and then fade away, blow up, or self-destruct. We learned in looking back over our lives that nothing is worth the breach of the sanctity of an individual's body and spirit. The sharing of our narratives of exile made us conclude simply that we wish to seek a mildness of manner, a kindness of heart, and a softness of demeanor. When has a war, a revolution, an act of aggression brought something better for the people on whose behalf it was undertaken? we asked ourselves and each other. We have paid with the days of our lives for the knowledge that nothing good or beautiful can come from harshness and ugliness.

Mother Tongue

Demetria Martínez

His nation chewed him up and spat him out like a piñon shell, and when he emerged from an airplane one late afternoon, I knew I would one day make love with him. He had arrived in Albuquerque to start life over, or at least sidestep death, on this husk of red earth, this Nuevo Méjico. His was a face I'd seen in a dream. A face with no borders: Tibetan eyelids, Spanish hazel irises, Mayan cheekbones dovetailing delicately as matchsticks. I don't know why I had expected Olmec: African features and a warrior's helmet as in those sculpted basalt heads, big as boulders, strewn on their cheeks in Mesoamerican jungles. No, he had no warrior's face. Because the war was still inside him. Time had not yet leached its poisons to his surfaces And I was one of those women whose fate is to take a war out of a man, or at least imagine she is doing so, like prostitutes once upon a time who gave themselves in temples to returning soldiers. Before he appeared at the airport gate, I had no clue such a place existed inside of me. But then it opened up like an unexpected courtyard that teases dreamers with sunlight, bougainvillea, terra-cotta pots blooming marigolds.

It was Independence Day, 1982. Last off the plane, he wore jeans, shirt, and tie, the first of many disguises The church people in Mexico must have told him to look for a woman with a bracelet made of turquoise stones because he walked toward me. And as we shook hands, I saw everything—all that was meant to be or never meant to be, but that I would make happen by taking reality in my hands and bending it like a willow branch. I saw myself whispering his false name by the flame of my Guadalupe candle, the two of us in a whorl of India bedspread, Salvation Army mattresses heaped on floorboards, adobe walls painted Juárez blue. Before his arrival the chaos of my life had no axis about which to spin. Now I had a center. A center so far away from God that I asked forgiveness in advance, remembering words I'd read somewhere, words from the mouth of Ishtar: *A prostitute compassionate am I.*

July 3, 1982

Dear Mary,

I've got a lot to pack, so I have to type quickly. My El Paso contact arranged for our guest to fly out on AmeriAir. He should be arriving around 4 p.m. tomorrow. As I told you last week, don't to forget to take the Yale sweatshirt I gave you just in case his clothing is too suspicious looking. Send him to the nearest bathroom if this is the case. The Border Patrol looks for "un-American" clothing. I remember the time they even checked out a woman's blouse tag right there in the airport—"Hecho en El Salvador." It took us another year and the grace of God to get her back up after she was deported.

Anyhow, when he comes off the plane, speak to him in English. Tell him all about how "the relatives" are doing. When you're safely out of earshot of anyone remind him that if anyone asks, he should say he's from Juárez. If he should be deported, we want immigration to have no question he is from Mexico. It'll be easier to fetch him from there than from a Salvadorian graveyard. Later on it might be helpful to show him a map of Mexico. Make him memorize the capital and the names of states. And I have a tape of the national anthem. These are the kinds of crazy things la migra asks about when they think they have a Central American. (Oh yes, and if his hair is too long, get him to Sandoval's on Second Street. The barber won't charge or ask questions.) El Paso called last night and said he should change his first name again, something different from what's on the plane ticket. Tend to this when you get home.

I've left the keys between the bottom pods of the red chile ristra near my side door. Make yourselves at home (and water my plants, please). I've lined up volunteers to get our guest to a doctor, lawyers, and so forth for as long as I'm here in Arizona. God willing, the affidavit from the San Salvador archdiocese doctor will be dropped off at the house by a member of the Guadalupe parish delegation that was just there. That is, assuming the doctor is not among those mowed down last week in La Cruz.

As I told you earlier, our guest is a classic political asylum case, assuming he decides to apply. Complete with proof of torture. Although even then he has only a two percent chance of being accepted by the United States. El Salvador's leaders may be butchers, but they're butchering on behalf of democracy so our government refuses to admit anything might be wrong. Now I know St. Paul says we're supposed to pray for our leaders and I do, but not without first fantasizing about lining them up and shooting them.

Now see, you got me going again. Anyway, we used to marry off the worst cases, for the piece of paper, so they could apply for residency and a work permit. But nowadays, you can't apply for anything unless you've been married for several years and immigration is satisfied that the marriage is for real. Years ago, when Carlos applied, immigration interrogated us in separate rooms about the color of our bathroom tile, the dog food brand we bought, when we last did you-know-what. To see if our answers matched. Those years I was "married" I even managed to fool you. That is, until we got the divorce, the day after he got his citizenship papers. But you were too young for me to teach you about life outside the law. Which used to be so simple in the old days.

Failing everything we'll get the underground railroad in place. Canada.

Thanks, mijita, for agreeing to do this. The volunteers will take care of everything (they know where the key is hidden), so just make our guest feel at home. Maybe take him to Old Town. After all it's not everyone who lives on a plaza their great-great-etcetera-grandparents helped build. I'm glad you have some time, that you're between jobs. With your little inheritance, you can afford to take a few months off and figure out what to do with your life. But don't get yourself sick over it. I'm fifty and I still haven't figured it out for myself. Just trust the Lord, who works in mysterious ways.

Bosnia, or What Europe Means to Us

Slavenka Drakulic

It was the best *sarma* I had ever tasted: small, tightly wrapped in sauerkraut and compact. The *sarma* is made of minced meat mixed with chopped onions, some garlic, salt, a whole egg and spices. The Bosnian *sarma* comes without sauce and is served with sour cream instead, which gives it that special, delicious taste. I used to make it myself from time to time, but I would mix rice into the meat and make a sauce of sweet red paprika and tomato puree, the variation of the recipe on the Adriatic coast, where I come from.

As well as the *sarma*, the Sunday lunch table was laid with filled onions called *dolma*; *burek*, a pie of a thin home-made pastry stuffed with meat, and *zeljanica*, another with spinach and cheese; and a plate of tasty grilled meat, *čevapčići*. In the middle there was a beautiful round loaf of bread, twisted into a plait. You don't cut this with a knife, you just break off pieces and stuff yourself with it until you can hardly breathe. And, of course, to end it all, there was *baklava*, a traditional sweet made with nuts without which no festive Bosnian meal would be complete. Considering the fact that we were in Stockholm, this lunch was even more special, because the Bosnian family who had invited us had had to put a lot of effort into finding all the right ingredients. But they must have known exactly where to get them, because everything was just perfect, as if you were eating in the middle of Sarajevo.

I asked Fatima, the mother who prepared the meal with the help of her twenty-year-old daughter, Amira, what kind of meat she used for the *sarma*. Was it half beef, half pork, as I used? "Oh, no," she said, "I use only beef. It gives the *sarma* a much better taste." It occurred to me then that the reason she didn't use pork was probably that they were religious Muslims, but I immediately regretted making that assumption. A couple of years ago such a thought would not even have entered my head, but now, after four years of war, even a question about a recipe was no longer innocent. Since then, we have all gradually learned how to think differently, how to divide people into Muslims, Croats and Serbs, even in terms of food. This is what war did to us. It brought us to extreme awareness, extreme sensitivity, because belonging to one nation or another could make the difference between life and death. I was ashamed of having automatically categorised the family. And in any case, I was wrong. Zijo, the father, was drinking brandy—*rakija*—along with the rest of us and there was whisky and wine offered at the table, too. Evidently they were non-religious, though brought up with the influence of the Muslim culture, as are the majority of Bosnian Muslims.

The family—Zijo, Fatima and Amira—had come to Sweden in 1992, soon after the war in Bosnia had started. The Swedish authorities found them a sunny, two-bedroomed apartment in a working-class suburb of Stockholm. They were also given money with which to furnish it. They had spent some of this on a television set, which was clearly the most important feature of their pleasant living room, if not the centre of their lives. During lunch, the set re-mained switched on, even if the volume was turned down. The father glanced at it frequently, waiting for the satellite news programme. He watches both the Serbian and Croatian broadcasts. There was a video, too. One of Zijo's ac-tivities—and he has little else to do—is to visit his friends, Bosnian refugees in other parts of the city, and exchange or borrow tapes from the "homeland," whatever that word means to these people nowadays. It doesn't matter if it is a movie, a musical, a show or a news programme, anything will do. They watch them all. They can't live without them; or at least, Zijo can't.

Zijo was a civil servant in his former life. Now, in his mid-fifties, he no longer has a job and cannot provide for his family. Too young to retire, he just doesn't know what to do with himself. In the middle of a conversation he falls silent because he spots something on the television which takes him back into his old world. Or he just drifts away into his own thoughts, sitting there, lis-tening, but not really participating. His body is idle; there is no wood to cut, no way to be useful. It's easier for women, they always have something to do, he says with a shy smile, as if he is at the same time apologising for his patri-archal mentality in this very "politically correct" country. But he speaks a sim-ple truth. Fatima runs the household, just as she used to do in Bosnia. In fact for her, things are a bit easier now, because she used to work full time and do all the housework. She misses her job a lot, but she has not lost the meaning of her life. She still has to keep her family together, to cook, to take care of the house. She also goes to a Swedish-language class provided free by the state for refugees.

For their daughter, the problems of adapting to a new country are less severe. In four years she has learned the language all by herself and is now working for her high-school degree. Like any person of her age, Amira has plans. She wants to study in Stockholm. In the meantime, she takes on temporary jobs; she goes out with her new friends to a disco, perhaps, and generally doesn't miss Bosnia all that much, except for her old friends. But most of them are no longer there anyway.

Perhaps because of the nature of her daily work, Fatima is more focused on the present. She thinks that the family should stay in Sweden and see what happens after the Dayton Agreement, whether peace in Bosnia will hold. She knows that their daughter has better opportunities for education and getting a good job in Sweden than she would have in insecure Bosnia, and she is prepared to stay until Amira gets her university degree. Zijo does not directly oppose his wife—how could he, when she has valid, rational arguments on her side? But you can tell that he would leave this cosy apartment in an instant to find himself among his own people again. It doesn't mean that he has any illusions about them, that he doesn't ask himself how much they will have changed because of the war. But he would still give up the comfort and security for what he is missing the most, his country, if only he could. You would probably have to start your life from scratch there, I say. He nods. He knows that in order to regain the life he once had back home, he would need to work hard for many years all over again. In Sweden, everything was just given to them. And just like that, says Zijo. He is appreciative, but he can't help asking himself how any society can be affluent enough to afford all that. I sense that he feels he is a burden, and that this cannot be a nice feeling.

The family has a brand-new washing machine in the bathroom, something you don't often see in Swedish households. People usually share two or three washing machines between a whole apartment building. This system works well, except that you have to put yourself on a list about a week in advance to do your laundry, but not knowing about it, the family bought their own machine. It is difficult to be forced to live in another country, to be obliged to change your habits, so they try to stick to what they know when they can. They wash their clothes in their own machine, and they travel about forty-five minutes or more to the market in the centre of town to get all the right ingredients for *dolma* or *zeljanica* or *baklava*. Surrounded by a tidy park, silent neighbours and a strange language, their life is divided between two realities—one here, in Sweden, in Europe; the other back home, in Bosnia.

Zijo shows interest in only a couple of topics: the latest news and the possibilities for peace (which for him equates to when he might be able to go home), and the past, or how did it all happen to us? He has no doubt that it was the political elite, not ordinary people like himself, who started the war. First people were talked into it, next they found it forced upon them, and then it was too late, he says. "Now I feel like the country I've left—cut into pieces. Some parts of me are still there, some parts are here, but certain parts are lost forever."

When I ask him what he thinks of Europe he waves his hand dismissively, as if one should not waste too many words on the subject. Only when I insist that he describe his attitude towards Europe does he start by telling me a story about a wooden house. He saw it recently nearby, a wooden house built in the typical Swedish style. "I was admiring its simplicity," he tells me, "and then I thought that I should take a photograph of that house and send it to my relatives back home. But I did not do it. I changed my mind. Having lived here for some time now, I understand that the house is beautiful to me because I am able to understand its beauty. In Bosnia they would think it was poor. Who, in my part of the world, but very poor people would build a wooden house? People there are proud when they build a two-storey ugly cement block, the bigger the better, so that the neighbours can see that you've made it. There are certain differences between us and Europe, but there are many misunderstandings, too." Zijo, like many other Bosnians, has seen both faces of Europe, the nice one and the ugly one.

The Bosnians were so painfully naïve. I remember them saying, even when the war had already started, "Europe will not let us be divided." Even after the heavy shelling of Sarajevo, and the deaths of tens of thousands of people, the Bosnians still looked towards Europe with hope. "Europe must do something to stop the killing," they would say. If you did not know what "Europe" was, you might well conclude that it was not a continent, but a single entity, a powerful, Godlike being. It took the Bosnians years to realise that Europe was not what they had imagined it to be, and only then after they were let down in the most shameful way. Europe is just a bunch of states with different interests, and the Bosnians had to discover this through their hesitation, indifference and cynicism. Paradoxically, hundreds of thousands of them ended up in European countries as refugees, and it was only then that they were helped.

If peace should have been imposed in the Balkans, the European countries should have imposed it in the first place, not left it to the Americans. They know the Balkans better. For decades Yugos used to clean their streets and build their cities as *Gastarbeiter*. With a minimum of effort Europeans can distinguish Zagreb from Belgrade or Sarajevo, and Banja Luka from Skopje, and there is a fair chance that some of them might once have even visited Dubrovnik. Yet, the European countries had trouble regarding the Balkans as a part of Europe. At the beginning of the war, for a long time the European states behaved as if it was a problem of semantics.

Zijo, lost in Stockholm, eating *sarma* and watching a television programme from back home, is suffering the consequence of this semantic problem. But the consequence of this problem is tens of thousands of wounded and disabled in Bosnia as well. This should and could have been prevented in the first place. If the war in Bosnia could not have been prevented, it could at least have been stopped long before Dayton and on many occasions. Every time the Serbs were really threatened and became afraid of being bombed, they would withdraw and agree to negotiate. Lives could have been saved, and the exodus of more than 2 million people prevented. Providing that the Dayton Agreement is the end of the ordeal, the results of the war in the Balkans will be borders changed by force (according to a European precedent after the Second World War), the acknowledgement of ethnic cleansing and the pushing of the Bosnian Muslims into the hands of fundamentalist Muslims from the Middle East— perhaps an irreversible European mistake.

Nobody should be killed because of his "wrong" national affiliation or the "wrong" colour of his eyes. But it is an even bigger tragedy if people are killed because of what they are not. This terrible fate is exactly what has befallen the Bosnians. They were "ethnically cleansed" at the beginning of the war on the pretext that they were religious Muslims, even fundamentalists. Of course, this was not true, merely a justification for what both the Serbs and the Croats wanted to do: to scare people away from "their" territory. It is astonishing, however, that the European states, too, behaved as if the Muslims in Bosnia were religious. It should not have been too difficult to look at a few simple facts about the Bosnian Muslims in order to understand the problem. For example, they are not Arabs, but are of Slavic origin; they were given Muslim nationality in the mid-seventies by Tito, in order to maintain the balance between Serbs and Croats in Bosnia. Although their culture, as a result of the Turkish occupation, is Muslim-influenced, the majority do not practice the

Muslim religion. For some reason, however—was it fear of the rise of Muslim fundamentalism in Europe, combined with the very convenient theory of the "ancient hatred" of the peoples in the Balkans?—it was taken as read that the Bosnian Muslims were about to establish a Muslim fundamentalist republic in the heart of Europe. For this purpose, the Balkans suddenly became part of Europe, and this could not be permitted. So the Bosnian Muslims were not helped by the European states, but instead by countries like Iran.

What was their alternative? If you were being killed as Muslim fundamentalists in spite of being a European, non-religious, Slavic people of Muslim nationality, and the only source of help were Muslim countries you would finally be forced to turn Muslim in order to survive. Bosnians made a pact with the Devil, but there was nobody else to make a pact with. After that, Bosnia was probably lost to Europe, as Europe was lost to the Bosnians a long time before.

It seems to me that a part of the tragedy of the Bosnians lies in their belief that Europe is what it is not. Europe did not intervene, it did not save them, because there was no Europe to intervene. They saw a ghost. It was us, the Eastern Europeans, who invented "Europe," constructed it, dreamed about it, called upon it. This Europe is a myth created by us, not only Bosnians, but other Eastern Europeans, too—unfortunate outsiders, poor relatives, the infantile nations of our continent. Europe was built by those of us living on the edges, because it is only from there that you would have the need to imagine something like "Europe" to save you from your complexes, insecurities and fears. Because for us, the people from the Balkans, the biggest fear is to be left alone with each other. We have learned better than others what you do to your own brother.

Sitting there at the Sunday lunch with Zijo, Fatima, Amira and their friends, I felt the absurdity of their situation. Why were these people in Stockholm? Was the food they were eating—*sarma, dolma, pita, čevapčići*—the reason why they had been driven from their own country? The idea seems crazy, I know, but what else is the reason? They didn't look different from me, or from those who had scared them away from their home. We even share the language, the education and history of the last fifty years. Our culture and habits might be slightly different, as are our names. Then, there is the food—delicious, tasty and spicy—that somehow seems to have been declared "wrong." But if what you eat decides what side you are on, then I should be on the "wrong" side, too.

It was a sad lunch, because we understand that everything Zijo politely calls "misunderstandings"—on both the Bosnian and the European sides—could perhaps have been avoided. Ever since that day in Stockholm, Europe has had another meaning for me. Every time I mention that word, I see the Bosnian family in front of me, living far away from whatever they call home and eating their own wonderful food because that's all that is left for them. The fact remains that, after fifty years, it was possible after all to have another war in Europe; that it was possible to change borders; that genocide is still possible even today. This should be enough to scare us all. This, and the fact that "Europeans"—that is, people in France, Great Britain, Germany, Italy, Austria or Spain—watched all this, paralysed. It was all there, on the television screens in their living rooms, shells, bombs, slaughter, rape, blood, destruction—the entire war unfolded in front of their eyes. Everybody knew what was going on and this, in a way, is the curse of the war in Bosnia, in the Balkans, and in—well, in what is called Europe.

Should we not, must we not ask, then, what is Europe after Bosnia?

The Moon, the Wind, the Year, the Day

Ana Pizarro

After so many years, and in spite of appearances, nothing fundamental seems to have changed. This recent concession, the government giving permission for you and a few others to go home, is only a gesture, forced on them by a deteriorating image abroad, by pressure from those who can't openly support a military dictatorship which presents such a face to the world, by the protests of the international organizations. They can allow people who present no evident risk to go back, secure in the knowledge that they have the situation under control. You sip the canned juice. Suddenly the stewardess's voice rings in your ears again, making you tremble: only two hours. To be honest, after twenty years it's not long enough.

For a moment you are shaken by how close you are. But it's hard to get a hold on this imminent future of brown grimacing faces, uniforms and helmets, suits and ties; everything grey, gloomy, indistinct. You try to place the images in the foreground but they won't come into focus, they fade into the background and disappear. The future doesn't exist, not even the immediate future, because the only images possible bleed into the clichés of printed news pictures, and your memory gets lost in the vague outline of the airport you left, that you'd rarely been to before, that you're approaching now. Your memory jumps from place to place, unable to fix on to a concrete present which, if it exists at all, is only the cabin of the plane, and travels through formless space, until it finally manages to touch down.

"People don't understand the affairs of the heart," Pepa says as she applies her lipstick, moving her lips in the mirror.

You think of the magazines, *For You* and *Margarita*, tidily stacked on the bureau in her room. You know about affairs of the heart from the illustrations on the covers and at the beginning of each story. A lady like Pepa, grown up, but sad and very slender, reclining on a couch, one arm hanging down, the other covering her face. Or another lady, a mirror in one hand, arranging the feathers of her headdress with the other. Usually they wear dresses covered in little flowers, and hats that come down to their big, highly made-up eyes. The

gentlemen have shirts with collars and ties and wide-brimmed hats and sometimes they hold the ladies in their arms, or it looks as if they're on the way to
the door, about to leave. You don't know where they're going because you can't
read such tiny letters, only the school reading book. Then Pepa says something about "moral prejudices" as she presses her lips together to make sure the
lipstick is even. "The rules of society are wrong, all wrong." The lipstick must
be just right because she stands back from the mirror and examines the effect.
You ask her what the rules are and she says, "You'll know soon enough, when
you're older," as she buffs the high-heeled shoes you like because they make
her look like the ladies in *For You*. And you think that that's when you'll understand why they cry so much in the radio serial, what birthright* means and
all that sort of thing.

She slings her bag over her shoulder and murmurs something about the
wickedness of some people. You ask who, and she says, "That Isadora in the
three o'clock comedy." She says goodbye and goes to the door. You think *she's*
the one who's wicked because she won't take you with her, so you burst into
tears at the door and look up at her miserably, but she won't give in. She tells
you she's got a lot to do and it'll be very boring, kisses you and takes off fast
along the still unpaved road towards the centre, crossing the avenue in her
high-heeled shoes.

It doesn't matter that a picture of Grandma, with her apron printed with
white flowers, her small round glasses on her snub nose and her face that's
never known make-up, doesn't spring instantly to mind. Your memory is vague
at this point, hesitant, and you have to reconstruct the occasion from the feeling, the fragments you can latch on to. She'll be at the back, sitting on her
straw mat, inviting you to husk corn cobs. Now the picture is clear, easy to remember. You're laying the leaves in a line, in pairs, one inside the other, ready
for her to put in the corndough, to wrap them up and tie them in little parcels,
separating the sweet ones for you and Pepa from the salty ones for herself, and
you're calming down again. She'll talk to you about the hens, tell you what
they do, what time of day each one lays its daily egg, why some of them have
bald necks, what they are all called and why she gave them those particular
names, which always have something to do with their looks or behaviour. It's
lovely to go and find the eggs just after you hear the hens clucking, some beige,
others a pale green, almost grey. You look for them in the nesting boxes or under the plants and, picking them up, hold them close, still warm against the

skin of your face. You have to be careful because sometimes the hens get mad, and then you back away, frightened, and wait for them to leave their nests. But from then on that warmth, which you'll come across later in all sorts of different ways, will be the ultimate expression of contact with life.

Grandma Luisa's life is a slow silent walk through the house. She never talks about her past, her background, her family. She sometimes repeats José's words of advice, but that's all: José her life-partner who taught her everything she knows, who brought her to this town and built her this house where she has been comfortable and secure. José who gave her her daughters and who slipped away into the other world one day, as unnoticed as when he arrived. Being with him was her life: sewing his buttons, making sure his shirts were clean and white and well-ironed, being there whenever he came in, making him a cup of tea or *mate* with lemon verbena at night, providing him with a good meal, which she'd put on to heat up when she heard the sound of the truck dropping him off from work at the door. He would arrive in the starry night and describe the crops at dawn or the springy straw in the wheatfields, with his stubbly chin and his great body which seemed to open all the doors and fill the house with his voice of lightning or the condor. His vicuña poncho kept out the cold when he was working out in the fields; he'd come in with a firm tread and the dog would give him a good welcome, hoping for a stroke from those rough country hands of his. She never spoke of how or when they met. Nor did she ever say that she loved him, because she never considered the possibility of not loving him. José worked away from home for weeks at a time and she awaited his return calmly, giving no sign of worry, getting on with her daily chores and keeping his clothes in order. In the evening she would take out a wicker chair and sit in the doorway watching the world go by. Her acquaintances would stop, ask after her health and Don José's, and pass on the town gossip: who had died, who was getting married, who was ill; the boys' pranks, the price of greens, the latest outrage from the butcher who sold his meat for whatever price came into his head and had even stopped giving away scraps for the cat.

One night José came home even more tired than usual. She was worried because she'd never seen him so low. They sat down together in front of the fire. When she was brewing his *mate* she looked up from the stove to ask if he wanted his sugar toasted or would he be happy with white, and thought she saw tears in his eyes. She bent her head so as not to look at him and toasted it anyway. José sighed deeply and asked if she knew about Adriana. She had some idea, because women had tried more than once to tell her of an evening in the doorway; but she'd never listened, replying only with a comment on the quality of vegetables, the high cost of living or the dog's illness. José told her that Adriana had just died and that he had had two daughters with her. She didn't look at him but she heard a hoarse sob and then there was silence. She kept staring at the fire for a long time, hands folded in her lap; then she coughed and said she'd go and fetch the girls.

That was how she gave birth, she who never carried a child inside, and from this pain was born the quiet, steady affection she always had for the girls, who no one ever would have doubted were her own daughters.

Luisa was born in the mountains, up there where carob trees, thorny and woody from lack of moisture, are the only vegetation. She didn't tell you, you guessed when you went on a long bus journey once. The engine got louder and louder as it climbed and there were moments when it looked as if it was going to stop, or roll back over the cliff. People traveled in silence and, apart from the engine, the only sound was the squawk of a hen or a cat miaowing at being shut up so long in a basket. The rest of the baggage had been put on top of the bus and you kept thinking that the road was so steep it might fall off at any moment, and that if the bus stopped it would never be able to get going again, so it would be difficult to collect it. But it didn't happen. After a few hours the bus reached its destination and everyone set off on foot with their bundles. You found it hard going. But Grandma walked at an incredible pace, finding exactly the right spot to put each foot as she picked her way between the stones. Eventually you arrived. It was a peculiar place. There was no vegetation, only a few buildings made of stones placed one on top of the other and fields separated by walls of the same sort—*pircas*, dry-stone walls, Grandma said. One day, when you were older, you would see somewhere similar in a movie—Greek, Turkish or Armenian—and you'd recognize in the people who lived in those stone houses the same frugality, the dependability your grandmother had. Only then would you realize that Luisa was born of the stones, that she inherited from them her strength of character.

You couldn't see who lived in this place. In your memory there are only shadows, moving inside the dark houses. You've stayed outside in the sun which beats down on your head. You're having fun chasing the young goats. They leap from rock to rock and run off up the mountain with their mothers.

Grandma comes out to bring you bread and goat's cheese and you collect water in a gourd from the drops trickling out of a crevice. It isn't a long visit and the return journey seems easier because it's downhill and there are fewer bundles. But you couldn't tell if Grandma was happier after going to see her people. She didn't sound any different and she was worried about whether Pepa would have remembered to feed the birds.

Note

El Derecho de Nacer, a radio soap very popular throughout Latin America in the 1940s and 50s.

Border Country

Alicia Nitecki

On a map, the forests of the Upper Palatinate (Oberpfalz) appear to huddle along the lower leg of the triangle the Czech Republic makes as it pushes into Germany dividing the lands of the former East from those of the West. An unnamed, unnumbered country road roughly outlines the national border for a stretch, now through dark forests, now through green and yellow open lands in order to connect the tiny villages and farms on the southeastern limits of Germany. Not much traffic passes along this road; tourists tend to stick to the broader, better "Ostmarkstrasse" some ten kilometers west, which goes from Passau in the south, through the crystal and china manufacturing towns of Weiden and Neustadt an der Waldnaab, to Bayreuth in the north.

The isolation of the Upper Palatinate could lead one to imagine it as sleepy, but the fields here are sharply defined; the corn dark green and stocky and upright; the house fronts bright and freshly painted; industriousness and prosperity are evident even in the most far-flung hamlet.

I had intended that we should stay at Neustadt, but we came there right after a rainstorm; the leaden sky had emptied the streets, turned the façades of the town's famous baroque houses livid, violent colors, and the man who passed me as I stood on the blue-and-white tiled floor at the foot of the dim stairs in the labyrinthine hotel seemed threatening. We found, instead, accommodations a short way out of town at a local inn facing a former station house, a disused railroad track, a litter of granites; at an inn where, in that quintessentially Bavarian way, a group of men sat talking and drinking beer at a round table beneath a crucifix; where a drunk with bad teeth and a pedigreed long-haired dachshund pressed on us his incomprehensible "pfälzische" dialect together with a miniature bottle of plum brandy; where a bride in an off-the-shoulder formal wedding dress and her husband in a short-sleeved cotton shirt drank bottle after bottle of champagne, and the little bridesmaids with silver lace at their necks tripped and tumbled on the linoleum floor going down again and again in tears and waves of satin; where, outside, my daughter could run, turn somersaults, leap off walls with screaming, laughing, bigger kids, and marvel at the flecks of crystal in the granites.

I had come to the Upper Palatinate because it was here, in a village five or so miles due east of this inn, a terminal German village on that unnumbered road along the border, a village of some two thousand inhabitants of farmers and laborers and quarriers, that in May 1938, Heinrich Himmler, supreme commander of the SS, established Flossenbürg concentration camp.

In this camp, my fifty-eight-year-old grandfather, a retired major from the prewar Polish army, had been imprisoned between sometime in 1944 and April 1945, not because of who he was—not because by accident of birth he had been a member of the Polish intelligentsia and by dint of that targeted for extermination as thousands of others like him had been—but because, when Poland had been part of the Government General of Germany, he had, in the city of Warsaw, deliberately and intentionally and in full knowledge of the consequences of his action, committed the crime of sheltering Jews.

Flossenbürg was an area in my family's life identified but not explored. My grandfather never spoke about it in my presence, and chose to present it to his wife and daughter and son in a mediated way, reading to them one evening in his attic bedroom (whose caches of paper, paint brushes, pencil, pens, and canvases I used to rifle through when he was out) his memoir of the months he had spent there.

When my conversations with my mother led her, at first, to use the generic term "concentration camp" ("What did Grandad do during the war, Mom?" "You know. He was in a concentration camp") or, later, to the specific, "Flossenbürg," there would be the slightest momentary pause, and then she would pick up along another route.

In the sturdy white chocolate box in which my mother kept photographs from those semi-fictional war years—years I remembered only in faded mental snapshots of my own—photos of the pebbly beach in Nice on which my father stood peering tensely beyond the camera; photos of bedraggled people against a background of firs in Lauterbach; photos of my mother and grandmother looking young and pretty in Warsaw—photos I peered into as into a dream, aide-mémoire which aided little, there was a small photo of my grandfather. A bleached-out mug shot of him in a pale striped shirt buttoned high at the throat, his head shaved to white stubble, his face expressing little, his eyes bulging slightly. The background blank. The picture belonged to those lost years, as did the later one of him in army uniform, three-quarters face, the corners of his mouth pulled down, the eyes looking at nothing. He was as removed in these photographs as his war years were from family conversations. I would stare at them intently, trying to find in them the slightly portly, kindly, funny man I knew. ("Mrs. Korenkiewicz," he had said one day to the friendly local Mrs. Malaprop, "You look like Venus today." "Oh, Major," he reported her as replying, "I'm not in the least venereal.")

The bleached-out picture, in particular, puzzled me. Had he been ill? Was he in hospital? I never asked. Once, when I was back from the States visiting her, my mother found me staring at the photo when she came into the room to put something away. She snatched it out of my hand, saying, "Oh, that's a dreadful photograph. Let's throw the thing out!" My mother's uncharacteristic violence had startled me into silence, and I sat mutely as she left the room ripping the photo. It was only then that it dawned on me that in it my grandfather was wearing concentration camp clothes.

Our house was washed by the fast moving waters, now murky now iridescent, of my grandmother's tales. I splashed about willingly in that river in which names stuck out like rock, bathed again and again by the fresh flows of her narrative. My grandfather's past was locked deep in some mountain on a bank I lacked the courage to reach, and though, occasionally, some piece of story would blow my way, I never looked for the source.

Once, I learned that he had grabbed and hit two Polish gentile boys for picking on a Jewish kid. "He would have been shot dead on the spot if the Germans had seen him," my mother said.

Another time, I heard that his apartment had been a temporary safe-house for a series of Jews. The last of them had been young, still a child really. He stayed for three months. When the people from the Home Army were transferring him somewhere else, the Germans caught them and he was killed. The next day they came to arrest my grandfather.

Yet another time, I learned how he had managed to survive. At the end of the war, they had marched the prisoners to another camp. They took a rest and my grandfather fell asleep. He woke to find himself alone, the SS men must have miscounted, but he was so befuddled that he followed in the direction they had gone. He even passed two German soldiers and asked them the way. They must have been very tired, too, because they waved him on. Normally, they would have shot him.

Little narratives rich in verbs, paradigms. "He grabbed, he hit, he hid. They killed, they came, they took, they shot." Footholds to a language I never learned to speak.

The last summer I visited my mother in England, when she already knew, but I didn't, that she was dying, she asked me whether I would be interested, perhaps, in reading my grandfather's Flossenbürg memoir. We were, I remember, sitting next to each other in her living room, and she was looking down at her needlepoint. I could not respond to her question, although I had somehow anticipated it, and I muttered something under my breath.

"It's better you don't read it; it's filled with horrors. He cried when he read it out to us. Not for himself," she added quickly, "but for other people, for what they did to them."

"Like what?" I asked.

She hesitated for a moment, and again looking down at her work said, "For the girl they beat so badly that she could neither sit nor lie down. Such things. Better you don't read it."

After my mother had died, her dying breath closing the door to my childhood, I searched for the memoir but did not find it, and I regretted our inarticulateness: what my mother, in her desire not to force an obligation on me, had not said, which was that she wanted her father's memories preserved; what I had never been able to say to her, which was that I was afraid to read them and reluctant to reveal an interest in the horrors he had lived, because such an interest seemed perverse.

Exile

Tatyana Mamonova

My future was running from me
               like a horse
just when I thought things couldn't
                  get worse
I was exiled from my country
and the sign said "no entry"
I lay awake in a cold sweat
judged by people I never met
I couldn't make myself settle down
I couldn't pack my night gown
I couldn't answer the phone calls
It was like I'd run into a wall
Then I was watching the whole world
going by and getting old
my city below looked like a dime—
It froze in time

Domestic and Political Violence

War Pictures

Carol Dine

In the snapshot taken in Virginia,
my father is an army captain
dressed in his khaki shirt and trousers.
I'm wearing overalls, and he has scooped me up,
cushioned me between his hands.
Our dark hair is slicked back,
the slopes of our foreheads match.

Needles on the low branch
of a palm tree tickle my bare feet.
If I wanted to, I could hide beneath its skirt.
I am right up against my father's heart.
He has bowed his head to kiss me goodbye,
but they tell him he doesn't have to fight—
the war is over.

In another photograph,
I'm standing in my playpen;
shadows of wooden slats
spill across the floor.
I have dropped my stuffed donkey.
I am squeezing my eyes shut
as if my father were marching
into the frame
looking for the enemy.

Against the Pleasure Principle

Saida Hagi-Dirie Herzi

Rahma was all excitement. Her husband had been awarded a scholarship to one of the Ivy-League universities in the United States, and she was going with him. This meant that she was going to have her baby—the first—in the US. She would have the best medical care in the world.

But there was the problem of her mother. Her mother did not want her to go to the US. Rahma was not sure just what it was that her mother objected to but partly, no doubt, she was afraid she'd lose Rahama if she let her go. She had seen it happen with other girls who went abroad: most of them did not come back at all and those who did came only to visit, not to stay. And they let it be known that they had thrown overboard the ways of their people and adopted the ways of the outside world—they painted their lips and their faces; they wore western dress; they went about the city laughing and singing out-landish songs; they spoke in foreign languages or threw in foreign words when they spoke the local language; and they generally acted as though they were su-perior to all those who stayed behind.

Her mother also seemed worried about Rahma having her baby in the US. Rahma had tried and tried again to reassure her that there was nothing to worry about: she would have the best medical attention. Problems, if any, would be more likely to arise at home than there. But it had made no difference. Her mother kept bombarding her with horror stories she had heard from Somali women coming back from the US—the dreadful things that happened to them when they went to US hospitals, above all when they had their babies there.

Like all women in her native setting, Rahma was circumcised, and, accord-ing to her mother, that would mean trouble for her when she was going to have a baby unless there was a midwife from her country to help her. Her mother was convinced that US doctors, who had no experience with circum-cised women, would not know what to do.

Rahma had never given much thought to the fact that she had been only four years old when it happened, and nineteen years had passed since then. But she did remember.

It had not been her own feast of circumcision but that of her sister, who was nine then. She remembered the feeling of excitement that enveloped the whole house that morning. Lots of women were there; relatives were bringing gifts—sweets, cakes, various kinds of delicious drinks, trinkets. And her sister was the centre of attention. Rahma remembered feeling jealous, left out. Whatever it was they were going to do to her sister, she wanted to have it done too. She cried to have it done, cried and cried till the women around her mother relented and agreed to do it to her too. There was no room for fear in her mind: all she could think of was that she wanted to have done to her what they were going to do to her sister so that she too would get gifts, she too would be fussed over.

She remembered the preliminaries, being in the midst of a cluster of women, all relatives of hers. They laid her on her back on a small table. Two of the women, one to the left of her and the other to the right, gently but firmly held her down with one hand and with the other took hold of her legs and spread them wide. A third standing behind her held down her shoulders. Another washed her genitals with a mixture of *melmel* and *hildeed*, a traditional medicine. It felt pleasantly cool. Off to one side several women were playing tin drums. Rahma did not know that the intent of the drums was to drown the screams that would be coming from her throat in a moment.

The last thing she remembered was one of the women, a little knife in one hand, bending over her. The next instant there was an explosion of pain in her crotch, hot searing pain that made her scream like the rabbit when the steel trap snapped its legs. But the din of the drums, rising to a deafening crescendo, drowned her screams, and the women who held her expertly subdued her young strength coiling into a spring to get away. Then she must have passed out, for she remembered nothing further of the operation in which all the outer parts of her small genitals were cut off, lips, clitoris and all, and the mutilated opening stitched up with a thorn, leaving a passage the size of a grain of sorghum.

When she regained consciousness, she was lying on her mat in her sleeping corner, hot pain between her legs. The slightest movement so aggravated the pain that tears would well up in her eyes. She remembered trying to lie perfectly still so as not to make the pain worse.

For some time after the operation she walked like a cripple: her thighs had been tied together so that she could move her legs only from the knees down, which meant taking only the tiniest of steps. People could tell what had happened to her by the way she walked.

And she remembered how she dreaded passing water. She had to do it sitting because she could not squat, and she had to do it with her thighs closed tightly because of the bindings. To ease the pain of urine pushing through the raw wound of the narrow opening, warm water was poured over it while she urinated. Even so, it brought tears to her eyes. In time the pain abated, but urinating had been associated with discomfort for her ever since.

She remembered being told that she had needed only three thorn stitches. Had she been older, it would have taken four, perhaps five, stitches to sew her up properly. There are accepted standards for the size of a girl's opening: an opening the size of a grain of rice is considered ideal; one as big as a grain of sorghum is acceptable. However, should it turn out as big as a grain of maize, the poor girl would have to go through the ordeal a second time. That's what had happened to her sister; she herself had been luckier. When the women who inspected her opening broke out into the high-pitched *mash-harad* with which women in her society signalled joy, or approval, Rahma knew that it had turned out all right the first time.

Rahma's culture justified circumcision as a measure of hygiene, but the real purpose of it, Rahma was sure, was to safeguard the woman's virginity. Why else the insistence on an opening no larger than a grain of sorghum, one barely big enough to permit the passing of urine and of the menstrual blood? An opening as small as that was, if anything, anti-hygienic. No, if the kind of circumcision that was practised in her area had any purpose, it was to ensure that the hymen remained intact. Her society made so much of virginity that no girl who lost it could hope to achieve a decent marriage. There was no greater blow to a man's ego than to find out that the girl he married was not a virgin.

Rahma knew that, except for the first time, it was customary for women to deliver by themselves, standing up and holding on to a hanging rope. But the first time they needed assistance—someone to cut a passage large enough for the baby's passage. That was what so worried Rahma's mother. She did not think a US doctor could be trusted to make the right cut. Not having had any experience with circumcised women he would not know that the only way to cut was upward from the small opening left after circumcision. He might, especially if the baby's head was unusually big, cut upward *and* downward. How was he to know that a cut towards the rectum could, and probably would, mean trouble for all future deliveries? Nor would he know that it was best for the woman to be stitched up again right after the baby was born. It was, Rahma's mother insisted, dangerous for a circumcision passage to be left open.

When it became obvious that her words of warning did not have the desired effect on Rahma, her mother decided to play her last trump card—the *Kur*, a ritual feast put on, usually in the ninth month of a pregnancy, to ask God's blessing for the mother and the baby about to be born. Friends and relatives came to the feast to offer their good-luck wishes. It was her mother's intention to invite to the *Kur* two women who had had bad experiences with doctors in the US. They would talk about their experiences in the hope that Rahma would be swayed by them and not go away.

The *Kur* feast was held at her mother's place. When the ritual part of it was over and the well-wishers had offered their congratulations, some of the older women, who had obviously been put up to it by her mother, descended on Rahma trying to accomplish what her mother had failed to do—persuade her to put off going away at least until after the baby's birth.

It did not work. From the expression on Rahma's face that was only too obvious. So her mother signalled for the two special guests to do their part. The first, whose name was Hawa, had spent two years in the US as a student. She talked about the problems of a circumcised woman in a society that did not circumcise its women. "When people found out where I was from," she told her audience in a whisper, "they pestered me with questions about female circumcision. To avoid their questions, I told them that I had not been circumcised myself and therefore could not tell them anything about it. But that did not stop them from bugging me with more questions." The topic of circumcision, she told them, continued to be a source of embarrassment for as long as she was there.

Hawa then talked about her experience at the gynaecologist's office. She had put off seeing a gynaecologist as long as possible, but when she could not put it off any longer, she looked for, and found, a woman doctor, thinking that she would feel comfortable with a woman. When the doctor started to examine her, Hawa had heard a gasp. The gasp was followed by a few stammering sounds that turned into a question. The doctor wanted to know whether she had got burned or scalded. When Hawa signalled by a shake of her head that she had done neither, the doctor asked her whether she had had an operation for cancer or something, in which the outer parts of her genitals had been amputated. Again Hawa denied anything, and to avoid further questions quickly added that the disfigurement which the doctor found so puzzling was the result of circumcision.

At that, Hawa's doctor went on with the examination without further questions. When she was finished, she turned to Hawa once more. "You had me confused there," she muttered, more to herself than to Hawa. "Don't hold my ignorance against me. I have heard and read about circumcision, but you are the first circumcised woman I have seen in my career. I neither knew that it was still practised nor did I have any idea it went so far.

"You know," she continued after a moment's pause, "I cannot for the world of me understand why your people have to do this to their women. Intercourse cannot be much fun for someone mutilated like that. Perhaps that's why they do it, to make sure the women won't get any pleasure out of sex. And what misery it must be for a woman sewn up like that to have a baby."

Hawa said she went away from the doctor's office thinking how right the doctor was about sex not being fun for circumcised women. She remembered the first time her husband made love to her, how horribly painful it had been. And it had continued to be painful for her even after she got used to it. She knew that for most of the women in her society sex was something to be endured not enjoyed. With all the sensitive parts of womanhood cut away, it was all but impossible for them to be sexually aroused and quite impossible for them to experience any of the pleasurable sensations that would redeem the act.

Hawa said she walked home feeling like a freak: what was left of her genitals must look pretty grim if the sight of it could make a doctor gasp. Why did her people do this to their women? Hundreds of millions of women the world over went through life the way God had created them, whole and unmutilated. Why could her people not leave well enough alone? It seemed to her, at least in this case, that man's attempts to improve on nature were a disaster.

The second woman, Dahabo, seemed to believe in circumcision as such. However, when a circumcised woman moved to a part of the world that did not practise circumcision problems were bound to arise. She too had lived in the US. She too had had her encounters with US doctors. She talked at length about her first such encounter. Like Hawa's doctor, hers was a woman; unlike Hawa's hers was familiar with the idea of female circumcision. Nevertheless, Dahabo was her first case of a circumcised woman. Dahabo told her audience about the questioning she was subjected to by her doctor after the examination:

Doctor: Did you have any sort of anaesthesia when they circumcised you?

Dahabo: No, I did not, but I did not really feel any pain because I fainted and remained unconscious during the whole operation.

Doctor: Is circumcision still practised in your culture?

Dababo: Yes, it is. I had it done to my five-year-old daughter before coming here.

Doctor: Any difference between your way and your daughter's way?

Dahabo: None whatsoever: the same women who circumcised me circumcised her.

At that point, Dahabo told her listeners, something happened that puzzled her: her doctor, eyes full of tears, broke into loud sobs, and she continued to sob while she opened the door to usher her patient out into the corridor. Dahabo said she had never understood what had made her doctor cry.

Rahma had no trouble understanding what it was that had moved the doctor to tears. She was close to tears herself as she left her mother's house to walk home. How much longer, she wondered, would the women of her culture have to endure this senseless mutilation? She knew that, though her people made believe circumcision was a religious obligation, it was really just an ugly custom that had been borrowed from the ancient Egyptians and had nothing to do with Islam. Islam recommends circumcision only for men.

The *Kur* did not achieve what her mother had hoped. Rahma was more determined than ever to accompany her husband to the US. True, there was still the problem of her mother; no doubt her mother meant well, no doubt she wanted the best for her, but Rahma had different ideas about that. She was, for instance, convinced that having her baby in the US was in the best interest of her and of the baby. She would like to have her mother's blessing for the move, but if that was not possible she would go without it. She had always hated circumcision. Now she hated it more than ever. No daughter of hers would ever be subjected to it.

Nada

Judith Ortíz Cofer

Almost as soon as Doña Ernestina got the telegram about her son's having been killed in Vietnam, she started giving her possessions away. At first we didn't realize what she was doing. By the time we did, it was too late.

The army people had comforted Doña Ernestina with the news that her son's "remains" would have to be "collected and shipped" back to New Jersey at some later date, since other "personnel" had also been lost on the same day. In other words, she would have to wait until Tony's body could be processed.

Processed. Doña Ernestina spoke that word like a curse when she told us. We were all down in El Basement—that's what we called the cellar of our apartment building: no windows for light, boilers making such a racket that you could scream and almost no one would hear you. Some of us had started meeting here on Saturday mornings—as much to talk as to wash our clothes—and over the years it became a sort of women's club where we could catch up on a week's worth of gossip. That Saturday, however, I had dreaded going down the cement steps. All of us had just heard the news about Tony the night before.

I should have known the minute I saw her, holding court in her widow's costume, that something had cracked inside Doña Ernestina. She was in full luto—black from head to toe, including a mantilla. In contrast, Lydia and Isabelita were both in rollers and bathrobes: our customary uniform for these Saturday morning gatherings—maybe our way of saying "No Men Allowed." As I approached them, Lydia stared at me with a scared-rabbit look in her eyes.

Doña Ernestina simply waited for me to join the other two leaning against the machines before she continued explaining what had happened when the news of Tony had arrived at her door the day before. She spoke calmly, a haughty expression on her face, looking like an offended duchess in her beautiful black dress. She was pale, pale, but she had a wild look in her eyes. The officer had told her that—when the time came—they would bury Tony with "full military honors"; for now they were sending her the medal and a flag. But she had said, "No, *gracias*," to the funeral, and she sent the flag and medals back marked *Ya no vive aquí*: Does not live here anymore. "Tell the Mr. President of the United States what I say: No, gracias."

Then she waited for our response.

Lydia shook her head, indicating that she was speechless. And Elenita looked pointedly at me, forcing me to be the one to speak the words of sympathy for all of us, to reassure Doña Ernestina that she had done exactly what any of us would have done in her place: yes, we would have all said *No, gracias*, to any president who had actually tried to pay for a son's life with a few trinkets and a folded flag.

Doña Ernestina nodded gravely. Then she picked up the stack of neatly folded men's shirts from the sofa (a discard we had salvaged from the sidewalk) and walked regally out of El Basement.

Lydia, who had gone to high school with Tony, burst into tears as soon as Doña Ernestina was out of sight. Elenita and I sat her down between us on the sofa and held her until she had let most of it out. Lydia is still young—a woman who has not yet been visited too often by *la muerte*. Her husband of six months had just gotten his draft notice, and they have been trying for a baby—trying very hard. The walls of El Building are thin enough so that it has become a secret joke (kept only from Lydia and Roberto) that he is far more likely to escape the draft due to acute exhaustion than by becoming a father.

"Doesn't Doña Ernestina feel *anything?*" Lydia asked in between sobs. "Did you see her, dressed up like an actress in a play—and not one tear for her son?"

"We all have different ways of grieving," I said, though I couldn't help thinking that there *was* a strangeness to Doña Ernestina and that Lydia was right when she said that the woman seemed to be acting out a part. "I think we should wait and see what she is going to do."

"Maybe," said Elenita. "Did you get a visit from *el padre* yesterday?"

We nodded, not surprised to learn that all of us had gotten personal calls from Padre Álvaro, our painfully shy priest, after Doña Ernestina had frightened him away. Apparently el padre had come to her apartment immediately after hearing about Tony, expecting to comfort the woman as he had when Don Antonio died suddenly a year ago. Her grief then had been understandable in its immensity, for she had been burying not only her husband but also the dream shared by many of the barrio women her age—that of returning with her man to the Island after retirement, of buying a *casita* in the old pueblo, and of being buried on native ground alongside *la familia*. People *my* age—

those of us born or raised here—have had our mothers dutifully drill this fantasy into our brains all of our lives. So when Don Antonio dropped his head on the domino table, scattering the ivory pieces of the best game of the year, and when he was laid out in his best black suit at Ramírez's Funeral Home, all of us knew how to talk to the grieving widow.

That was the last time we saw both her men. Tony was there, too—home on a two-day pass from basic training—and he cried like a little boy over his father's handsome face, calling him Papi, Papi. Doña Ernestina had had a full mother's duty then, taking care of the hysterical boy. It was a normal chain of grief, the strongest taking care of the weakest. We buried Don Antonio at Garden State Memorial Park, where there are probably more Puerto Ricans than on the Island. Padre Álvaro said his sermon in a soft, trembling voice that was barely audible over the cries of the boy being supported on one side by his mother, impressive in her quiet strength and dignity, and on the other by Cheo, owner of the bodega where Don Antonio had played dominoes with the other barrio men of his age for over twenty years.

Just about everyone from El Building had attended the funeral, and it had been done right. Doña Ernestina had sent her son off to fight for America and then had started collecting her widow's pension. Some of us asked Doña Iris (who knew how to read cards) about Doña Ernestina's future, and Doña Iris had said: "A long journey within a year"—which fit with what we thought would happen next: Doña Ernestina would move back to the Island and wait with her relatives for Tony to come home from the war. Some older women actually went home when they started collecting social security or pensions, but that was rare. Usually, it seemed to me, somebody had to die before the island dream would come true for women like Doña Ernestina. As for my friends and me, we talked about "vacations" in the Caribbean. But we knew that if life was hard for us in this barrio, it would be worse in a pueblo where no one knew us (and had maybe heard of our parents before they came to *Los Estados Unidos de América*, where most of us had been brought as children).

When Padre Álvaro had knocked softly on my door, I had yanked it open, thinking it was that ex-husband of mine asking for a second chance again. (That's just the way Miguel knocks when he's sorry for leaving me—about once a week—when he wants a loan.) So I was wearing my go-to-hell face when I threw open the door, and the poor priest nearly jumped out of his skin. I saw him take a couple of deep breaths before he asked me in his slow way—he tries to hide his stutter by dragging out his words—if I knew whether or not Doña Ernestina was ill. After I said, "No, not that I know," Padre Álvaro just stood there, looking pitiful, until I asked him if he cared to come in. I had been sleeping on the sofa and watching TV all afternoon, and I really didn't want him to see the mess, but I had nothing to fear. The poor man actually took one step back at my invitation. No, he was in a hurry, he had a few other parishioners to visit, etc. These were difficult times, he said, so-so-so many young people lost to drugs or dying in the wa-wa-war. I asked him if *he* thought Doña Ernestina was sick, but he just shook his head. The man looked like an orphan at my door with those sad, brown eyes. He was actually appealing in a homely way: that long nose nearly touched the tip of his chin when he smiled, and his big crooked teeth broke my heart.

"She does not want to speak to me," Padre Álvaro said as he caressed a large silver crucifix that hung on a thick chain around his neck. He seemed to be dragged down by its weight, stoop-shouldered and skinny as he was.

I felt a strong impulse to feed him some of my chicken soup, still warm on the stove from my supper. Contrary to what Lydia says about me behind my back, I like living by myself. And I could not have been happier to have that mama's boy Miguel back where he belonged—with his mother, who thought that he was still her baby. But this scraggly thing at my door needed home cooking and maybe even something more than a hot meal to bring a little spark into his life. (I mentally asked God to forgive me for having thoughts like these about one of his priests. *Ay bendito*, but they too are made of flesh and blood.)

"Maybe she just needs a little more time, Padre," I said in as comforting a voice as I could manage. Unlike the other women in El Building, I am not convinced that priests are truly necessary—or even much help—in times of crisis.

"Sí, Hija, perhaps you're right," he muttered sadly—calling me "daughter" even though I'm pretty sure I'm five or six years older. (Padre Álvaro seems so "untouched" that it's hard to tell his age. I mean, when you live, it shows. He looks hungry for love, starving himself by choice.) I promised him that I would look in on Doña Ernestina. Without another word, he made the sign of the cross in the air between us and turned away. As I heard his slow steps descending the creaky stairs, I asked myself: what do priests dream about?

When el padre's name came up again during that Saturday meeting in El Basement, I asked my friends what *they* thought a priest dreamed about. It was a fertile subject, so much so that we spent the rest of our laundry time coming up with scenarios. Before the last dryer stopped, we all agreed that we could not receive communion the next day at mass unless we went to confession that afternoon and told another priest, not Álvaro, about our "unclean thoughts."

As for Doña Ernestina's situation, we agreed that we should be there for her if she called, but the decent thing to do, we decided, was give her a little more time alone. Lydia kept repeating, in that childish way of hers, "Something is wrong with the woman," but she didn't volunteer to go see what it was that was making Doña Ernestina act so strangely. Instead she complained that she and Roberto had heard pots and pans banging and things being moved around for hours in 4-D last night—they had hardly been able to sleep. Isabelita winked at me behind Lydia's back. Lydia and Roberto still had not caught on: if they could hear what was going on in 4-D, the rest of us could also get an earful of what went on in 4-A. They were just kids who thought they had invented sex: I tell you, a telenovela could be made from the stories in El Building.

On Sunday Doña Ernestina was not at the Spanish mass and I avoided Padre Álvaro so he would not ask me about her. But I was worried. Doña Ernestina was a church cucaracha—a devout Catholic who, like many of us, did not always do what the priests and the Pope ordered but who knew where God lived. Only a serious illness or tragedy could keep her from attending mass, so afterward I went straight to her apartment and knocked on her door. There was no answer, although I had heard scraping and dragging noises, like furniture being moved around. At least she was on her feet and active. Maybe housework was what she needed to snap out of her shock. I decided to try again the next day.

As I went by Lydia's apartment, the young woman opened her door—I knew she had been watching me through the peephole—to tell me about more noises from across the hall during the night. Lydia was in her baby-doll pajamas. Although she stuck only her nose out, I could see Roberto in his jockey underwear doing something in the kitchen. I couldn't help thinking about Miguel and me when we had first gotten together. We were an explosive combination. After a night of passionate lovemaking, I would walk around thinking: Do not light cigarettes around me. No open flames. Highly combustible materials being transported. But when his mama showed up at our door, the man of fire turned into a heap of ashes at her feet.

"Let's wait and see what happens," I told Lydia again.

We did not have to wait long. On Monday Doña Ernestina called to invite us to a wake for Tony, a *velorio*, in her apartment. The word spread fast. Everyone wanted to do something for her. Cheo donated fresh chickens and island produce of all kinds. Several of us got together and made arroz con pollo, also flan for dessert. And Doña Iris made two dozen *pasteles* and wrapped the meat pies in banana leaves that she had been saving in her freezer for her famous Christmas parties. We women carried in our steaming plates, while the men brought in their bottles of Palo Viejo rum for themselves and candy-sweet Manischewitz wine for us. We came ready to spend the night saying our rosaries and praying for Tony's soul.

Doña Ernestina met us at the door and led us into her living room, where the lights were off. A photograph of Tony and one of her deceased husband Don Antonio were sitting on top of a table, surrounded by at least a dozen candles. It was a spooky sight that caused several of the older women to cross themselves. Doña Ernestina had arranged folding chairs in front of this table and told us to sit down. She did not ask us to take our food and drinks to the kitchen. She just looked at each of us individually, as if she were taking attendance in class, and then said: "I have asked you here to say good-bye to my husband Antonio and my son Tony. You have been my friends and neighbors for twenty years, but they were my life. Now that they are gone, I have nada. Nada. Nada."

I tell you, that word is like a drain that sucks everything down. Hearing her say *nada* over and over made me feel as if I were being yanked into a dark pit. I could feel the others getting nervous around me too, but here was a woman deep into her pain: we had to give her a little space. She looked around the room, then walked out without saying another word.

As we sat there in silence, stealing looks at each other, we began to hear the sounds of things being moved around in other rooms. One of the older women took charge then, and soon the drinks were poured, the food served—all this while strange sounds kept coming from different rooms in the apartment. Nobody said much, except once when we heard something like a dish fall and break. Doña Iris pointed her index finger at her ear and made a couple of circles—and out of nervousness, I guess, some of us giggled like schoolchildren.

It was a long while before Doña Ernestina came back out to us. By then we were gathering our dishes and purses, having come to the conclusion that it was time to leave. Holding two huge Sears shopping bags, one in each hand, Doña

Ernestina took her place at the front door as if she were a society hostess in a receiving line. Some of us women hung back to see what was going on. But Tito, the building's super, had had enough and tried to steal past her. She took his hand, putting in it a small ceramic poodle with a gold chain around its neck. Tito gave the poodle a funny look, then glanced at Doña Ernestina as though he were scared and hurried away with the dog in his hand.

We were let out of her place one by one but not until she had forced one of her possessions on each of us. She grabbed without looking from her bags. Out came her prized *miniaturas*, knickknacks that take a woman a lifetime to collect. Out came ceramic and porcelain items of all kinds, including vases and ashtrays; out came kitchen utensils, dishes, forks, spoons; out came old calendars and every small item that she had touched or been touched by in the last twenty years. Out came a bronzed baby shoe—and I got that.

As we left the apartment, Doña Iris said "Psst" to some of us, so we followed her down the hallway. "Doña Ernestina's faculties are temporarily out of order," she said very seriously. "It is due to the shock of her son's death."

We all said "Sí" and nodded our heads.

"But what can we do?" Lydia said, her voice cracking a little. "What should I do with this?" She was holding one of Tony's baseball trophies in her hand: 1968 Most Valuable Player, for the Pocos Locos, our barrio's team.

Doña Iris said, "Let us keep her things safe for her until she recovers her senses. And let her mourn in peace. These things take time. If she needs us, she will call us." Doña Iris shrugged her shoulders. "*Así es la vida, hijas*: that's the way life is."

As I passed Tito on the stairs, he shook his head while looking up at Doña Ernestina's door: "I say she needs a shrink. I think somebody should call the social worker." He did not look at me when he mumbled these things. By "somebody" he meant one of us women. He didn't want trouble in his building, and he expected one of us to get rid of the problems. I just ignored him.

In my bed I prayed to the Holy Mother that she would find peace for Doña Ernestina's troubled spirit, but things got worse. All that week Lydia saw strange things happening through the peephole on her door. Every time people came to Doña Ernestina's apartment—to deliver flowers, or telegrams from the Island, or anything—the woman would force something on them. She pleaded with them to take this or that; if they hesitated, she commanded them with those tragic eyes to accept a token of her life.

And they did, walking out of our apartment building, carrying cushions, lamps, doilies, clothing, shoes, umbrellas, wastebaskets, schoolbooks, and note-books: things of value and things of no worth at all to anyone but the person who had owned them. Eventually winos and street people got the news of the great giveaway in 4-D, and soon there was a line down the stairs and out the door. Nobody went home empty-handed; it was like a soup kitchen. Lydia was afraid to step out of her place because of all the dangerous-looking characters hanging out on that floor. And the smell! Entering our building was like com-ing into a cheap bar and public urinal combined.

Isabelita, living alone with her two children and fearing for their safety, was the one who finally called a meeting of the residents. Only the women at-tended, since the men were truly afraid of Doña Ernestina. It isn't unusual for men to be frightened when they see a woman go crazy. If they are not the cause of her madness, then they act as if they don't understand it and usually leave us alone to deal with our "woman's problems." This is just as well.

Maybe I *am* just bitter because of Miguel—I know what is said behind my back. But this is a fact: when a woman is in trouble, a man calls in her mama, her sisters, or her friends, and then he makes himself scarce until it's over. This happens again and again. At how many bedsides of women have I sat? How many times have I made the doctor's appointment, taken care of the children, and fed the husbands of my friends in the barrio? It is not that the men can't do these things; it's just that they know how much women help each other. Maybe the men even suspect that we know one another better than they know their own wives. As I said, it is just as well that they stay out of the way when there is trouble. It makes things simpler for us.

At the meeting, Isabelita said right away that we should go up to 4-D and try to reason with *la pobre* Doña Ernestina. Maybe we could get her to give us a relative's address in Puerto Rico—the woman obviously needed to be taken care of. What she was doing was putting us all in a very difficult situation. There were no dissenters this time. We voted to go as a group to talk to Doña Ernestina the next morning.

But that night we were all awakened by crashing noises on the street. In the light of the full moon, I could see that the air was raining household goods: kitchen chairs, stools, a small TV, a nightstand, pieces of a bed frame. Every-thing was splintering as it landed on the pavement. People were running for cover and yelling up at our building. The problem, I knew instantly, was in apartment 4-D.

Putting on my bathrobe and slippers, I stepped out into the hallway. Lydia and Roberto were rushing down the stairs, but on the flight above my landing, I caught up with Doña Iris and Isabelita, heading toward 4-D. Out of breath, we stood in the fourth-floor hallway, listening to police sirens approaching our building in front. We could hear the slamming of car doors and yelling—in both Spanish and English. Then we tried the door to 4-D. It was unlocked.

We came into a room virtually empty. Even the pictures had been taken down from the walls; all that was left were the nail holes and the lighter places on the paint where the framed photographs had been for years. We took a few seconds to spot Doña Ernestina: she was curled up in the farthest corner of the living room, naked.

"Cómo salió a este mundo," said Doña Iris, crossing herself.

Just as she had come into the world. Wearing nothing. Nothing around her except a clean, empty room. Nada. She had left nothing behind—except the bottles of pills, the ones the doctors give to ease the pain, to numb you, to make you feel nothing when someone dies.

The bottles were empty too, and the policemen took them. But we didn't let them take Doña Ernestina until we had each brought up some of our best clothes and dressed her like the decent woman that she was. *La decencia*. Nothing can ever change that—not even la muerte. This is the way life is. *Así es la vida.*

My Harem Frontiers

Fatima Mernissi

I was born in a harem in 1949 in Fez, a ninth-century Moroccan city some five thousand kilometers west of Mecca, and one thousand kilometers south of Madrid, one of the dangerous capitals of the Christians. The problems with the Christians start, said Father, as with women, when the *hudud*, or sacred frontier, is not respected. I was born in the midst of chaos, since neither Christians nor women accepted the frontiers. Right on our threshold, you could see women of the harem contesting and fighting with Ahmed the doorkeeper as the foreign armies from the North kept arriving all over the city. In fact, foreigners were standing right at the end of our street, which lay just between the old city and the Ville Nouvelle, a new city that they were building for themselves. When Allah created the earth, said Father, he separated men from women, and put a sea between Muslims and Christians for a reason. Harmony exists when each group respects the prescribed limits of the other; trespassing leads only to sorrow and unhappiness. But women dreamed of trespassing all the time. The world beyond the gate was their obsession. They fantasized all day long about parading in unfamiliar streets, while the Christians kept crossing the sea, bringing death and chaos.

Trouble and cold winds come from the North, and we turn to the East to pray. Mecca is far. Your prayers might reach it if you know how to concentrate. I was taught how to concentrate when the time was appropriate. Madrid's soldiers had camped north of Fez, and even Uncle 'Ali and Father, who were so powerful in the city and ordered around everyone in the house, had to ask permission from Madrid to attend Moulay Abdesalam's religious festival near Tangier, three hundred kilometers away. But the soldiers who stood outside our door were French, and of another tribe. They were Christians like the Spaniards, but they spoke another language and lived farther north. Paris was their capital. Cousin Samir said that Paris was probably two thousand kilometers away, twice as far away from us as Madrid, and twice as ferocious. Christians, just like Muslims, fight each other all the time, and the Spanish and the French almost killed one another when they crossed our frontier. Then, when neither was able to exterminate the other, they decided to cut Morocco in half. They put soldiers near 'Arbaoua and said from now on, to go north, you needed a pass because you were crossing into Spanish Morocco. To go south, you needed another pass, because you were crossing into French Morocco. If you did not go along with what they said, you got stuck at 'Arbaoua, an arbitrary spot where they had built a huge gate and said that it was a frontier. But Morocco, said Father, had existed undivided for centuries, even before Islam came along fourteen hundred years ago. No one ever had heard of a frontier splitting the land in two before. The frontier was an invisible line in the mind of warriors.

Cousin Samir, who sometimes accompanied Uncle and Father on their trips, said that to create a frontier, all you need is soldiers to force others to believe in it. In the landscape itself, nothing changes. The frontier is in the mind of the powerful. I could not go and see this for myself because Uncle and Father said that a girl does not travel. Travel is dangerous and women can't defend themselves. Aunt Habiba, who had been cast off and sent away suddenly for no reason by a husband she loved dearly, said that Allah had sent the Northern armies to Morocco to punish the men for violating the *hudud* protecting women. When you hurt a woman, you are violating Allah's sacred frontier. It is unlawful to hurt the weak. She cried for years.

Education is to know the *hudud*, the sacred frontiers, said Lalla Tam, the headmistress at the Koranic school where I was sent at age three to join my ten cousins. My teacher had a long, menacing whip, and I totally agreed with her about everything: the frontier, Christians, education. To be a Muslim was to respect the *hudud*. And for a child, to respect the *hudud* was to obey. I wanted badly to please Lalla Tam, but once out of her earshot, I asked Cousin Malika, who was two years older than I, if she could show me where the *hudud* actually was located. She answered that all she knew for sure was that everything would work out fine if I obeyed the teacher. The *hudud* was whatever the teacher forbade. My cousin's words helped me relax and start enjoying school.

But since then, looking for the frontier has become my life's occupation. Anxiety eats at me whenever I cannot situate the geometric line organizing my powerlessness.

Musée des Faux Arts

Rose Styron

"About suffering they were never wrong,
the Old Masters," mused Auden
gazing at Brueghel gazing at Icarus
falling into the sea.   The farmer plowing,
the shepherd dreaming, he fell into the sea.
Across the gallery the sun kept shining
for other lads skating their icy pond
on balanced blades, while the one
determined to meet the sun, to play
the sun on his lucent homemade wings
by afternoon was gone without a trace.

How often I've thought of Brueghel's
intricate scenes.   Once, through a gate
I watched our neighbor's son
go off at dawn to his daily job
at the torture house, pale stucco
on our very elm-lined street
in last year's Santiago.   Thought:
someday will he watch a boy he's known
whose wings of conscience made him dare
the local laws of gravity
suddenly reappear, be left, drowning?

Toward home one gilded nightfall,
the sky's gong melting into the sea,
he stopped at the soccer stadium.   There
Victor Jara light-long played guitar,
sang a wild song.   Brave fingers

crushed by compatriots, and severed tongue
were not the business of our neighbor's son.

A different time, poised on brocade divans
and sampling chocolates in an Asian palace
we were audience for the Prince.   Thought:
an hour ago at Phnom Penh's ruined school
too near the killing fields we stood,
staring at beds museumed in the classroom,
manacles clamped to their leather slats
that sagged in body-shapes, electric
wires still tuned to cure the young

under their immortality—the blown-up
photographs secured against each blackboard—
cross-eyed violinist, startled soccer champ,
chaste poet I had talked about
halfway across the world and then forgot.

Now close, Kosinski: artist of the underworld,
curator of his lives' exhibits, exile's clown.
Some dread whim (I have made myself believe),
led him to sink his last invention, drown
in the tub.   Thought: how could a flimsy
plastic bag snuff out his eyes' Inferno,
become the mask wrought wet and tight
to frighten or seduce a tardy lover?

"Play hide and seek with me," he used to cry.
Even then we were too old for games.
But in his secret room we'd play, Jerzy
afraid of Poles and Jews, hiding from history's
judgment and perhaps from grown-up instincts
just to disappear.   Thin as a Chinese kite,
folding his hollow bones as he had learned to do
from painted birds who floated when they

could not fly, he lay flat between the stove
and wall, shimmering.   Sideways on imaginary water.

It took me—then the angry others—hours
to find him, he and I gleeful by the end
at our long our dazzled puzzlement, his rescue.
I had not thought I'd tire of games so soon.

After a decade of abandonment, scant
reason and scant days before the drowning,
he called.   "Come play!" the voice implored.
Outside my country window the late sun
rose and rose and fell, green flash into a white
antarctic sea.   Shackleton, Amundsen, Cook exploring
one more childhood summoned.
Although I must have said "Why not?"
surely I meant: "Never."

About accidents we are often wrong. . . .

Female Goods

Taslima Nassrin

Woman, you'd like a woman?
All kinds of women,
fair-skinned women, tall women, hair down to their knees,
slim waist, firm and shapely figure.
She's got no fat, no salt, you won't find
    any wrinkles in her skin.

Pierced nose, pierced ears, pierced digestive tract,
check with your fingers that nothing else is pierced.
No hand has touched her virgin limbs, her liquids
have not spilled, a woman not yet enjoyed.
Woman, you'd like a woman?

Feed her three square meals a day,
give her *saris*, ornaments, and good soap
to smooth on her body.
She won't raise her eyes, she won't raise her voice,
she's a shy and modest woman,
she can cook seven dishes for one midday meal.

This female item can be used any way you like!
If you wish, chain her feet, chain her hands,
put her mind in chains.
If you wish, divorce her, say divorce,
and you've divorced her.

Child of the Dark

Carolina María de Jesus

December 25 Xmas Day [1958]

João came in saying he had a stomach ache. I knew what it was for he had eaten a rotten melon. Today they threw a truckload of melons near the river.

I don't know why it is that these senseless businessmen come to throw their rotted products here near the favela,[1] for the children to see and eat.

In my opinion the merchants of São Paulo are playing with the people just like Caesar when he tortured the Christians. But the Caesars of today are worse than the Caesar of the past. The others were punished for their faith. And we, for our hunger!

In that era those who didn't want to die had to stop loving Christ.

But we cannot stop loving eating.

December 26

That woman who lives on Paulino Guimarães Street, number 308, gave a doll to Vera. We were passing when she called Vera and told her to wait. Vera said to me:

"I think I'm going to get a doll."

I replied:

"And I think we are going to get bread."

I sensed her anxiety and curiosity to see what it was going to be. The woman came out of the house with the doll.

Vera said to me:

"Didn't I tell you! I was right!"

She ran to get the doll. She grabbed it and ran back to show me. She thanked the woman and told her that the other girls in the favela would be jealous. And that she would pray every day that the woman should be happy and that she was going to teach the doll how to pray. I'm going to take her to Mass so she can pray for the woman to go to Heaven and not to have any painful illnesses.

December 27

I tired of writing, and slept. I woke up with a voice calling Dona Maria. I remained quiet because I am not Maria. The voice said:

"She said that she lives in number 9."

I got up, out of sorts, and went to answer. It was Senhor Dorio. A man that I got to know during the elections. I asked Senhor Dorio to come in. But I was ashamed. The chamber pot was full.

Senhor Dorio was shocked with the primitive way I live. He looked at everything surprisedly. But he must learn that a favela is the garbage dump of São Paulo and that I am just a piece of garbage.

December 28

I lit a fire, put water on to boil, and started to wash the dishes and examine the walls. I found a dead rat. I'd been after him for days and set a rat trap. But what killed him was a black cat. She belongs to Senhor Antonio Sapateiro.

The cat is a wise one. She doesn't have any deep loves and doesn't let anyone make a slave of her. And when she goes away she never comes back, proving that she has a mind of her own.

If I talk about a cat it is because I am happy that she has killed the rat that was ruining my books.

December 29

I went out with João and Vera and José Carlos. João took the radio to be fixed. When I was on Pedro Vicente Street, the watchman at the junk yard called me and said that I was to go and look for some bags of paper that were near the river.

I thanked him and went to find the sacks. They were bags of rice that had rotted in a warehouse and were thrown away. I was shocked seeing that wasted rice. I stared at the bugs that were there, and the cockroaches and rats that ran from one side to another.

I thought: Why is the white man so perverse? He has money, buys and stores rice away in the warehouse. He keeps playing with the people just like a cat with a rat.

December 30

When I went to wash the clothes I met some women who were discussing the courage of Maria, the "companion" of a *Baiano*.[2]

They had separated and she went to live with another *Baiano*, that was their neighbor.

A woman's tongue is a candlewick. Always burning.

December 31

I spent the afternoon writing. My boys were bouncing a ball near the shacks. The neighbors started to complain. When their kids play I don't say anything.

I don't fight with the children because I don't have glass in the windows and a ball can't hurt a board wall.

José Carlos and João were throwing a ball. The ball fell in Victor's yard and Victor's wife punched a hole in it. The boys started to curse her. She grabbed a revolver and ran after them.

If the revolver had fired!

I'm not going to sleep. I want to listen to the São Silvestre race.[3] I went to the house of a gypsy who lives here. It bothers me to see his children sleeping on the ground. I told him to come to my shack at night and I would give him two beds. If he came during the day the women would transmit the news, because everything here in the favela is news.

When the night came, he came. He said he wants to settle here and put his children in school. That he is a widower and likes me very much. And asked me if I want to live with or marry him.

He hugged me and kissed me. I stared into his mouth adorned with gold and silver. We exchanged presents. I gave him some candy and clothes for his children and he gave me pepper and perfume. Our discussion was on art and music.

He told me that if I married him he would take me out of the favela. I told him that I'd never get used to riding in a caravan. He told me that a traveler's life was poetic.

He told me that the love of a gypsy is as deep as the ocean and as hot as the sun.

That was all I needed. When I get old I'm going to become a gypsy. Between this gypsy and me there exists a spiritual attraction. He did not want to leave my shack. And if I could have I would not have let him leave.

I invited him to come over any time and listen to the radio. He asked me if I was alone. I told him that my life was as confusing as a jigsaw puzzle. He likes to read so I gave him some books.

I went to see the appearance of the shack. It was pleasanter after he set up the beds. João came looking for me, saying that I was lingering too long.

The favela is excited. The *favelados* are celebrating because it is the end of a year of life.

Today a *nortista* woman went to the hospital to have a baby and the child was born dead. She is taking transfusions. Her mother is crying because she is the only daughter.

There is a dance in Victor's shack.

January 1, 1959

I got out of bed at 4 A.M. and went to carry water, then went to wash clothes. I didn't make lunch. There is no rice. This afternoon I'm going to cook beans with macaroni. The boys didn't eat anything. I'm going to lie down because I'm sleepy. It was 9 o'clock. João woke me up to open the door. Today I'm sad.

January 4

In the old days I sang. Now I've stopped singing, because the happiness has given way to a sadness that ages the heart. Every day another poor creature shows up here in the favela. Ireno is a poor creature with anemia. He is looking for his wife. His wife doesn't want him. He told me that his mother-in-law provoked his wife against him. Now he is in his brother's house. He spent a few days in his sister's house, but came back. He said they were throwing hints at him because of the food.

Ireno says that he is unhappy with life. Because even with health life is bitter.

January 5

It's raining. I am almost crazy with the dripping on the beds because the roof is covered with cardboard and the cardboard is rotten. The water is rising and invading the yards of the *favelados*.

January 6

I got out of bed at 4 A.M., turned on the radio, and went for water. What torture it is to walk in water in the morning. And I catch cold so easily! But life is like that. Men are leaving for work. They are carrying their shoes and socks in their hands. Mothers keep the children inside the house. They get restless because they want to go out and play in the water. People with a sense of humor say that the favela is a sailors' city. Others say it is the São Paulo Venice.

I was writing when the son of the gypsy came to tell me that his father was calling me. I went to see what he wanted. He started to complain about the difficulties of living here in São Paulo. He went out to get a job and didn't find one.

He said he was going back to Rio, because there it is easier to live. I told him that here he could earn more money.

"In Rio I earn more," he insisted. "There I bless children and get a lot of money."

I knew that when the gypsy was talking to somebody he could go on for hours and hours, until the person offered money. There is no advantage in being friendly with a gypsy.

I started out and he asked me to stay. I went out and went to the store. I bought rice, coffee, and soap. Then I went to the Bom Jardim Butcher Shop to buy meat. When I got there the clerk looked at me with an unhappy eye.

"Do you have lard?"

"No."

"Meat?"

"No."

A Japanese came in and asked:

"Do you have lard?"

She waited until I had gone out to tell him:

"Yes we have."

I returned to the favela furious. Then the money of a *favelado* is worthless? I thought: today I'm going to write and am going to complain about that no-good clerk at the Bom Jardim Butcher Shop.

Common!

January 7

Today I fixed rice and beans and fried eggs. What happiness. Reading this you are going to think Brazil doesn't have anything to eat. We have. It's just that the prices are so impossible that we can't buy it. We have dried fish in the shops that wait for years and years for purchasers. The flies make the fish filthy. Then the fish rots and the clerks throw it in the garbage, and throw acid on it so the poor won't pick it up and eat it. My children have never eaten dried fish. They beg me.

"Buy it Mother!"

But buy it—how? At 180 cruzeiros a kilo? I hope if God helps me, that before I die I'll be able to buy some dried fish for them.

January 8

I met a driver who had come to dump sawdust here in the favela. He asked me to get into the truck. The blond driver then asked me if here in the favela it was easy to get a woman. And if he could come to my shack. He told me that he was still in form. His helper said he was on a pension.

I said good-by to the driver and went back to the favela. I lit a fire, washed my hands, and started to prepare food for the children.

January 10

Senhor Manuel came over. It was 8 o'clock. He asked me if I still talked to the gypsy. I told him that I did. And that the gypsy had some land in Osasco and that if they tore down the favela and I didn't have any place to go, I could go to his property. That he admired my spirit and if he could, would like to live at my side.

Senhor Manuel became angry and said he wasn't coming back any more. That I could stay with the gypsy.

What I admire in the gypsy is his calmness and understanding. Things that Senhor Manuel doesn't possess. Senhor Manuel told me he wouldn't show up any more. We'll see.

January 11

I am not happy with my spiritual state. I don't like my restless mind. I keep thinking about the gypsy, but I'm going to dominate these feelings. I know that when he sees me he gets happy. Me too. I have the feeling that I am one shoe and just now have found the other.

I've heard many things said about gypsies. But he doesn't have any of the bad qualities that they blab about. It seems that this gypsy wants a place in my heart.

In the beginning I distrusted his friendship. But now if it increases for me, it will be a pleasure. If it diminishes, I'll suffer. If I could only fasten myself to him!

He has two boys. One of them is always with me. If I go to wash clothes, he comes along, and sits at my side. The boys of the favela get jealous when they see me pampering the boy. Pleasing the boy, I get closer to the father.

The name of the gypsy is Raimundo. He was born in the capital of Bahia. He looks like Castro Alves.[4] His eyebrows meet.

January 13

I made supper and gave it to the children. Rosalina came over. She came looking for a few beans. I gave them.

Senhor Raimundo arrived. He came for his boys. He watched the children eating. I offered him some supper but he didn't want it. He picked out a sardine and asked me if I had any pepper. I don't put pepper in the food because of the children.

I thought: if I was alone I would give him a hug. What feelings I have seeing him at my side. I thought: if someday I was exiled and this man came along to accompany me, it would make the punishment easier.

I asked Rosalina to eat the sardines. I gave her the beans. Raimundo told me that he was going away to his house, and that if one day the favela was destroyed, for me to look for him there. He gave the same invitation to Rosalina. I didn't appreciate it. It wasn't egoism. It was jealousy. He left and I kept thinking. He never parks. He has gypsy blood. I thought: if someday this man was mine I would chain him to my side. I want to introduce him to another world.

January 14

I walked through the streets. I went to Dona Julita. I went to the Blue Cross to get money for the cans. I got home before the rain. Senhor Raimundo sent his son to call me. I changed myself and went to him. He told me he was going to Volta Redonda to work in the steel mill. I know I'm going to miss him. I hurried away saying that I needed to write and it was something that couldn't wait.

January 15

I got out of bed at 4 o'clock and went to carry water. I turned on the radio to hear the tango program.

Senhor Manuel said he was never going to come back. He walked through the water to get to my shack. He caught a cold.

Today I'm happy. I earned some money. I got 300! Today I'm going to buy meat. Nowadays when a poor man eats meat he keeps smiling stupidly.

January 16

I went to the post office to take out the notebooks that returned from the United States. I came back to the favela as sad as if they had cut off one of my arms. *The Readers' Digest* returned my novels. The worst slap for those who write is the return of their works.

To dispel the sadness that was making me blue, I went to talk with the gypsy. I picked up the notebooks and the ink bottle and went there. I told him that I had received the originals back in the mail and now wanted to burn the notebooks.

He started to tell me of his adventures. He said he was going to Volta Redonda and would stay in the house of a fourteen-year-old girl who was with him. If the girl went out to play he was right after her, watching her carefully. I didn't like the way he was looking at the girl. I thought: what does he want with this youngster?

My sons came into the shack. He was lying on the floor. I asked him if he used a knife.

"No. I prefer a revolver, like this one."

He showed me a .32 revolver. I am not very friendly with revolvers. He gave the gun to João to hold and said:

"You are a man. And a man must learn to handle these things."

João told him he had better not say anything to anyone, that he didn't want the people in the favela to know he had a revolver.

"I showed it to your mother because she likes me. And when a woman likes a man she never denounces him. I bought this revolver when I was a soldier."

"You were a soldier?"

"In Bahia. But I left the corps because I was earning very little."

He showed me a photo taken in uniform. When I got up to go he said:

"It's early!"

He ordered coffee to be made. The girl said there wasn't any sugar. I sent João to get some sugar and butter. He sent his son to buy six cruzeiros worth of bread. He said:

"I never eat without meat. I never eat bread without butter. Here in this shack I eat. This shack made me put on weight."

His boy returned with the bread. José Carlos came in and started to fight with the boy. He told them not to fight because they were all brothers.

"I'm not his brother. Oh, no!"

"You are brothers because of Adam and Eve!"

He grabbed José Carlos by the arms, forcing him to lie down beside him on the floor. José Carlos got loose and ran into the street.

I put my eyes to the notebook and started to write. When I raised my head his eyes were on the girl's face. I didn't like the strange look he had.

My mind began to unmask the sordidness of this gypsy. He used his beauty. He knows that women can be fooled with pretty faces. He attracts girls telling them he will marry them, then satisfies his desires and sends them away. Now I understand his eyeing that girl. This is a warning to me. I would never let Vera in the same house with him.

I looked at the gypsy's face. A beautiful face. But I got nauseated. It was the face of an angel with the soul of the devil. I went back to my shack.

Notes

1. Shantytown, slum—ED.

2. A "Baiano" is a person from Bahia, a state on the Atlantic coast of Brazil—ED.

3. São Silvestre race: a traditional footrace through the downtown streets of São Paulo every New Year's Eve.

4. Castro Alves: Brazilian nineteenth-century abolitionist poet.

Language and Shame

Meena Alexander

There is something molten in me. I do not know how else to begin, all over again as if in each attempt something needs to be recast, rekindled, some bond, some compact between flesh, clothing, words. There is something incendiary in me and it has to do with being female, here, now, in America. And those words, those markers, of gender, of time, of site, all have an extraordinary valency. When they brush up against each other, each of those markers—"female," "here," "now," "America"—I find that there is something quite unstable in the atmosphere they set up. I do not have a steady, taken for granted compact with my body. Nor indeed with my language. Yet it is only as my body enters into, coasts through, lives in language that I can make sense.

I need to go backwards, to begin: think of language and shame.

As a child I used to hide out to write. This was in Khartoum, where I spent many months of each year—my life divided between that desert land and the tropical green of Kerala, where my mother returned with her children for the summer months. In Khartoum, I hid behind the house under a neem tree or by a cool wall. Sometimes I forced myself into the only room where I could close the door, the toilet. I gradually learnt that the toilet was safer, no one would thrust the door open on me. There I could mind my own business and compose. I also learnt to write in snatches. If someone knocked at the door, I stopped abruptly, hid my papers under my skirts, tucked my pen into the elastic band of my knickers, and got up anxiously. Gradually, this enforced privacy—for I absorbed and perhaps, in part, even identified with my mother's disapproval over my poetic efforts—added an aura of something illicit, shameful, to my early sense of my scribblings. Schoolwork was seen in a totally different light. It was good to excel there, interpreting works that were part of a great literary past. The other writing, in one's own present, was to be tucked away, hidden. No wonder then that my entry into the realm of letters was fraught.

The facts of multilingualism added complexity to this split sense of writing in English. Hindi washed over me in my earliest years. I chattered aloud in it to the children around. It was my first spoken language, though Malayalam, my mother tongue, has always been there by its side, indeed alongside any other language I have used. What is my mother tongue now, if not a buried stream? At times, in America, I feel my mother tongue approaches the condition of dream. Its curving syllables blossom for me in so many scripts: gawky, dazzling letters spray painted in fluorescent shades onto the metal sides of subway cars or the dark walls of inner tunnels, shifting, metamorphic. Sometimes in chalk I read letters a man draws out laboriously on the sidewalks of Manhattan, spelling out the obvious, as necessity so often compels: I AM HOMELESS, I NEED FOOD, SHELTER. A smattering of dimes and quarters lie near his bent knees. Those letters I read in the only script I know make for a ferocious, almost consumptive edge to knowledge in me.

I have never learnt to read or write in Malayalam and turned into a truly postcolonial creature, who had to live in English, though a special sort of English, I must say, for the version of the language I am comfortable with bends and sways to the shores of other territories, other tongues.

Yet the price of fluency in many places may well be loss of the sheer intimacy that one has with "one's own" culture, a speech that holds its own sway, untouched by any other. But perhaps there is a dangerous simplicity here. And, indeed, how might such an idealized state be maintained at the tail end of the century? And it is a dangerous idea that animates such simplicity, small and bloody wars have been fought for such ideals.

Of course, there are difficulties in the way of one who does not know how to read or write her mother tongue. For instance, I would love to read the prose of Lalithambika Antherjanam, the poetry of Nalapat Balamaniamma and Awappa Paniker rather than have them read to me. I would love to read Mahakavi K. V. Seemon's epic *Vedaviharam* rather than have it recited to me.

Or is there something in me that needs to draw on that old reliance, the voice of another reading, the sheer giveness of speech. After all, if it were just an issue of mother wit, I am sure I would be able to read and write Malayalam by now. So is there perhaps a deliberate dependency, revealing something of my childhood longings and fears, a community held in dream, a treasured orality? For the rhythms of the language first came to me not just in lullabies or in the chatter of women in the kitchen or by the wellside, but in the measured cadences of oratory and poetry, and nightly recitations from the Bible and the epics.

Perhaps there is a fear that learning the script would force me to face the tradition with its hierarchies, the exclusionary nature of canonical language. And how then would I be restored to simplicity, freed of the pressures of countermemory?

Sometimes all that has been forgotten wells up and I use my English to let it surface. At the end of "Night-Scene, the Garden," there is a vision of ancestors dancing free of the earth, permitting the "ferocious alphabets of flesh."

As a Blackwoman

Maud Sulter

As a blackwoman
the bearing of my child
is a political act.

I have
been mounted in rape
   bred from like cattle
   mined for my fecundity

I have
been denied abortion
   denied contraception
   denied my freedom to choose

I have
been subjected to abortion
   injected with contraception
   sterilized without my consent

I have
borne witness to the murders
of my children
by the Klan, the Front, the State

I have
borne sons hung for rape
for looking at a white girl

I have
borne daughters shot
for being liberationists

As a blackwoman
I have taken the power to choose
to bear a black child

—a political act?

As a blackwoman
every act is a personal act
every act is a political act

As a blackwoman
the personal is political
holds no empty rhetoric

The Colonel

Carolyn Forché

What you have heard is true. I was in his house. His wife carried a tray of coffee and sugar. His daughter filed her nails, his son went out for the night. There were daily papers, pet dogs, a pistol on the cushion beside him. The moon swung bare on its black cord over the house. On the television was a cop show. It was in English. Broken bottles were embedded in the walls around the house to scoop the kneecaps from a man's legs or cut his hands to lace. On the windows there were gratings like those in liquor stores. We had dinner, rack of lamb, good wine, a gold bell was on the table for calling the maid. The maid brought green mangoes, salt, a type of bread. I was asked how I enjoyed the country. There was a brief commercial in Spanish. His wife took everything away. There was some talk then of how difficult it had become to govern. The parrot said hello on the terrace. The colonel told it to shut up, and pushed himself from the table. My friend said to me with his eyes: say nothing. The colonel returned with a sack used to bring groceries home. He spilled many human ears on the table. They were like dried peach halves. There is no other way to say this. He took one of them in his hands, shook it in our faces, dropped it into a water glass. It came alive there. I am tired of fooling around he said. As for the rights of anyone, tell your people they can go fuck themselves. He swept the ears to the floor with his arm and held the last of his wine in the air. Something for your poetry, no? he said. Some of the ears on the floor caught this scrap of his voice. Some of the ears on the floor were pressed to the ground.

Six Days: Some Rememberings

Grace Paley

I was in jail. I had been sentenced to six days in the Women's House of Detention, a fourteen-story prison right in the middle of Greenwich Village, my own neighborhood. This happened during the American War in Vietnam. I have forgotten which important year of the famous '60s. The civil disobedience for which I was paying a small penalty probably consisted of sitting down to impede or slow some military parade.

I was surprised at the sentence. Others had been given two days or dismissed. I think the judge was particularly angry with me. After all, I was not a kid. He thought I was old enough to know better, a forty-five-year-old woman, a mother and teacher. I ought to be too busy to waste time on causes I couldn't possibly understand.

I was herded with about twenty other women, about 90 percent black and Puerto Rican, into the bull pen, an odd name for a women's holding facility. There, through someone else's lawyer, I received a note from home, telling me that since I'd chosen to spend the first week of July in jail, my son would probably not go to summer camp because I had neglected to raise the money I'd promised. I read this note and burst into tears, real running down the cheek tears. It was true: Thinking about other people's grown boys I had betrayed my little son. The summer, starting that day, July 1, stood up before me day after day, steaming the city streets, the after-work crowded city pool.

I guess I attracted some attention. You—you white girl you—you never been arrested before? A black woman about a head taller than I put her arm on my shoulder.—It ain't so bad. What's your time sugar? I gotta do three years. You huh?

Six days.

Six days? What the fuck for?

I explained, sniffling, embarrassed.

You got six days for sitting down in front of a horse? Cop on the horse?

Horse step on you? Jesus in hell, cops gettin' crazier and stupider and meaner. Maybe we get you out.

No, no, I said. I wasn't crying because of that. I didn't want her to think I was scared. I wasn't. She paid no attention. Shoving a couple of women aside.— Don't stand in front of me, bitch. Move over. What you looking at? She took hold of the bars of our cage, commenced to hang on them, shook them mightily, screaming—Hear me now, you mother fuckers, you grotty pigs, get this housewife out of here! She returned to comfort me.—Six days in this low-down hole for sitting in front of a horse!

Before we were distributed among our cells, we were dressed in a kind of nurse's aide scrub uniform, blue or green, a little too large or a little too small. We had had to submit to a physical in which all our hiding places were investigated for drugs. These examinations were not too difficult, mostly because a young woman named Andrea Dworkin had fought them, refused a grosser, more painful examination some months earlier. She had been arrested, protesting the war in front of the U.S. mission to the UN. I had been there too, but I don't think I was arrested that day. She was mocked for that determined struggle at the Women's House, as she has been for other braveries, but according to the women I questioned, certain humiliating—perhaps sadistic—customs had ended, for that period at least.

My cellmate was a beautiful young woman, twenty-three years old, a prostitute who'd never been arrested before. She was nervous, but she had been given the name of an important long-termer. She explained it in a businesslike way that she *was* beautiful, and would need protection. She'd be OK once she found that woman. In the two days we spent together, she tried *not* to talk to the other women on our cell block. She said they were mostly street whores and addicts. She would never be on the street. Her man wouldn't allow it anyway.

I slept well for some reason, probably the hard mattress. I don't seem to mind where I am. Also I must tell you, I could look out the window at the end of our corridor and see my children or their friends, on their way to music lessons or Greenwich House pottery. Looking slantwise I could see right into Sutter's Bakery, then on the corner of 10th Street. These were my neighbors at coffee and cake.

Sometimes the cell block was open, but not our twelve cells. Other times the reverse. Visitors came by: they were prisoners, detainees not yet sentenced. They seemed to have a strolling freedom, though several, unsentenced, unable to make bail, had been there for months. One woman peering into the cells stopped when she saw me. Grace! Hi! I knew her from the neighborhood, maybe the park, couldn't really remember her name.

What are you in for? I asked.

Oh nothing—well a stupid drug bust. I don't even use—oh well forget it. I've been here six weeks. They keep putting the trial off. Are you OK?

Then I complained. I had planned not to complain about anything while living among people who'd be here in these clanging cells a long time; it didn't seem right. But I said, I don't have anything to read and they took away my pen and I don't have paper.

Oh you'll get all that eventually—she said. Keep asking.

Well they have all my hair pins. I'm a mess.

No no she said—you're OK. You look nice.

(A couple of years later, the war continuing, I was arrested in Washington. My hair was still quite long. I wore it in a kind of bun on top of my head. My hair pins gone, my hair straggled wildly every which way. Muriel Rukeyser, arrested that day along with about thirty other women, made the same generous sisterly remark. No no Grace; love you with your hair down, you really ought to always wear it this way.)

The very next morning, my friend brought me *The Collected Stories of William Carlos Williams*. These OK?

God! OK—Yes!

My trial is coming up tomorrow, she said. I think I'm getting off with time already done. Over done. See you around?

That afternoon, my cellmate came for her things—I'm moving to the fourth floor. Working in the kitchen. Couldn't be better.—We were sitting outside our cells, she wanted me to know something. She'd already told me, but said it again.—I still can't believe it. This creep, this guy, this cop, he waits he just waits till he's fucked and fine, pulls his pants up, pays me, and arrests me. It's not legal. It's not. My man's so mad, he like to kill *me*, but he's not that kind of—he's not a criminal type, *my* man. She never said the word pimp. Maybe no one did. Maybe that was our word.

I had made friends with some of the women in the cells across the aisle. How can I say "made friends." I just sat and spoke when spoken to, I was at school. I answered questions—simple ones. Why I would do such a fool thing on purpose? How old were my children? My man any good? Then, you live around the corner? That was a good idea, Evelyn said, to have a prison in your own neighborhood, so you could keep in touch, yelling out the window. As in fact we were able to do right here and now, calling and being called from Sixth Avenue, by mothers, children, boyfriends.

About the children: One woman took me aside. Her daughter was brilliant, she was in Hunter High School, had taken a test. No she hardly ever saw her, but she wasn't a whore—it was the drugs. Her daughter was ashamed, the grandmother, the father's mother made the child ashamed. When she got out in six months it would be different. This made Evelyn and Rita, right across from my cell, laugh. Different, I swear. Different. Laughing. But she *could* make it, I said. Then they really laughed. Their first laugh was a bare giggle compared to these convulsive roars. Change her ways? That dumb bitch? Ha!!

Another woman, Helen, the only other white woman on the cell block, wanted to talk to me. She wanted me to know that she was not only white, but Jewish. She came from Brighton Beach. Her father, he should rest in peace, thank God, was dead. Her arms were covered with puncture marks almost like sleeve patterns. But she needed to talk to me, because I was Jewish (I'd been asked by Rita and Evelyn—was I Irish? No, Jewish. Oh, they answered). She walked me to the barred window at the end of the corridor, the window that looked down on W. 10th Street. She said—How come you so friends with those black whores? You don't hardly talk to me. I said I liked them, but I like her too. She said, if you knew them for true, you wouldn't like them. They nothing but street whores. You know, once I was friends with them. We done a lot of things together, I knew them fifteen years Evy and Rita maybe twenty, I been in the streets with them, side by side, Amsterdam, Lenox, West Harlem; in bad weather we covered each other. Then one day along come Malcolm X and they don't know me no more, they ain't talking to me. You too white, I ain't all that white. Twenty years. They ain't talking.

My friend Myrt called one day, that is called from the street, called—Grace, Grace.—I heard and ran to the window. A policeman, the regular beat cop was addressing her. She looked up, then walked away before I could yell my answer. Later on she told me that he'd said—I don't think Grace would appreciate you calling her name out like that.

What a mistake! For years, going to the park with my children, or simply walking down Sixth Avenue on a summer night past the Women's House, we would often have to thread our way through whole families calling up—bellowing, screaming to the third, seventh, tenth floor, to figures, shadows behind bars and screened windows—How you feeling? Here's Glena. She got big. Mami mami you like my dress? We gettin you out baby. New lawyer come by.

And the replies, among which I was privileged to live for a few days—shouted down.—You lookin beautiful. What he say? Fuck you James. I got a chance? Bye bye. Come next week.

Then the guards, the heavy clanking of cell doors. Keys. Night.

I still had no pen or paper despite the great history of prison literature. I was suffering a kind of frustration, a sickness in the way claustrophobia is a sickness—this paper-and-penlessness was a terrible pain in the area of my heart, a nausea. I was surprised.

In the evening, at lights out (a little like the army or on good days a strict, unpleasant camp), women called softly from their cells. Rita hey Rita sing that song—Come on sister sing. A few more importunings and then Rita in the cell diagonal to mine would begin with a ballad. A song about two women and a man. It was familiar to everyone but me. The two women were prison sweethearts. The man was her outside lover. One woman, the singer, was being paroled. The ballad told her sorrow about having been parted from him when she was sentenced, now she would leave her loved woman after three years. There were about twenty stanzas of joy and grief.

Well, I was so angry not to have pen and paper to get some of it down that I lost it all—all but the sorrowful plot. Of course she had this long song in her head and in the next few nights she sang and chanted others, sometimes with a small chorus.

Which is how I finally understood that I didn't lack pen and paper but my own memorizing mind. It had been given away with a hundred poems, called rote learning, old-fashioned, backward, an enemy of creative thinking, a great human gift, disowned.

Now there's a garden where the Women's House of Detention once stood. A green place, safely fenced in, with protected daffodils and tulips; roses bloom in it too, sometimes into November.

The big women's warehouse and its barred blind windows have been removed from Greenwich Village's affluent throat. I was sorry when it happened; the bricks came roaring down, great trucks carried them away.

I have always agreed with Rita and Evelyn that if there are prisons, they ought to be in the neighborhood, near a subway—not way out in distant suburbs, where families have to take cars, buses, ferries, trains, and the population that considers itself innocent forgets, denies, chooses to never know that there is a whole huge country of the bad and the unlucky and the self-hurters, a country with a population greater than that of many nations in our world.

The Ritual of *Sati*

Gītā Chattopādhyāy

The dog has crossed the knee-deep dark stream of water,
that trickle oozing out of your eyes is your Baitaraṇī River.
Your *jāmrul*-tree body covered with poisonous ants,
a hard fist holds you down in case you want to come back.
You're going to burn here, now mount the funeral pyre.
You're going to burn here, now mount the memory pyre.
You're going to burn here—bloody lips, navel the color of copper.
Lift the face-cloth, take a last look at your husband's face.

Notes:

On September 4, 1987, in the village of Deorala in Rajasthan, an eighteen-year-old Rajput woman, Roop Kanwar, burned herself alive on the funeral pyre of her husband, setting off storms of controversy, and a flurry of legislation, in the country. Alleged eyewitnesses first claimed that the girl committed *sati* voluntarily, this being a long-revered custom for Rajput widows.

Later, however, after the central and state governments voiced tardy disapproval, and sent police to close off the area to thousands of fervent pilgrims and curiosity seekers, the story emerged that the young woman had been dragged to the pyre, screaming for mercy, by her in-laws who were anxious for the glory—and revenue—that accrue to Rajasthani villages where a *sati* has occurred. Although the custom was outlawed in 1829, it remains very much alive in cultural memory; but fortunately, despite the intense publicity this incident received, there have been no substantiated "copy-cat" cases.

Jāmrul wood is often used for funeral pyre fuel.

In Hindu mythology, the Baitaraṇī is the river which the spirits of the dead must cross to reach the afterworld, much like the Styx or the Jordan in Western mythology.

six

Resistance and
Refusal

That Other World That Was the World

Nadine Gordimer

More than three hundred years of the colonization of modern times (as distinct from the colonization of antiquity) have come to an end. This is the positive achievement of our twentieth century, in which so much has been negative, so much suffering and destruction has taken place. Colonization is passing into history, except for comparatively small pockets of the earth's surface where new conquest has taken a precarious hold and the conquered, far from being subdued into acquiescence, make life for the conquerors difficult and dangerous.

Surely the grand finale of the age of colonization took place in the three years, 1991 to 1994, when South Africa emerged amazingly, a great spectacle of human liberation, from double colonization.

For unlike other countries where the British, the French, the Portuguese and other European powers ruled the indigenous people and when these colonizers were defeated or withdrew, left the countries in indigenous hands, South Africa in the early twentieth century passed from colonization from without—Dutch, French, finally British—to perpetuated colonization within, in the form of white minority power over the black majority. All the features of colonization were retained: taxes and the appropriation of land by whites, so that blacks would have to come to town and provide cheap labour in order to survive; favoured status for the minority in civil rights, education, freedom of movement. Freed from British imperialism, South Africa was far from free; it was a police state based on the claim that the white skin of colonials was superior to black skin.

I think there is a definite distinction to be made, everywhere, between what were the first settlers, the so-called pioneers who fought their way into a country, killing Indians or blacks, and the people of later generations who were born into a society that had long established its ruling accommodation with the indigenous people: a society removed from all danger that had made itself comfortable with injustice, in this case the theory that there are genetically inferior races with lower needs than others.

City of Fire

Joy Harjo

Here is a city built of passion
where live many houses
with never falling night
in many rooms.
Through this entrance cold
is no longer a thief,
and in this place your heart
will never be a murderer.
Come, sweet,
I am a house with many rooms.
There is no end.
Each room is a street to the next world.
Where live other cities beneath
incendiary skies. And you have made
a fire in every room.
Come.
Lie with me before the flame.
I will dream you a wolf
and suckle you newborn.
I will dream you a hawk
and circle this city in your
racing heart.
I will dream you the wind,
taste salt air on my lips until
I take you apart raw.
Come here.

We will make a river,
flood this city built of passion
with fire,
with a revolutionary fire.

I emerged into this milieu with my birth in South Africa in the Twenties. I shall never write an autobiography—I am much too jealous of my privacy, for that—but I begin to think that my experience as a product of this social phenomenon has relevance beyond the personal; it may be a modest part of alternative history if pieced together with the experience of other writers. And it has a conclusion I did not anticipate would be reached in my lifetime, even when I became aware of my situation.

We lived in a small gold-mining town thirty miles from Johannesburg, lost in the veld nearly 6,000 feet above sea level. The features of the landscape, its shapes and volumes, were made of waste. We were surrounded by yellow geometrical dumps of gold tailings and black hills of coal slag. I thought it ugly when I was a child brought up on English picture books of lush meadows and woods—but now I find the vast grassland beautiful and the memory of it an intimation to me, if I had known it then, that the horizons of existence are wide and that the eye and the mind could be carried on and on, from there.

My mother came from England when she was six years old. My father came from Latvia at thirteen. She had a solid, petty middle-class, piano-playing background, a father lured to emigration by the adventure of diamond prospecting rather than need. My father was sent away by his father to escape pogroms and poverty.

Perhaps because of their youth when they left, and because of this economic and social disparity, my parents kept no connections with the countries they emigrated from. They could not talk of a common "home" across the water, as many other whites in the town did. My father was ashamed of his lack of formal education and my mother did not disguise the fact that she felt she had demeaned herself by marrying him. There was a certain dour tact in not talking about where they had sprung from.

Though both Jewish, they did not take part in Jewish communal life in the town, or join the Zionist associations of the time; they did not belong to a synagogue—my mother was an agnostic and my father, who had had an orthodox childhood, could not withstand her gibes about the hypocrisy of organized religion.

In one of Albert Camus's novels, the child Jacques, born and living in Algeria, asks his mother: "Maman, qu'est que c'est la patrie?" And she replies, "Je ne sais pas. Non." And the child says, "C'est la France."

If I had been asked the question as a child, I probably would have said, "It's

England." South Africa's British dominion status had ended the year after I was born, but South Africa was a "sovereign independent state" whose allegiance still was to the British Crown. At school we celebrated the Twenty-fifth Jubilee of "our" King, George V. The so-called mother country: that was the focus of inculcated loyalty, of allegiance, identification for English-speaking South Africans.

And yet it was so remote, that England, that Northern Hemisphere we learnt about in geography class. In the Twenties and Thirties it was four weeks away across the seas. We were at the bottom of the map; we did not count, had little sense of ourselves beyond the performance of daily life.

Italo Calvino was not a colonial but he knew the sense an imaginative child, living in a small town even in an integrated, Italian society, may have of living in an ante-room of life. He describes how, as a boy, passing the cinema where dubbed voices on the sound track of American films came through the projectionist's window, he could "sense the call of that other world that was the world."

This conveys perfectly, at a graver and more enduring—a damaging—level what was my sense of my own existence.

From a very early age I had the sense that that other world—the world of books I took from the library, the world of the cinema—was that other world that was the world. We lived outside it.

It called. Perhaps some day, if one were very lucky, very good, worked very hard, one might get to see it; and as I grew older that world took form, Dickens's and Virginia Woolf's London, Balzac's and Proust's Paris. As for America, I passed from Huck Finn to Faulkner and Eudora Welty; but America was not on the itinerary of the retired mine captains and shift bosses and their wives, my mother's friends, who saved all their lives to afford one trip "home" to England on retirement.

That other world that was the world.

For me, this was not merely a charming childish romanticism; I would not simply grow out of it, grow into my own world effortlessly, as Calvino would.

I had no lineal connection with the past around me, the dynasties of black people.

I had the most tenuous of connections with the present in which I was growing up.

My parents never talked politics; the only partisanship they displayed was during the war, when they wanted "la patrie," the British, to defeat the Germans. I was not even dimly aware of the preparation for the struggle for political power that was beginning between Afrikaners, who more than twenty years before my birth had lost the Boer War to the British, and English-speaking South African whites who were the victors.

I saw the bare-foot children of poor-white Afrikaners, victims of defeat and drought, selling newspapers, just as I saw black people, victims of a much greater defeat, the theft of their land and the loss of all rights over the conduct of their lives, sent back to their ghetto after the day's work serving the town.

Reading a biography of Marguerite Duras recently, I see in her colonial childhood in Indochina my own in South Africa. Her family "had the right not to be kept waiting at administration counters, and were served everywhere before the local Vietnamese. They benefited by the privileges reserved for the French colonials. Marguerite does not complain about this difference in treatment. The distinction between the races is a natural reality for her."

As it was for me.

What was my place? Could it know me?

On the one hand there was that other world that was the world, where Ginger Rogers and Fred Astaire danced in a cloudscape (I had ambitions to be a dancer, myself, as an entry to that world) and Maurice Chevalier sang about Paris. There were the moors where Heathcliff's Cathy wandered, and the London park where Mrs. Dalloway took her walks.

On the other hand, just outside the gate of our suburban house with its red-polished stoep and two bow-windows, there was the great continuous to-and-fro of life, the voice of it languages I didn't understand but that were part of my earliest aural awakening; the spectacle of it defined by my adult mentors as something nothing to do with me.

This totally surrounding, engulfing experience was removed from me not by land and sea but by law, custom and prejudice.

And fear. I was told by my mother to avoid passing, on my way to school, the mine compound where black miners lived; she did not explain why, but the reason seeped to me through adult innuendo: there was the idea that every black man was waiting to rape some toothy little white schoolgirl.

Many years later, my friend and fellow writer Es'kia Mphahlele told me he was instructed by his mother to turn his bicycle down another street if he saw he was going to pass white boys. He did not know why until, in the same way as I learned my fear of black men, he gathered that he must believe every white was only waiting for the opportunity to attack him.

There was certainly more substance behind the fear instilled in him than the fear instilled in me, since blacks were physically maltreated by some whites; but the extreme unlikelihood that he or I was in any danger in the manner anticipated was part of the paranoia of separation that prevailed, matched each to the colour of his or her skin.

Archbishop Desmond Tutu—he and I have discovered—as a child lived for some time in the black ghetto across the veld from the town where I, too, was growing up; there was as much chance of our meeting then as there was of a moon landing.

Did we pass one another, sometimes, on Saturday mornings when the white town and the black ghetto all stocked up for the weekend at the same shops? Did I pass him by when I went into the local library to change books, a library he was barred from because he was black?

Perhaps there were explanations for all this, but they were not evident at home, at school, or among the contemporaries who were chosen for me, to whom I was confined by law, so to speak. And if there were to be some explanations in that other world that was the world, over the seas, it was not open to me; you could not expect it to be bothered with us.

Albert Camus's unfinished, posthumously published novel, from which I quoted earlier, has what appears to be a puzzling title, *Le Premier Homme*; but this is not some Neanderthal romance. Jacques is a colonial boy born and growing up in Algiers. He's white, not Arab; therefore, as we have seen in his answer to his mother, he must be French. But he has never seen France. For fictional Jacques and for the child I was, the premise is: Colonial: that's the story of who I am.

The one who belongs nowhere.

The one who has no national mould.

As Jacques grows up he comes to the realization that he must *make himself.* The precept is: if he is not to be the dangling participle of imperialism, if he is not to be the outsider defined by Arabs—a being non-Arab—what is he? A negative. In this sense, he starts from zero. He is the constructor of his own consciousness. He is The First Man.

Let us not worry about the gender: I was to come to the same necessity; to *make myself*, in the metaphor of The First Man, without coherent references, up on his own two legs, no model on how to proceed.

Of course the realization of the necessity did not come quickly; one must not exaggerate, or rather one cannot exaggerate sufficiently the tendency of human beings to keep sipping the daily syrup of life in a cosy enclave.

Our place as whites outside that world that was the world, overseas, was suitably humble—what effrontery to think that we could write a poem or compose a song that would be "good enough," over there—but ours was a place secure and comfortable, so long as one kept to the simple rules, not walking by too close to the compound where the black miners lived. The ordinary components of childhood were mine, at least until the age of eleven when circumstances that have no relevance here put a curious end to it.

But with every adolescence there comes to everyone the inner tug of war—the need to break away, and the need to bond.

I had more passionate emotion for the first than courage to carry it out, but that would have resolved itself anyway, with time and confidence.

What was dismaying was the lack of discovery of what one might turn *to*, bond *with*.

Young white people in the town gathered in sports clubs and religious groups; they met the same people at tennis on Sunday as they had danced with on Saturday night. It was a prelude to going to one another's weddings, attending bridge afternoons and charity cake-sales (the white women) and meeting to exchange chaff in the club bar after golf (the white men). As Camus says, a life "with no other project but the immediate."

A life ordered, defined, circumscribed by the possession of a white skin. I did not know anything else, yet I knew I could not commit myself there; I felt it as a vague but menacing risk, bondage, not bonding. My reaction was to retreat, turn even further away from the reality of our life than the club life of colonials, which at least was an enclave within the life that swarmed around it.

That world that was the world, overseas, now lived my life as proxy for me; it was no longer the cloudscape of Fred Astaire and Ginger Rogers, but the world of literature. I ate and slept at home, but I had my essential being in books. Rilke roused and answered the emptiness in me where religious faith was missing. Chekhov and Dostoevsky opened for me the awesome mysteries of human behaviour. Proust taught me that sexual love, for which every adolescent yearns, is a painful and cruel affair as well as the temptation of bliss. Yeats made me understand there was such a thing as a passion for justice, quite as strong as sexual passion.

These and other writers were my mentors, out of whom I tried to make an artificial construct of myself. When young people are said to "live in books" rather than in themselves, this is regarded as an escape; it is more likely a search.

For me, of course, the search was not a success in terms of the unconscious purpose I had. I could not make myself out of the components of that other world, though I could and did appropriate it for my delight and enlightenment. What it could do for me, and did, was turn me to face a possibility; a possibility for myself. In my desire to write, in the writing that I was already doing out of my pathetically limited knowledge of the people and the country where I lived, was the means to find what my truth was, what was there to bond with, how I could manage to become my own First Man, woman-man, human being.

I had, in fact, been engaged with this possibility for some time, without understanding what I was doing.

An early story of mine harked back to a childhood impression I had thought forgotten.

On that same way to school when I avoided crossing the path of the black miners in the open veld, I would pass the row of "Concession" stores—trading concessions on mine property—which served the miners and had the intended effect of keeping them out of the town. I had taken my time, as children will dawdle, seeing through the shop doors every day how the miners were treated by the white shopkeepers, spoken to abusively, not allowed to linger in choice of purchases as we whites did. At the time, to me this was just another example of the way adult life was ordered; something accepted, not disturbing. But the images had fermented below the surface impressions of childhood as I developed the writer's questioning concentration.

What I was coming to understand, in writing that story, was one of the essential features of colonialism: the usefulness to the regime of the poor immigrant's opportunity, at last, to feel superior to someone, and thereby support the regime's policy of keeping the indigenous population decreed inferior.

My story's title was "The Defeated," and it did not refer only to the black miners. They were despised, and bullied across the counter by white immigrants who themselves had a precarious economic and social footing: ill-educated, scarcely able to speak the two languages of the white community, carrying in their minds and bodies the humiliations and deprivation of pogroms and quotas they had fled in Eastern Europe.

In keeping with my ignorance at the time, the story makes too much of an equation between the defeated—the shopkeeper who relieves his feelings of inferiority within the white community by maltreating blacks, the black miners who are so stripped of every context of human dignity that they must submit to abuse even from someone at the lowest level in the white community.

For the shopkeeper and the black miner were, in fact, *not* in the same social pit.

I could have written a sequel set ten or twenty years on and the shopkeeper would have had a business in town and a son at a university, he would have been a naturalized full citizen with the vote—while the black miner still would have been drilling the rock-face or back in his rural home living on the meagre savings of a lifetime spent underground, and still without citizenship rights or the vote in the country of his birth and ancestry.

But if out of a muddled desire to juggle justice where there was none—a kind of reconciliatory conclusion I might have thought was the correct literary approach—I equated the measure of defeat in the lives of the two men, black and white, I did at least reveal in the story that important phenomenon whereby the balance of oppression is maintained not just by laws, but in every situation of social intercourse. I was learning that oppression thrives on all manner of prejudicial behavior, is fostered by all kinds of insecurity.

With small beginnings such as this I started, tentatively, held back by the strictly controlled environment of the white enclave, to live in the country to which, until then, I had no claim but the fact of birth.

In my stories I was continuing to turn over, this way and that, events in the conduct of my narrow life that had seemed to have a single meaning. The only communal activity in which I'd taken part was amateur theatricals; the first uneasy stirrings of liberalism in the town came to be expressed in the mode the churches and individual consciences were accustomed to—charity. No one thought to petition the town council to open the library to blacks, but it was decided to take a play to the only public hall in the black ghetto.

The play was *The Importance of Being Earnest*, and I had the role of Gwendolen. I was twenty and had never been into a black township before; I believe none of us in the cast had. I believe that no one in the audience had ever seen a play before; how could they? The Town Hall, which doubled as a theatre, was closed to blacks. The audience started off close-kneed and hands folded but was soon laughing and exclaiming. We thought we had had a great success, and drank to it back-stage with our usual tipple, some gaudy liqueur.

When the scenes of that evening kept returning to me in aspects turned this way and that, and I began to write a piece of fiction, make a story out of them, what emerged was a satire—on us.

On the absurdity of taking what we imagined was bountiful cultural uplift, an Oscar Wilde play, to the ghetto the town had created. I came to the full appreciation that the audience, those people with drama, tragedy and comedy in their own lives about which we knew *nothing*, were laughing at us.

Not at the play, but us. They did not understand the play with its elaborate, facetious and ironic use of the language they half-knew, English; but they understood us, all right. And we in our pretensions, our idea of what we were "giving" them, were exquisitely funny. Oscar Wilde perhaps would have been amused to think that his play became doubly a satire, functioning as such far from Lady Bracknell's drawing-room.

I think I have been fortunate in that I was born into the decadence of the colonial period.

It has been ravelling out during my lifetime. This is so, even though the mid-century saw the hardening of South African racism in huge forced removals of the black population in order to satisfy white separatism and economic greed, the outlawing of all opposition to these policies as subversion, and for millions the suffering of imprisonment and exile. These were the ghastly paroxysms of a monstrous regime thrashing about in death throes.

The reaction of the white community to strikes and mass demonstrations was to raise the drawbridges over which blacks might commingle with whites. Sexual relations between black and white became a criminal offence, no mixed membership of political parties was allowed, even ambulances were segregated so that an accident victim might lie by the roadside until the vehicle mandated to the appropriate skin colour could be summoned.

A larger and larger army and police force were deployed to keep blacks out of white lives, and all the devices of bugging, opening mail, infiltrating, trapping, spying were gratefully tolerated by the white community within itself for what it believed was its own safety. For, of course, there were dissidents among whites who actively supported blacks against discrimination, and who, *going about undetected in their white skin*, could be hunted out only in this way.

Diary

Anne Frank

Monday, July 26, 1943

Dear Kitty,

Yesterday was a very tumultuous day, and we're still all wound up. Actually, you may wonder if there's ever a day that passes without some kind of excitement.

The first warning siren went off in the morning while we were at breakfast, but we paid no attention, because it only meant that the planes were crossing the coast. I had a terrible headache, so I lay down for an hour after breakfast and then went to the office at around two. At two-thirty Margot had finished her office work and was just gathering her things together when the sirens began wailing again. So she and I trooped back upstairs. None too soon, it seems, for less than five minutes later the guns were booming so loudly that we went and stood in the hall. The house shook and the bombs kept falling. I was clutching my "escape bag," more because I wanted to have something to hold on to than because I wanted to run away. I know we can't leave here, but if we had to, being seen on the streets would be just as dangerous as getting caught in an air raid. After half an hour the drone of engines faded and the house began to hum with activity again. Peter emerged from his lookout post in the front attic, Dussel remained in the front office, Mrs. van D. felt safest in the private office, Mr. van Daan had been watching from the loft, and those of us on the landing spread out to watch the columns of smoke rising from the harbor. Before long the smell of fire was everywhere, and outside it looked as if the city were enveloped in a thick fog.

A big fire like that is not a pleasant sight, but fortunately for us it was all over, and we went back to our various chores. Just as we were starting dinner: another air-raid alarm. The food was good, but I lost my appetite the moment I heard the siren. Nothing happened, however, and forty-five minutes later the all clear was sounded. After the dishes had been washed: another air-raid warning, gunfire and swarms of planes. "Oh, gosh, twice in one day," we thought, "that's twice too many." Little good that did us, because once again the bombs rained down, this time on the other side of the city. According to British reports, Schiphol Airport was bombed. The planes dived and climbed, the air was abuzz with the drone of engines. It was very scary, and the whole time I kept thinking, "Here it comes, this is it."

I can assure you that when I went to bed at nine, my legs were still shaking. At the stroke of midnight I woke up again: more planes! Dussel was undressing, but I took no notice and leapt up, wide awake, at the sound of the first shot. I stayed in Father's bed until one, in my own bed until one-thirty, and was back in Father's bed at two. But the planes kept on coming. At last they stopped firing and I was able to go back "home" again. I finally fell asleep at half past two.

Seven o'clock. I awoke with a start and sat up in bed. Mr. van Daan was with Father. My first thought was: burglars. "Everything," I heard Mr. van Daan say, and I thought everything had been stolen. But no, this time it was wonderful news, the best we've had in months, maybe even since the war began. Mussolini has resigned and the King of Italy has taken over the government.

We jumped for joy. After the awful events of yesterday, finally something good happens and brings us . . . hope! Hope for an end to the war, hope for peace.

[. . .]

Yours, Anne

Wednesday, May 3, 1944

Dearest Kitty,

[. . .]

As you can no doubt imagine, we often say in despair, "What's the point of the war? Why, oh, why can't people live together peacefully? Why all this destruction?

The question is understandable, but up to now no one has come up with a satisfactory answer. Why is England manufacturing bigger and better airplanes and bombs and at the same time churning out new houses for reconstruction? Why are millions spent on the war each day, while not a penny is available for medical science, artists or the poor? Why do people have to starve when mountains of food are rotting away in other parts of the world? Oh, why are people so crazy?

I don't believe the war is simply the work of politicians and capitalists. Oh no, the common man is every bit as guilty; otherwise, people and nations would have rebelled long ago! There's a destructive urge in people, the urge to rage, murder and kill. And until all of humanity, without exception, undergoes a metamorphosis, wars will continue to be waged, and everything that has been carefully built up, cultivated and grown will be cut down and destroyed, only to start all over again!

I've often been down in the dumps, but never desperate. I look upon our life in hiding as an interesting adventure, full of danger and romance, and every privation as an amusing addition to my diary. I've made up my mind to lead a different life from other girls, and not to become an ordinary housewife later on. What I'm experiencing here is a good beginning to an interesting life, and that's the reason—the only reason—why I have to laugh at the humorous side of the most dangerous moments.

[...]

Yours, Anne M. Frank

Friday, July 21, 1944

Dearest Kitty,

I'm finally getting optimistic. Now, at last, things are going well! They really are! Great news! An assassination attempt has been made on Hitler's life, and for once not by Jewish Communists or English capitalists, but by a German general who's not only a count, but young as well. The Führer owes his life to "Divine Providence": he escaped, unfortunately, with only a few minor burns and scratches. A number of the officers and generals who were nearby were killed or wounded. The head of the conspiracy has been shot.

This is the best proof we've had so far that many officers and generals are fed up with the war and would like to see Hitler sink into a bottomless pit, so they can establish a military dictatorship, make peace with the Allies, rearm themselves and, after a few decades, start a new war. Perhaps Providence is deliberately biding its time getting rid of Hitler, since it's much easier, and cheaper, for the Allies to let the impeccable Germans kill each other off. It's less work for the Russians and the British, and it allows them to start rebuilding their own cities all that much sooner. But we haven't reached that point yet, and I'd hate to anticipate the glorious event. Still, you've probably noticed that I'm telling the truth, the whole truth and nothing but the truth. For once, I'm not rattling on about high ideals.

Furthermore, Hitler has been so kind as to announce to his loyal, devoted people that as of today all military personnel are under orders of the Gestapo, and that any soldier who knows that one of his superiors was involved in this cowardly attempt on the Führer's life may shoot him on sight!

A fine kettle of fish that will be. Little Johnny's feet are sore after a long march and his commanding officer bawls him out. Johnny grabs his rifle, shouts, "You, you tried to kill the Führer. Take that!" One shot, and the snooty officer who dared to reprimand him passes into eternal life (or is it eternal death?). Eventually, every time an officer sees a soldier or gives an order, he'll be practically wetting his pants, because the soldiers have more say-so than he does.

[. . .]

Yours, Anne M. Frank

Tuesday, August 1, 1944

Dearest Kitty,

[. . .]

As I've told you many times, I'm split in two. One side contains my exuberant cheerfulness, my flippancy, my joy in life and, above all, my ability to appreciate the lighter side of things. By that I mean not finding anything wrong with flirtations, a kiss, an embrace, an off-color joke. This side of me is usually lying in wait to ambush the other one, which is much purer, deeper and finer. No one knows Anne's better side, and that's why most people can't stand me. Oh, I can be an amusing clown for an afternoon, but after that everyone's had enough of me to last a month. Actually, I'm what a romantic movie is to a profound thinker—a mere diversion, a comic interlude, something that is soon forgotten: not bad, but not particularly good either. I hate having to tell you this, but why shouldn't I admit it when I know it's true? My lighter, more superficial side will always steal a march on the deeper side and therefore always win. You can't imagine how often I've tried to push away this Anne, which is only half of what is known as Anne—to beat her down, hide her. But it doesn't work, and I know why.

I'm afraid that people who know me as I usually am will discover I have another side, a better and finer side. I'm afraid they'll mock me, think I'm ridiculous and sentimental and not take me seriously. I'm used to not being taken seriously, but only the "lighthearted" Anne is used to it and can put up with it; the "deeper" Anne is too weak. If I force the good Anne into the spotlight for even fifteen minutes, she shuts up like a clam the moment she's called upon to speak, and lets Anne number one do the talking. Before I realize it, she's disappeared.

So the nice Anne is never seen in company. She's never made a single appearance, though she almost always takes the stage when I'm alone. I know exactly how I'd like to be, how I am . . . on the inside. But unfortunately I'm only like that with myself. And perhaps that's why—no, I'm sure that's the reason why—I think of myself as happy on the inside and other people think I'm happy on the outside. I'm guided by the pure Anne within, but on the outside I'm nothing but a frolicsome little goat tugging at its tether.

As I've told you, what I say is not what I feel, which is why I have a reputation for being boy-crazy as well as a flirt, a smart aleck and a reader of romances. The happy-go-lucky Anne laughs, gives a flippant reply, shrugs her shoulders and pretends she doesn't give a darn. The quiet Anne reacts in just the opposite way. If I'm being completely honest, I'll have to admit that it does matter to me, that I'm trying very hard to change myself, but that I'm always up against a more powerful enemy.

A voice within me is sobbing, "You see, that's what's become of you. You're surrounded by negative opinions, dismayed looks and mocking faces, people who dislike you, and all because you don't listen to the advice of your own better half." Believe me, I'd like to listen, but it doesn't work, because if I'm quiet and serious, everyone thinks I'm putting on a new act and I have to save myself with a joke, and then I'm not even talking about my own family, who assume I must be sick, stuff me with aspirins and sedatives, feel my neck and forehead to see if I have a temperature, ask about my bowel movements and berate me for being in a bad mood, until I just can't keep it up anymore, because when everybody starts hovering over me, I get cross, then sad, and finally end up turning my heart inside out, the bad part on the outside and the good part on the inside, and keep trying to find a way to become what I'd like to be and what I could be if . . . if only there were no other people in the world.

Yours, Anne M. Frank

ANNE'S DIARY ENDS HERE.

Arriving at the Plaza

Matilde Mellibovsky

One Thursday, during our walks in the circle, I feel the urge to find out what exactly the Plaza had been like in earlier days. So I delve into a fat book of Argentinian history: "The Plaza was always bustling, movement never ceased. Around 1810 neighborhood people would come: children, black women and vendors. They would add to the shouting and the din."[1] Looking at the illustrations from that time, my own childhood memories of them come alive: countrymen on horseback, poultry vendors, black women selling pastries or sweets, above all the water sellers' carts.

Washerwomen on their way back from the river carrying enormous bundles on their heads. Lots of dogs. And strolling ladies wearing dresses with very wide skirts. By 1844 we can already see the "pyramid"[2] in the Plaza, a new market, the Government House, the Cabildo's outline, and coaches drawn by four or six horses. . . .

Actually, I always thought of it as a foolish place and to me it still seems so; but not when I find myself there together with the Mothers.

But after so many marches I came to imagine it a small liberated zone separated from the rest of the country. Then I began to discover that it has beautiful trees, and I started to look for some beauty in its two or three standing monuments. On Thursdays when we are there, I love to see the children running, climbing onto the "pyramid." . . . At that moment I feel as if I were in a very intimate place. We have stepped on each street-tile surrounding the "pyramid" so many times. . . . Invariably, I ask myself how many miles have we Mothers walked around this monument. . . .

When we are all together, the Plaza is *my* place, it is *our* Plaza, and *all the disappeared are there and everybody is there.*

Moreover, as we Mothers have sometimes commented, it was in this Plaza that the Assembly of 1813 resolved that all instruments of torture had to be burnt: "The use of instruments of torture to get information about crimes is forbidden," and they decreed that "all instruments of torture should be burnt *by the executioner's hands* on May 25 at the Plaza Victoria."[3]

Over a hundred years later, we stand in horror in this place thinking about our savagely tortured children and their fate.

It is true that we Mothers did not choose the Plaza de Mayo because it is itself a political center or because it is very close to Argentina's great political center, still . . . how very odd, something like destiny came about, because it is precisely in the Plaza de Mayo that very important events in the life of the country have occurred.

This place, center of celebrations and of rejoicing during colonial times, was also the place where tragic sentences of justice were executed . . . before everybody's eyes. . . . It is not mere happenstance either that Garay, the founder of Buenos Aires, had the "Tree of Justice," or "el Rollo," erected nearby. And it is here that we Mothers come every Thursday to demand that justice be done.

The Plaza is a throbbing heart. . . . It appears to be a spot predestined to be a center of world interest, a window to the world, for half an hour one day a week. . . .

Yesterday I went to the Plaza and I was watching my companions—and everybody else—observing what takes place there, and I insist that at these very moments the Plaza is a throbbing heart, perhaps with a touch of tachycardia. . . . People approach full of curiosity, some from California, others from Australia. One of these foreigners, who could not express himself very well, said something like: "What is it that keeps you in a state of such high emotion besides the suffering, of course? What makes you keep moving?" And I spent the night asking myself that question until I found the answer: the fact that they have eliminated the generation that comes after me, that they have isolated me from the future, that they have separated me completely from my sense of continuity . . . and that I want to recover it, through Memory.

Without Memory, continuity in life does not exist.

Memory is the well-hidden roots which nourish the flowers with their sap and the fruits that we can see. Without the roots neither the flowers nor the fruits are possible.

I would say that Memory is the root that culminates in the seed which makes the circle of life cycle.

"You have to feel the fire of the desert under the soles of your feet," Rabbi Marshall Meyer used to tell us Mothers.

Memory gives life.

And the Plaza, with all its multitudes, is the perennial Memory of all that has happened since its origin. . . .

Everybody leaves their testimony . . . but the children? Where are they? I miss something . . . those children who made me thrill more than I ever had before, who jumped so happily that it looked as if they caused the clouds to run faster. . . . To see them so united by their songs and catch-words filled me with illusion and brought me closer than ever to a fairer, more human world. . . . Never in my entire life have I spent such happy hours . . . of real fellowship.

That is why when I walk around the Plaza I feel the Plaza asking me: *What has happened? I miss those children.*

Notes

1. Ricardo de la Fuente Machain's *La Plaza Trágica*, Municipalidad de la Ciudad de Buenos Aires, 1973. [MM]

2. This "pyramid" is actually an obelisk.

3. Diego Abad de Santillán's *Historia Argentina*, Editora Argentina, Buenos Aires, 1965. [Plaza de Mayo was then called Plaza Victoria.]

The Trikeri Journal

Victoria Theodorou

Far, very far, I hear life
high, very high hang the lights
the lights they stole from us
lights from the city they stole from us
and the memory of the last sunset when the hills
*   were still our hills*
far, very far you exist, you must exist
                    —"Marina," *State of Siege*

Trikeri is a tiny, virtually deserted island at the foot of Mount Pelion, immediately to the north of Pagasitikon Bay in the north of Greece. Cut off from the rest of the country by the surrounding mountain ranges of Rumeli to the west, the Evia mountains to the south, and Pelion to the east, it was considered an excellent site for the establishment of a concentration camp for political prisoners.

One can walk around Trikeri in a matter of three hours—a pleasant stroll in the summer, along paths shaded by evergreens and olive trees. But in the winter the little island is constantly beaten by icy winds, rain, and snow.

A monastery was built in 1841 on the highest point of the island. The church, dedicated to the Assumption of the Holy Virgin, stands in the middle of the courtyard. Its lovely reredos was restored by an exiled artist, who was later executed nearby. The ground floor and upper cells, built around the courtyard, are connected by a roofed, wooden porch, which in summer was used as a living space by the women exiled there. The ground floor cells, always dark and moldy, with half-rotten floorboards and no doors or windowpanes, were used for storage, bathhouses, and stables.

The sea surrounds Trikeri like a moat, and the mountains form a naturally impassable wall. Because of this isolation and inaccessibility, it was used during the Balkan wars as a camp for prisoners of war, without additional fortification. When in 1947 it was chosen as an ideal site for a camp for women political prisoners, it was deemed necessary to fortify it further, with even harsher security than that offered by nature. Guards, armed with machine guns, barbed-wire fences were installed in double and triple rows around all the areas used by the women, and naval vessels were positioned along the entire shoreline. Not a soul could approach Trikeri except policemen, the sailors who brought in supplies, and public speakers, whose job was to instruct the prisoners on how to "repent" and return to the "bosom of Greece." In spite of all the security measures, the women were forbidden to go outside the barbed-wire cages even to look for mushrooms and wild vegetables in the fields and olive groves nearby, or to go to the shore to swim and bathe their sore bodies. The eyes of the guards were constantly on them. Lights and fires were strictly forbidden for fear the women might flash signals to guerrillas in the mainland.

Early in the summer of 1945, almost immediately after the end of the war, the persecution of the left-wing resistance movement started. The government began to arrest men and women who had played an active part in the resistance against the Germans. If they had escaped to the mountains or to the Balkan countries, their families were arrested and confined on the island of Trikeri. In 1949, when the men were relocated at the Makronisos camp, Trikeri became exclusively a women's camp.

The first women exiled there were relatives—mothers, grandmothers, wives and children—of members of EAMELAS, and the Democratic Army. Most of these women came from villages in the north of Greece. Many of them had small children and had brought nothing more than the clothes on their backs. The government called these arrests "a preventative measure." Their numbers were always fluctuating because almost daily many would sign the Declaration of Repentance and leave, and new ones would arrive. From 1947 to 1949, these were the only women on Trikeri, and they were confined within the area of the monastery. But by September 1949, new arrivals (guerrillas and political activists) from the concentration camps of Chios, Macedonia, Rumeli, and Thessaly increased their number to 4,700.

Outside the monastery, only a few yards from the main gate, there was a small cemetery for those who died at Trikeri—a small, square plot, always with some freshly dug graves, which with the first rains would become green with clover and bright with wild flowers. The first men exiled there planted an oleander and marked the place with a large cross carved from olive wood.

The tents were a few steps away from the cemetery. On sunny days the children would play hide and seek there, hiding in the thick foliage of the blooming oleander behind the cross. The knowledge that yellow fever or T.B. or even a simple cold could put any of them under the salty earth had given them such familiarity with death that this cemetery, a place that under ordinary circumstances they would have shunned, held no special fear for them. It was simply a spot where they were allowed to run and shout away from the guards and the sad faces of their mothers.

On April 4, 1949, three cargo ships, carrying 1,200 women and children, left the concentration camp of Chios for Trikeri. The ships were painted black on the outside, and their interior was black with soot.

At nightfall a ferocious storm developed. The captain wanted to return to port, but the officers pressed him to continue the journey. The ship battled huge waves across the Aegean and almost lost the struggle. We lived through the first night of terror packed inside suffocatingly narrow sooty cabins, fearing that after having survived two wars we would perish at sea. All night long we were tossed about, knocking against each other like drunks. Many had lost consciousness and lay on the floor in puddles of blood, vomit, and excrement from the overflowing toilets. Others lamented and pulled their hair, hugging their frightened children to their breasts. Only Kate Memeli and Tila were on their feet, trying to take care of us and comfort the children.

By the next evening, as we approached the shores of Pelion, the storm calmed down somewhat, and we were able to discern Trikeri on the horizon, green with olive groves and pine forests. Among the olive groves stretching to the shore were scattered small grey houses. Half a dozen fishing boats were moored at the small pier.

Our official destination was the campsite on the north shore of the island, but the officers in charge ordered the captain to dock two miles away, giving us the additional burden of carrying our bundles, the children, and the stretchers with the sick up a steep and thorny path, which that day we named Golgotha.

The camp, originally occupied by men, was located on the top of the hill beyond the olive groves and was enclosed by rows of barbed wire. We stopped for a short break under the shade of the olive trees and ate our few ounces of "dry nourishment"—half a piece of salty whitefish—and drank a mouthful of brackish, lukewarm water. Our future home, a barbed-wire enclosure, was entirely exposed to the elements, without a single tree in sight.

The tents we found within this cage were tilted over, many had neither poles nor ropes. They were low and narrow, with room enough for only one person to squat or lie down. Inside some of them there were makeshift fireplaces and small stoves made from tin cans.

We gazed in terror at the desolation on the top of the bare hill, stark witness to man's struggle with the sea and sky. We began to realize how much more difficult survival would be in this desert, without even the comforting thought of being near the sympathetic and compassionate people of Chios. Our one hope was that they would keep us here only through the fall, that they would not let women, who lacked men's strength and expertise, face the winter isolated in a place as terrible as this.

For weeks we slept on the ground without fires or blankets, exposed to the night damp and surrounded by pounding waves and the cries of owls. Finally we were divided into three groups and placed within separate barbed-wire cages. In spite of everything, spring had filled our bodies with strength and our hearts with joy, and we began to repair and set up the small tents, thankful to be out of the dark, stinking cells of our prisons. To avoid having to crawl in and out of the tents, some of us (using only our hands and fingernails for tools) built a five-foot wall, and over it we tied the canvas. We wondered why the men who had lived there before us had not thought of doing that. The first summer storms gave us the answer by bringing our hard work down in heaps of bricks and mud. But we were young, the sun was warm and bright, and we would not give up trying. We built over and over, countless times, until we found the way. In the end our huts stood impregnable against the fury of the storm.

The Dance in Jinotega

Grace Paley

In Jinotega women greeted us
with thousands of flowers   roses
it was hard to tell   the petals
on our faces and arms falling

Then embraces and the Spanish language
which is a little like a descent of
petals pink   and orange

Suddenly out of the hallway   our
gathering place   AMNLAE the
Associacion de Mujeres women
came running   seat yourselves dear
guests from the north we   announce
a play   a dance   a play the women
their faces mountain   river Indian
European   Spanish   dark haired
women

dance   in grey green
fatigues   they dance the Contra who
circles the village waiting
for the young teacher   the health worker
(these are the strategies)   the farmer
in the high village walks out into the
morning toward the front which is a
circle of terror

                    they dance
the work of women and men   they dance

the plowing of the field   they kneel
to the harrowing with the machetes   they
dance the sowing of seed (which is always
a dance) and the ripening of corn   the
flowers of grain   they dance the harvest
they raise their machetes for
the harvest   the machetes are high
                    but no!

out of the hallway in green and grey
come those who dance the stealth
of the Contra   cruelly they
dance the ambush   the slaughter of
the farmer   they are the death dancers
who found the school teacher   they caught
the boy who dancing   brought seeds in
his hat   all the way from Matagalpa they
dance the death of the mother the
father   the rape of the daughter   they
dance the child murdered the seeds
spilled and trampled   they dance
sorrow   sorrow

        they dance the
search for the Contra   and the defeat
they dance a comic dance   they make a
joke of the puppetry of the Contra of
Uncle Sam who is the handler of puppets
they dance rage and revenge they place
the dead child (the real sleeping baby)
on two chairs   which is the bier for
the little actor they dance prayer
bereavement   sorrow   they mourn

Is there applause for such theater?

Silence then   come let us dance
together   now you know   the usual
dance of couples Spanish or North
American   let us dance in two and
threes   let us make little circles let us
dance as though at a festival or in peace
time together and alone   whirling   stamping
our feet   bowing to one another

Encounter

Grace Akello

Teach me to laugh once more
let me laugh with Africa my mother
I want to dance to her drum-beats
I am tired of her cries
Scream with laughter
roar with laughter
Oh, how I hate this groaning

Africa groans
under the load of her kwashiorkored children
she weeps
what woman would laugh
over her children's graves

I want to laugh once again
let me laugh with you
yes, even you my brother who blames me for breeding . . .
I laugh with you
even you who sell me guns
preserving world peace
while my blood, Africa's blood stains Earth
let laughter be my gift to you
my generous heart overflows with laughter
money and vanity harden yours
clogged in your veins, the blood no longer warms your heart
I will teach you yet

I am not bush, lion, savagery
mine are the sinews which built your cities
my sons fighting your wars

gave you victory, prestige
wherein lies the savagery in Africa . . .
Your sons in Africa looted our family chests
raping the very bowels of our earth
our gold lines the streets of your cities . . .
where are pavements in Africa

Laugh with me
Do not laugh at me
my smile forgives all
but greed fetters your heart
the nightmare of our encounter is not over
your overgrown offspring
swear by the western god of money and free enterprise
that they are doing their best for Africa
indeed, Africa the dumping ground
Africa the vast experimental ground
the army bases in the developing parts
enhanced military aid in the loyal parts
family planning programmes in the advanced parts

My son built your cities
What did your son do for me . . .

E. F. Schumacher Memorial Lecture

Petra Kelly

"We can best help you prevent war, not by repeating your words and repeating your methods, but by finding new words and creating new methods."

Virginia Woolf

On 3 November 1983, I read in the German newspapers with great shock about the warnings of the British Defence Minister Michael Heseltine, in which he made clear that the Military Police would shoot at peaceful demonstrators near the American Base of Greenham Common. His warnings led to very strong reactions on the side of the opposition and the peace movement. For it is now clear, very clear, that the laws in the Western democracies protect the bombs and not the people. The warning that the State is ready to kill those engaged in non-violent resistance against nuclear weapons, shows how criminal this atomic age has become.

Great Britain, I am told, has more nuclear bases and consequently targets per head of population—and per square mile—than any country of the world. And I am coming from a country, the Federal Republic of Germany, that is armed to the teeth with atomic and conventional weapons. I come here on this weekend to hold the E. F. Schumacher Memorial Lecture and would like to dedicate this lecture to the Greenham Common women. I dedicate a poem to them by Joan Cavanagh:

I am a dangerous woman
Carrying neither bombs nor babies,
Flowers nor molotov cocktails.
I confound all your reason, theory, realism
Because I will neither lie in your ditches
Nor dig your ditches for you
Nor join your armed struggle
For bigger and better ditches.
I will not walk with you nor walk for you,

I won't live with you
And I won't die for you
But neither will I try to deny you
The right to live and die.
I will not share one square foot of this earth with you
While you are hell-bent on destruction,
But neither will I deny that we are of the same earth,
Born of the same Mother.
I will not permit
You to bind my life to yours
But I will tell you that our lives
Are bound together
And I will demand
That you live as though you understand
This one salient fact.

I am a dangerous woman
Because I will tell you, Sir,
Whether you are concerned or not
Masculinity has made of this world a living hell,
A furnace burning away at hope, love, faith and justice.
A furnace of My Lais, Hiroshimas, Dachaus.
A furnace which burns the babies
You tell us we must make.
Masculinity made femininity,
Made the eyes of our women go dark and cold
Sent our sons—yes Sir, our sons—
To war
Made our children go hungry
Made our mothers whores
Made our bombs, our bullets, our "food for peace,"
Our definitive solutions and first-strike policies.
Masculinity broke women and men on its knee,
Took away our futures,
Made our hopes, fears, thoughts, and good instincts
"Irrelevant to the larger struggle,"

And made human survival beyond the year 2000
An open question.

I am a dangerous woman
Because I will say all this
Lying neither to you nor with you
Neither trusting nor despising you.
I am dangerous because
I won't give up or shut up
Or put up with your version of reality.
You have conspired to sell my life quite cheaply
And I am especially dangerous
Because I will never forgive nor forget
Or ever conspire
To sell your life in return.

Women all over the world are taking the lead in defending the forces of life—whether by demanding a nuclear-free constitution in the Pacific islands of Belau, campaigning against the chemical industry after Seveso, or developing a new awareness of the rights of animals, plants and children.

We must show that we have the power to change the world and contribute towards the development of an ecological/feminist theory, capable of challenging the threat to life before it is too late. Just a few days ago the American House of Representatives agreed to go ahead with the construction of the first 21 of 100 planned MX inter-continental missiles. I have just returned from a trip to the men at the Kremlin in Moscow and to those powerful men in East Germany. And this year I have been to Washington several times to meet those in power there too. And during each trip, whether it was to Moscow or Washington or East Berlin, I tried at the same time to speak with the people at the grass-roots level, those struggling against the military-industrial complex whether it be capitalist or state socialist. And while I sat listening to those men, those many incompetent men in power, I realized that they are all a mirror image of each other. They each threaten the other side and try to explain that they forced to threaten the other side; that they are forced to plan more evil things to prevent other evil things. And that is the heart of the theory of atomic deterrence.

We must find a way to demilitarize society itself if we are to succeed. And so we must deny votes to the proponents of rearmament. We must organize alternative production in the arms industry and move towards the production of socially-useful goods, and we must organize political strikes and war tax boycotts. We want to change the structures and conditions of our society non-violently and move towards a system of social and alternative defence. We declare ourselves responsible for the security policies within our own immediate surroundings.

At a time where one fourth of all the world's nations are currently involved in wars and where 45 of the world's 164 nations are involved in 40 conventional and guerrilla conflicts—in a world where over 4 million soldiers are today directly engaged in combat and where about 500,000 foreign combat troops are involved in 8 conflicts and at a time when the United States, Great Britain, Germany, France and the Soviet Union are major arms suppliers to about 40 of those nations at war—I would like to leave you with these words:

O sisters come you sing for all you're worth
Arms are made for linking
Sisters, we're asking for the Earth.

Gandhi has stated that non-violence is the greatest force man has ever been endowed with. And love has more force and power than a besieging army. The power of love, as Martin Luther King said, is "passive physically, but active spiritually . . . the non-violent resister is passive in the sense that he is not physically aggressive toward his opponent, but his mind and his emotions are constantly active, constantly seeking to persuade the opposition."

These spiritual weapons do what guns and arms only pretend to do—they defend us. These spiritual weapons can bring about, I believe, the kind of social force and the great social change we need in this destructive age.

The Hour of Truth

Isabel Allende

Alba was curled up in the darkness. They had ripped the tape from her eyes and replaced it with a tight bandage. She was afraid. As she recalled her Uncle Nicolás's training, and his warning about the danger of being afraid of fear, she concentrated on trying to control the shaking of her body and shutting her ears to the terrifying sounds that reached her from outside. She tried to visualize her happiest moments with Miguel, groping for a means to outwit time and find the strength for what she knew lay ahead. She told herself that she had to endure a few hours without her nerves betraying her, until her grandfather was able to set in motion the heavy machinery of his power and influence to get her out of there. She searched her memory for a trip to the coast with Miguel, in autumn, long before the hurricane of events had turned the world upside down, when things were still called by familiar names and words had a single meaning; when people, freedom, and *compañero* were just that—people, freedom, and *compañero*—and had not yet become passwords. She tried to relive that moment—the damp red earth and the intense scent of the pine and eucalyptus forests in which a carpet of dry leaves lay steeping after the long hot summer and where the coppery sunlight filtered down through the treetops. She tried to recall the cold, the silence, and that precious feeling of owning the world, of being twenty years old and having her whole life ahead of her, of making love slowly and calmly, drunk with the scent of the forest and their love, without a past, without suspecting the future, with just the incredible richness of that present moment in which they stared at each other, smelled each other, kissed each other, and explored each other's bodies, wrapped in the whisper of the wind among the trees and the sound of the nearby waves breaking against the rocks at the foot of the cliff, exploding in a crash of pungent surf, and the two of them embracing underneath a single poncho like Siamese twins, laughing and swearing that this would last forever, that they were the only ones in the whole world who had discovered love.

Alba heard the screams, the long moans, and the radio playing full blast.

The woods, Miguel, and love were lost in the deep well of her terror and she resigned herself to facing her fate without subterfuge.

She calculated that a whole night and the better part of the following day had passed when the door was finally opened and two men took her from her cell. With insults and threats they led her in to Colonel García, whom she could recognize blindfolded by his habitual cruelty, even before he opened his mouth. She felt his hands take her face, his thick fingers touch her ears and neck.

"Now you're going to tell me where your lover is," he told her. "That will save us both a lot of unpleasantness."

Alba breathed a sigh of relief. That meant they had not arrested Miguel!

"I want to go to the bathroom," Alba said in the strongest voice she could summon up.

"I see you're not planning to cooperate, Alba. That's too bad." García sighed. "The boys will have to do their job. I can't stand in their way."

There was a brief silence and she made a superhuman effort to remember the pine forest and Miguel's love, but her ideas got tangled up and she no longer knew if she was dreaming or where this stench of sweat, excrement, blood, and urine was coming from, or the radio announcer describing some Finnish goals that had nothing to do with her in the middle of other, nearer, more clearly audible shouts. A brutal slap knocked her to the floor. Violent hands lifted her to her feet. Ferocious fingers fastened themselves to her breasts, crushing her nipples. She was completely overcome by fear. Strange voices pressed in on her. She heard Miguel's name but did not know what they were asking her, and kept repeating a monumental *no* while they beat her, manhandled her, pulled off her blouse, and she could no longer think, could only say *no*, *no*, and *no* and calculate how much longer she could resist before her strength gave out, not knowing this was only the beginning, until she felt herself begin to faint and the men left her alone, lying on the floor, for what seemed to her a very short time.

She soon heard García's voice again and guessed it was his hands that were helping her to her feet, leading her toward a chair, straightening her clothes, and buttoning her blouse.

"My God!" he said. "Look what they've done to you! I warned you, Alba. Try to relax now, I'm going to give you a cup of coffee."

Alba began to cry. The warm liquid brought her back to life, but she could not taste it because when she swallowed it was mixed with blood. García held the cup, guiding it carefully toward her lips like a nurse.

"Do you want a cigarette?"

"I want to go to the bathroom," she said, pronouncing each syllable with difficulty with her swollen lips.

"Of course, Alba. They'll take you to the bathroom and then you can get some rest. I'm your friend. I understand your situation perfectly. You're in love, and that's why you want to protect him. I know you don't have anything to do with the guerrillas. But the boys don't believe me when I tell them. They won't be satisfied until you tell them where Miguel is. Actually they've already got him surrounded. They know exactly where he is. They'll catch him, but they want to be sure that you have nothing to do with the guerrillas. You understand? If you protect him and refuse to talk, they'll continue to suspect you. Tell them what they want to know and then I'll personally escort you home. You'll tell them, right?"

"I want to go to the bathroom," Alba repeated.

"I see you're just as stubborn as your grandfather. All right. You can go to the bathroom. I'm going to give you a chance to think things over," García said.

They took her to a toilet and she was forced to ignore the man who stood beside her, holding on to her arm. After that they returned her to her cell. In the tiny, solitary cube where she was being held, she tried to clarify her thoughts, but she was tortured by the pain of her beating, her thirst, the bandage pressing on her temples, the drone of the radio, the terror of approaching footsteps and her relief when they moved away, the shouts and the orders. She curled up like a fetus on the floor and surrendered to her pain. She remained in that position for hours, perhaps days. A man came twice to take her to the bathroom. He led her to a fetid lavatory where she was unable to wash because there was no water. He allowed her a minute, placing her on the toilet seat next to another person as silent and sluggish as herself. She could not tell if it was a woman or a man. At first she wept, wishing her Uncle Nicolás had given her a special course in how to withstand humiliation, which she found worse than pain, but she finally resigned herself to her own filth and stopped thinking about her unbearable need to wash. They gave her boiled corn, a small piece of chicken, and a bit of ice cream, which she identified by their taste, smell, and temperature, and which she wolfed down with her hands, astonished to be given such luxurious food, unexpected in a place like that. Afterward she learned that the food for the prisoners in that torture center was supplied by the new headquarters of the government, which was in an improvised building, since the old Presidential Palace was a pile of rubble.

She tried to count the days since she was first arrested, but her loneliness, the darkness, and her fear distorted her sense of time and space. She thought she saw caves filled with monsters. She imagined that she had been drugged and that was why her limbs were so weak and sluggish and why her ideas had grown so jumbled. She decided not to eat or drink anything, but hunger and thirst were stronger than her determination. She wondered why her grandfather still had not come to rescue her. In her rare moments of lucidity she understood that this was not a nightmare and that she was not there by mistake. She decided to forget everything she knew, even Miguel's name.

The third time they took her in to Esteban García, Alba was more prepared, because through the walls of her cell she could hear what was going on in the next room, where they were interrogating other prisoners, and she had no illusions. She did not even try to evoke the woods where she had shared the joy of love.

"Well, Alba, I've given you time to think things over. Now the two of us are going to talk and you're going to tell me where Miguel is and we're going to get this over with quickly," García said.

"I want to go to the bathroom," Alba answered.

"I see you're making fun of me, Alba," he said. "I'm sorry, but we don't have any time to waste."

Alba made no response.

"Take off your clothes!" García ordered in another voice.

She did not obey. They stripped her violently, pulling off her slacks despite her kicking. The memory of her adolescence and García's kiss in the garden gave her the strength of hatred. She struggled against him, until they got tired of beating her and gave her a short break, which she used to invoke the understanding spirits of her grandmother, so that they would help her die. But no one answered her call for help. Two hands lifted her up, and four laid her on a cold, hard metal cot with springs that hurt her back, and bound her wrists and ankles with leather thongs.

"For the last time, Alba. Where is Miguel?" García asked.

She shook her head in silence. They had tied her head down with another thong.

"When you're ready to talk, raise a finger," he said.

Alba heard another voice.

"I'll work the machine," it said.

Then she felt the atrocious pain that coursed through her body, filling it completely, and that she would never forget as long as she lived. She sank into darkness.

"Bastards! I told you to be careful with her!" she heard Esteban García say from far away. She felt them opening her eyelids, but all she saw was a misty brightness. Then she felt a prick in her arm and sank back into unconsciousness.

A century later Alba awoke wet and naked. She did not know if she was bathed with sweat, or water, or urine. She could not move, recalled nothing, and had no idea where she was or what had caused the intense pain that had reduced her to a heap of raw meat. She felt the thirst of the Sahara and called out for water.

"Wait, *compañera*," someone said beside her. "Wait until morning. If you drink water, you'll get convulsions, and you could die."

She opened her eyes. They were no longer bandaged. A vaguely familiar face was leaning over her, and hands were wrapping her in a blanket.

"Do you remember me? I'm Ana Díaz. We went to the university together. Don't you recognize me?"

Alba shook her head, closed her eyes, and surrendered to the sweet illusion of death. But she awakened a few hours later, and when she moved she realized that she ached to the last fiber of her body.

"You'll feel better soon," said a woman who was stroking her face and pushing away the locks of damp hair that hid her eyes. "Don't move, and try to relax. I'll be here next to you. You need to rest."

"What happened?" Alba whispered.

"They really roughed you up, *compañera*," the other woman said sadly.

"Who are you?" Alba asked.

"Ana Díaz. I've been here for a week. They also got my *compañero*, Andrés, but he's still alive. I see him once a day, when they take them to the bathroom."

"Ana Díaz?" Alba murmured.

"That's right. We weren't so close back then, but it's never too late to start.

The truth is, you're the last person I expected to meet here, Countess," the woman said gently. "Don't talk now. Try to sleep. That way the time will go faster for you. Your memory will gradually come back. Don't worry. It's because of the electricity."

But Alba was unable to sleep, for the door of her cell opened and a man walked in.

"Put the bandage back on her!" he ordered Ana Díaz.

"Please . . . Can't you see how weak she is? Let her rest a little while. . . ."

"Do as I say!"

Ana bent over the cot and put the bandage over her eyes. Then she removed the blanket and tried to dress her, but the guard pulled her away, lifted the prisoner by her arms, and sat her up. Another man came in to help him, and between them they carried her out because she could not walk. Alba was sure that she was dying, if she was not already dead. She could tell they were walking down a hallway in which the sound of their footsteps echoed. She felt a hand on her face, lifting her head.

"You can give her water. Wash her and give her another shot. See if she can swallow some coffee and bring her back to me," García said.

"Do you want us to dress her?"

"No."

Alba was in García's hands a long time. After a few days, he realized she had recognized him, but he did not abandon his precaution of keeping her blindfolded, even when they were alone. Every day new prisoners arrived and others were led away. Alba heard the vehicles, the shouts, and the gate being closed. She tried to keep track of the number of prisoners, but it was almost impossible. Ana Díaz thought there were close to two hundred. García was very busy, but he never let a day go by without seeing Alba, alternating unbridled violence with the pretense that he was her good friend. At times he appeared to be genuinely moved, personally spooning soup into her mouth, but the day he plunged her head into a bucket full of excrement until she fainted from disgust, Alba understood that he was not trying to learn Miguel's true whereabouts but to avenge himself for injuries that had been inflicted on him from birth, and that nothing she could confess would have any effect on her fate as the private prisoner of Colonel García. This allowed her to venture slowly out of the private circle of her terror. Her fear began to ebb and she was able to feel compassion for the others, for those they hung by their arms, for the newcomers, for the man whose shackled legs were run over by a truck. They brought all the prisoners into the courtyard at dawn and forced them to watch, because this was also a personal matter between the colonel and his prisoner. It was the first time Alba had opened her eyes outside the darkness of her cell, and the gentle splendor of the morning and the frost shining on the stones, where puddles of rain had collected overnight, seemed unbearably radiant to her. They dragged the man, who offered no resistance, out into the courtyard. He could not stand, and they left him lying on the ground. The guards had covered their faces with handkerchiefs so no one would ever be able to identify them in the improbable event that circumstances changed. Alba closed her eyes when she heard the truck's engine, but she could not close her ears to the sound of his howl, which stayed in her memory forever.

Ana Díaz helped her to resist while they were together. She was an indomitable woman. She had withstood every form of cruelty. They had raped her in the presence of her lover and tortured them together, but she had not lost her capacity to smile or her hope. She did not give in even when they transferred her to a secret clinic of the political police because one of the beatings had caused her to lose the child she was carrying and she had begun to hemorrhage.

"It doesn't matter," she told Alba when she returned to her cell. "Someday I'll have another one."

That night Alba heard her cry for the first time, covering her face with her blanket to suffocate her grief. She went to her and put her arms around her, rocking her and wiping her tears. She told her all the tender things she could think of, but that night there was no comfort for Ana Díaz, so Alba simply rocked her in her arms, lulling her to sleep like a tiny baby and wishing she could take on her shoulders the terrible pain of Ana's soul. Dawn found them huddled together like two small animals. During the day, they anxiously awaited the moment when the long line of men went by on their way to the latrine. They were blindfolded, and to guide themselves each had his hand on the shoulder of the man ahead of him, watched over by armed guards. Among the prisoners was Andrés. From the tiny barred window of their cell the women could see them, so close that if they had been able to reach out they could have touched them. Each time they passed, Ana and Alba sang with the strength of their despair, and female voices rose from the other cells. Then the prisoners would stand up tall, straighten their backs, and turn their heads in the direction of the women's cells, and Andrés would smile. His shirt was torn and covered with dried blood.

One of the guards was moved by the women's hymns. One night he brought them three carnations in a can of water to put in their window.

Another time he came to tell Ana Díaz that he needed a volunteer to wash one of the prisoners' clothes and clean out his cell. He led her to where Andrés was and left them alone together for a few minutes. When Ana Díaz returned, she was transfigured. Alba did not dare speak to her, so as not to break the spell of her happiness.

One day Colonel García was surprised to find himself caressing Alba like a lover and talking to her of his childhood in the country, when he would see her walking hand in hand with her grandfather, dressed in her starched pinafores and with the green halo of her hair, while he, barefoot in the mud, swore that one day he would make her pay for her arrogance and avenge himself for his cursed bastard fate. Rigid and absent, naked and trembling with disgust and cold, Alba neither heard nor felt him, but that crack in his eagerness to torture her sounded an alarm in the colonel's mind. He ordered Alba to be thrown in the doghouse, and furiously prepared to forget that she existed.

The doghouse was a small, sealed cell like a dark, frozen, airless tomb. There were six of them altogether, constructed in an empty water tank especially for punishment. They were used for relatively short stretches of time, because no one could withstand them very long, at most a few days, before beginning to ramble—to lose the sense of things, the meaning of words, and the anxiety of passing time—or simply, beginning to die. At first, huddled in her sepulcher, unable either to stand up or sit down despite her small size, Alba managed to stave off madness. Now that she was alone, she realized how much she needed Ana Díaz. She thought she heard an imperceptible tapping in the distance, as if someone were sending her coded messages from another cell, but she soon stopped paying attention to it because she realized that all attempts at communication were completely hopeless. She gave up, deciding to end this torture once and for all. She stopped eating, and only when her feebleness became too much for her did she take a sip of water. She tried not to breathe or move, and began eagerly to await her death. She stayed like this for a long time. When she had nearly achieved her goal, her Grandmother Clara, whom she had invoked so many times to help her die, appeared with the novel idea that the point was not to die, since death came anyway, but to survive, which would be a miracle. With her white linen dress, her winter gloves, her sweet toothless smile, and the mischievous gleam in her hazel eyes, she looked exactly as she had when Alba was a child. Clara also brought the saving idea of writing in her mind, without paper or pencil, to keep her thoughts occupied and to escape from the doghouse and live. She suggested that she write a testimony that might one day call attention to the terrible secret she was living through, so that the world would know about this horror that was taking place parallel to the peaceful existence of those who did not want to know, who could afford the illusion of a normal life, and of those who could deny that they were on a raft adrift in a sea of sorrow, ignoring, despite all evidence, that only blocks away from their happy world there were others, these others who live or die on the dark side. "You have a lot to do, so stop feeling sorry for yourself, drink some water, and start writing," Clara told her granddaughter before disappearing the same way she had come.

Alba tried to obey her grandmother, but as soon as she began to take notes with her mind, the doghouse filled with all the characters of her story, who rushed in, shoved each other out of the way to wrap her in their anecdotes, their vices, and their virtues, trampled on her intention to compose a documentary, and threw her testimony to the floor, pressing, insisting, and egging her on. She took down their words at breakneck pace, despairing because while she was filling a page, the one before it was erased. This activity kept her fully occupied. At first, she constantly lost her train of thought and forgot new facts as fast as she remembered them. The slightest distraction or additional fear or pain caused her story to snarl like a ball of yarn. But she invented a code for recalling things in order, and then she was able to bury herself so deeply in her story that she stopped eating, scratching herself, smelling herself, and complaining, and overcame all her varied agonies.

Word went out that she was dying. The guards opened the hatch of the doghouse and lifted her effortlessly, because she was very light. They took her back to Colonel García, whose hatred had returned during these days, but she did not recognize him. She was beyond his power.

On the outside, the Hotel Christopher Columbus looked as ordinary as an elementary school, just as I remembered. I had lost count of the years that had passed since I had last been there, and I tried to tell myself that the same Mustafá as before would come out to greet me, that blue Negro dressed like an Oriental apparition, with his double row of leaden teeth and the politeness of a vizier, the only authentic Negro in the country since all the others were painted, as Tránsito Soto had assured me. But that was not what happened. A porter led me to a tiny cubicle, showed me to a seat, and told me to wait. After a while, instead of the spectacular Mustafá, a lady appeared who had the unhappy, tidy air of a provincial aunt, dressed in a blue uniform with a starched white collar. She gave a start when she saw how old and helpless I was. She was holding a red rose.

"The gentleman is alone?"

"Of course I'm alone!" I shouted.

The woman handed me the rose and asked me which room I preferred.

"It makes no difference," I replied, surprised.

"We can offer you the Stable, the Temple, and the Thousand and One Nights. Which one do you want?"

"The Thousand and One Nights," I said, for no particular reason.

She led me down a long hallway that was lined with green lights and bright-red arrows. Leaning on my cane, dragging my feet along, I followed her with great difficulty. We arrived in a small courtyard with a miniature mosque that had been fitted with absurd arched windows made of painted glass.

"This is it. If you want something to drink, order it by phone," she said, pointing.

"I want to speak with Tránsito Soto. That's why I've come," I said.

"I'm sorry, but Madam doesn't see private individuals, only suppliers."

"I have to speak with her! Tell her that Senator Trueba is here. She knows who I am."

"I already told you, she won't see anyone," the woman replied, crossing her arms.

I picked up my cane and told her that if Tránsito Soto did not appear in person within ten minutes, I would break all the windows and everything else inside that Pandora's box. The woman in the uniform jumped back in fright. I opened the door of the mosque and found myself inside a cheap Alhambra. A short tiled staircase covered with false Persian carpets led to a hexagonal room with a cupola on the roof, where someone who had never been in an Arab harem had arrayed everything thought to have existed in one: damask cushions, glass incense burners, bells, and every conceivable trinket from a bazaar. Through the columns, which were infinitely multiplied by the clever placement of the mirrors, I saw a blue mosaic bathtub that was as big as the room and a pool large enough to bathe a cow in—or, more to the point, for two playful lovers to cavort in. It bore no resemblance to the Christopher Columbus I remembered. I lowered myself painfully onto the round bed, suddenly feeling very tired. My bones ached. I looked up, and the mirror on the ceiling returned my image: an old, shriveled body, the sad face of a biblical patriarch furrowed with bitter wrinkles, and what was left of a mane of white hair. "How time has passed!" I sighed.

Tránsito Soto entered without knocking.

"I'm glad to see you, *patrón*," she said, as she always greeted me.

She had become a slender, middle-aged woman with her hair in a bun, wearing a black woolen dress with two strands of simple pearls around her neck, majestic and serene; she looked more like a concert pianist than the owner of a brothel. It was hard for me to connect her to the woman I had known, who had a tattooed snake around her navel. I stood up to greet her, and found I was unable to be as informal as I'd been before.

"You're looking well, Tránsito," I said, figuring she must be past sixty-five.

"Life has been good to me, *patrón*. Do you remember that when we met I told you one day I'd be rich?" She smiled.

"Well, I'm glad you have achieved that."

We sat down side by side on the round bed. Tránsito poured us each a glass of cognac and told me that the cooperative of whores and homosexuals had done stupendously well for ten years, but that times had changed and they had had to give it a new twist, because thanks to the modern ways—free love, the pill, and other innovations—no one needed prostitutes, except sailors and old men. "Good girls sleep with men for free, so you can just imagine the competition," she said. She explained that the cooperative had begun to go downhill and that the partners had had to look for higher-paying jobs and that even Mustafá had gone back to his country. Then she had realized that what was really needed was a hotel for rendezvous, a pleasant place where secret couples could make love and where a man would not be embarrassed to bring a girl for the first time. No women: those were furnished by the customer. She had decorated it herself, following the whims of her imagination and taking her customers' taste into account. Thus, thanks to her commercial vision, which had led her to create a different atmosphere in every available corner, the Hotel Christopher Columbus had become the paradise of lost souls and furtive lovers. Tránsito Soto had made French sitting rooms with quilted furniture, mangers with fresh hay and papier-mâché horses that observed the lovers with their immutable glass eyes, prehistoric caves with real stalactites, and telephones covered with the skins of pumas.

"Since you're not here to make love, *patrón*, let's go talk in my office," Tránsito Soto said. "That way we can leave this room to customers."

On the way she told me that after the coup the political police had raided the hotel, a couple of times, but that each time they dragged the couples out of bed and lined them up at gunpoint in the main drawing room, they had found a general or two, so the police had quickly stopped annoying her. She had an excellent relationship with the new government, just as she had had with the preceding ones. She told me that the Christopher Columbus was a thriving business and that every year she renovated part of the decor, replacing the stranded hulls of Polynesian shipwrecks with severe monastic cloisters, and baroque garden swings with torture racks, depending on the latest fashion. Thanks to the gimmickry of the mirrors and lights, which could multiply space, transform the climate, create the illusion of infinity, and suspend time, she could bring all this into a residence of relatively normal size.

We arrived at her office, which was decorated like the cockpit of an airplane and from which she ran her incredible organization with the efficiency of a banker. She told me how many sheets had to be washed, how much toilet paper bought, how much liquor was consumed, how many quail eggs prepared daily—they're aphrodisiacs—how many employees she needed, and how much she paid for water, electricity, and the phone in order to keep that outsized aircraft carrier of forbidden love afloat.

"And now, *patrón*, tell me what I can do for you," Tránsito Soto finally said, settling into the reclining seat of an airplane pilot while she toyed with the pearls around her neck. "I suppose you've come because you want me to repay the favor that I've owed you for half a century, right?"

Then, having waited for her to ask me that, I opened the floodgates of my soul and told her everything; I didn't hold back anything and didn't stop for a second from beginning to end. I told her that Alba is my only granddaughter, that I'm practically all alone in the world, and that my body and my soul have shrunken away, just as Férula predicted with her curse; that all that awaits me now is to die like a dog, and that my green-haired granddaughter is all I have left, the only person I really care about; that unfortunately she turned out to be an idealist, a family disease, one of those people cut out to get involved in problems and make those closest to her suffer, that she took it into her head to help fugitives get asylum in the foreign embassies, something she did without thinking, I'm sure, without realizing that the country is at war, whether war against international Communism or its own people it's hard to tell, but war one way or the other, and these things are punishable by law, but Alba always has her head in the clouds and doesn't realize she's in danger, she doesn't do it to be mean, really, just the opposite, she does it because her heart knows no limits, just like her grandmother, who still runs around ministering to the poor behind my back in the abandoned wing of the house, my clairvoyant Clara, and anyone who tells Alba people are after him gets her to risk her life for him, even if he's a total stranger, I've already told her, I warned her time and again they could lay a trap for her and one day it would turn out that the supposed Marxist was an agent of the secret police, but she never listened to me, she's never listened to me in her life, she's more stubborn than I am, but even so, it's not a crime to help some poor devil get asylum every once in a while, it's not so serious that they should arrest her without taking into account that she's my granddaughter, the granddaughter of a senator of the Republic, a distinguished member of the Conservative Party, they can't do that to someone from my own family, in my own house, because then what the hell is left for everybody else, if people like us can be arrested then nobody is safe, that more than twenty years in Congress aren't worth a damn and all the acquaintances I have, I know everybody in this country, at least everyone important, even General Hurtado, who's my personal friend but in this case hasn't lifted a finger to help me, not even the cardinal's been able to help me locate my granddaughter, it's not possible she could just disappear as if by magic, that they could take her away in the night and that I should never hear a word of her again, I've spent a whole month looking for her and I'm going crazy, these are the things that make the junta look so bad abroad and give the United Nations reason to screw around with human rights, at first I didn't want to hear about the dead, the tortured, and the disappeared, but now I can't keep thinking they're just Communist lies, because even the gringos, who were the first to help the military and sent their own pilots to bombard the Presidential Palace, are scandalized by all the killing, it's not that I'm against repression, I understand that in the beginning you have to be firm if you want a return to order, but things have gotten out of hand, they're going overboard now and no one can go along with the story about internal security and how you have to eliminate your ideological enemies, they're finishing off everyone, no one can go along with that, not even me, and I was the first to throw corn at the military cadets and to suggest the coup, before the others took it into their heads, and I was the first to applaud them, I was present for the Te Deum in the cathedral, and precisely because I was I can't accept that this sort of thing should happen in my country, that people disappear, that my granddaughter is dragged from my house by force and I'm powerless to stop them, things like this never happened here and that's why I've come to see you, Tránsito, because fifty years ago when you were just a skinny little thing in the Red Lantern I never thought that one day I'd be coming to you on my knees to beg you to do me this favor, to help me find my granddaughter, I dare to ask you such a thing because I know you're on good terms with the new government, I've heard about you, Tránsito, I'm sure no one knows the top brass of the armed forces better than you do, I know you organize their parties for them and that you have access to places I could never penetrate and that's why I'm asking you to do something for my granddaughter before it's too late, I've gone weeks without sleeping, I've been to every office, every ministry, seen all my old friends, and no one's been able to do anything, they don't want to see me anymore, they make me wait outside for hours, please, Tránsito, ask me for anything you want, I'm still a wealthy man even though under the Communists things got a little tough for me, you probably heard, you must have seen it in the papers and on television, a real scandal, those ignorant peasants ate my breeding bulls and hitched my racing horses to the plow and in less than a year Tres Marías was in ruins, but now I've filled the place with tractors and I'm picking up the pieces, just as I did before, when I was young, I'm doing the same thing now that I'm an old man, but I'm not done for, while those poor souls who had the title to my property—my property—are dying of hunger like a bunch of miserable wretches, poor things, it wasn't their fault they were taken in by that damned agrarian reform, when it comes right down to it I've forgiven them and I'd like them to return to Tres Marías, I've even placed notices in the papers summoning them back, someday they'll return and I'll have no choice but to shake their hands, they're like children, but anyway that's not what I came to talk to you about, Tránsito, I don't want to waste your time, what counts is that I'm well placed and my affairs are sailing along, so I can give you anything you ask for, anything, so long as you find my granddaughter Alba before some madman sends me any more chopped-off fingers or starts to send me cut-off ears and winds up driving me stark raving mad or giving me a heart attack, forgive me for getting all worked up like this, my hands are shaking, I'm very nervous, I can't explain what happened, a package in the mail and in it only three human fingers, cleanly amputated, a macabre joke that brings back memories, but memories that have nothing to do with Alba, my granddaughter wasn't even born then, I'm sure I have a lot of enemies, all of us politicians have enemies, it's not surprising there should be some maniac out there who wants to torture me by sending me fingers through the mail just when I'm out of my mind about Alba's arrest, to put terrible ideas into my head, and if I weren't at the end of my rope and hadn't exhausted all my other possibilities I wouldn't bother you with this, please, Tránsito, in the name of our old friendship, have pity on me, I'm just a poor destroyed old man, have pity on me and look for my granddaughter Alba before they send her to me in the mail all cut up in little pieces, I sobbed.

Tránsito Soto has gotten where she has because, among other things, she knows how to pay her debts. I suppose she used her knowledge of the most secret side of the men in power to return the fifty pesos I once lent her. Two days later she called me on the phone.

"It's Tránsito Soto, *patrón*. I did what you asked me to."

The Reciters

Agate Nesaule

Once upon a time in Latvia all women knew how to recite. As girls we memorized lullabies, folk songs, poems, and hymns. Safe in our own beds, warm under goose-down quilts and embroidered linen sheets, we whispered lines to ourselves as we drifted off to sleep. On Christmas Eve, standing in front of trees ablaze with real candles, we swayed back and forth importantly to emphasize the rhythm of verses we had learned. If we recited correctly and loudly enough, we would be given creamy sweets wrapped in tasseled gold paper instead of bundles of switches reserved for bad children. During the brief white nights of summer, when along with visiting cousins we were allowed to sleep in fragrant hay in barns, we shouted verses we believed were uproariously funny, until gentle adult voices silenced us. On marketing days, in front of city shops or village stores, we turned our backs on boys who grinningly teased us. Holding hands, looking pleased with ourselves, reciting in unison, we skipped away.

Es meitiņa kā rozīte
Kā sarkana zemenīte,
Pienu ēdu, pienu dzēru,
Pienā muli nomazgāju.

I am a little girl like a little rose,
Like a red strawberry.
I eat milk, I drink milk,
And I bathe myself in milk.

Our feet, clad in fine white stockings and red shoes with thin straps, moved rhythmically together. Our chants might turn imperceptibly into song. We knew many melodies too, of course, but above all we knew the words.

Women sang everywhere, in kitchens kneading rye bread or slicing apples, in dairies skimming cream or churning butter, in fields, raking hay or gathering grain. Alone in parlors lit by kerosene lamps or newly installed electric lights, on dark verandas scented by lilacs, on lonely paths leading through forests, women sang to themselves. Young women walked from one country church to another to look at the new ministers said to be handsome and single, and then, having paid little attention to their sermons, they walked home again, arms linked, laughing and singing. Young men, dressed in dark suits and white shirts, called out to them as they passed in polished wagons pulled by lovingly groomed horses. On St. John's Eve in midsummer, from hill to hill ablaze with bonfires, women and men sang, first in competition, then in harmony. Old women sang together in churches, alone while tending gardens and working at looms.

But always in addition to singing, women recited. On postcards with photos of birches or roses, which women sent for birthdays and namedays, they wrote lines they had memorized. They inscribed poems in books given as school prizes, in leather bound albums presented to newlyweds, on notes accompanying flowers for sick friends. Women gave public speeches less often than men, but like them they quoted the words of Latvian poets on ceremonial and political occasions.

Lines recited spontaneously were even more meaningful. So a woman might quote from a play by major Latvian writer Aspazija to a friend passionately in love; she might murmur a lyric about suffering and loss by the same poet as she comforted her friend later. Women included stanzas from poems in hastily written letters to lovers and husbands away, to mothers welcoming new life, to old people marking the passing of years.

That is how it was, once upon a time.

As the independence of Latvia was increasingly threatened by Nazis and Soviets both, lines from poems accompanied flowers laid anxiously at the foot of the Monument to Freedom in the center of Riga. Later, as women prayed to be saved from exile and war, they recited.

The reciting stopped abruptly in 1940, the Year of Terror under Russian occupation, when thousands of Latvians were imprisoned or deported to Siberia. Nazi armies overran Latvia the following year, and Soviet armies took forcible possession again in 1945. For almost half a century, Latvian language was discouraged and Latvian literature neglected. Girls and women who remained in their own country were forced to speak Russian. Those in exile learned other languages. Only fifty-two percent of the inhabitants of Latvia are now Latvians.

I was six when my family fled Latvia on one of the last ships sailing for Germany. In a camp circled with barbed wire, threatened by Nazi guards barely restraining leashed dogs, we whispered fearfully to each other. Flags with swastikas flew overhead, and nightly bombings continued. The following spring we were forced to watch as occupying Russian soldiers beat a retarded boy, executed a man, raped women without children. Dazed and afraid, we remained silent for a long time.

But as hunger turned into starvation we had to speak. My mother taught me to recite in Russian. She washed my face, pinned an incongruously cheerful wreath of blue bachelor's buttons and red clover above my blonde braids, and sent me away from the German village. Holding an empty bowl in my hands, I stood behind a barbed wire fence watching soldiers drinking, shouting, and stumbling. I waited for the briefest pause and then began "*Petushok . . . petushok. . . .*"

I did not know the meaning of the Russian children's rhymes I had learned by rote. I had to make the soldiers notice me so I used all my will power to speak loudly and distinctly. My legs and arms trembled but my voice did not fail. Usually the soldiers ignored the hungry children behind the fence, they turned away from their comrades and towards us only to vomit or urinate. Or they tried to drive us off with furious gestures.

But sometimes a soldier would hear me and motion to the others to listen. Surprised at me mouthing Russian words, the soldiers laughed delightedly, as they might at a goose singing or a dog dancing. They flung a chunk of heavy dark rye bread or a piece of raw liver into my bowl.

Walking back to the village, I felt the envy and anger of the other children scorching my back. I tried not to think, I recited instead. Over and over again, I whispered the meaningless sounds. I had to remember them for whatever came next. I set the bowl on the ground in front of my mother, turned away from her, ran to a tree, pressed against it, prayed to grow into it, failed.

Later, in Displaced Persons camps in Germany, I recited in Latvian for the last time. Without books or supplies, Latvians started make-shift schools in every camp. Actresses, ministers, writers, historians, all lovers of words recalled lines they knew and taught them to us. Every week we had to recite "with appropriate feeling" a poem in front of the whole class. I learned lines about the white birches, fragrant grasses, and misty blue hills of Latvia. We declaimed defiant speeches of ancient heroes who died defending Latvia against foreign invaders. We chanted hundreds of *dainas*, folksongs about brave girls and proud women, and about the healing powers of nature and work. Teachers repeatedly quoted a poem which included the line, "The riches of the heart cannot be destroyed." They said it meant that we should study hard, because only our knowledge could never be taken from us. We might lose our family members, our country, and our possessions, but the riches of the heart would remain ours.

Reciting in Latvian ended for me when I left the camps in Germany for the United States. I learned English, won scholarships, completed degrees at universities, taught British poems to American students. I married an American and moved to a small town in the Midwest, away from my mother, away from communities of exiled Latvians. Slowly, through disuse, I forgot most of the Latvian poems I knew.

But life, while harsh, is also miraculous. In 1991 Latvia declared independence from the Soviet Union and was recognized as a sovereign nation. Although the shores of the Baltic sea are polluted, people now walk more freely on its white sands and pine-bordered paths. They may even find amber there, though they are cautious about picking it up. Some of the lovely translucent yellow pieces are not crystallized pine resin at all, but explosives carelessly disposed of by Soviet military troops, many of whom are still stationed there.

I returned to Latvia last summer, after an exile of forty-seven years. I eagerly looked forward to meeting relatives, but of my father's family of six brothers and sisters, only one of my cousins survived. After several painful encounters, I was forced to recognize that our relationship could never be reestablished. Our lives had been too different, our experiences too separate and painful.

Nor could the house where I had lived until I was six give me the connection that I longed for. The large, comfortable country parsonage was now a run down collective farm, so changed that I passed it three times without recognizing it. Gone were the wide verandas and the silvery thatched roof, gone the apple-trees, lilacs, and mock orange, gone the flower beds filled with sweet william, iris, and lilies. Even the pond, where storks used to wade, was dry.

Standing alone in the desolate rutted yard, I prayed not to give in to bitterness. If only I could stay open to experience, something else might happen. I had to believe that it would. I did not know yet that a stranger, an old woman reciting, would give me what I needed, and more.

Most people in Latvia have excruciatingly painful stories. They seize a visitor from the outside world by the hand, insist upon attention, prevent departure. They speak about the grim Soviet occupation, of Latvians being subjected to political repression and economic hardship, of being treated as second class citizens in their own country, of being denied access to education and advancement. Latvians were imprisoned and deported, many died in Siberia, some committed suicide upon returning, others remained physically and psychologically damaged. In spite of the new independence, daily life in Latvia is still unbelievably harsh.

Listening to these recitations, I was rocked by conflicting emotions: sympathy for the people, anger at the devastation of the land, desire to help, guilt that I could never do enough. I wavered between high energy and absolute exhaustion. Desiring connection, I nevertheless found myself longing to be alone.

At an outdoor concert of Latvian folksongs, I allowed my mind to wander from a speaker who said that only in song did the spirit of Latvia still live undamaged. In January 1991, when Soviet Black Berets had killed five unarmed men, among them two prominent young film makers, Latvians had not turned to violence, but to singing. Indoors and out, in churches and concert halls, on street corners in Riga and Liepaja, Latvians sang in defiance of Soviet authorities. Journalists had been right in dubbing the independence movement in Latvia the Singing Revolution.

Too depleted to follow the rest of the speech, I watched the choirs arriving instead. Dressed in colorful costumes from various districts of Latvia, young men and old were lining up to sing. Women carried bunches of flowers, girls with wreaths of flowers in their hair walked by with arms linked. The fragrance of pines intensified as massed rain clouds parted for the late afternoon sun. Finally the singing began.

At first I strained to hear every word of songs I had known once. I tried to remember them, I had to repossess them. But gradually I realized there were too many songs completely unfamiliar to me, which had been composed during the long separation from Latvia. Try as I might, I inevitably failed to make out the words. Feeling separate from all the people and the common emotions the songs evoked, I closed my eyes.

When I looked again, my focus had shifted. The choirs had receded into the background, but individual people were now much more distinct. On the steps in front of a women's choir was a seven-year-old girl. She was sitting very still, looking past the audience to the line of birches across an open meadow. Her blue eyes had that clear, almost other worldly gaze that one sometimes sees in children at moments when they feel absolutely secure. She made no movement to brush away a strand of blonde hair escaping from her braids beneath a small wreath of red clover. Her hands rested lightly in her lap, over a long string of tiny, very dark amber beads. She wore an embroidered white linen blouse and a full red wool skirt, also embroidered. Her long legs and sturdy feet, clad in white thin stockings and highly polished shoes, were planted firmly on the ground.

A woman bent down to whisper to her, another woman brushed away the escaping tendril of her hair, and the little girl stood up. She was ready to sing. Complete in herself, she was also an essential part of the choir. Totally self-possessed, she was cherished and supported by the circle of women around her.

I felt an envy so surprising and so sharp I could hardly breathe. Holding onto myself, rocking silently back and forth, I concentrated on regulating my breathing until the pain began to subside. Shame followed quickly. How could I, a middle-aged economically secure, politically privileged, well dressed and well fed university professor from America envy this little girl in Latvia? Hadn't I been paying attention as people told me repeatedly of extreme poverty, humiliation, hopelessness? Didn't I know the endless contriving and bribing and patching every mother had to do to send her child out fully clothed in the morning?

I forced myself to imagine the effort this mother had expended finding the string of amber beads, standing in line for a piece of unbleached linen to sew her daughter's blouse, collecting plants to make dye, saving and bartering for the polished black shoes. I could not know every detail, but I was touched nevertheless by the immense devotion and determination that must have gone into raising and clothing this little girl, who now looked as natural as a small berry.

Yet still I envied her. She was exactly where she belonged, in her own country, with people she had known all her life, singing in her own language. She knew all the words, and she could sing together with others. With courage and almost bravado the women were singing now:

Bēda mana liela bēda
Es par bēdu nebēdāju
Liku bēdu zem akmena
Pāri gāju dziedādama

I had a great sorrow,
But I didn't dwell on it
I put it under a stone
I stepped over it singing

Perhaps if one were so connected to other people and to the land, one could indeed put sorrow under a stone. But I was sentimentalizing the experience of the girls and women singing. I must remember the harsh lives of all Latvians, I must stop feeling sorry for myself as well.

I tried to imagine the little girl making her way home to a shabby apartment or a run-down collective farm. But I could only see her walking on familiar roads past pine woods and banks of wild strawberries. She was holding her mother's hand and perhaps her aunt's. Tired but satisfied with the events of the day, they were talking softly together. The two women listened attentively as the girl recited a poem she had memorized for school, then lapsed into silence. But soon one of them began to hum, the others joined in. They seemed vulnerable now in the dusk, and I felt a tender protectiveness towards them. I wished fervently for their good fortune, and I regretted my envy once more. But something hard and rough, like a stone shard, remained in my heart.

Just outside the city of Riga lies Brīvdabas Muzējs, a large outdoor museum of farm buildings, churches, and mills dating back to the sixteenth century. Established during the brief period of independence between the two World Wars, the museum has been kept open by Soviet authorities, though it seems sparsely attended, at least on weekdays. Walking on the wooded paths from one cluster of buildings to another, one can almost forget one is in a museum. The effect is of roaming about in the countryside, going from farm to flourishing farm, stopping by the side of a lake, climbing a hill to a Lutheran church.

I was surrounded by blossoming trees, swaying flowers, and ripe berries, several of which I remembered vividly from my childhood but had never seen growing outside of Latvia. Here and there a museum worker dressed as a farm wife encouraged me and the few other visitors to taste the currants, to smell the camomile, to pluck a blue bell-flower to press in a book for remembrance.

I accepted everything so generously offered, but my spirits did not lift. For the past two weeks I had heard people speak constantly about the war and its grim aftermath, and I had listened, sympathized, offered help. But not one person had asked me what had happened to my family or me during the war, no one was interested in hearing about the struggle of beginning life in a foreign country, no one believed me when I said not everyone in the United States lived in luxury. Having fought against my own envy, I recognized it in others as they spoke of all Americans as millionaires, without any experience of hunger or fear, totally incapable of imagining hardship. I felt completely depleted, the stone grated my heart.

I closed behind me the wooden gate of an orchard by an eighteenth-century farmhouse, walked up a flower bordered path, and entered a dim barn. At first I could see only a shadowy wagon, a few rakes and other implements, some empty bins. Letting my shoulders sag, I leaned against a wall. I wished I could stay in the restful darkness forever.

"Come," a woman's voice called out, "come with me. You look like someone who needs to hear me reciting."

A sturdy, small person, no more than five feet tall, grasped my hand and guided me firmly out into the sunlight, then into the dappled shade under a white birch. She was much older than I had first judged her by her decisive movements. Hundreds of lines marked her round weathered face, dozens of long white hairs grew on her chin, her pale blue eyes were merry and knowing. For a brief moment I was confused, the person before me seemed to be a woman and a man both, and yet neither. But then I saw the gray braids secured at the nape of her neck, the long skirt with its finely embroidered border, the worn gray shawl pinned with a small amber pin. Judged by such externals, she was clearly a woman. But being certain of her gender seemed less important than usual. I felt as if I, though fully awake, had suddenly fallen into a dream.

"Listen," she said, "this is the poem for you."

She let go my hand, stepped onto a slight elevation, closed her eyes, and started reciting. All my doubts about her being a woman vanished: her voice was melodious and strong, in a word, womanly. She had chosen "Sauciens Tāle," "Call into the Distance," a long poem of eight elaborate stanzas. I suddenly remembered that I too had memorized it once, when I was ten, in a Displaced Persons camp in Germany. But that had been more than forty years ago, so that now I could only feel the absolute rightness of each line as she spoke it, without being able to produce the next one myself.

"Sauciens Tāle" was written by Fricis Bârda for the Latvians who were driven into exile in 1905. Directly addressing a wanderer who has lost his country and everything else, the poet speaks of the pain of separation and the anguish of exile. He urges the wanderer not to forget Latvia and promises a final homecoming. On that distant joyous day of new freedom, trumpets will sound, flags and blossoms will lie in snowdrifts on rooftops, but the wanderer will bring with him the pain of his long years of exile. He will question what he can accomplish in the ashes and ruins of his country, he will be uncertain whether he has the strength to do anything at all. But return he must. He can at least offer to Latvia his heart which has suffered so much.

The professor inside me began by noting the formal characteristics of the poem, classifying it as too nationalistic, filing away words and metaphors I was glad to relearn. But by the second or third stanza none of that mattered.

The old woman had *recognized* me, and she was speaking directly to me about my depletion and alienation. She understood that even though I was now living a comfortable life in the United States, it had been painful for me to separate from family members, to leave home, to experience exile and war. She knew too that returning at the beginning of new independence was more complex than simply joyous.

I felt tears rising to my eyes, then flowing down my face. By the time she was finished reciting, I was crying freely. The hard stone in my heart seemed to be dissolving and flowing away, taking with it the pain of exile as well. I was known and totally accepted. She had welcomed me home. I felt connected to every tree and cloud and blade of grass.

She took my hand and waited in silence until I had more or less finished crying.

"Thank you for that," I said when I could finally speak.

"That was good," she patted my hand. "Crying is healing like some herbs that grow here."

She stepped away from me again, dropped her arms to her sides, lifted her face towards the sky, and recited three brief poems about the beautiful trees, hills, and roadsides of Latvia. These too were poems I had once known well.

The feeling of being in a dream, the sense that the odd and unusual was unsurprising and even fitting, persisted. As if to make certain that I really was awake, I drew myself up straight and rubbed my eyes, but the strangeness did not dissipate.

"This has meant the world to me," I said.

"I know," she nodded.

We stood looking at each other not quite willing to part yet. And then suddenly I thought of it, a question I could ask, almost a test I could give her. It would bring this significant exchange to a close, and it would certainly return me to the everyday, rational world.

"Tell me," I said, "do you happen to know a poem which contains the line 'the riches of the heart cannot be destroyed'?" For the last three years I had been searching for the poem that teachers quoted to us in Displaced Persons camps. I wanted to include it in a book I was writing, but I was no longer sure I had it right. I had not found the line in a collection by Kārlis Skalbe, which I had gone to great trouble to locate. I was not certain now of the author or the title or whether I was quoting the line accurately.

I had asked every Latvian I knew in the United States about it: my father, old teachers, and women and men more or less my contemporaries, who had also spent part of their childhood in camps. Everyone said it sounded familiar, a few volunteered their approval or disapproval of the sentiment expressed, but no one could identify it precisely.

"What were those words again?" the old woman asked.

"The riches of the heart cannot be destroyed."

"Oh, yes," she murmured, "oh yes, that's the last line in a poem 'For Friends' by Kārlis Skalbe. But it's a little different. 'The riches of the heart do not rust,' is how it goes."

And of course, I knew it was so as soon as she said it. The riches of the heart were safe. Not only could they not be destroyed by displacement and war as I had been taught, but they could also not perish through disuse.

Es nezinu, kas vakar bija,
Es nezinu, kas rītu būs,
Tik ausīs sālc kā melodija:
Sirds bagātība nesarūs.

I do not know what was yesterday,
I do not know what will be,
I only hear as a melody,
The riches of the heart don't rust.

The past and the present were uncertain, but the riches of the heart were real. She had completed the poem and my return to Latvia for me.

Like so much in Latvia, the old woman seemed enchanted. Yet for me and for other exiles, returning to the countries of our childhood, looking for clues how to face our coming old age, the angle of vision determines magic. For the present, I hope to see clearly without sentimentality.

In the years of independence between the two World Wars, Latvia was indeed full of women reciting in safety and comfort. But nostalgia and envy had blotted out my memory of other reciters.

When she was seven years old, the future poet Aspazija recited to an examining Lutheran minister. Patting her on the head, he sighed regretfully, "It's too bad that you aren't a boy," he said. "Great things could come of you, but you're only a girl." My mother, who taught school girls from orphanages to recite, had been told essentially the same thing when she was sent to a teachers' institute instead of the University.

Once, when I was five or six, a thin, almost emaciated old woman dressed in gray came to the back door of the comfortable country parsonage. Her lips blue with cold, she stood out in the muddy yard, on a low round stump, reciting the Twenty-third Psalm. From the unhurried, matter of fact way the housekeeper gave her a bowl of porridge and a *centims*, I could tell that it was not unusual for old women to come begging to supplement their rations at the poorhouse in the next village.

The old woman ate very quickly, handed back the empty bowl to our robust housekeeper, and kissed her hand in gratitude. Then she lifted her face towards the sky, and sang "Nearer my God to Thee," in a sweet, quavering voice. The housekeeper sighed in exasperation and ladled another serving of porridge, a half a bowl this time. "No more reciting now," she said as she handed the food to the old woman, who looked ashamed.

Once upon a time in Latvia, all women and girls knew how to recite. Reciting united us, hurt and divided us, reciting could heal us. Once upon a time in Latvia, there were so many kinds of reciters.

Justice

Maro Markarian

There is something in this world
called Justice.
Compensation, Restitution
are its other names.
But it is never called Punctual.
On the contrary it always comes
too late. Like a missed love,
timed wrong, worse when it arrives
than if it had never come.
Causing more pain.
There is something in this world
named Justice that arrives late
to find a new name on its door:
Injustice.

The Writer's Commitment

Claribel Alegría

Political commitment, in my view, is seldom a calculated intellectual strategy. It seems more like a contagious disease—athlete's foot, let's say, or typhoid—and if you happen to live in a plague area, the chances are excellent that you will come down with it. Commitment is a visceral reaction to the corner of the world we live in and what it has done to us and to the people we know. Albert Camus penned a phrase in "The Myth of Sisyphus" that impressed me profoundly. "If a man believes something to be true yet does not live in accordance with that truth," he said, "that man is a hypocrite."

Each of us writers, I have found, is obsessed with the personal equation and, however successfully he or she camouflages it, is surreptitiously pushing a world view.

"What am I doing here? Where am I going?"

These are the eternal existential—and profoundly political—questions, and the creative writer dedicates his life to communicating the answers he has stumbled across while negotiating the booby traps and barbed wire barricades of this twentieth-century obstacle course.

Let me be unashamedly personal, then. I spent the greater part of my life writing poetry, without the slightest notion that I had an obligation to commit myself literarily or politically to what was happening in my country—El Salvador—or my region—Central America.

There were political antecedents that marked me, of course. Thirty thousand peasants were slaughtered in El Salvador when I was seven years old. I remember with hard-edged clarity when groups of them, their crossed thumbs tied behind their backs, were herded into the National Guard fortress just across the street from my house, and I remember the *coup de grace* shots startling me awake at night. Two years later, I remember just as clearly my father, a Nicaraguan exile, telling me how Anastasio Somoza, with the benediction of the Yankee minister, had assassinated Sandino the night before.

I left El Salvador to attend a U.S. University; I married, had children, and wrote poetry, convinced that Central American dictators—Martínez, Ubico,

Carías, Somoza—were as inevitable and irremediable as the earthquakes and electrical storms that scourge my homeland.

The Cuban revolution demonstrated that social and political change was possible in Latin America, but surely the Yankees with their helicopter gunships and Green Berets would never permit such a thing to happen again. Nevertheless Fidel and Che sensitized me to the currents of militant unrest just below the surface of the American *mare nostrum* in the Caribbean. We watched the eddies and whirlpools from Paris and later from Mallorca while I nourished my growing burden of middle-class guilt. What was I doing sitting on the sidelines while my people silently suffered the implacable repression of the Somoza dynasty in Nicaragua and the rotating colonel-presidents in El Salvador? Some of my poems took on an edge of protest, and my husband and I wrote a novel about my childhood nightmare: the 1932 peasant massacre.

I caught the political sickness from the Sandinista revolution. Shortly after Somoza's overthrow in 1979, my husband and I went to Nicaragua for six months to research a book about the historical epic of Sandino and his successors of the FSLN. We were in Paris, on our way home to Mallorca, when we heard of the assassination of Archbishop Oscar Arnulfo Romero, the only Salvadoran figure of international prestige who had served as the voice of the millions of voiceless in my country. In response to that brutal and tragic event, all but two or three of El Salvador's artists and intellectuals made the quiet decision, without so much as consulting each other, to do what we could to try to fill the enormous vacuum left by his death.

Since then, I have found myself writing more and more poems and prose texts that reflect the misery, the injustice, and the repression that reign in my country. I am fully aware of the pitfalls of attempting to defend a transient political cause in what presumes to be a literary work, and I have tried to resolve that dilemma in a roughshod way by dividing my writing into two compartments: the "literary-poetic," if you will, and what I have come to think of as my "crisis journalism."

Political concerns do have a way of creeping into my poetry, however—simply because the Central American political situation is my major obsession, and I have always written poetry under obsession's spur. When I think back, though, I can truly say that my "commitment" to literature has always been, and remains, a simple attempt to make my next poem less imperfect than the last.

But there is something further: in Central America today, crude reality inundates and submerges the ivory tower of "art for art's sake." What avant-garde novelist would dare write a work of imagination in which the Salvadoran people, in supposedly free elections could only choose between Robert D'Aubuisson, the intellectual author of Monseigneur Romero's assassination and the recognized mentor of the infamous "Squadrons of Death," and José Napoleón Duarte, who, as the nation's highest authority for the greater part of the last four years, has systematically failed to bring the known perpetrators and executors of that sacrilegious deed to justice?

What Hollywood writer four short years ago could have envisioned a script in which all the horrors of Vietnam are being reenacted on the Central American isthmus?

America! America!
God shed his grace on thee
And crowned thy good with brotherhood
From sea to shining sea!

Can this be the America that sends Huey helicopter gunships, A-37 Dragonflies, and "Puff, the magic dragon" to rain napalm and high explosives on the women, children, and old people in El Salvador's liberated zones, to convert the village of Tenancingo among others into a second Guernica? Is this the nation that christens Somoza's former assassins of the National Guard as "freedom fighters" and "the moral equivalent of the Founding Fathers" and sends them across the Nicaraguan border night after night to spread their message of democracy by slaughtering peasants, raping their women, and mowing down defenseless children while blowing up the cooperatives and health clinics and schools the Nicaraguans have so painfully constructed over the past six years?

How has America become entrapped in this morass of blood and death?

An American President, John F. Kennedy, made a prophetic statement twenty-five years ago. His words were: "Those who make peaceful evolution impossible, make violent revolution inevitable."

Anastasio Somoza, Jr., made peaceful evolution impossible in Nicaragua, so the Nicaraguan people had no choice but to overthrow him. Again today, as it has so often in the past, the U.S. government has allied itself with the forces in El Salvador who make peaceful evolution impossible: the forces that have put an abrupt end to the limping agrarian reform program, have encouraged a recrudescence of the Squadrons of Death—and have forced a suspension of peace negotiations with the FMLN-FDR.

The burning question for all of us today is: how will America find its way out of this bloody swamp?

Central American reality is incandescent, and if there be no place there for "pure art" and "pure literature" today, then I say so much the worse for pure art and pure literature. I do not know a single Central American writer who is so careful of his literary image that he sidesteps political commitment at this crucial moment in our history, and were I to meet one, I would refuse to shake his hand.

It matters little whether our efforts are admitted into the sacrosanct precincts of literature. Call them newspapering, call them pamphleteering, call them a shrill cry of defiance. My people, sixty percent of whom earn less than eleven dollars per month, know that only through their efforts today will it be possible for their children and grandchildren to eventually have equal opportunity to learn the alphabet and thus gain access to the great literature of the world: a basic human right that has been denied most of their elders.

world view

Hattie Gossett

theres more poor than nonpoor
theres more colored than noncolored
theres more women than men

> all over the world the poor woman of color is the mainstay of
> the little daddy centered family which is the bottom-line of big
> daddys industrial civilization

> when she gets off her knees and stands up straight the whole thing
> can/will collapse

> have you noticed that even now she is flexing her shoulder muscles
> and strengthening her thigh and leg muscles?

> and her spine is learning to stretch out long her brain and heart
> are pumping new energy already you can see the load cracking at
> the center as she pushes it off her

she is holding up the whole world
what you gonna do?
you cant stop her
you gonna just stand there and watch her with your mouth open?
or are you gonna try to get down?
you cant stop her
she is holding up the whole world

notes on contributors

Mahnaz Afkhami is the executive director of Sisterhood Is Global Institute and a member of Human Rights Watch. She has done extensive work on women's rights in the Middle East and has examined gender issues in Islamic societies. She is the author of *Women in Exile*, a collection of essays about women and displacement.

Grace Akello is a Ugandan poet and author who attended Makerere University and worked in Kenya and Tanzania before settling in England in 1981. She is the author of *Iteso Thought Patterns in Tales*. The poems in her collection, *My Barren Song*, have a strong traditional setting.

Anna Akhmatova was born before the Russian Revolution, and her work was unofficially banned in the former Soviet Union from 1921 until 1940, and then again for a decade after World War II. Her best-known work, *Requiem*, arose out of the experience of her son's imprisonment. Only in the late 1950s did she begin to once again gain recognition. Her work has a wide following in the West today, and she is revered for her courage and tenacity in her struggles for human rights in the former Soviet Union. She died in 1966.

Claribel Alegría was born in 1924. She is one of the central voices in the human rights movement in Nicaragua during the Sandinista revolution. Alegría has published almost twenty collections of poetry and anthologies, as well as testimonial works about Central American women written in collaboration with her husband. These include *They Want to Take Me Alive* and *Breaking the Silence*.

Meena Alexander, born in 1936, is a South Asian poet and novelist who teaches at Hunter College. Her work focuses on the issues of displacement, alienation, and the lives of postcolonial immigrants in the United States. She is the author of several collections of poetry and prose. Her memoir *Faultlines* portrays the effect of migration on adolescents and the prejudices they face.

Isabel Allende was born in Lima, Peru, in 1942. Due to her father's work as a diplomat, she traveled throughout Latin America and the Middle East with her family as a child. The family finally settled in Chile when she was an adolescent. She was later exiled and became known as a daring columnist for the women's magazine *Paula*. Her first novel, *The House of the Spirits*, is a haunting saga about contemporary Chilean politics and the overthrow of President Salvador Allende, her great-uncle. Many of her works explore the conditions of women and the human rights struggles in Latin America.

Nuha Al Radi is the daughter of an Iraqi diplomat. She moved back to Baghdad as an adult, where she is presumed to be living; her whereabouts are unknown. "Baghdad Diary," written during the Gulf War, is her first published work.

Salwa Bakr, who currently works and resides in Cairo, has traveled around the Middle East and has worked as a journalist. Due to her political activities, she was arrested and held in prison. This experience inspired her to write her first novel. She has published a collection of short stories, a novel, and many journalistic works.

Maria Banus was born in 1911 in Romania and became famous at the age of fourteen with her first publication. Since then she has published many volumes of poetry and translations.

Sheila Cassidy is a British physician and internationally renowned writer and political activist. She went to Chile at the time of the Salvador Allende government (1971 to 1973) and was arrested during the reign of terror of the Pinochet dictatorship, which had overthrown the Allende regime the following year. In 1977 she published *Audacity to Believe*, a courageous testimony of her arrest and imprisonment in Chile. Dr. Cassidy now works at Plymouth General Hospital in London. She is the author of several other highly acclaimed books, *Sharing the Darkness*, *Light from the Darkness*, and *The Loveliest Journey*.

Rosario Castellanos was born in Mexico City in 1925 and was raised in the Mexican state of Chiapas. Many of her writings are descriptions of life there. Castellanos's work reveals a profound sensitivity to human rights, social justice, and the role of women in society. She wrote plays, novels, stories, and poetry. She served as Mexico's ambassador to Israel, where she died in 1974.

Gītā Chattopādhyāy was born in Calcutta and writes in Bengali. She is the author of two books of poetry. Recently her work has begun to be translated into English by Caroline Wright. Chattopādhyāy is a professor of literature at the University of Calcutta.

Judith Ortíz Cofer is a poet, writer, and playwright who came to mainland United States at the age of four from Hormigueros, Puerto Rico. She has written several books of poetry, including *Letters from a Caribbean Island*, *Peregrina*, and *The Latin Deli*. *Latin*

Women Pray was performed as a three-act play in 1984 at Georgia State University in Atlanta. Cofer has also contributed to several magazines.

Carolina María de Jesus lived in the slums of São Paulo and received only a second-grade education. She supported her three children and lived in uttermost poverty. In 1960 she published a diary of her life in the slums that became an immediate best-seller, allowing her to change her life for a short time before she returned to poverty. Carolina María de Jesus's diary is a moving account of destitution and urban life.

Charlotte Delbo, playwright and human rights activist, was born in 1913 in Vigneux-sur-Seine, France, and died in Paris in 1985. She participated actively in the French Resistance during World War II and was sent to Auschwitz in 1942. After her liberation by the Red Cross in 1944, Delbo wrote *Auschwitz and After*, a trilogy about life in the concentration camp. She also wrote *Convoy to Auschwitz*, an oral history collection of women's voices in the French Resistance.

Diana Der-Hovanessian is a New England–born poet of Armenian ancestry whose work has appeared in such journals as *American Scholar*, *Partisan*, *APR*, and in sixteen volumes of her poetry and translations. She has received awards from NEA, PEN, Columbia Translation Center, and the Fulbright Commission.

Carol Dine has published two books, *Trying to Understand the Lunar Eclipse* and *Naming the Sky*. Her work appears in *Women's Review of Books*, *Prairie Schooner*, *Spoon River Poetry Review*, and *Blue Mesa Review*. She has been a resident at Ragdale, Virginia Center for Creative Arts. "Light and Bone/Luz y hueso" was presented in a multimedia performance at the Boston Conservatory.

Assia Djebar comes from the Maghreb, Algeria; she had written four novels before her thirtieth birthday. She has been a professor of history at the University of Algeria. *Fantasia: An Algerian Cavalcade* is her first book translated into English.

Slavenka Drakulic is a journalist and writer as well as a cultural commentator in Croatia. Her work can be found in the *New York Times*, *Time*, *The Nation*, *The New Republic*, and *New York Review of Books*. She wrote about life under a communist government in *How We Survived Communism and Even Laughed*, and about issues of ethnic conflict in *Balkan Express*. Because of the strong opinions expressed by Drakulic in these books, neither has been published in Croatia. Drakulic has received international awards and acclaim for her writing.

Ursula Duba was born in postwar Germany, in Cologne. Her first collection of poetry, *Tales from a Child of the Enemy*, explores her childhood in her native city.

Ferida Durakovic was born in 1957 in Olovo, Bosnia-Herzegovina, and now lives in Sarajevo. In 1980 she graduated from the faculty of philosophy at Sarajevo University. She has published five collections of poetry and two children's books, including *A Ball of Masks*, *The Eyes That Keep Watching Me*, *A Little Night Lamp*, *Look, Someone Has Moved from a Beautiful Neighbourhood Where Roses Die*, *Heart of Darkness*, *Another Fairy-*

tale About a Rose, and *Miki's Alphabet*. Her poetry has been translated into six languages and published in various literary magazines. She won many prizes in the former Yugoslavia for her poetry. She is also a winner of the Hellman-Hammet Grant for Free Expression.

Marguerite Duras was born in French Indochina (Vietnam) and moved to France at the age of seventeen. During World War II, she became part of a resistance group fighting the Nazi occupation. In 1943 she began a career as a screenwriter; most memorable is her screenplay for *Hiroshima Mon Amour*. Her best-known novel is *The Lover*.

Nawal El Saadawi is an Egyptian feminist, human rights activist, socialist, and novelist. Her political writings led to her dismissal from her post as general director of health and education in Cairo. She was later imprisoned by Anwar Sadat for alleged crimes against the state. Her collection of prison memoirs describes women's resistance to violence and the way in which they create a true community behind prison bars.

Carolyn Forché is a poet and human rights activist in both the United States and Central America. Her collection of poems, *The Country Between Us*, won the Lamont Poetry Prize in 1981. She is a translator and professor of creative writing at George Mason University.

Eleni Fourtouni was born in 1933 in Vassara, Greece, a small town in the mountains of Sparta. In 1952 she emigrated to the United States. She has been active in the Greek women's movement, and has written two volumes of poetry about the life of women during the Greek dictatorship, as well as unpublished memoirs of a woman during the Greek civil war.

Anne Frank was a Jewish girl who was born in Germany in 1929 and grew up in Amsterdam, where her family had sought refuge from the Nazis. Before being arrested and sent to Auschwitz in 1944, the family had been in hiding for two years. It was during this time that Anne kept a diary which received worldwide attention upon publication after the war as one of the most powerful and moving documents about the Holocaust. She died at Bergen-Belsen concentration camp in the spring of 1945.

Natalia Ginzburg is a novelist, short story writer, dramatist, and essayist. She has worked as a publisher for the Einaudi publishing company and is a member of the Italian parliament. She has received several prizes for her works and is one of the most popular writers in postwar Italy. Her works include *A Light for Fools*, *Family Sayings*, and *The Little Virtues*.

Nadine Gordimer is a South African novelist and short story writer who has also written nonfiction. Her dedication to the global community of writers earned her a vice presidency of PEN International. In 1991 she received the Nobel Prize in Literature. She holds honorary degrees from Harvard University and Yale University.

Hattie Gossett was born in New Jersey in 1942; she now lives in Harlem. Her work has appeared in many publications, including *Conditions*, *Essence*, *Jazz Spotlite News*, *Pleasure and Danger*, *Exploring Female Sexuality*, and *Southern Africa*, and she has published a poetry collection, *Sister No Blues*.

Saida Hagi-Dirie Herzi was born in Mogadishu, Somalia. She has a B.A. in English literature from King Abdulaziz University in Jedda, Saudi Arabia, where she currently teaches English, and a master's degree from American University in Cairo. "Against the Pleasure Principle" was her first published story, appearing in *Index on Censorship* in 1990.

Joy Harjo is a member of the Creek (Muscogie) Nation. She was born in Tulsa, Oklahoma, and grew up in New Mexico. Her poetry has been highly acclaimed and received many awards, including the Academy of American Poetry Award. Among her books are *What Moon Drove Me to Do This*, *The Last Song: Secrets from the Center of the World*, and *In Mad Love*. She is a professor of English at the University of Arizona at Tucson.

Taiko Hirabayashi was a novelist, biographer, social and literary critic, and political activist. A radical socialist, she was the chairperson of the Japan Communist Party and was arrested several times for her political beliefs. Some of her major works include *Underground*, *I Will Live*, *Desert Flowers*, and *One Life*. Hirabayashi died in 1972.

Eva Hoffman is a native of Krakow, Poland. She lived her early emigrant years in Canada and later moved to the United States, where she obtained a degree from Harvard University. Hoffman is the former editor of *The New York Times Book Review*. Her acclaimed *Lost in Translation* explores language, exile, and identity.

June Jordan is a poet and political activist who was born in New York City in 1936. She has published more than fifteen volumes of poetry and prose. She is currently professor of African American Studies at the University of California, Berkeley.

Ilona Karmel was born in Krakow, Poland, in 1925 and emigrated to the United States in 1948. She is the author of two novels written in English. She is best known for *An Estate of Memory*, a novel about life in the prison camps of Nazi Europe.

Petra Kelly was born in Germany in 1947. She studied international politics at American University in Washington, D.C., and at the University of Amsterdam. Inspired by her experience with the civil rights movement in United States during the 1960s, Kelly brought the philosophies of nonviolence and civil disobedience to her political activism in Germany. She helped establish the German Green "antiparty" in 1979 and held numerous legislative posts throughout the 1980s. In 1982, Kelly received the Alternative Nobel Prize in recognition of her leadership in international peace and human rights activism. She died in 1987 in East Germany under suspicious circumstances.

Barbara Kingsolver describes herself as a "political artist." A poet, essayist, journalist, and fiction writer, she addresses the issues of environmental degradation, political oppression, and the dislocation of Native Americans. Kingsolver grew up in rural

Nicholas County, in eastern Kentucky, and now resides in Tucson, Arizona. She received a citation of accomplishment from the United Nations Council of Women in 1989, as well as many other literary awards and fellowships. She is best known for her novels *The Bean Trees*, *Animal Dreams*, and *Pigs in Heaven*.

Gerda Weissman Klein was born in Poland in 1924. She has written five books; most of them deal with her experience in Nazi slave labor camps. Her memoirs were the basis for the HBO Best Documentary Academy Award–winning *One Survivor Remembers*. She lives in Arizona with her husband, who liberated her from a concentration camp in Germany on May 7, 1945.

Tatyana Mamonova was born in Leningrad, Russia. She was exiled from Russia in 1980 for writing poems and essays against the communist regime. An activist, she is the author of several Russian essays on sexism in the former Soviet Union and is the founder and director of an international magazine, *Women and Earth*, dedicated to ecology, gender, and human rights.

Maro Markarian, a lyrical poet, was born in 1915 in Georgia to Armenian parents, refugees from the Turkish genocide. In the last decade she has become a strong advocate of human rights, freedom for Karabagh, and child care.

Demetria Martínez is an award-winning poet and author. A Princeton University graduate, she began her career as a journalist in her native New Mexico. She has covered religious issues for *The Albuquerque Journal* and *The National Catholic Reporter*. Martínez gained widespread attention as the defendant (she was acquitted in 1988) in a sanctuary case, the first such case involving federal prosecution against a journalist.

Lê Thi Mây was born in Quang Tri province, Vietnam, in 1949. She served in the youth brigades of the army during the war in Vietnam after graduating from high school. In 1975, she entered Nguyen Du Writers' Training College. She is now editor-in-chief of the magazine *Cua Viet*. Her published works include seven collections of poems and three works in prose. She won the poetry award of the Vietnam Writers' Association in 1990 for *Tang Rieng Mot Ngu'oi* (*For One Person Only*).

Matilde Mellibovsky, the mother of a disappeared son, lives in Buenos Aires, Argentina, and is one of the founding members of Mothers of the Plaza de Mayo. This is her first work to be published, and it reflects her experience as a grassroots activist.

Fatima Mernissi was born in Fez, Morocco, and spent her childhood in this city amid European and Maghreb cultures. Mernissi studied political science at Mohammed University, and has a Ph.D. from Brandeis University. She has written several books on Islamic feminism. Her best-known book translated into English is *Dreams of Trespass*. Mernissi lives in Rabat and teaches at Mohammed University.

Janice Mirikitani is a third-generation Japanese American, born in California. She was sent with her family to an internment camp in Rohwer, Arkansas, during World War

II. Much of her poetry deals with life in the camp, as well as the plight of incest victims. Among her works are *A Wake in the River* and *Shedding Silence*.

Angelina Muñiz-Huberman was born in Hyènes, France, in 1936, the daughter of Spanish exiles who settled in Mexico in 1938. Muñiz-Huberman is the author of more than twenty books of poetry, fiction, and essays. Among her works translated into English is *Enclosed Gardens*, in which she explores the roots of prejudice and anti-Semitism.

Taslima Nassrin was born in 1962. In 1989 she became an international dissident, speaking and advocating change for women within the Islamic Bangladesh society. She was banned from Bangladesh after publishing her best-selling novel, *Shame*. Since 1994 she has been in hiding due to death threats by Islamic fundamentalists. She is the author of eight collections of poetry and a novel.

Agate Nesaule was born in Latvia. While fleeing during World War II she was captured first by German and then by Russian troops. She graduated from Indiana University and has a Ph.D. from the University of Wisconsin. Her book *A Woman in Amber* is her first memoir. It was selected for Outstanding Achievement Recognition by the Wisconsin Library Association and won a 1996 American Book Award. Nesaule is a professor of English and women's studies in Whitewater, Wisconsin.

Alicia Nitecki was born in Warsaw to a Catholic family active in the anti-Nazi resistance movement. She and her family were dispersed to German camps as prisoners of war. Her first memoir is *A Recovered Land*.

May Opitz is coeditor of the 1992 book *Showing Our Colors: Afro-German Women Speak Out*. She is an activist living in Berlin.

Dzvinia Orlowsky is a Ukrainian poet presently residing in Marshfield, Massachusetts. She is the editor of Four Way Books.

Grace Paley is a longtime human rights activist, a pacifist especially during the Vietnam War, and a short story writer. Her many publications include *Later the Same Day*, *Enormous Chances at the Last Minute*, *The Little Disturbances of Man*, and *Leaning Forward*. Her most recent collection of poems and stories is *Long Walks and Intimate Talks*.

Ana Pizarro is a Chilean novelist and literary critic. She left Chile in 1974 and became a political exile, living in France and in several Latin American countries until her return to Chile in the late 1990s. Her first novel, *La luna, el viento, el año, el día*, depicts the political situation in Chile after democracy.

Dahlia Ravikovitch was born in Ramat Gan, Israel. She has published several volumes of poetry, books of children's verse, and a collection of short stories. Most of her poetry deals with the conflicts of women in war and with the legacy of a post-Holocaust society. Ravikovitch is the recipient of many Israeli prizes. She lives in Tel Aviv and writes reviews for *Maariv* newspaper.

Adrienne Rich is a feminist poet, teacher, and writer. She has received several awards and fellowships for her work. Some of her works include *Snapshots of a Daughter-in-Law: Poems 1954–1962, Of Woman Born, Secrets,* and *Silence,* and *Blood, Bread, and Poetry.* She is a professor of English and feminist studies at Stanford University.

Muriel Rukeyser was a poet and political activist. She was jailed together with Grace Paley for protesting against the Vietnam War. As a poet she was committed to showing the relationship between spirituality, politics, and art. Some of her works include *Theory of Flight, Beast in View, The Gates,* and *Out of Silence.*

Nelly Sachs was born in 1891 in Berlin, Germany. Her poetry, plays, and dramatic fragments about the Holocaust were a way of protesting against inhumanity and terror. In 1966 Sachs received the Nobel Prize for Literature.

Joyce Sikakane, an author of nonfiction, fiction, and poetry, was born in South Africa and brought up in the Orlando district of Soweto. She worked as a reporter for *The World,* a newspaper run by whites for the black community, and was the first black woman employed by the *Rand Daily Mail.* When Sikakane became engaged to a white Scottish doctor, she was arrested on charges of political subversion and was detained for seventeen months until she was finally acquitted after many trials. She left for Zambia in 1973 and eventually lived in Scotland. An active antiapartheid campaigner, she is a member of the African National Congress and is currently based in Zimbabwe. *A Window on Soweto* is her autobiography.

Leslie Marmon Silko has written poems, short stories, and novels about the experience of Native Americans. In 1977 she first received critical attention for her novel *Ceremony.* She is associated with the University of New Mexico and is an assistant professor of English at the University of Arizona. She has received several awards and prizes for her poetry.

Elsa Spartioti, a native of Naoussa, Greece, has lived in Athens since 1948. She is a graduate of Pierce College, and a former employee of the U.S. Embassy (Administrative Section) in Athens. She has also worked as a freelance book editor. Her prose piece "A Traditional Recipe" was included in the Women's Creative Writing Collective publication "Landscapes of Empowerment." Since 1974 Spartioti has been an active member of the Greek and International Women's Union.

Rose Styron has published three books of poetry: *From Summer to Summer, Thieves Afternoon,* and *By Vineyard Light,* and one of translations and biography: *Modern Russian Poetry.* She is a journalist and human rights activist who has contributed articles and essays to newspapers, magazines, and books on human rights and government policy.

Susan Rubin Suleiman is a professor of French and women's studies at Harvard University. Her books include *Subversive Intent: Gender, Politics and the Avant Garde* and *Risking Who One Is: My War in Four Episodes,* a memoir of her childhood in Budapest.

Maud Sulter was born in Glasgow, Scotland, in 1960 to a Scottish mother and a Ghanian father. Her poem "As a Blackwoman" won the Vera Bell Prize in the Afro-Caribbean Education Resource's 1984 Black Penmanship Awards in London. The following year her collection of the same title was published. Her subsequent publications include *Zabat: Poetics of a Family Tree* and a novel, *Necropolis*. She is also an artist and photographer whose work has appeared in exhibitions. She was awarded the MoMart Fellowship at the Tate Gallery in Liverpool in 1990–1991.

Aung San Suu Kyi is a women's rights and human rights activist and leader of Burma's National League for Democracy. She was detained in 1989 and remains under house arrest in Rangoon as a prisoner of conscience. She was a 1991 winner of the Nobel Peace Prize.

Anna Swir was born in Poland in 1909. Her poetry explores feminism, human rights, eroticism, and language. She was a member of the Polish resistance movement to the Nazi occupation and worked as a nurse in a makeshift hospital during the 1944 Warsaw uprising. She died in 1984.

Wislawa Szymborska is a Polish poet, critic, editor, and columnist. Not widely known outside her native Poland, Szymborska received international attention after she was given the Nobel Prize for Literature in 1996. She has written several volumes of poetry, including *That's Why We Are Alive* and *Sounds, Feelings, Thoughts: Seventy Poems*. She also contributes to several magazines and edits a literary magazine.

Victoria Theodorou participated in the resistance during World War II and was jailed in various concentration camps for a period of five years for her activity. She is a human rights activist, poet, essayist, and author of a series of oral histories recounting her experiences in the resistance movement.

Fadwa Tuqan was born in 1917 in Jordan. Her biography, *The Mountainous Journey: A Poet's Autobiography*, addresses issues of displacement and life under the occupation. She was raised in Nablus, where she presently lives.

Luisa Valenzuela was born in 1939 in Buenos Aires, Argentina, to a literary family. She worked as a journalist; her essays dealing with Argentine politics were published in Argentina's leading papers and later on in the United States, in *The Village Voice* and the *New York Review of Books*. During the Argentine "Dirty Wars," Valenzuela began writing novels that revealed the political oppression of Argentine society during the dictatorship. Her work also explores the relationship between women and language and the struggle for gender equality. She left Buenos Aires during the junta and became a writer in exile, living and teaching in New Jersey.

Yona Wallach was born in Israel in 1944 and died in 1985. Her poetry is characterized by extraordinary brilliance of language and imagery; most of her later work is in the form of monologues about her condition as a woman and about her illness.

Christa Wolf emerged in the 1970s as one of the voices of consciousness of her own Eastern European vision and commitment to the struggles for peace and justice. Her novels include *Accident* and *The Quest for Christa T*. She has worked as an editor, lecturer, journalist, and critic. Wolf presently lives in Berlin.

Xi Xi began to write and publish in the crucial years of negotiation between China and Britain, from 1982 to 1996. Her fiction eloquently explores issues of identity and the status of the refugees who arrived in Hong Kong in the early 1950s.

Mitsuye Yamada was born in Kyushu, Japan, and grew up in Seattle, Washington, where she lived until World War II, when she and her family were sent to an internment camp in Idaho. Her collection *Campnotes and Other Poems* recounts this experience.

Hisaye Yamamoto was born in 1921 in Redondo Beach, California. Her work explores the daily lives of Japanese American women in and out of American World War II internment camps. In 1986 she received the American Book Award for Lifetime Achievement from the Before Columbus Foundation. Her work has received international acclaim and has been widely published in anthologies. Among her most important collections is *Seventeen Syllables and Other Stories*.

copyrights and permissions

about the editor

Marjorie Agosín is an award-winning poet, short story writer and human rights activist. She has won numerous awards for her work in human rights, among them the Good Neighbor Award and the Jeanette Rankin Award for Human Rights. She has also been honored with the United Nations Leadership Award on Human Rights. Her writings have gained the Letras de Oro prize for poetry. She has written two memoirs about the life of her parents in Chile: *A Cross and A Star* and *Always from Somewhere Else*. Her most recent books of poetry are *Dear Anne Frank* and *In the Absence of Shadows*.

Marjorie Agosín is professor and chair of the Spanish department at Wellesley College. She lives in the town of Wellesley, Massachusetts, with her husband and two children.